山西抗日根据地文化传播研究
——音乐卷

主编 张汉静　　李霞 著

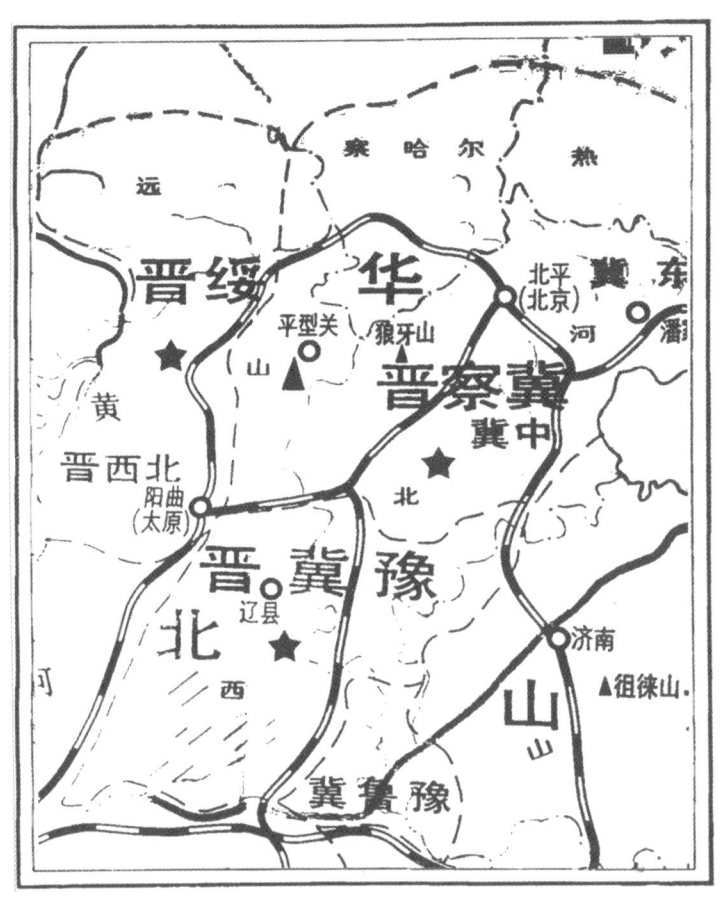

山西出版传媒集团　　山西人民出版社

图书在版编目（CIP）数据

山西抗日根据地文化传播研究——音乐卷 / 张汉静主编；李霞著. -- 太原：山西人民出版社，2023.5
ISBN 978-7-203-12640-9

Ⅰ.①山… Ⅱ.①张…②李… Ⅲ.①农村革命根据地—文化史—研究—山西 Ⅳ.①K269.503

中国版本图书馆CIP数据核字（2023）第044272号

山西抗日根据地文化传播研究——音乐卷

主　　编：	张汉静
著　　者：	李　霞
责任编辑：	冯　昭
复　　审：	贾　娟
终　　审：	梁晋华
装帧设计：	张慧兵
出 版 者：	山西出版传媒集团·山西人民出版社
地　　址：	太原市建设南路21号
邮　　编：	030012
发行营销：	0351-4922220　4955996　4956039　4922127（传真）
天猫官网：	http://sxrmcbs.tmall.com　电话：0351-4922159
E-mail：	sxskcb@163.com　发行部
	sxskcb@126.com　总编室
网　　址：	www.sxskcb.com
经 销 者：	山西出版传媒集团·山西人民出版社
承 印 厂：	山西基因包装印刷科技股份有限公司
开　　本：	720mm × 1020mm　1/16
印　　张：	23
字　　数：	340千字
版　　次：	2023年5月　第1版
印　　次：	2023年5月　第1次印刷
书　　号：	ISBN 978-7-203-12640-9
定　　价：	98.00元

如有印装质量问题请与本社联系调换

总　序

山西地处黄土高原，有"表里山河"之称，具有俯瞰中华之形势的独特地理优势。东出太行可以直下黄淮海平原而经略中原，西向可凭借吕梁山脉和背后的黄河成为拱卫西北之屏障，由北向南排列的山川和盆地则是层层抗击北方军事力量南下的阻击阵地。因此，山西自先秦时代起就是兵家必争之地，有"得山西者得天下"之称。不可替代的战略地位使得山西每每在民族危亡而奋力抗争之际，总会担当起救亡图存的历史重任。

晚清以来，1840年—1860年两次鸦片战争、1883年—1885年的中法战争、1894年中日甲午战争、1900年八国联军入侵……无不以割地赔款、丧权辱国为结果。再加上政治上的腐朽、经济上的衰败、产业上的不济导致的社会无序、国力羸弱、人心涣散，不但为外敌的入侵大开方便之门，更使得中华民族在面对列强的侵略和压迫时，逐步丧失了坚决斗争的意志和敢于胜利的信心。而1931年面对日本军国主义的入侵，中华民族历时14年艰苦卓绝的斗争取得的抗日战争的完全胜利，则是对这种颓废局面的一次成功扭转。这其中，在自1937年7月开始至1945年8月结束的八年全面抗战中，中国共产党及其领导的武装力量依托山西建立的抗日根据地，进行的军事、文化、社会等方面的斗争实践所取得的丰厚成果，再一次印证了山西这片热土对于中华民族生死存亡的独特价值。

一、山西抗日根据地的创建及其历史地位

自1931年九一八事变以来，日本军国主义蚕食鲸吞、步步紧逼，使得中日两国的民族矛盾迅速上升为当时中国社会的主要矛盾。在日本军国

主义的强大压力下，中华民族面临空前严重的危机。面对侵华日军铁蹄的步步紧逼，全国各地不断掀起抗日救亡运动，在各阶层人民强烈要求停止内战、一致抗日的呼声中，中国共产党作为最具政治组织力的先进政党，坚持全面抗战路线，率先提出武装抗日和建立抗日民族统一战线的主张，积极促成了以第二次国共合作为基础的抗日民族统一战线。1937年7月卢沟桥事变爆发，在国民政府全面退却的形势下，中国共产党领导的八路军却以战略进攻的态势东渡黄河，进入山西，创建了中国第一个抗日根据地。在此后全面抗战的八年中，以山西抗日根据地为主体的山西战场始终是中国共产党领导的敌后抗日斗争工作的重中之重，不但对稳定华北抗战形势起着决定性的作用，更使得山西战场成了"全国抗战的桥头堡"、世界反法西斯战争的重要战场。

农村包围城市、武装夺取政权、创立革命根据地的道路是中国共产党人在长期的革命斗争中，历经血与火的洗礼及失败与成功的过程，所逐步形成的取得革命胜利的宝贵经验。1937年8月22日，中国共产党在陕北洛川召开了中央政治局扩大会议，通过了《中共中央关于目前形势与党的任务的决定》和《中国共产党抗日救国十大纲领》，确立了全面抗战的路线，决定将党的工作重心转移到战区和敌后，军事工作的重点为开辟敌后战场、建立敌后抗日根据地、进行独立自主的游击战争。同时，中革军委决定将红军改编为国民革命军第八路军，以原红一、二、四方面军为基础，整编为八路军第115师、第120师、第129师三大主力。洛川会议后，八路军三大主力根据中革军委和八路军总部关于建立抗日根据地、独立坚持华北抗战的指示精神，奉命东渡黄河进入山西，开始了晋察冀、晋绥、晋冀豫三大抗日根据地的创建和发展工作。

八路军115师在晋东北地区创立晋察冀抗日根据地。包括晋北、冀西、冀中、察南的五十余县，是中国共产党创建的第一个敌后抗日根据地。该师下辖两个旅、一个独立团以及其他配属部队约1.55万人。1937年9月25日，115师设伏于山西省忻州市繁峙县横涧乡平型关地区，进行了全国抗战中第一次对敌歼灭战，歼灭日军第 5 师团（板垣师团）第 21 旅团一部 1000 余人，击毁敌汽车百余辆，缴获大量辎重物资，取得八路军出师以来打的第一个大胜仗，沉重打击了侵华日军的嚣张气焰，提高了八路军的声威，有力地粉碎了日军所谓三个月灭亡中国的梦呓，极大地鼓舞了全国人民抗战胜利的信心。平型关战役后，115 师分散转入日军翼侧及其后方开展游击战争，其中一部南下阳泉、寿阳地区作战；一部于五台山地区开展游击战争，创建晋察冀抗日根据地，并成立边区政府。1937 年 11 月 7 日，晋察冀军区成立。1938 年春，115 师一部进入北平西山一带，开辟平西根据地；4 月，建立冀中根据地；6 月，建立冀东根据地。这些根据地的开辟大大拓展了晋察冀根据地的范围，成为华北敌后抗战的坚强堡垒。

八路军 120 师在晋西北地区创建晋绥抗日根据地。该师下辖两个旅、一个教导团以及其他配属部队约 1.4 万人。1937 年 9 月下旬，120 师一部随师部进入宁武、岢岚、五寨等县交界的管涔山创建抗日根据地；另一部进入五台、平山地区开展敌后游击战，创建抗日根据地。到 1938 年 12 月，120 师一部进入绥远阴山山脉中段的大青山地区，依托大青山相继开辟了绥中、绥南、绥西抗日根据地。这些抗日根据地逐步连成一片，构成了晋绥抗日根据地。晋绥抗日根据地位于黄河晋陕峡谷以东，包括山西西北部和绥远东南部广大地区，是拱卫陕甘宁边区和党中央的重要屏障，有效地完成了党中央赋予的防止日军西渡黄河侵扰陕甘宁边区的战略任务，不但确保了中共中央的安全以及与各敌后根据地的交通与联系，同时在必要时还给予了陕甘宁边区物资供应和经济支撑。

八路军 129 师在太岳和太行山区创建晋冀豫抗日根据地。129 师下辖两个旅以及其他配属部队约 1.3 万人。1937 年 10 月，八路军 129 师主力开赴晋东南的太行和太岳山区，依托太行山创建晋冀豫抗日根据地。晋冀豫抗日根据地是中共中央北方局和八路军总部机关所在地。抗战期间，晋冀豫抗日根据地共歼灭日伪军 42 万余人，为夺取整个抗日战争的最终胜利发挥了重大作用。

由于地理上的优势，山西在三大抗日根据地相继创建后形成了东北、西北、西南、东南四个方向均有根据地的抗战局面，使得侵入山西的日军实际上陷入了被四面包围的不利态势，形成了全国抗战总体不利条件下的局部有利。这样，日军以占领的中心城市和交通要道为重点向外扩张，中国共产党领导的抗日武装则以根据地为出发点，用独立自主的山地游击战方式，向日军控制的中心城市和交通要道进行挤压，构成了山西八年抗战的基本格局。纵观整个抗日战争，中国共产党领导的山西抗日根据地的地位极其重要。它的创建是在全面抗战战略防御阶段中的战略进攻；它的巩固成为抗日战争战略相持阶段坚实的战略支撑；它的壮大更使其成为抗日战争战略反攻阶段中的战略出发点。总之，从战争的全局来看，中国共产党领导的山西抗日根据地对抗日战争的完全胜利做出了不可替代的重要贡献。

在全面抗战中，山西抗日根据地始终是中国共产党领导的敌后抗日斗争的重要组成部分。山西抗日根据地不仅是中国共产党领导下的军事、政治、经济组织，它还形成了完整而又有相对独立性的地方政权，为中国共产党领导的军事建设、政治建设、经济建设和文化建设提供了丰富的实践场所和内容，成为了中国共产党领导的新民主主义革命斗争的试验田和战略支撑点。山西抗日根据地的建设不仅是中国共产党领导的军事力量、政治力量和新型文化力量不断输入的过程，同时也是山西抗日根据地以其丰富的历史文化传统和斗争经验不断丰富中国共产党的革命理论的互动过程。中国共产党在山西抗日根据地形成的社会工作经验和教训，不仅是中国共产党领导的抗日战争取得胜利的根本保障，而且为解放战争最终夺取全国胜利以及新中国的建设，在干部队伍培养、社会治理、文化建设等方面提供了坚实、可靠的社会经验和人才保障。因此，中国共产党领导山西抗日根据地建设的工作方式、方法以及所取得的成效尤其值得重视。

二、山西抗日根据地的文化传播及重要影响

面对侵华日军的疯狂入侵，军事斗争无疑是山西抗日根据地赖以存在的根本。但是，单纯的军事斗争观点历来都是毛泽东同志批判的对象。在中国共产党人的世界中，军事、政治、文化从来就是一个辩证的统一体，文化建设作为宣传、动员人民群众的重要手段，与军事斗争具有同等的重要性。

1. 文化建设是山西抗日根据地的灵魂

早在1929年毛泽东同志就认为"中国共产党人的军队是执行政治任务的武装集团"，即"负责打仗消灭敌人军事力量，还要负担宣传群众、组织群众、武装群众、帮助群众建立革命政权以至于建立共产党的组织……"，而"扩大政治影响争取广大群众……是红军第一个重大工作"。1938年，毛泽东在中共六届六中全会上的政治报告《论新阶段》中指出："在一切为着战争的原则下，一切文化教育事业均应使之适合战争的需要。"1940年1月，毛泽东在《新民主主义论》中指出："革命文化，在革命前是革命的思想准备；在革命中是革命总路线中的一条必要和重要的战线。"1942年5月，毛泽东同志《在延安文艺座谈会上的讲话》一文中进一步指出："在我们为中国人民解放的斗争中，有各种的战线，其中也可以说有文武两个战线，这就是文化战线和军事战线。我们要战胜敌人，首先要依靠手里拿枪的军队。但是仅仅有这种军队是不够的，我们还要有文化的军队，这是团结自己、战胜敌人必不可少的一支军队。'五四'以来，这支文化军队就在中国形成，帮助了中国革命……"因此，中国共产党领导山西抗日根据地的建设与发展也绝不仅仅是单纯的军事斗争问题，宣传教育群众、组织动员群众等文化建设方面的工作与军事斗争工作具有同样重要的意义。文化建设为山西抗日根据地的存在和发展提供了更深层次的社会支撑，在某种程度上，文化建设是山西抗日根据地的灵魂。

没有文化上的根本转变，就不会有真正意义上的社会形态的转变。

在中国共产党的军事斗争和文化建设并重的指导原则下，山西抗日根据地的社会文化形态和政治形态在抗战中出现了重大转向。社会文化形态方面由地方军阀、地主阶级为主体的传统思想文化，转向了以无产阶级为主体的新兴的新民主主义的思想文化；社会政治形态由军阀割据与专制，转向了人民民主专政下人民当家作主的民主和自由。可以说，中国共产党的文化建设使得山西抗日根据地的社会风貌和人文气息出现了脱胎换骨的变化，进而使得山西抗日根据地以一种全新的姿态昂首伫立在了中华民族命运转变的历史潮头。从抗战中山西抗日根据地社会形态方面出现的重大转向来看，中国共产党的文化建设工作居功至伟，它将一个"白色的山西"转变成一个"红色的山西"，淋漓尽致地传播与弘扬了抗战精神，有效地把各地民众发动起来。中国共产党在山西抗日根据地形成的工作内容、工作方法和培养的干部队伍，不仅使得山西抗日根据地的发展得以巩固，而且对周边其他省份起到了辐射带动作用，为抗日战争的最后胜利以及解放战争和新中国的建设积累了丰富的社会实践经验。

2. 文化建设的必要路径是文化传播

中国共产党山西抗日根据地的文化建设是服务于中国共产党的政治主张和军事目的的。在八路军北上抗日之前，山西广大人民群众对中国共产党及其主张普遍缺乏正确的认识。毛泽东同志认为"战争的伟力之最深厚的根源存在于民众之中"，抗日根据地得以存在和发展必须要有广泛和坚实的群众基础。对此，1937年八路军三大主力进入山西开辟敌后战场并建立抗日根据地的同时，必须要面对如何开展群众工作的问题，即要面对如何融入人民群众之中获得理解和支持，如何使中国共产党的抗日主张有效地获得抗日根据地人民群众的认可，如何进一步地动员人民群众支持中国共产党的主张并积极投身抗战及根据地社会建设等方面的问题。

文化传播是一个社会或者群体的文化向其他社会或者群体辐射传播的过程，通常是从文化高地流向文化低地。山西自古就是文化大省，具有丰厚的历史文化传统，文化上的封闭性和保守性也尤为显著。这就使得其在面对外来异质文化时，有着很强的"免疫"能力。这种特点同样体现在作为山西传统文化基因承载者的山西广大人民群众的思想上。从这个意义上讲，群众工作就是新的文化如何同旧的文化衔接的工作。山西抗日根据地的文化建设问题，就是广大人民群众思想的建设问题，同样也是中国共产党的文化思想对山西广大人民群众有效传播的问题。

中国共产党领导的文化工作者早在南方中央苏区的时候，就结合当地的文化形成了具有自身特点的文化传播内容和方式、方法。他们的思维方式、语言语调、穿着服饰、行为做派等，对于相对封闭的山西抗日根据地的广大人民群众而言具有很强的异质性，既有陌生感，又具新鲜感。抗战全面爆发后，随着各地爱国文化人士的加入，中国共产党领导下的文化传播工作的异质性对于山西抗日根据地的广大人民群众而言尤其明显。山西抗日根据地的民众作为传播的对象，在长期面对中国共产党的文化传播时必然会有深层次的交流和互动，会存在排斥、包容、吸收、改造等各个方面的问题。这些问题的出现起始于异质文化对山西的传播，解决于文化传播的整个过程。这个过程不但充分考验着中国共产党人的理想、信念和智慧，而且为古老的山西大地注入了全新的文化基因。在这个文化传播的过程中，我们还会发现，山西自身的文化不但没消亡，反而借助中国共产党的文化平台走向了全国、走向了世界，进行了更为广泛的传播。

3. 文化传播服务于文化软实力和文化主导权的构建

文化软实力的概念是由美国人约瑟夫·奈提出的。软实力不是以有形的力量去压迫对方，它是从包括意识形态、道德准则、社会制度、生活方式、文化吸引力、政治价值观吸引力及塑造规则和决定议题的能力等方面以无形的力量入手，依靠自身的"吸引力"来诱导对方妥协和跟随。文化主导权的提出者是西方马克思主义的著名理论家、意大利共产党的早期建设者和领导人之一安东尼奥·葛兰西。文化主导权指的是统治者从意识形态及文化领域入手,使被统治者心甘情愿而非强迫性地认可和接受统治阶级的意识形态和世界观、价值观,以及文化、道德、习俗等,并被支配和同化。

文化传播、文化软实力和文化主导权三个概念是相互贯通、互为依托的。文化软实力并不是一个孤立的概念,它是建立在文化比较的基础之上的。在缺少不同国家、地区以及社会群体之间文化的交流、对比或者碰撞的情况下,单独谈软实力是没有意义的。同时,软实力不是一个静止的概念,而是一个动态的概念。软实力的实现必须通过社会文化的流动和接触,也就是文化传播来实现。这其中文化传播是基础和手段,是软实力得以实现的工具和现实途径。同时,文化软实力给予了文化传播内生动力和必要支持。文化主导权是对社会文化和主流意识形态的把控。所以,文化主导权的外在表现就是主流意识形态在面对其他意识形态的文化传播时,能够以自身的文化软实力来有效地维护和掌控社会文化的根基。这样看来,文化主导权不但根植于文化软实力,而且是文化软实力的终极体现,是文化软实力和文化传播的服务对象。文化传播和文化软实力构建的最终目的就是对于文化主导权的掌控。

对于山西抗日根据地的共产党人来说,如何使广大人民群众自觉地在思想意识、道德规范、社会制度、生活习惯、精神文化、行为方式等方面同封建、保守的社会文化相脱离,接受中国共产党的主张,并积极投身于反抗侵略和封建压迫的斗争中,就是中国共产党人在山西抗日根据地一切文化建设工作所要达到的目的。在这个转变过程中,中国共产党人并没有以暴力和强迫的手段来裹挟山西抗日根据地的广大人民群众,而是以自身的文化软实力通过文化传播的方式,逐步构建起全新的社会文化形态,比较全面地达成了中国共产党人的军事和政治工作目标,并牢牢地掌握了社会文化的主导权。正如当时的文艺工作者所说:"我们的文艺反映抗战中民众的英勇光辉的斗争,来鼓舞最大的民族战斗热情,来争取胜利;我们要建设新民主主义社会,我们的文艺通过所刻画的各阶级人物的典型和他们的相互联系,来指示新民主主义的具体道路。"所以,当我们回望山西抗日根据地的文化建设时,会发现中国共产党的文化传播的过程同时也是中国共产党文化软实力和文化主导权的构建过程。

对中国共产党建党以来的革命历程和建设经验进行总结可以发现,中国共产党人在文化建设方面有三个特点:首先,文化软实力的建设始终是中国共产党克敌制胜的优良传统。文化软实力的建设与斗争方面的工作始终是中国共产党人工作的重点。在中国共产党革命斗争的历史进程中,"敌强我弱"从来都是硬实力方面的比较,但从文化软实力和社会文化的主导权方面来说,中国共产党从来都是占据优势地位的。其次,中国共产党文化软实力的建设是通过文化传播的途径来实现的,其最终的社会效果就是在文化软实力方面占据强势地位,并牢牢地掌握着社会文化的主导权。最后,社会文化主导权的获得是中国共产党取得全面胜利的重要保障,也是中国共产党人的革命斗争区别于其他武装力量的根本特点。

三、山西抗日根据地文化传播研究的理念及基本遵循

中国共产党山西抗日根据地文化建设工作取得的丰厚成果,使得整个抗战期间中国共产党在同山西地区的国民党势力和日伪势力对抗时,能够在文化软实力的较量中始终占据优势地位,进而牢牢地掌握着社会文化的主导权。这种局面主要是通过中国共产党的文艺队伍在文化理论、新闻、文学、教育、音乐、戏剧、美术、影像等社会文化生活的若干方面,将中国共产党人的军事和政治方针、政策,以及文化思想等方面的主张,结合山西抗日根据地自身的特点,以新文化、新气象的面貌,广泛地向山西抗日根据地的社会大众进行传播而取得的。这些方面的文化传播工作,是中国共产党在抗战时期软实力建设工作的具体呈现,是中国共产党在军队发展和政权建设方面争取民众,进而夺取社会和文化主导权的成功典范。毕竟,在抗日战争之前山西的广大地区还是一片"新文化的沙漠",大众传播和文化建设甚少或者几乎没有,周而复在《晋察冀行》中有过这

样的描述:"虽然过去报纸和农民不相干,但现在……读报正成为他们生活的一部分。"中国共产党在山西抗日根据地的文化传播活动造就了近代山西黄土高原的第一个"新文化的高峰"。《山西抗日根据地文化传播研究》的理念,就是要运用历史唯物主义的分析方法,真实地反映历史,深入探讨中国共产党人在文化传播、文化软实力建设和文化主导权的构建等方面的经验和教训。对此,我们在研究和撰写的过程中要基本遵循以下五个"突出":

第一,突出党性。在《山西抗日根据地文化传播研究》的整个写作过程中,我们时时刻刻都能感受到中国共产党领导下的山西抗日根据地在创立、建设和发展的各个阶段中,中国共产党人在坚定的信念下所展现出来的不可动摇的党性光芒。这种光芒不但体现在山西抗日根据地军事斗争方面,更体现在中国共产党的文艺队伍在文化理论、新闻、文学、教育、音乐、戏剧、美术、影像等若干领域广泛地向社会大众进行了生动的传播。我们在丛书的写作中,就是要以鲜活的历史史实来展现中国共产党人在决定中华民族命运的关键时刻的历史担当,并把这种坚定的党性贯彻于写作的始终。

第二,突出人民性。中国共产党的党性和人民性是一个辩证的统一体。毛泽东同志认为"人民,只有人民,才是创造世界历史的动力",这是中国共产党人唯物史观的基本原则。自建党始,中国共产党人的初心和使命,就是为中国人民谋幸福,为中华民族谋复兴。中国共产党的文化建设归根结底是来自于人民、服务于人民的。同时,人民性也正是中国共产党文化软实力建设和文化主导权构建的核心。对于中国共产党而言,脱离开人民性的文化传播是无本之木,只有以人民群众的根本利益作为中国共产党所有工作的出发点和落脚点,充分调动人民的积极性和主动性,这样的文化软实力和文化主导权的建设,才是真正建立在全体人民的立场上的,才真正具有牢不可破的坚实性。山西抗日根据地的文化传播无论是传播的内容、对象、渠道,还是方式和方法,都是围绕山西抗日根据地的人民这一中心展开的，反映着根据地人民群众的文化、思想和情感，代表着人民群众的利益、诉求和愿望。将这种内在的人民性在山西抗日根据地文化生活的若干主要方面进行展现，也是编写本套丛书的重要目的。

第三，突出逻辑性。在《山西抗日根据地文化传播研究》的写作中，我们发现单纯的历史史实的堆砌并不能有效地突出"文化传播的历史"这个主旨及内涵。对此，我们需要从文化的基本概念入手来了解文化的特点和属性问题，从文化的流动性来理解文化传播的内生性，从文化的接触、交流和碰撞中来观察文化传播过程中产生的文化话语权或者主导权的问题，进而发现这其中斗争各方文化软实力的建设与博弈。在这样的逻辑线索下，可以充分理解山西抗日根据地的文化传播在文化理论、新闻、文学、教育、音乐、戏剧、美术、影像等各领域所涉及的内容对中国共产党革命文化传播的重要性。因此，本套丛书的卷与卷之间、卷与整体之间都有着相同的主线和内在的逻辑关系，其宗旨都是全面地反映中国共产党领导的山西抗日根据地，在文化领域中开展革命斗争的巨大作用和重要意义。

第四，突出当代性。山西抗日根据地是中国共产党领导下的完整而又有相对独立性的地方政权。中国共产党在山西抗日根据地的工作，为新中国成立后中国共产党全面执政提供了丰富而鲜活的社会经验及人才队伍，进而使这两个历史时期的文化传播事业的许多方面都表现出很强的一致性。历史经验证明，中国共产党人在山西抗日根据地所体现出的思想、方法和经验，已经成为中国特色社会主义思想理论体系及工作方法、经验的历史源泉之一。

山西抗日根据地时期文化传播事业的成功经验以及其中所包含的政治智慧，今天依然不乏启示意义和借鉴作用。鉴往知来，历史总是系于当下的需求，从这个意义上讲，一切历史都是当代史，即使在文化传播事业飞速发展、新时代中国特色社会主义的宏伟蓝图徐徐展开、中华民族伟大复兴胜利在望的今天，回顾这段历史依然不乏当下意义。

第五，突出融合性。"山西抗日根据地文化传播研究"拥有一个集多学科专家学者于一体的研究团队,也是一个多学科交流融合的学术平台。作为多个平行的学科,他们各自都有着自己的学科框架和研究重点。山西抗日根据地文化传播研究就是将历史、传播和各自的专业学科相融合,以历史为线索,从传播学角度去检视山西抗日根据地中国共产党文化事业的传播主体、传播方式、传播途径、传播效果等问题,这项研究是具有开创性的,也是有意义的。为了在写作中突破学科壁垒,使学科有机融合,我们多次和历史学、传播学的专家学者反复研讨,破解难题,形成共识,填补学术空白,力求为文化传播史的学术前沿开拓出一片新的天地。

四、山西抗日根据地文化传播研究的主要内容

中国共产党人在山西抗日根据地进行的文化传播并不仅仅局限于某些单独和孤立的方面,而是在全社会的层面,分层次、成系统、全方位地展开的,是一套完整的社会体系的构建,具体体现在文化理论、新闻、文学、教育、音乐、戏剧、美术、影像等社会文化生活的若干主要方面。这些方面的工作既相互联系,又相互区别,在共同完成中国共产党赋予的社会和政治任务的同时,牢牢地掌握了社会文化的主导权。《山西抗日根据地文化传播研究》丛书的撰写也正是沿着如下的路径而展开。

抗战文化理论既是早期马克思主义中国化理论(毛泽东思想)的重要组成部分,又是山西抗日根据地文化宣传工作的理论基础和方法论指导。抗战文化理论来自山西抗日根据地文化宣传实践对理论指导的需求,是中国共产党苏区时期"理论武装群众"工作传统的继承、创新和发展。深入研究抗战文化理论的形成、实践和发展,揭示其所蕴含的精神价值、理论价值、实践价值,不仅有利于对山西抗日根据地文化传播理解的深化,更有利于理解中国共产党对民族精神和时代精神进行塑造的价值和对实践的指导。

山西抗日根据地新闻传播是中国共产党人最重要的文化传播手段之一。在中国共产党的领导下,山西抗日根据地新闻传播事业从无到有,由小到大，克服重重困难，编辑创办了大量的报纸、杂志，宣传党的方针政策，指导根据地建设，更新了旧的思想文化，在舆论阵地上同日军和国民党顽固派展开斗争，创造了很多办报史上的传奇，并在中国共产党的新闻传播史上留下了光辉的印记。

抗战中的中国文学肩负着唤醒国民起来抗争的历史重任。山西抗日根据地的文学工作者是中国共产党文化软实力的重要建设者，他们走出了象牙塔，离开了书斋，进入山西抗日根据地军民的具体社会实践与抗敌斗争中，使得抗战文学获得了全新的、取之不尽的源泉，构建出抗战文学传播的方向，为根据地政权的巩固和发展发挥了重要作用。山西抗日根据地的文学创作与传播，有效地完成了中国共产党赋予的夺取文化主导权的历史任务。

抗战时期，山西抗日根据地民众的文化水平普遍很低，在中国共产党的领导下，根据地人民因时因地制宜，利用各种人力和资源，克服恶劣条件下的重重困难，基本建立了以革命干部的教育为重心、青少年儿童的学校教育为主体、人民群众的社会教育为基础的特殊教育体系。他们运用各种灵活的教育方法，开展冬学运动，开设民众学校、大众补习学校、农民夜校、识字班、读报组等各种民众教育场所，在扫盲和提高民众文化水平的同时，唤醒了民众的民族与革命意识。

音乐最适合用来唤醒人们的灵魂。山西抗日根据地涌现出了大量的抗战音乐工作者和歌咏团体，他们在歌咏活动中通过团体演出、口头教唱、民歌改编、刊物印刷等各类文艺宣传形式，在山西抗日根据地形成了军民团结起来共同奏响抗日救国主旋律的生动社会文化景观，创造并构筑了山西抗日根据地音乐传播的时代记忆和民族精神史诗，更为新中国的音乐创作和传播提供了丰富的社会实践经验。

从舞台走向田野的革命戏剧活动在中国共产党政治思想的传播中占有重要地位。山西抗日根据地的革命戏剧工作者先后组织了上千个各类剧团（社），创作出大量贴近民众、贴近战斗和生活的戏剧作品，在戏剧的指导思想、剧本创作、剧团管理、人员培训、组织宣传等方面积累了全新经验，完成了自我提升，在宣传政策、统一思想、团结群众等方面做出了不可估量的贡献，也为新中国戏剧事业的发展提供了丰厚的社会历史经验。

美术图像是视觉传播的载体，同样也是中国共产党人领导山西抗日根据地对敌斗争的有效武器。在山西抗日根据地，党的美术工作者以游击战争的需要为出发点，以现实性和革命性为抓手，用能让民众读懂、看懂的传统民间美术语言形式，创造出新的美术范式和美术图像传播方式，有效地鼓舞了民众斗志，揭露了日本侵略者的恶行，坚定了根据地军民必胜的信心。山西抗日根据地的美术活动所孕育出的根据地美术范式和传播形式，时至今日仍然具有重要的影响和价值。

影像是艺术表达和日常生活中应用最广泛的传播符号。在大众传播中，它特殊的符号性和其自身所传达意义的无限可能性创造出了一个又一个"视觉神奇"。山西抗日根据地的影像真实而形象地宣传了中国共产党的方针政策，记录了中国共产党领导的八路军在山西抗日前线浴血奋战的英雄事迹，反映了山西抗日根据地军民团结、支援前线的艰苦岁月，揭露了日本侵略者在山西犯下的种种罪行。

丛书中的每一卷都是《山西抗日根据地文化传播研究》的重要组成部分，但各卷又自成体系，独立成书。

五、研究山西抗日根据地文化传播的作用及现实意义

2014年10月15日，中共中央总书记、国家主席、中央军委主席习近平同志在北京主持召开文艺工作座谈会并发表重要讲话。习近平总书记指出，文艺事业是党和人民的重要事业，文艺战线是党和人民的重要战线。习近平总书记还指出："每到重大历史关头，文化都能感国运之变化、立时代之潮头、发时代之先声。"2015年9月3日，在庆祝伟大的抗日战争胜利70周年的庆典中，习近平总书记进一步指出："中国人民抗日

战争和世界反法西斯战争,是正义和邪恶、光明和黑暗、进步和反动的大决战。"这场战争"彻底打败了日本军国主义侵略者,捍卫了中华民族5000多年发展的文明成果","开辟了中华民族伟大复兴的光明前景,开启了古老中国凤凰涅槃、浴火重生的新征程"。中国共产党在山西抗日根据地的文化传播工作,正是在国运变化之际担当起了立时代潮头、发时代先声的历史重任。文化是民族生存和发展的重要力量,中国共产党山西抗日根据地的文化传播、文化软实力和文化主导权的构建历程,赋予了中华民族强大的精神文化力量,为中华民族的发展注入了全新的文化基因,同时也为新时代的文化传播、文化软实力和文化主导权的构建提供了丰富、可靠的历史参照。

当今世界正经历百年未有之大变局,中华民族正处于实现伟大复兴的关键时期。1840年以来,中华民族从来没有像今天这样靠近世界舞台的中央,从来没有像今天这样接近实现民族复兴的伟大目标。面对外部挑战与机遇并存的纷繁局势,习近平总书记指出:"古往今来,中华民族之所以在世界有地位、有影响,不是靠穷兵黩武,不是靠对外扩张,而是靠中华文化的强大感召力和吸引力。我们的先人早就认识到'远人不服,则修文德以来之'的道理。"为此,我们必须继续推动社会主义文化的繁荣兴盛,继续牢牢地掌握意识形态的工作领导权,培育和践行社会主义核心价值观,坚定文化自信,建设社会主义文化强国。我们必须从建设社会主义文化强国的高度,继续做好新时代的文化传播工作,为国家文化软实力的"行于中、发于外"提供助力,将文化主导权牢牢地掌握在中华民族自己手中。

学术研究无止境,山西抗日根据地文化传播研究是一次全新的学术探索。虽然有关抗日战争和山西抗日根据地的研究成果颇多,包括政治、经济、军事、社会、教育、文艺等方面,但从传播学的角度,以文化传播的概念和范畴为主线对山西抗日根据地进行研究的成果还非常有限。而山

山西抗日根据地文化传播研究——音乐卷

西抗日根据地文化传播研究所要呈现的山西抗日根据地的中国共产党革命文化传播的历史，就是在传播学的概念和范畴去探讨作为新兴文化源头的中国共产党，是如何通过文化的辐射和传播对山西抗日根据地的创立、建设、发展的过程及全民抗战产生积极作用的，这就使得本书具有了不同于传统视角的重要学术价值。当然，对于这样一个具有挑战性、前沿性的学术创新研究，一是需要作者具有宽厚的多学科的知识背景和较高的理论素养，二是需要大量翔实的历史资料和相应扎实的实地考察。对此，我们在写作中最大限度地、尽可能全面地去搜集历史资料，力图用更高、更新的视角去回望历史，尽可能客观地再现这段辉煌的传播历程，完成我们这代人对那段难忘的岁月应负的历史使命。希望通过我们的努力，能对中国抗战史的研究起到补充和深化作用，能够进一步推动和完善对山西抗日根据地的研究。我们这个团队以年轻教授和博士为主体，大都是初次接触这样的重大学术创新课题，再加上思想水平、历史功底、认知能力和文字表述能力有限，在历史资料的搜集和挖掘上还存在缺失和遗漏，在历史资料整体性的把握上还显得稚嫩和不足，故疏漏与谬误在所难免，我们真诚地欢迎专家和学者批评指正。

山西传媒学院文创中心
张汉静
2020 年 6 月

目录 / CONTENT

第一章　山西抗日根据地音乐形成的历史语境与历史意义 …………… 01
　　第一节　山西抗日根据地音乐形成的历史语境 ……………………… 01
　　第二节　山西抗日根据地音乐的特点 ………………………………… 09
　　第三节　山西抗日根据地音乐的作用 ………………………………… 27
　　第四节　山西抗日根据地音乐的历史意义 …………………………… 48

第二章　山西抗日根据地音乐传播的背景 …………………………………… 76
　　第一节　山西抗日根据地音乐传播的政治背景 ……………………… 76
　　第二节　山西抗日根据地音乐传播的经济背景 ……………………… 88
　　第三节　山西抗日根据地音乐传播的必然性 ………………………… 97

第三章　山西抗日根据地音乐的创作主体 …………………………………… 105
　　第一节　专业文艺工作者 ……………………………………………… 105
　　第二节　非专业文艺工作者 …………………………………………… 119

第四章　山西抗日根据地音乐传播的主要内容 ……………………………… 140
　　第一节　抗战歌曲 ……………………………………………………… 140
　　第二节　地方曲艺与民间戏曲 ………………………………………… 198
　　第三节　器乐 …………………………………………………………… 221
　　第四节　音乐理论 ……………………………………………………… 228

第五章　山西抗日根据地音乐的社会传播······238
　　第一节　山西抗日根据地音乐的群体传播······239
　　第二节　山西抗日根据地音乐的组织传播······249
　　第三节　山西抗日根据地音乐的大众传播······283

第六章　山西抗日根据地音乐传播与文化活动······304
　　第一节　春节的音乐传播活动······304
　　第二节　其他活动······316

第七章　山西抗日根据地音乐传播的特点······327
　　第一节　政治性······327
　　第二节　统一性······331

结语······337

参考文献······340

第一章

山西抗日根据地音乐形成的历史语境与历史意义

第一节 山西抗日根据地音乐形成的历史语境

山西，位于黄土高原东部，因处于太行山的西部而得名山西。有"母亲河"之称的黄河从忻州市偏关县老牛湾入境，流经忻州等4个地级市、19个县（市），最终从运城市垣曲县碾盘沟出境。它所途经的地方造就了不少河谷盆地、平原，与太行山、吕梁山、管涔山和中条山形成了独特的地理地貌，成为适合人类生活的理想环境。在人类孕育生命的同时，也逐渐产生不同的文化。这里自然成为中国古代文化的摇篮，华夏文明的溯源地。[1]

在这块被黄河长久滋润的土地上，历经数千年的积淀，不仅留下了大量丰厚的历史，同时也留下数之不尽的文化遗产。音乐遗产作为山西文化遗产的重要组成部分也不例外。山西长久以来形成的音乐文化基础和底蕴，为之后的抗日根据地音乐的传播和发展奠定了基础。

一、山西古代音乐的历史语境

从目前出土的山西音乐文物来看，早在新石器时代就出现了土鼓、陶埙、陶铃等乐器，夏商时期出现了石磬，春秋战国时期出现了编钟……

---

[1] 张玉勤. 山西史[M]. 北京：中国广播电视出版社，1992：1.

这些乐器被学界认为是我国迄今年代最早的乐器。[1] 这些乐器不仅仅是仰韶文化、龙山文化的体现，更是当时人类在探索音乐方面的有力证明。

晋国的建立，让山西和"晋"有了很深的渊源。晋国在公元前632年的城濮之战中成为华夏霸主。长达150年的统治，山西逐渐成为政治、经济、文化的中心，音乐在这一时期也有了长足的发展。到了秦汉时期，乐器发展尤为迅速。在本土乐器快速发展的同时，箜篌、竽篪、羌笛等外来乐器也有了大发展。鼓吹乐成为山西重要的音乐形式，始见于"楼烦"。《汉书·叙传》中有如下记载："始皇之末，班壹避地于楼烦，致马牛羊数千群。值汉初定，与民无禁，当孝惠、高后时，以财雄边，出入弋猎，旌旗鼓吹。"[2] 这一音乐形式在山西兴起后一直延续至今，为我们现在的绛州鼓乐、威风锣鼓等奠定了基础。汉代，鼓吹乐极为盛行，鼓吹类乐器和弹拨类乐器逐渐替代了先前的钟磬类乐器。北朝，山西没有受迁都的影响，仍然稳居经济、政治、文化的中心地位。在各民族不断融合的过程中，音乐逐渐与周边北方少数民族的音乐元素融合、发展，羯鼓、毛员鼓、铜钹、节鼓、贝等少数民族乐器随之出现。隋唐时期，汉乐和胡乐的大融合可以从山西出土的这一时期的竖箜篌、排箫、方响、笙、建鼓等乐器中得到印证。到了宋元辽金时期，嵇琴逐渐取代琵琶，占据重要的位置。在芮城的永乐宫壁画中还出现了云锣这一打击乐器，可见当时人们对音乐的追求一直未停步。随着戏曲在明清时期的发展，弓弦类乐器逐渐成为戏曲伴奏中的主要乐器。

山西古代音乐的发展几乎伴随整个古代山西发展的历程，在漫长的岁月中逐步完善并形成了自己的特点。连年征战中，古晋人豪迈勇敢的性格使鼓吹乐成为他们偏爱的形式；因迁都等一系列的变化，古晋人在民族融合中吸收了大量少数民族的音乐元素。在变化的过程中，我们看到了既坚持本土特色，又兼收并蓄、博众所长的晋音乐，为以后的山西音乐特点、

---

[1] 薛首中．山西音乐史[M]．太原：山西教育出版社，2017：11．
[2] 薛首中．山西音乐史[M]．太原：山西教育出版社，2017：74．

形式、种类等的发展奠定了坚实基础。

二、山西近代音乐的传承与发展

（一）山西抗日战争前音乐的传承与发展

清朝灭亡后，中国进入了新的历史发展阶段。自新民主主义革命以来，山西音乐受到了战争、自身地理位置等因素的影响，发展的速度较为缓慢。直到1911年左右，学堂乐歌才陆续在太原、大同等地传播开来。山西学堂中的孩子们开始接触《革命歌》《何日醒》《苏武牧羊》等歌曲。通过学校教育向社会外界的传播，五线谱、简谱等音乐知识逐渐被广大老百姓所接触，风琴、钢琴、铜管等西洋乐器逐渐进入到群众的生活中。一段时间后，部分群众开始了运用西方作曲技术进行音乐创作和演奏的尝试。与此同时，受国外音乐的影响，山西传统音乐也在悄然发生着变化。

山西各县的音乐活动因地理位置不同而各有不同，中部地区的音乐活动相对要比其他地区丰富一些。山西中部地区处于自给自足的农业经济状态，社会经济比较稳定和繁荣，社会音乐活动比较兴旺，特别是榆太祁一带较富裕的地方，每到农闲或是春节、元宵节等传统节日，随处可以看到一定规模的秧歌表演，偶尔也会有晋剧的演出。比较有特色的是他们的社火演出，多种多样的街头表演让观看的群众应接不暇。[1] 这一时期，山西民歌有了较大的发展，特别是左权民歌传唱度较高，传播范围较广，深受当地人们的喜爱。随着民歌从农村传播到城市，它在一些专业人士的改编和加工下又焕发出独特的味道。这一时期的晋西北地区的音乐发展较为缓慢，各县的音乐活动也有所差别。离石、临县等南面的几个县在经济、文化发展上比偏关、河曲等北面的几个县好一些，一年中偶尔会有一些小型的晋剧戏班过来演出两三天，但群众很难看到"名角"的演出。此外，

---

[1] 郑立柱. 华北抗日根据地农民精神生活研究[M]. 北京：人民出版社，2014：75—76.

逢年过节为了烘托节日的气氛，还会有一些人凑在一起唱几天道情。[1]位于晋西北北面的河曲、保德等县却鲜有这样的演出，二人台主要成为人们在节日和农闲时消遣的娱乐内容。晋东北地区的音乐发展也较为缓慢，秧歌、道情还有当地民歌是当地群众接触最多的音乐形式。在落后、闭塞的环境中，勤劳善良的山西人民世世代代在这片黄土地上默默耕耘，繁衍生息。然而，日本侵略者的入侵却打破了他们原本平静的生活状态，山西人民开始走上了抗日的道路。在艰苦的十四年抗战历程中，山西抗日根据地的音乐发挥了重要的作用。[2]它的形成和逐步发展，还要从"九一八"事变说起。

1931年，日本侵略者将魔爪伸向中国的东北，无数同胞从此过上了生灵涂炭的生活。抗日爱国歌曲《抗日歌》创作完成后，经过上海的广播电台播出，产生了不可估量的影响。在很短的时间内，到处涌现出抗日爱国的青年，他们一边唱着这首《抗日歌》，一边在街头巷尾积极地宣传抗日。这首歌曲的传播，让越来越多的人感受到歌曲在抗战中的力量，不仅开始重视歌曲的宣传，更重视歌曲的创作。东北的一些音乐家和文艺工作者相继创作出很多抗日歌曲，如黄自的《旗正飘飘》、张寒晖的《松花江上》等都是当时传唱度很高的作品，一度掀起了人们抗日的热情，新的音乐运动随之出现。[3]抗日爱国歌曲最先在上海掀起了"新音乐运动"，大型歌咏活动成为新音乐运动最主要的表现方式。随着大型歌咏活动的举行，这一形式又向全国呈辐射状推广。全国的广大文艺工作者和各个文艺团体纷纷投入到抗日的队伍中来宣传抗日思想，"抗日民族统一战线"的主张逐渐开始形成。

随着战争的继续，一部分音乐工作者在左翼作家联盟的影响下，不

---

[1] 山西省文学艺术工作者联合会. 山西文艺史料（第二辑）[M]. 太原：山西人民出版社，1959：1—3.
[2] 李雯煜. 中国左翼音乐运动研究[D]. 南昌：南昌大学，2016：5—6.
[3] 李莎. 抗战歌曲的创作、传播与流行及其与抗日救亡歌咏运动的关系[D]. 青岛：青岛大学，2011：6.

第一章　山西抗日根据地音乐形成的历史语境与历史意义

断研究和学习苏俄无产阶级革命音乐和理论，对如何创作中国无产阶级革命音乐开始了最初的尝试与探索。以聂耳、任光、安娥等为代表的左翼音乐家们在1933年2月成立了"苏联之友社"音乐小组和"中国新兴音乐研究会"，随后于1934年成立左翼"戏剧家联盟音乐小组"，成为第一支自觉接受中国共产党领导的革命音乐组织。[1] 这支音乐小组的队伍规模在很短时间内壮大，其发展的中心逐渐转移到上海。小组成员们创作了大量的爱国群众歌曲，同时还为进步电影创作出一大批优秀的电影音乐，《毕业歌》《渔光曲》等经典电影音乐就是在当时创作的。[2] 这些进步的电影音乐借助电影这一载体，在群众中得到了广泛传播，为抗日歌咏运动的组织和发起奠定了基础。1935年，为响应《八一宣言》建立民族统一战线的精神和号召，左翼音乐小组解散。小组解散后，小组成员们仍然致力于抗战工作，他们联合更多的爱国同志一起抗日救亡，加入新的音乐抗日民族统一战线组织，即歌曲作者协会。这个新的组织，容纳了大量优秀的词作者、曲作者，有徐幸之、安娥、张曙、贺绿汀、刘雪庵等，他们为推动音乐界抗日民族统一战线的形成作出了巨大的贡献。以国立音乐专科学校为代表的师生们纷纷创作抗战歌曲，周淑安的《同胞们》、应尚能的《国殇》、刘雪庵的《长城谣》、丁善德的《从军》带动了全国学院派师生的创作热情。但因"不易普及，最大的缺点是歌词的内容太虚"[3]，加之国民党的压制，未能取得较好的传播效果。1934年，日军加强了对我国华北地区的侵略。在这一阶段，优秀的音乐家和音乐工作者们组织、动员群众开展抗日救亡歌咏运动，教唱革命歌曲、普及音乐知识、组织群众性歌咏活动成为当时主要的工作和任务。[4] 从吕骥组织的"业余合唱团"到基督教干事刘良模主持的"民众歌咏会"，再到洪钟、立信、

---

[1] 李雯煜. 中国左翼音乐运动研究[D]. 南昌：南昌大学，2016：8.
[2] 李雯煜. 中国左翼音乐运动研究[D]. 南昌：南昌大学，2016：9.
[3] 郑玮. 中国抗战歌曲的历史作用论析[D]. 石家庄：河北师范大学，2008：8.
[4] 李雯煜. 中国左翼音乐运动研究[D]. 南昌：南昌大学，2016：11.

蚂蚁等合唱团的兴起，歌咏团体如雨后春笋般成立，歌咏运动成为民众表达革命心声的途径，全国各地掀起轰轰烈烈的抗日救亡歌咏运动。[1] 这场轰轰烈烈的歌咏运动迅速以上海为中心向东北、武汉、重庆、桂林等地蔓延开来，逐渐形成全国性的歌咏运动，其影响力之大、传播速度之快、参与人数之多，至今堪称壮举。

全国多个地区开展的影响力较大的抗日救亡歌咏运动，为山西抗日根据地歌咏运动的开展奠定了基础，有了可以借鉴的经验和值得传唱的经典作品。

（二）山西抗日战争后根据地音乐的传承与发展

1937年，随着日本帝国主义全面侵华战争的开启，我国进入全面抗战阶段。受抗日救亡歌咏运动的影响，全国各地迅速出现了各种各样的抗日救亡歌咏团体。随着这一组织影响力的扩大，像冼星海、孟波等杰出的同志加入进来，为这一组织增添了新的生机和活力，同时诞生了不少优秀的作品。《救亡进行曲》《大刀进行曲》等作品不仅受到群众的喜爱与传唱，更是将大家的抗日热情推向新的高潮。这一组织后来从最初的创作爱国群众歌曲、电影音乐逐渐将重心转移到社会实践中，与文学、美术等文化团体联合起来，共同组建更新、更庞大的革命文化团体，充分号召、动员更多的爱国抗日力量，更好地传播无产阶级思想和文化。[2] 在冼星海、麦新、吕骥等进步音乐家的组织和带领下，歌咏运动再次掀起高潮。1938年，随着上海沦陷，这些文艺宣传群体将阵地逐渐转移到武汉，在武汉掀起了又一次抗日救亡歌咏高潮。之前在上海积极参与歌咏运动的爱国文艺工作者、专业院校学者、知名音乐家等，纷纷投入新的"战场"，开始新一轮的音乐活动。

1937年8月底，八路军总部以及一一五师、一二〇师和一二九师在

---

[1] 李雯煜. 中国左翼音乐运动研究[D]. 南昌：南昌大学，2016：11.
[2] 伍雍谊，吕骥. 革命音乐的开拓者[J]. 中国艺术报，2002：32.

朱德、彭德怀的率领下，与刘少奇、杨尚昆、彭真等领导的中共中央北方局机关同时抵达山西，创建了山西抗日根据地。山西抗日根据地建立初期，由于当时专业的音乐创作者很少，"九一八"事变后的抗日救亡歌曲、左翼音乐家们创作的作品等成为当时主要的传唱内容。为了更好地传播党的方针政策，提升在群众中的影响力，歌曲创作的方式多采用在现有歌曲曲调上进行改编，填入与抗战内容相关的歌词。当时的文艺组织每到一处，便深入到群众中为大家演出，同时积极开展群众认字、唱歌等活动。教唱最明显的效果就是在短短几个月的时间里，过去寂静的山区变得随处可以听到抗日的歌声。[1] 用当地百姓很形象的一句话来形容，凡是八路军到过的地方，就有歌声。

以晋察冀边区为例，1937年底随着根据地的建立，最初在部队内部建立了文艺组织。在剧社等文艺组织相继建立后，地方也开始逐步建立文艺组织。1938年5月，随着延安文艺工作团的到来，根据地音乐工作的发展速度开始加快。1939年1月3日，在周巍峙的带领下，西北战地服务团（以下简称"西战团"）田间、邵子南、方冰、史轮等同志从延安来到晋察冀，东北干部队铁流社钱丹辉、叶正煊、邓康等同志，抗大（中国人民抗日军事政治大学）二分校文工团汪洋、陈播等同志，一二〇师战斗剧社莫耶等同志也先后来到晋察冀。[2] 还有一些北京、天津的青年学生，也纷纷抵达根据地加入了文艺工作。在很短的时间内，街头诗、戏剧、音乐等迅速发展，极大地丰富了根据地群众的文化生活。

根据抗日形势的不断发展，文化工作者救亡协会逐渐被晋察冀边区文化界抗日救国会（以下简称"救国会"）所取代，开始对抗战时期文艺的性质、任务、指导思想等进行研究和讨论。1939年秋，华北联大文艺学院、联大文工团从延安抵达边区，带动了戏剧、美术、音乐协会的成立，一系列文艺教育和群众性文艺活动如火如荼地开展起来。

---

[1] 王剑青，冯健男. 晋察冀文艺史[M]. 北京：中国文联出版公司，1989：477.
[2] 张雪健. 晋察冀边区初期文化建设研究（1938—1939）[D]. 湘潭：湘潭大学，2018：27.

山西抗日根据地文化传播研究——音乐卷

1940年后，当边区取得了百团大战和冬季反"扫荡"的重大胜利，特别是"双十纲领"的颁布，文艺工作者更加注重对自身素养的提升，音乐仍旧是众多文艺中较为活跃的形式之一。随着文艺工作者专业水平的提升，他们创作的作品较之前在质量上有了明显的进步，艺术性大大增强。晋察冀边区于1943年深入开展整风运动，文艺工作者在其影响下，根据整风精神，总结了文艺工作经验。运动号召文艺工作者"反对小资产阶级极端的自由主义"，"努力加强自己的党性锻炼"，文艺工作者的政治觉悟进一步提高。他们纷纷走进群众中，与群众同吃同住同劳动，深入思考和挖掘群众真正喜爱的音乐素材和内容，创作了不少深受群众欢迎的作品。[1]文艺作品的创作进入繁荣发展阶段。与此同时，文艺剧团、文工团、宣传队等专业文艺团体如雨后春笋般纷纷建立起来，文艺演出的数量增多，质量提升，形式也多样化。根据地文艺团体的每一次宣传、演出，离不开众多文艺工作者的努力。正是通过生活与艺术创作上的不断磨练，山西各大抗日根据地文艺团体中涌现出众多优秀的音乐创作者："抗敌剧社的徐曙、黄河、丁双吉、冬温，七月剧社的唐诃、邓修良、丁莘、郭明、唐江、余从，挺进剧社的陈放、凡坡，铁血剧社的曹火星、肖云翔，前进剧社的田野，冲锋剧社的晨耕、朱云鹤、严金萱、王引龙，战线剧社的王佩之、田汀，等等。"[2]他们成为山西抗日根据地音乐发展必不可少的力量。在越来越多文艺工作者的带动和影响下，山西抗日根据地的一部分群众也加入到宣传和动员的队伍中来。他们利用当地的民歌曲调，加入抗日救亡等素材内容，通过歌曲、戏曲、说唱等多种形式和当地群众进行近距离的接触。熟悉的音调、亲切的语言瞬间拉近了音乐与群众的距离，在为山西抗日根据地音乐增添了新的形式和内容的同时，也为抗日宣传动员工作增添了新的动力。

---

[1] 王剑青，冯健男.晋察冀文艺史[M].北京：中国文联出版公司，1989：55.
[2] 晋察冀革命文化史料征集协作组.晋察冀革命文化艺术发展史[M].北京：中国戏剧出版社，2007：177.

第一章　山西抗日根据地音乐形成的历史语境与历史意义

为了进一步配合党的文艺方针政策，巩固抗日民主政权，扩大以抗日为中心的统一战线，山西在各个抗日根据地建立音协，广泛吸收文艺工作者。音协的建立，打破了之前军队和地方各个文艺宣传团体之间不相互交流的局面，搭建起音乐工作者们可以交流经验、讨论音乐发展的平台，使山西抗日根据地音乐创作的数量有所增加，质量有所提升，创作的领域也开始拓宽。

1942年5月，毛泽东同志《在延安文艺座谈会上的讲话》给每一位文艺工作者指出了明确的方向。改造思想，到工农兵群众中去，创作出真正为工农兵服务的艺术作品，成为当时每一位文艺工作者坚持的原则。正是在这一方向的指引下，山西抗日根据地音乐有了新的变化和进展，围绕人民群众创作出大量的音乐作品。整风运动后，山西抗日根据地的音乐工作者们加大了对音乐资料的收集和整理，特别是对民间音乐素材的搜集和整理。在晋西北地区，音乐工作者们记录和整理了山西梆子音乐曲谱、郿鄠曲谱、道情曲谱和一大本当地的民歌。[1] 山西抗日根据地的音乐逐渐朝着多样化方向发展。

纵观山西抗日根据地音乐的形成与发展，早期的音乐是在"五四精神"影响下，以抗日救亡为主题，以抗战歌曲为主要形式。随着新音乐继续发展，到了40年代，特别是在毛泽东主持召开的延安文艺座谈会会议精神的影响下，文艺工作者们走出了一条紧密联系群众的音乐发展模式，音乐形式逐渐多样化。[2] 抗战期间根据地音乐的发展，为新中国音乐的发展提供了思路，奠定了坚实基础。

第二节　山西抗日根据地音乐的特点

山西抗日根据地音乐，是中国抗日战争的历史产物，是中国抗战文

---

[1] 山西省文学艺术工作者联合会. 山西文艺史料（第二辑）[M]. 太原：山西人民出版社，1959：13.
[2] 王荣花. 中共革命与太行山区社会文化的变迁[D]. 保定：河北大学，2011：49.

化的重要组成部分，在中国抗日战争的历史中发挥着巨大的作用。

毛泽东同志认为，抗日战争一要武装战线，二要文化战线。自山西三大根据地建立后，八路军和山西新军已经成为敌后抗日的主要力量，武装战线取得了较大的成绩。走文化战线，就是坚持用文艺来宣传、动员群众。但是很多文艺形式，面对长期生活在封闭落后的环境中、文化程度极低、封建思想根深蒂固的山西当地民众，并不能很好地发挥作用。如，文学需要民众具备一定的文化基础，可根据地绝大多数民众却处于不识字的状态，在一定时期内很难发挥其作用；舞蹈因长期以来受到封建思想的影响，仅仅男子可以对外跳舞，同时还受到演出场合等条件的限制……音乐与以上文艺形式相比，就成为最直接、最接地气，同时不受时间和空间的制约，对文化程度没有要求，也最能快速传播和影响群众的一种形式。

山西抗日根据地的音乐，在其发展的过程中，逐渐呈现出以下特点。

一、新民主主义文化与根据地文化的统一

在十四年抗战中，山西抗日根据地音乐在中国共产党的领导下，立足于山西的实际，紧紧围绕抗日的主题来反映根据地的群众生活，以民族性、科学性和大众性，使根据地文化与新民主主义文化统一的特点从多方面得以体现。

古往今来，任何艺术形式要得到群众的喜爱和接受，民族性成为重要的因素之一。山西抗日根据地音乐也不例外，其音乐的曲调、旋律、节奏等方面都表现出很强的民族性。在地域的民族性方面，山西抗日根据地音乐汇集了山西不同地域的民间音乐元素，并在这个基础上有所发展和创新。在左权县，抗战歌曲就是利用当地群众最熟悉的民歌小调来歌唱新内容。文艺工作者们无需教授新的曲谱，只需在新的歌词上注明用当地什么小调唱即可。（如仿《绣荷包》《卖菜》《卖扁食》《走西口》等调）[1]《抗战三年来的晋东南文化运动——晋东南文化界第二次代表大会上的

---

[1] 左权县史志办公室.左权县革命斗争回忆录[M].晋中：榆社印刷厂，1987：175.

第一章　山西抗日根据地音乐形成的历史语境与历史意义

报告提纲》中这样总结道："（抗战歌曲的）创作数量虽然无确切统计，但流行在民间的歌曲不下几百支，歌集数十种，许多村干部因为配合临时宣传动员的需要，将民间歌谣小曲改制，在每个县里，我们都可以听到他们自己编制出来的歌曲"。[1] 山西音乐作为中国民族音乐重要的组成部分，在音乐审美方面有极强的地域性和民族性，生动地体现了黄河流域一带汉族音乐文化的鲜明特点。如在调式方面，形成了徵调式为主的音乐，重在突出山西人民热情、宽厚的性格特点；在歌词方面，各区域的方言、衬词是常见的元素。如"石匣有个狼牙山，它是鬼子的要命关，三八五旅老二团，打得鬼子丧了胆"[2]。还有左权民歌《太行民兵》中使用了大量的衬词："太行山呀哎，高又高呀哎……啊格呀呀呆，啊格呀呀呆。"[3] 浓厚的民族性，让根据地群众自觉地走在了一起；浓厚的民族性，让越来越多的根据地群众有了团结一致的想法；浓厚的民族性，让更多的民众有了反对帝国主义压迫，为中华民族完全独立而抗争到底的思想和决心。抗战歌曲准确地将根据地群众对日寇的仇恨和一心抗日救国的心情表达到极致，这其中的代表作有：晋东南一带人民传唱的《反"扫荡"》《粉碎九路围攻》，晋中一带的《日军侵华罪滔天》《日军侵占太谷城》《敌炸榆社城》，晋西北一带的《日本鬼子的大炮》《打游击》等。

民族审美性也体现在音乐作品中。山西抗日根据地的众多音乐作品秉承着从"悲为美"到"大团圆"的衔接，这样的审美原则源自中国自古以来的"悲剧性"审美观。也正是这样的审美观，随着根据地群众对美好生活的期盼，逐渐被发展为"大团圆"结局的审美期待。以《歌唱二小放牛郎》为例，从小英雄王二小被敌人杀害的悲惨命运到英雄牺牲后我军彻底歼灭敌人的胜利，就是作品本身颇具民族性审美的典型表现。作品唤起了人们对小英雄牺牲的惋惜、悲痛，点燃了对敌人的仇恨，激起了想

---

[1] 山西省文学艺术工作者联合会. 山西文艺史料（第一辑）[M]. 太原：山西人民出版社，1959：23.
[2] 程文华. 烽火辽阳[M]. 太原：山西人民出版社，2010：69.
[3] 晋中市三晋文化研究会. 晋中抗日歌谣选[M]. 太原：山西古籍出版社，2005：86.

要与敌人斗争到底的决心。[1]群众在审美过程中的情感变化，特别是产生的革命热情引发的与作品的共鸣，又将民族审美性升华到了新的高度。

山西抗日根据地的音乐还体现着社会发展科学性的特点。这种科学性体现在它能够始终坚持新民主主义的文化导向，始终贯彻中国共产党的文化建设方针，肩负着民族解放的伟大使命，以积极向上的面貌不断进步和发展。山西抗日根据地音乐正是在这样的社会历史氛围中，在中国共产党的领导下，有步骤、有计划地开展相应的宣传和动员活动。同时，山西抗日根据地音乐还高举着"反对一切封建思想和封建迷信，主张实事求是，主张客观真理，主张理论和实践一致"[2]的旗帜。对于当时闭塞落后的山西而言，封建思想和封建迷信长期存在于当地群众的思想中，要想改变或者去除具有相当大的难度。山西抗日根据地音乐在去除群众封建思想的过程中，也承担起了根据地民众思想启蒙的历史使命。如在宣传妇女解放、提升妇女地位、提高妇女文化素质方面，根据地宣传队的文艺工作者除了教妇女识字外，更多地通过音乐的方式来启发、宣传，逐渐改变当地群众的思想。太行山识字班普遍流行的《放脚歌》《童养媳苦》等歌曲，间接使群众理解妇女长久以来的艰辛与不易；《妇女解放》《男女要平等》等歌曲则直接给出了答案，给根据地妇女指出了光明的道路。[3]此外，在对待中国传统音乐时，坚持"取其精华，弃其糟粕"的原则，使用科学的方式去改造。曾经有一个音乐工作者，把一支辽县的猥亵小调"高粱长得高，小奴长得低，一把手拉你到高粱地，大娘啊！……"依原稿改编成："高粱长得高，鬼子长得低，咱们一起去打游击，张老三！……"[4]虽然采用了"旧瓶装新酒"的惯用手法，但是这种对旧形式脱离科学实际的改造，不能准确地表现现实、表达创作的真实想法，未能引起广大根据地群众

---

[1] 王剑青，冯健男．晋察冀文艺史[M]．北京：中国文联出版公司，1989：495．
[2] 毛泽东．毛泽东选集（第二卷）[M]．北京：人民出版社，1991：706．
[3] 中共晋中地委史志办公室．晋中史志资料[M]．晋中：晋中印刷厂，1989：153．
[4] 刘备耕．民族形式 现实生活[J]．华北文艺，1941．

第一章　山西抗日根据地音乐形成的历史语境与历史意义

的共情，达不到好的宣传教育效果。

山西抗日根据地音乐表现出的民族性和科学性的特点，最终是为大众服务，所以根据地音乐也具有大众性的特点。这里指的大众性就是新民主主义文化内涵中所指的"为全民族中百分之九十以上的工农劳苦民众服务"[1]。山西抗日根据地音乐是为当地群众服务的，并在文化传播的过程中，成为群众进行革命斗争的武器。《晋绥日报》的一则报道这样写道："我们生活在农民中间，在你周围的100个人中间，有96个是农民。而数目很大的军队，却也大都是放下锄头穿起军衣的农民。"由此可见，山西抗日根据地的广大农民就是山西抗日根据地音乐最主要的服务对象。山西抗日根据地音乐对受众也没有要求，无论男女老幼，无论何种文化程度，都能逐渐成为根据地音乐的接受者和传播者。面对绝大部分文化程度低，甚至是文盲程度的根据地群众，抗日音乐的传播使他们可以很快明白音乐中所要表达的意思，在听别人唱（演）或自己唱（演）的过程中不自觉地成为受感染者，成为音乐的传播者。深受群众欢迎的七月剧社，在晋西北地区享有盛名的原因就在于善于演出，而且能将歌曲与传统戏曲（晋剧、眉户）相结合，更好地表现传统剧目和现代剧目，这些形式更利于被当时的晋西北群众所接受。

对于文艺工作者来说，音乐的创作和演出要面向大众，要反映大众的需求，更重要的是要有大众的广泛参与。山西抗日根据地开展轰轰烈烈的歌咏运动就是大众参与的最好体现。因此，抗日根据地的各种文艺团体非常重视，都有周密的安排。如在1941年大众剧社就明确了自己的宗旨："以面向农村大众，配合当前政治任务，深入宣传为经营方针。"[2]所以在宣传、动员民众积极投身抗战方面才能取得较大的成功。

延安文艺座谈会之后，音乐工作者们认真领会了会议精神，并将此

---

[1] 毛泽东. 毛泽东选集（第二卷）[M]. 北京：人民出版社，1991：708.
[2] 中共山西省委党史办公室. 山西革命根据地文化建设专题研究（第二辑）[M]. 北京：中共党史出版社，2018：647.

作为自己的行动指南。音乐工作的创作服务对象逐渐由农民转向工农兵。与工农兵的思想融在一起，建立一支扎根于人民大众的新文化队伍成为这一阶段广大文艺工作者主要努力的方向。如1944年5月4日发表在《晋察冀日报》上的《贯彻文化为工农兵服务的方针》提到，"文艺工作要突破专业剧社的狭小圈子，变为广大群众性的运动"，印证了当时的文艺主张和方向。

音乐服务大众为的是让更多的民众团结起来。只有在发动群众的过程中，有了大众的积极参与，得到大众的支持和拥护，革命才能取得大的进步和最终的成功。因为群众才是抗日战争力量的最主要源泉和根本，是战争能够取得胜利的保障。山西抗日根据地音乐正是在坚持将民族性、科学性与大众性相统一的原则下，成为山西抗日根据地最主要、普及率最高的艺术形式。也正是由于抗日根据地音乐能够立足实际，在坚持三大原则的前提下与山西抗日根据地文化有机结合，才使得我党的宣传动员工作有了突飞猛进的发展。

二、山西地域音乐特征一般性与特殊性的结合

山西抗日根据地的音乐，特别是抗战歌曲，在当地民歌的基础上进行创作的数量占据了很大的比重。山西不同抗日根据地的音乐将各地区的音乐特色展现得淋漓尽致，呈现出百花齐放的态势。

山西抗日根据地的音乐将山西的方言巧妙地融在歌曲之中，从歌词的角度来体现地方特色。这不仅便于当地群众接受，有的还影响着音乐的音调。

在山西的中部地区，颇具代表性的左权民歌以开花调占据主体。在一些作品中，儿化音成为歌词中常见的一种形式。如《感谢共产党》中"瓜儿离不了秧，孩儿离不了娘"，《闹五更》中"二更里不自在，裤儿露出膝盖来"，《群英会》中"宋炳昌枪法好，高儿梁上打胜仗，太行山上真

有名"等。[1] 在左权民歌中常见的衬词多为"呀、啊、来、这、那、那个"等。如《生产节约》中"共产党（来）八路军，咱们的大救星，减租减息翻了身"，《放风筝》中"三月里来清明（呀），咱姐妹二人出家门，前去放风筝"等。[2] 此外，还有重叠词的使用。如脍炙人口的《亲圪蛋下河洗衣裳》中"小亲亲小爱爱，把你（外）好脸扭过来"，《打红都炮台》中"人民的军队人民真喜欢，人民的江山万万年"，《百团大战》中"道路挖成壕，炸坏铁路桥，这一场大战，打得呱呱叫"，《土地还家》中"一铺滩滩杨柳树，一片一片青，一村一村受苦人，统统翻了身"等。[3] 以上这些特点是以左权为代表的山西中部音乐的突出反映。

与左权民歌相比，晋西北的河曲民歌也颇具自身特色。在河曲民歌中，山曲占据主要比重。在山曲基础上改编、创作的抗战歌曲表现出与山曲特点的一致性。在河曲歌曲中，会使用颇具地方特色的词语。如《卖胰子》："卖胰子的哥，你走过来，奴瞧瞧你的金香胰子白不白？"其中，"胰子"就是香皂的意思。在《手巾揩泪沾不干》中，"瞭的哥哥上了川，手巾巾揩泪沾不干"，其中"瞭"是在远处看的意思，"揩"是擦的意思。此外，河曲方言中多在名词、动词等后面加一个"子"字，这样的用语习惯也体现在歌词中。如《展不开翅膀抖不开翎》中是这样使用的："野雀子儿在玉茭子（那）林，展不开翅膀抖（上）不开（那）翎。"[4] 在衬词的使用上，多使用"那、呀、哟"等词。如《人在外面心在家》中"人（那）在（那个）外前（那）心（那）在（个）家（哎呀）"，"那"频繁出现，体现了当地方言的一种习惯；《无根沙蓬哪里落》中"十月的沙蓬无根（哟）

---

[1] 《中国民间歌曲集成》全国编辑委员会. 中国民间歌曲集成·山西卷[M]. 北京：人民音乐出版社，1990：837.
[2] 《中国民间歌曲集成》全国编辑委员会. 中国民间歌曲集成·山西卷[M]. 北京：人民音乐出版社，1990：404.
[3] 《中国民间歌曲集成》全国编辑委员会. 中国民间歌曲集成·山西卷[M]. 北京：人民音乐出版社，1990：889.
[4] 《中国民间歌曲集成》全国编辑委员会. 中国民间歌曲集成·山西卷[M]. 北京：人民音乐出版社，1990：67.

草,哪里(哟)挂住哪里(哟)好"。在叠词使用上,河曲民歌同左权民歌相似,但也有一些特殊的使用。如"红豆豆嘴嘴(呀那)白格生生牙,毛葫芦芦眼眼(呀那)该叫哥哥咋?"这些地方特色词语在歌词中的使用,使得歌曲在节奏、旋律等方面极具当地特色。

  山西抗日根据地音乐借助不同的音乐语言来进行表达。总体而言,在调式调性方面,抗战歌曲多采用山西民歌常用的徵调式。这源于徵调式能给予受众宽广、明亮的感觉,多表现热情、积极、悲愤、昂扬、壮丽、赞美等情调。根据地音乐中徵调式的使用,既体现了山西人民热情淳朴的性格,又能对抗战中的英雄人物、事件、情感进行充分的抒发。如赞颂、缅怀左权将军的歌曲《左权将军》,就是在晋中民歌《害虫伢麦》的曲调上改编创作的。

左权将军

左权将军家住湖南醴陵县,
他是中国共产党的优秀党员。
老乡们,他是中国共产党的优秀党员。
参加中国革命整整十七年,
他为国家他为民族费尽心血。
老乡们,他为国家他为民族费尽心血。
日本鬼子五月"扫荡"咱路东,
左权将军麻田附近光荣牺牲。
啊,左权将军麻田附近光荣牺牲。
左权将军的牺牲为的是老百姓,
咱们辽县老百姓为他报仇恨。
咱们辽县老百姓为他报仇恨。[1]

  群众为了纪念左权将军,在传唱的过程中出现了不同的版本。还有

---

[1] 佚名. 左权将军 [J]. 歌曲新编,1943 (9):18.

这样的版本:

左权将军

左权将军家住湖南醴陵县,
他是中国共产党的优秀党员。
老乡们,他是中国共产党的优秀党员。
军团政治委员,苏联去留洋,
回国以后由军长升为参谋长。
老乡们,回国以后由军长升为参谋长。
哪知日本五月"扫荡"咱路东,
左权将军麻田附近光荣牺牲。
老乡们,左权将军麻田附近光荣牺牲。
参加中国革命整整十七年,
他为国家他为民族流尽了血汗。
老乡们,他为国家他为民族流尽了血汗。
左权将军牺牲为的是老百姓,
咱们老百姓团结起来为他报仇恨。
老乡们,咱们老百姓团结起来为他报仇恨。[1]

这首辽县小调,在当时正式出版时用作了标准版,其具体批示如下:"此歌曲由口头流传,歌词、唱法各种各样都有,但节损甚多,歌词原意为之改变。希各部见到此曲后统一一下。"

一首《左权将军》,出于人们对将军的爱戴,由于是口头流传,所以歌曲在传唱的过程中曲调不变或有轻微变化,歌词、唱法等方面却由于地域的不同而出现或多或少的变化。在此曲中,徵调式准确而又亲切地表达了人民对将军的赞颂与怀念之情。淳朴熟悉的曲调、朗朗上口又

---

[1] 佚名. 左权将军[J]. 歌曲新编, 1943 (9):19.

感人的歌词在当地传播开来，深受群众喜爱，被广泛传唱，并迅速从太行抗日根据地传到山西各个抗日根据地，直至传遍全国，成为当时影响力很大的歌曲。由河曲民歌《芝麻油》改编而成的经典歌曲《东方红》，也是徵调式的典型代表作品。

除了调式，在抗战歌曲中还习惯使用山西常见的民歌体式。如"五更调""十二月调""四季歌"等，成为抗战歌曲创作的基本框架。如《做军鞋》中"一更天来刮起风，……二更里来雪花飞，我做军鞋不瞌睡，想起亲人更加劲，针针线线表情意……"[1]体现了祁县妇女整夜不眠，在五更天里边做鞋边对前线战士思念之情。在戏曲方面，蒲剧、道情、晋剧、秧歌、梆子也备受青睐。1941年，兴县举行的由晋绥抗战学院和文联合办的文化队的建队典礼上，队长就明确指出了秧歌、道情和梆子是晋西北重要的地方戏曲，希望文化队的同学们在培训的一年中要学会它们，更要发展它们。[2]

晋西北的河曲民歌多反映当地的民俗与民间文化。其中，山曲占据主要地位，总体呈现出自由、辽阔的特点。在旋律方面，追求音与音之间大的音程跳动，节奏相对自由，音调高亢，善于抒情，雄浑明快中又夹杂着几分诙谐活泼。山西腹地中部地区的左权民歌和祁太秧歌是这一地区音乐发展的代表，其特点是七声音阶居多，调式多样，旋律婉转优美、流畅圆润。因为地理位置相对优越，经济发展快速，所以在歌曲的内容和形式方面变化较多且自由。太行地区的音乐则给人以奔放酣畅之感。由于太行山脉的阻挡，有碍于文化的传播，致使音乐的种类较其他地区单一；六声音阶的作品居多，粗犷朴实的音调反映出太行山群众爽朗质朴的性格特点。晋东南一带的歌曲，调式相对比较古板，充满浓重的乡土气息，极具代表性。

山西抗日根据地音乐，用新民歌的方式歌颂了根据地人民的战斗生

---

[1] 晋中市三晋文化研究会.晋中抗日歌谣选[M].太原：山西古籍出版社，2005：148.
[2] 郭士星，孙寿山.晋绥革命根据地文化大事记[M].呼和浩特：内蒙古人民出版社，1993：45.

活。但是因为不同区域的生活习惯、地理位置以及历史发展等不同，山西抗日根据地音乐又从其独特的角度和方位呈现出各自不同的地域特点。

三、立足本土的音乐创作新范式

山西作为抗日战争时期华北敌后抗日的主战场，根据地人民抛头颅、洒热血，为抗战的胜利作出了巨大的牺牲和贡献。[1]这些不可磨灭的英勇事迹汇集在当时根据地音乐的作品中，激励了一批又一批中国民众团结起来共同御敌，铸就了一座历史丰碑，值得后人永远铭记。

为了更好地宣传、动员民众抗日，中国共产党领导的来自各地的文艺工作者在党的文艺方针的指引下，充分吸取山西本地丰富的音乐素材，服务于山西抗日根据地民众，创作出众多铭诸心腑的经典音乐作品，极大地调动了广大民众投身抗日战争的热情和积极性，有效地团结和巩固了抗日统一战线，保卫了抗日民主政权，并在传播的过程中成为全国其他抗日根据地音乐创作的艺术范式。

（一）《武装保卫山西》：歌曲救国走向全国

1937年9月，湖南籍吕骥与河北籍夏川两位革命文艺工作者在奔赴山西抗日根据地之前，有幸在太原参加了周恩来同志关于以山西为中心的华北地区抗日游击战争的部署及推动会议。五个多小时的报告，观点鲜明而又精炼的讲述使得在场的每一位同志深受鼓舞，对抗日战争的最终胜利满怀信心。吕骥和夏川牢牢记住了周恩来同志的指示，即：八路军要到敌后去开展游击队，创建敌后抗日根据地，与友军一起相互配合，共同抵抗日寇。各阶层人民要团结一致，以全民抗战打败日本侵略者的进攻。

会后，二人在薄一波同志的带领下奔赴五台山。在去前线的途中，这两位同志联合创作了歌曲《武装保卫山西》：

起来，同胞们，起来和鬼子们拼！

---

[1] 牛荣雁. 晋西北抗日根据地文化建设研究 [D]. 临汾：山西师范大学，2014:37.

他炸毁我们的工厂，他炸毁我们的家庭！

起来，同胞们，起来和鬼子们拼！

他炸死我们的父母，他炸死我们的弟兄！

只有战！只有拼！才能死里逃生！

起来，同胞们，起来和鬼子们拼！

他杀死我们的姐妹，他杀死我们的妻儿！

起来，同胞们，起来和鬼子们拼！

他强占我们的大同，他强占我们的太原！

只有战！只有拼！才能死里逃生！

拿起那一切武器，镰刀斧头，剪刀锄头，鸟枪铁尺土炮，

来保卫我们父母姐妹兄弟，生命财产田园土地，武装保卫山西！[1]

回队之后，二人就开始教根据地的群众演唱，不久便在当地广泛流传。由于这首歌的节奏铿锵有力，曲调极具山西风格，让山西的群众倍感亲切，进而通过山西决死纵队队员的传唱迅速传遍了山西的每个根据地，共同的抗日目标让这首歌曲又很快传遍华北、传遍全国。

歌曲中，附点、切分节奏型的使用，使原本铿锵有力的进行曲又添了几分律动与弹性，弱起节奏的出现使整首作品力量大增而更有气势。音符之间大幅跳跃，与节奏相互辉映，又使旋律起伏增加，更符合整首作品的风格。特别是以"× · ×　×○"为标准的这一节奏型的连续使用，曲调有了小军鼓的感觉，提升了紧迫感。歌词中多次强调了"起来，同胞们，起来和鬼子们拼！""只有战！只有拼！才能死里逃生！"，质朴的口语唤起所有人要直面战争，为自己搏出一条生路的勇气。歌曲用叙述的语气将敌人对我们的伤害一一罗列，朗朗上口并易于理解，更容易被广大群众所接受。"拿起那一切武器，镰刀斧头，剪刀锄头，鸟枪铁尺土炮，来保卫我们父母姐妹兄弟，生命财产田园土地，武装保卫山西！"直接告诉每个人面对现状应该有的举措，成功地激起了根据地人民奋勇杀敌

---

[1] 吕骥，白炎. 武装保卫山西[J]. 山西革命根据地，1987（3）:43.

的决心和信心。

这首歌不仅道出了山西抗日根据地民众的心声,同时也道出全国人民的心声,所以每传播到一个地方,当地的文艺工作者就把歌中的"山西"改为他们当地的地名,于是出现了《武装保卫河南》《武装保卫山东》《武装保卫长沙》,甚至出现了《武装保卫家乡》等一系列歌曲,成为一种特有的音乐抗日救亡现象。

(二)《黄河大合唱》:艺术性与群众性相结合的典范

抗战初期,山西抗日根据地音乐在创作和演出中一度出现了过分地追求政治性和群众参与性的现象。这种做法使得音乐作品过多注重政治功利性,而忽略了对艺术性的追求,文艺从属于政治的倾向比较突出。一些作品成为专门针对某一时期、某一地域或者某个活动中的宣传任务而进行快速的突击式创作。对于创作者而言,多是为了在短期内快速完成当时的政治任务,疏于对作品本身艺术性的反复推敲和打磨,常常是三五个宣传队员饭后聚在一起便能编出一首新的歌曲。[1] 仓促打造的音乐作品很难成为经典的艺术作品而被长久地传播下去,可是这样的作品数量众多,如歌曲《上民校》《选村长》《庆丰收》《统一累进税真正好》,歌剧《节约立功》等。客观地讲,它们本身的艺术性并不高,大都只是作为开展特定活动的宣传作品而已。对于专业技术难度相对较高的合唱来说,在抗战初期的创作寥寥无几,虽然也有诸如《蒹葭》《鹿鸣》这样的艺术合唱作品,但是由于其艺术审美与烽火连天、苦不堪言的抗战氛围相去甚远,所以并未获得大范围的传唱。随着越来越多的文艺工作者深入根据地群众的生活,逐渐出现了集艺术性与群众性为一体的合唱作品。冼星海谱曲的《黄河大合唱》就是其中之一。

《黄河大合唱》是光未然去吕梁山根据地活动的途中,两度过黄河,目睹了黄河船夫们与大浪英勇搏斗、聆听了船夫号子后创作的组诗。音乐

---

[1] 郑立柱. 华北抗日根据地农民精神生活研究[M]. 北京:人民出版社,2014:52.

家冼星海把它写成能够代表中华民族伟大气魄的大合唱。1939年4月13日，合唱在延安首次公演，获得空前的成功。周恩来为之亲笔题词："为抗战发出怒吼，为大众谱出呼声！"[1]

《黄河大合唱》在延安首演之后，曲谱传到光未然的家乡湖北，老河口抗敌演剧四队编排演出，全部曲谱得到精印，并寄给了桂林的夏衍。1940年7月20日，在"桂林音乐界纪念'七·七'三周年音乐大会"上，《黄河大合唱》隆重演出，此后又多次加演，受到各方面的欢迎。抗敌演剧七队将桂林作为起始站开始了巡回演出，这首伟大作品传播到湖南、江西，甚至传到泰国、马来西亚、新加坡。[2]

图为1939年5月，冼星海指挥鲁迅艺术学院音乐系学员排练《黄河大合唱》

《黄河大合唱》之所以能够在山西、陕西乃至全中国和周边国家引起热烈反响并引发群众的共鸣，因其是有着艺术创作特点的。首先它打破

---

[1] 梁爽. 冼星海抗战歌曲的艺术特征[D]. 哈尔滨：哈尔滨师范大学，2014：19.
[2] 梁爽. 冼星海抗战歌曲的艺术特征[D]. 哈尔滨：哈尔滨师范大学，2014：35—36.

第一章　山西抗日根据地音乐形成的历史语境与历史意义

传统大合唱的形式，使用了混声合唱、男中音独唱、配乐诗朗诵、女声二部合唱、男声二重唱、女高音独唱以及轮唱等演唱形式来表现根据地人民对悲惨命运的哭诉和对日本侵略者罪行的控诉；其次，《黄河大合唱》打破了传统的以声乐为主的表演形式，而是集声乐、器乐与朗诵于一体的综合性表演形式，即不再是单纯的多乐章的合唱套曲，而是用朗诵的形式把各个乐章贯穿起来，甚至为了突出朗诵，在《黄河之水天上来》这一章节中全部安排了配乐诗朗诵的形式。这样的艺术创作形式在中国甚至世界范围都是具有独创性的。作品中采用了山西民歌的素材，颇具中国气概。九个章节中每个章节可自成一体，作为独立的部分存在。其中，《黄水谣》《河边对口曲》《保卫黄河》作为经典被传唱至今。

这首脍炙人口的合唱曲在山西抗日根据地影响重大。《黄河大合唱》在首次演出后，立刻成为各个文艺团体青睐的对象，被广泛地演出和传唱。正是在不断的传唱过程中，提升了根据地广大军民的士气，鼓舞了对敌斗争的英勇气概。据资料记载，华北联大文艺部师生"从7月中离开延安，于10月初到达河北省富平县城南庄——中央北方分局和晋察冀军区所在地，三个多月的长征行军、爬山越岭，穿过重重的敌占区和封锁线，对这批年轻知识分子是一次实际斗争的锻炼，经历了令人难忘的战斗历程。在惊涛骇浪中抢渡黄河后，为感谢船工们，演出了《黄河大合唱》，站在那壁立千仞的黄河岸上，面对着奔腾澎湃的黄河滚滚浪涛，高唱'风在吼，马在叫，黄河在咆哮……'此情此景，气壮河山。"[1] 还有资料记载："华北联大文艺学院到灵寿慰问一二〇师，突击创作演出《陈庄战斗》，因不熟悉战士生活，演出失败，战士、群众大部分中途退场。贺龙同志坚持看完剧，并热情挽留再做演出。崔嵬等同志连夜赶排《参加八路军》活报剧与《黄河大合唱》，第二天给部队演出，获得极大成功。"[2] 从两段记载可以看出，《黄河大合唱》在精神方面给人以动力，特别是在困

---

[1] 王剑青，冯健男．晋察冀文艺史．北京：中国文联出版公司，1989：501．
[2] 王剑青，冯健男．晋察冀文艺史．北京：中国文联出版公司，1989：501—502．

难时给人以鼓舞。

此外，《黄河大合唱》促进了山西抗日根据地歌咏活动的大规模发展。山西是民歌之乡，在根据地建立之后，歌曲创作成为音乐创作和发展的重要部分。《黄河大合唱》在根据地演出后，群众反响强烈，无论是哪个章节都能给大家留下深刻的印象。于是，根据地开启了合唱的序幕，越来越多的合唱作品在根据地上空响起，山西抗日根据地逐渐实现了从齐唱到合唱的跨越。《黄河大合唱》如同合唱的范式一般，推动了根据地合唱音乐的发展和歌咏活动的壮大。

《黄河大合唱》无论在创作的篇幅规模上，还是演出形式等方面，都体现出极高的艺术价值。它所采用的山西民歌素材，颇具中国气概；采用的合唱形式，具有群众性。二者的有机结合使之成为歌唱的巅峰作品，为其他抗日根据地音乐的创作提供了思路，打开了眼界，成为学习的标杆和典范。

（三）《歌唱二小放牛郎》：叙事歌序幕的开启

抗日英雄王二小1929年生于河北省涞源县。这里是八路军晋察冀抗日根据地，日本鬼子经常来此"扫荡"。二小是儿童团团员，总是一边在山坡上放羊，一边为八路军站岗放哨、传递情报。1942年10月25日（农历九月十六）早晨，鬼子又来"扫荡"，在山口迷失了方向，逼着二小给他们带路。为了掩护转移到山沟里的后方机关和几千名老乡，二小假装顺从地走在前边，把鬼子带到了八路军的埋伏圈里。四面八方枪声一响，敌人才知道上当了。惨无人道的鬼子用刺刀挑向他的胸口，把他摔在大石头上。八路军战士冲下山岭，全歼了这股鬼子。王二小因伤势过重，不幸牺牲，当时他只有13岁。

涞源县青救会的干部把二小的英雄事迹报告了边区，《晋察冀日报》一版讲述了二小牺牲的经过，广大群众无不为之感动。词作家方冰、曲作家劫夫创作了歌曲《歌唱二小放牛郎》，那如泣如诉、深情优美的旋律被到处传唱。

《歌唱二小放牛郎》共七段，采用叙事歌的体裁。该作品悠扬的旋律是在民歌《小放牛调》的基础上创作而成的，可以使人不由得联想到放牛娃的形象。小调的使用，使作品中带有悲凉的感情色彩，寄托着人们对抗日小英雄的哀思。作品中切分和后十六分音符节奏的使用多了几分活泼的感觉，再加上旋律的配合，使得地方小调的特色很鲜明。作品采用起承转合的四句体结构，虽然七段歌词用同一曲调反复演唱，但因曲调优美动听，感情容量大，使人回味无穷，因而不觉单调乏味。这首作品创作完成后，在晋察冀根据地快速传播开来，后又在其他地方广泛传播，直到现在仍是脍炙人口的经典佳作。

《歌唱二小放牛郎》创作于叙事诗盛行的抗战时期，将朴实接近口语化的歌词与抒情性的音乐相结合，用如同讲故事一般的口吻进行歌曲的表达。这一创作形式非常容易被群众接受，很快成为根据地军民们广泛传唱的歌曲。歌曲也成为各个宣传队演出的经典曲目，每次演出结束便能获得群众较大的反响，取得很大的成功，堪称典范。也正是因为如此，拉开了全国范围内关于叙事歌创作的序幕，成为其他文艺工作者创作借鉴的艺术样板。

（四）以抗战歌曲为主的音乐构成

在山西抗日根据地音乐中，抗战歌曲是主要组成部分，其数量远远大于其他音乐形式。以晋东南为例，在《抗战三年来的晋东南文化运动——晋东南文化界第二次代表大会上的报告提纲》中关于音乐美术的发展是这样写的："一、首先发现的成绩，是深入群众，在本区里，每个角落都可以听到歌声，无论妇女儿童，甚至于老头子、老太婆都能唱几个抗战歌曲，同时也说明了这些歌曲的大众化，一年来音乐上的成绩是颇为可观的。二、创作数量虽然无确切统计，但流行在民间的歌曲不下几百支，歌集数十种，许多村干部因为配合临时宣传动员的需要，将民间歌谣小曲改制，在每个县里，我们都可以听到他们自己编制出来的歌曲。"[1] 抗战歌曲呈大众化发展态势的同时，其创作已经与当地民歌相结合，并且数量到了无法统计的程度。

抗战歌曲数量众多，归结于其创作和传播速度快，传播范围广，可以不受时间、地点的影响，不受当地群众文化水平低的限制。抗战歌曲成为文艺工作者们来到山西抗日根据地最为青睐，也最适合当地民众的一种宣传动员形式。相比较而言，抗战歌曲在山西抗日根据地建立初期的创作比其他宣传形式要容易些。它不像美术那样对作画材料、地点、时间等有要求，也不像文学那样对创作者和欣赏者的文化水平有较高的要求，还不像戏剧、戏曲那样对演出场地、剧本内容、演出人员甚至是伴奏、服装等有要求，抗战歌曲初期的创作就是在现有民歌的基础上，保留原有曲调，填入新的歌词内容，只要能表达所指定的内容、朗朗上口即可。随着宣传进一步深入，当地许多群众加入到抗战歌曲的创作中，逐渐成为创作的主要力量。他们将自己熟悉的当地民歌、戏曲等元素融入抗战歌曲创作，填入新的抗战内容，在一定程度上大大促进了抗战歌曲数量的提升。

山西作为"民歌的海洋"，这里的居民自古以来就有唱民歌的传统与习惯。虽然是抗战时期，但是抗战歌曲能够激发根据地群众的演唱欲望，能够更快、更好地拉近中国共产党和广大群众之间的距离，在一定程度上团结可以团结的力量，共同抵抗日本侵略者，为救亡图存而努力。

文艺工作者们非常重视抗战歌曲在抗日根据地发挥的作用，所以抗战歌曲在整个抗战音乐中占据了重要的比重。此外，文艺工作者们还积极发挥山西其他音乐形式的作用，借助多种方式进行创作与宣传。道情、秧歌、小花戏甚至山西各地的民间曲艺，都成为当时山西抗日根据地文艺工作者们进行创作的素材与宣传形式，同时也是抗战歌曲之外的有益补充。

山西抗日根据地音乐以其独特的"魅力"唤醒民众团结起来共同抗击敌人，在山西抗日战争史上发挥着重要的作用。

---

[1] 山西省文学艺术工作者联合会. 山西文艺史料（第一辑）[M]. 太原：山西人民出版社，1959：23.

第一章　山西抗日根据地音乐形成的历史语境与历史意义

第三节 山西抗日根据地音乐的作用

山西抗日根据地音乐在宣传动员根据地群众参与抗日救亡运动、参加八路军抗击敌人、建立和巩固根据地政权建设等方面发挥着巨大的作用。如果没有山西抗日根据地音乐，根据地的宣传动员工作就不可能取得如此明显的效果。文艺工作者们的宣传工作难度会增加，宣传效果也会大打折扣。他们需要投入大量的精力宣传抗日知识，教百姓们识文认字，只有这样，根据地墙面的宣传标语、口号，印发的报纸、刊物，百姓们才能看懂，才能取得宣传的效果。他们还需花费大量的时间、精力对根据地群众进行抗日局势、敌人情况讲解等，群众对此类内容不易接受，并且认为听这些讲解会耽误干活，使得宣讲效果也达不到预期。我们常说"音乐无国界"，音乐对于抗日根据地的群众而言也是无界限的。它可以不受方言、曲调、文字、地域、时间、地点等条件的影响，随时随地成为大家沟通的一种方式，而且这种方式通俗易懂，能够在很短的时间内引起共鸣，因此是较为理想的宣传动员方式。正是因为有了山西抗日根据地音乐，才保障了根据地相关工作顺利进展；也正是在山西抗日根据地音乐传播的过程中，我们看到了它所发挥的重要作用。

一、有效传递中国共产党的集体意志

山西抗日根据地音乐是贯彻党的文化建设方针最迅速、最直接的艺术形式。1941年，北岳区军区政治部关于开展文艺工作的决定中指出："艺术是服从政治，为完成政治任务的一种有力工具。"1942年，"第三届艺术节宣传要点"提出："用我们艺术的力量瓦解敌伪、争取边区人民。"[1]坚持党的文化建设方针，就是要在中国共产党的领导下，及时有效地传递党的声音，建立起最广泛的统一战线，动员千万民众投身到抗日战争中，把日本帝国主义从中国赶出去。中国共产党集体的意志，借助歌曲等多

---

[1] 王剑青，冯健男．晋察冀文艺史[M]．北京：中国文联出版公司，1989：56—57．

种形式,通过表达不同的主题内容,让根据地群众浅显易懂地领会了党的精神,并很好地贯彻开来。

1.通过传播主题鲜明的抗日歌曲,让根据地群众坚定不移地拥护共产党、拥护八路军

拥护共产党

> 同胞们,大家快快听!
> 这件事,真是不能行。
> 顽固派进攻我领地,一心内战,
> 灭亡中国,要解散共产党,消灭八路军。
> 共产党,八路军,
> 毛泽东,朱德将军。
> 他是咱们的救命人,华北华南展开游击战,
> 建立了根据地,保护人民。[1]

歌曲在顽固派和共产党的对比中,鲜明地将共产党对百姓的恩情体现出来,浅显易懂地告诉群众要拥护共产党。歌词口语化,便于群众更好地传唱与识记、理解与感受。

爱护八路军

> 英勇的八路军,人民的子弟兵,
> 抗战八年整,屡次建奇功。
> 吃苦耐劳为的是老百姓,
> 军民互爱,甚似亲兄弟。
> 八路军大家都是一家人,
> 保国保家都有份,
> 爱护咱们八路军。[2]

---

[1] 朱容.拥护共产党[J].歌曲新编,1943(9):1.
[2] 维屏.爱护八路军[J].歌曲新编,1943(9):21.

第一章 山西抗日根据地音乐形成的历史语境与历史意义

歌曲题目直截了当地号召群众爱护、支持八路军,要传达的意思显而易见,更利于广大群众接受和领会。除此之外,还通过对共产党和八路军的赞美,让群众感受共产党和八路军一心为人民的良苦用心,使百姓坚定不移地跟党走。

八路军来了

青天呀蓝天,这样蓝蓝的天,
这是什么人的队伍上前线?
叫声呀老乡,听分明,
这个就是坚决抗战的八路军。
八路呀军(啦)爱护老百姓,
老百姓呀也要帮助八路军。
军民呀合作,大家一条心,
赶走那个日本鬼子享太平。[1]

这首歌曲在介绍八路军的同时,告诉大家要帮助八路军,要和八路军一条心。这种口吻更具有说服力,更能打动群众。

我是小八路

"小八路",别人亲切的这样叫我。
我愉快的接受。
我是小八路,我的责任并不轻,
我会宣传抗战的道理,
在舞台上汇演抗战的戏,
暴露日寇的罪行,汉奸的卑鄙。
我高声的歌唱,
颂扬八路军的英勇无敌。
锋利的笔尖下,

---

[1] 张桐. 八路军来了[J]. 歌曲新编, 1943 (9):18.

揭破坏蛋对八路军的破坏！造谣！侮蔑！

因为八路军为人民牟利，

不怕困苦的反法西斯蒂。

我是小八路，

我是个小宣传员，

坚定自己，鼓起小八路军的勇气，

不停地向前！[1]

歌曲以儿童的角度和口吻，让爱国群众了解了小八路的职责和任务，更重要的是宣扬了八路军是为人民谋福利的军队，提升了群众对八路军的信任和拥护。

2. 在战争不同的群体与环节中贯彻党的意志，有很多歌曲将抗战中党的主张进行了传达

在战斗中，部队、军人是党的意志的首要执行者。在执行的过程中，最基本的就是对部队纪律等的要求，许多军歌就是最直接的体现。

三十八军军歌

三十八军，三十八军，我们是铁的三十八军。

我们都有坚强的意志，我们都有胜利的信心。

不怕热，不怕冷，整日在和敌人拼。

东西跑，南北奔，到处消灭敌人群。

斗争！斗争！斗争！[2]

这不仅仅是三十八军的军歌，更是中国共产党对每一支军队的要求，是需要每一位军人始终牢记并遵守的纪律，是党的意志的重要体现。

山西青年抗战决死队第一纵队战歌

向前走，向后退，生死已到最后关头！

---

[1] 赵大纲. 我是小八路[J]. 西北儿童，1942（5）：101.

[2] 晓星，刘炽. 三十八军军歌[J]. 山西革命根据地，1987（4）：61.

第一章 山西抗日根据地音乐形成的历史语境与历史意义

> 同胞被屠杀，土地被强占，
> 我们再也不能忍受！我们再也不能等候！
> 亡国的条件，我们决不能接受！
> 中国的领土，一寸也不能失守！
> 同学们，向前走，别后退！
> 拿我们的血和肉，去拼掉鬼子的头！[1]

这首歌曲是原决死队一纵队第一支队指导员任雪峰同志回忆整理的。通过歌曲，我们可以看到这支队伍一心为国、拼死护国的决心和意志，同时也感受到党的意志对其影响的深厚，绝不亡国、绝不失守是每一个战士必须坚守的职责。

三大任务

> 前进，前进，同志们，为巩固根据地，战斗最要紧。
> 英勇不怕牺牲，艰苦奋斗团结紧。
> 杀敌人保护人民，不愧是子弟兵。
> 前进，前进，同志们，为巩固根据地，生产最要紧。
> 一切困难都不怕，莫忘我们是劳动人民。
> 多流汗，多节省，生活有保障。
> 前进，前进，同志们，为巩固根据地，学习最要紧。
> 艰巨的革命事业，干部准备好比资本，
> 多学习，有学问，领导有本领。[2]

歌曲从战斗、生产和学习三个方面，通过朗朗上口的歌词，让更多人明白了抗日过程中这三个方面缺一不可，也通过传唱，让更多的人意识到他们的重要性。而战斗、生产、学习，也正是中国共产党在指导抗日战争中重点关注的内容所在。

在抗战的过程中，民兵也是其中一支重要的战斗力量，在他们内部也会根据战争的形势需要编写一些歌曲进行党的主张的传播。

---

[1] 任雪峰. 山西青年抗战决死队第一纵队战歌[J]. 山西革命根据地，1988（4）:68.
[2] 刘光. 三大任务[J]. 歌曲新编，1943（9）:8.

规劝歌

皇协军的弟兄们呀,细听我来唱,

中国的抗战走向新阶段呀。弟兄们,

为什么甘心做牛马,来打自己的人呀?

你是中国人呀,我也是中国人,

咱们两家并无仇和恨呀。弟兄们,

调转你的枪口呀,瞄准监视你的人,

誓死打日本。

反叛变歌

抗战到了两年半,胜利在面前,

投降分子出了险,他想怎么办?

调动大兵来侵犯,进攻晋东南,

他想把咱们消灭完,他好当汉奸。

进步的力量总动员,团结铁一般,

要把投降分子消灭光,送他归西天。

打敌人咳,齐不隆冬呛,

反叛变咳,齐不隆冬呛,

遇外辱咳,齐不隆冬呛,

除内奸咳,齐不隆冬呛,

不怕苦来不怕难,最后的胜利属于咱!

属于咱!属于咱咳,齐不隆冬呛![1]

这两首歌曲都是民兵们在战火中口头创作的。1980年2月初,杜勇夫在霍县拜访民兵老英雄王连忠时记录下来。这两首歌曲一经传播,在八路军、决死队等部队中影响很大,后经文艺团体的加工和排演,很快在晋南、晋东南一带流传开来,在积极宣传党的精神,特别是对特殊群体的规劝、反叛变方面起了重要的作用。

---

[1] 杜勇夫. 两首抗战歌谣[J]. 山西革命根据地, 1987 (2):62.

3. 在战斗过程中,通过歌曲传唱让群众了解中国共产党抗战指导思想的具体要求

爱护根据地电线

中国反攻在眼前,日本鬼子心不安。

派出大批狗汉奸,混进根据地里探听我军情,割断我电线。

同胞们呀要知道,电话线呀好比是眼睛和耳朵,靠它真方便。

连消息呀通情报,鬼子"扫荡"先知道。

埋好地雷展开麻雀战,快站岗放哨保护电线。

嘿!大家留心捉汉奸![1]

歌曲的受众从战士逐渐转到了广大根据地群众,从对每个战士的要求扩大到对群众战斗意识的提升,可见我党在宣传工作方面的细密与周到。借助歌曲的传唱,群众逐渐意识到抗战的胜利要依靠每一个中国人,要有对敌人加强警戒、对战争物资爱护和保护的意识。看似不起眼的电线,却成为关乎战争胜利的重要物资之一。

工农兵学商一齐来救亡

工农兵学商,一齐来救亡!

拿起我们的武器刀枪,走!

走出工厂、田庄、课堂,到前线去吧,

走上民族解放的战场。

脚步和着脚步,臂膀靠着臂膀,

我们的队伍是广大强壮。

全世界被压迫兄弟的斗争,

是朝着一个方向。

千万人的声音高呼着反抗,

千万人的歌声为革命斗争而唱歌。

---

[1] 朱容. 爱护根据地电线[J]. 歌曲新编,1943 (9):21—22.

>我们要建设大众的国防,
>
>大家起来武装,打倒汉奸走狗,枪口朝外响!
>
>要收复失地,打倒日本帝国主义!
>
>把旧世界的强盗杀光!杀!杀!杀![1]

团结一切可以团结的力量,是我党在抗战过程中始终坚持的主张。抗战的胜利需要依靠我国各个阶层的群众方能成功,歌曲《工农兵学商一齐来救亡》就是对各个阶层人士积极参与抗战的宣传和动员。

4. 在抗战过程中,根据战争的形势将党的战斗决策与主张通过歌曲进行传播,在动员广大群众的同时,起到宣传和普及的作用

制止"剿共"内战

>我们是一个意志,有一个铁的决心。
>
>我们要坚持抗战到底,要争取灿烂的天明。
>
>是谁,在掀起反共的阴谋?
>
>是谁,在制造内战的祸根?
>
>是顽固派、特务分子这群反动的法西斯匪徒。
>
>我们要痛打这批毒虫,要坚决的反对"剿共"。
>
>制止内战,挽救中华民族的危亡![2]

准备反攻

>握紧手里的枪,两眼朝着前方看。
>
>东方已发白,晨鸡在叫唱。
>
>重重的乌云下,快涌现出太阳。
>
>赶走瞌睡忍受疲劳,任何动摇害怕都一定灭亡。
>
>抖起精神,积蓄力量,
>
>迎接一场剧烈的战斗在北国广大的平原上。[3]

---

[1] 任雪峰. 工农兵学商一齐来救亡[J]. 山西革命根据地, 1988 (4):72.

[2] 蒋弼词, 海啸曲. 制止"剿共"内战[J]. 歌曲新编, 1943 (9):1—2.

[3] 叔威词, 王干曲. 准备反攻[J]. 歌曲新编, 1943 (9):6.

第一章　山西抗日根据地音乐形成的历史语境与历史意义

反"扫荡"进行曲

我们勇敢活泼坚定顽强，

像早春的太阳守卫在华北的战场。

要是敌人向着我们进攻，给它一个反"扫荡"。

要是敌人向着我们进攻，让他们全部灭亡！[1]

以上歌曲根据战争发展的形势，有针对性地将抗战内容进行编写，在宣传党的指导思想的同时，让更多的群众了解战争形势，便于积极地配合，并建立必胜的信心。

空室清野

九月里来秋风凉，凶恶的鬼子来"扫荡"。

空室清野好办法，粮食用具要埋藏。

泥土门窗和柱梁，安排妥当山里藏。

鬼子来了扑个空，配合军队打胜仗。[2]

这是我党针对日军"扫荡"，在分析了山西抗日根据地特殊的地形后制定的行之有效的对策。提早把群众的一切物品全部转移到深山中并藏起来，让日军扑个空；等到敌人饥饿无力时，我们再进行反攻：这首歌曲就是当时党的主张的较好体现。

5．在抗日根据地建设中贯彻党的意志

在抗战过程中，前方战场需要传达和贯彻党的意志，后方抗日根据地的建设也需要贯彻执行党的方针。在山西抗日根据地，如何更好地进行宣传，必须了解宣传群体的特点：绝大多数是文化基础极为薄弱的农民。针对这一受众的特点，通过歌曲来传递党的各种主张是最为适合，也最直接、有效的一种传播方式。

---

[1] 黎沙词，路蕾曲．反"扫荡"进行曲[J]．歌曲新编，1943（9）：12．
[2] 黎城县八路军文化研究会，黎城县档案局．民族之魂[G]．长治：黎城印刷有限公司，2017：354．

生产歌

拿起锄头，担起粪筐，生产工作大伙忙。

你担筐儿去下肥，我拿锄头来开荒。

下肥不嫌大粪脏，汗水浇出好食粮。

努力生产，争模范呐咳哟，谁不劳动咳哟，没有饭吃呐咳哟。

努力生产，度过灾荒年，反攻胜利有保障。[1]

生产小调

春天里来好时光，王家大嫂在山岗，

手把着锄头把地耙，生产小调顺口唱。

早耕种来多打粮，耕种要趁好时光。

往年的耕种情郎在，今年奴家一人忙。

大嫂心里莫悲伤，王家大哥去何方。

莫非离家投军去？莫非得病睡在床？

情郎参加民兵去，太行山下打豺狼，

奴家不想也不伤，当兵救国最荣光。

大嫂说话理正当，大哥当兵大嫂在家忙，

多养鸡来多养牛羊，加紧生产在后方。

多种树来多种粮，生产工作加倍忙，

劳动英雄争模范，多打五谷充军粮。

好男儿上战场，好女生产在后方，

救国不分男和女，流血流汗都是为救亡。

救国不分前后方，大家一齐打东洋，

是男要学王大哥，是女要学王大嫂。[2]

歌曲描写了大家不怕脏不怕累，在一起生产劳动的场景。特别是歌曲以两个人一问一答的形式，将百姓的所思所想唱了出来，同时将党的

---

[1] 朱容.生产歌[J].歌曲新编，1943（9）:10—11.

[2] 菲庚.生产小调[J].怎样过春节，1942:22—23.

主张进行了传递,即积极进行大生产。歌曲倡导人们,无论男女发挥各自的作用,在前方或者后方为抗战作贡献。

山西抗日根据地在建立的过程中始终坚持党的抗战文艺路线,并将党中央对根据地抗战文艺的指示和要求迅速落实。具体举措有:由全国奔赴延安的进步文艺青年组成专业剧社、文化宣传队,以及文化干部、左翼音乐家等奔赴抗日前线、各个根据地,开展相关的抗日救亡活动。这些举措使山西抗日根据地在演唱抗战歌曲、宣传抗日救亡思想、开展救亡斗争等方面的工作,在短时间内取得显著成效,同时又通过各种方式很快传播到全国其他抗日根据地。山西抗日根据地作为全国抗日斗争的重点地区,在不断抗击日本侵略者的举措探索中,为其他抗日根据地提供了值得借鉴的经验。

整个抗日战争时期,山西抗日根据地的文艺工作者都是党的集体意志的传播者和党的文艺路线的执行者。在抗日战争的防御阶段,抗日根据地刚刚建立不久,根据地音乐的主要作用就是团结广大群众,建立统一战线,抵抗日本侵略者。从延安、红军队伍等传播而来的音乐成为党的声音的主要传递方式,当时流行的歌曲有:《松花江上》《义勇军进行曲》《抗日小调》《大路歌》《伏尔加船夫曲》《渔光曲》《三大纪律八项注意》《游击队之歌》等。这些音乐作品对团结民众、鼓舞士气起到了重要的作用。抗日战争的对峙阶段是山西抗日根据地音乐全面发展的时期,歌曲题材和体裁日益丰富,内容也逐渐多样化,特别是随着歌咏运动的发展,大量的合唱作品更是将全民抗日的热情推向了高潮。其中代表性的作品主要有:歌曲《狼牙山五壮士》《歌唱二小放牛郎》《少年进行曲》《子弟兵进行曲》《我们的子弟兵》《我们的乡村》,合唱《朝着列宁斯大林的道路前进》《黄河大合唱》《牺盟大合唱》等。[1] 这些音乐作品重在通过对战争中感人的英雄事迹以及人物的颂扬来唤起群众向英雄学习。英雄题材音乐作品

---

[1] 沈洋. 乐声随战鼓:1937~1945年晋察冀抗日根据地音乐研究[D]. 北京:中国音乐学院,2008:29—30.

的传颂拉近了群众与子弟兵之间的距离，筑牢了军民的鱼水之情，坚定了群众英勇抗敌的决心，巩固了根据地的抗日政权。在抗日战争的反攻阶段，山西抗日根据地的音乐创作也紧紧跟随着斗争形势的变化，成为彻底打败侵略者的嘹亮"号角"和根据地建设的"鼓手"。当时围绕拥政爱民活动、宪政活动、军民誓约运动以及民主选举运动而创作的歌曲有《拥政爱民公约歌》《宪政促进歌》《遵守军民公约》《认真选举》等，这些音乐作品的传播为抗日战争的全面胜利起到了重要的作用。[1]

二、服务于抗日根据地的全面建设

在山西抗日根据地建立和巩固过程中，抗日根据地音乐发挥出自己独特的优势，多角度、多方位地服务于根据地的全面建设。

1. 服务于抗日根据地的思想建设

日本侵略者想要在思想上对根据地民众进行奴化教育，他们歪曲侵略事实，教群众特别是妇女儿童学习日语、了解日本"文化"、教唱日本歌曲等，试图对根据地群众在精神方面进行控制。山西抗日根据地音乐在一定程度上能有针对性地抵制"奴化教育"，促进抗日根据地政权的巩固，在最大程度上团结动员群众共同抗日，不受日本侵略者的干扰和影响，让民众建立对中国共产党的信任。民国三十年（1941）2月5日《抗战日报》中《论抗日根据地的各种政策》一文提到，要普及和提高民众的抗日知识技能和民族自尊心，并明确指出了各种形式的宣传、各种政策的推行有利于增强民众反"奴化教育"的意识和能力，有助于提升民众在抗日战争中逐渐建立起民族自尊心和自信心。

山西抗日根据地音乐注重在中国传统节日进行演出和庆祝，重在唤起中国民众对祖国、对民族的热爱。

山西抗日根据地音乐有针对性地对不同年龄段、不同群体的民众进行对应的创作，尤为重视儿童、妇女的教育，创作并演出了很多歌曲等。

---

[1] 牛荣雁. 晋西北抗日根据地文化建设研究[D]. 临汾：山西师范大学，2014：12—13.

第一章　山西抗日根据地音乐形成的历史语境与历史意义

特别是在军民誓约运动中，创作了大量关于"五不誓约"的歌曲，力求通过歌曲传唱让妇女儿童能够感受深刻的爱国主义教育。

比如《解放的担子要自己担起》，这首歌曲主要是针对根据地的妇女同志们创作的。歌曲通过对当前形势的描述，给所有的妇女同志以信心，同时鼓励妇女同志要勇敢面对，共同担起解放的担子，成为抗战力量的一部分。

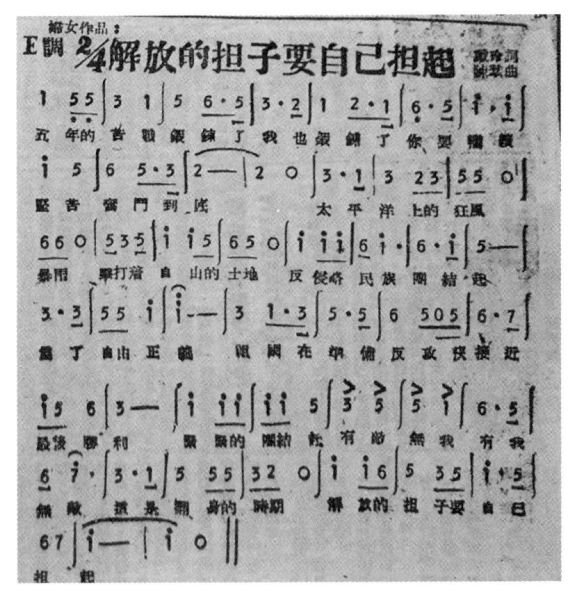

山西抗日根据地音乐还重视对汉语的推广，反对"日语普及"，通过歌曲传唱来加深民众对汉语的认识，唤醒民众对母语的热爱，力求从多方面加强对民族精神、民族文化和民族思想的继承和发扬。

2．服务于抗日根据地的政权建设

山西抗日根据地音乐作为根据地文化的推广形式之一，积极与军事动员、群众运动等一切能够推动、促进、巩固山西抗日根据地政权建设的实际工作相结合。同时，音乐的各种表现形式中融入了不同的主题，群众在接受过程中潜移默化地提高了觉悟和抗日意识。以当时的抗战歌曲为例，就出现了不同主题的歌曲。如孟县凤凰山的百姓在我军十九团的帮助下，成功从敌人手中解救了一千三百只羊，同时给予日本侵略者狠狠一击。为了赞颂十九团痛击日军的举动，激励孟寿地区广大群众的抗战热忱，编写了下面的歌曲："鬼子出发凤凰山，抢走羊只一千三，这下急坏小根全。小根全，莫哭喊，山上来了十九团，消灭鬼子一百三。"[1] 歌曲看似是对

---

[1] 寿阳县志编纂委员会．寿阳县志[M]．太原：山西人民出版社，1989：827．

凤凰山事件的描述，实则间接表扬了我十九团的英勇和一心为民形象，让群众了解军队的性质，让百姓更信赖八路军。

此外，还有邵子南、周巍峙创作的《李勇要变成千百万》和《李勇已变成千百万》，牧虹、卢肃创作的同名歌剧主题歌《团结就是力量》，曹火星创作的《没有共产党就没有新中国》，郑红羽、张非创作的《让地雷活起来》等代表性作品。众多作品通过不同主题的表达，让宣传动员更具针对性、精准性。如胡可、徐曙创作的《李勇变成了千百万》等反映的是对敌斗争的主题，王莘创作的《纺棉花》《战斗生产》、劫夫创作的《忘不了》则反映了军民鱼水情主题。

3. 服务于抗日根据地的经济建设

我党政权的巩固，不仅需要意识形态方面的宣传和动员，更需要发展根据地经济。山西抗日根据地音乐是意识形态的主要表现形式，在一定程度上促进了根据地经济的发展。它通过歌曲、歌剧、戏曲等形式的传播，使得根据地人民在抗日斗争中，在中国共产党的领导下，逐渐武装自己的头脑，从愚昧逐步走向科学。[1] 通过不断学习，他们不再期盼天公带来的风调雨顺，而是在中国共产党的带领下，依靠自己的力量，开渠引水来灌溉田地，使得农业产量大大提升。如皇甫束玉作词的《四季生产》，描述了一家人在春天劳动时的情景：

> 春天里来雨水稠，哥哥呀赶出两头黄牛，
> 爸爸呀摇耧我牵牲口，种高粱带小豆，
> 玉茭溜在地里头，小妹妹地堰边栽上绿豆……

昔阳民歌《生产忙》：

> 太行山上闹嚷嚷，军队生产忙，
> 扛起镢头背着枪，上山去开荒。
> 山上镢头响叮当，土地变了样。

---

[1] 路畅. 抗战时期革命歌谣的创作：以山西革命根据地为中心的考察[J]. 文艺研究. 2014 (1):66—67.

第一章　山西抗日根据地音乐形成的历史语境与历史意义

> 秃溜秃溜的山头上，穿上新衣裳。
> 军队多呀生产忙，事迹不平常。
> 减少人民的负担，度过大灾荒。[1]

歌中将军民一起大生产的情景描写得极为真实，反映了边区群众积极响应党的号召，纷纷投入到大生产中。

还有《春耕曲》《生产小调》《闹生产》等作品，同样真实反映了当时人民的生产劳动状况。妇女们掌握了大量关于农业、纺织业和其他副业的生产技能，使得根据地的生产力有了长足的发展。如《送军鞋》《纺线好》《爱英做军鞋》《纺棉线》《送棉衣》等歌曲，说明了当时妇女同志在纺织业等方面已具备的生产技能，并发挥出她们特有的优势，共同建设根据地，推动根据地经济的发展。山西根据地音乐不仅是记录当时生产劳动的载体，同时也是有力的动员、宣传工具，特别是歌曲《做军鞋》用五更调的形式展现了妇女同志做军鞋的情形。

做军鞋

> 一更里来起了风，我做军鞋点上灯，
> 耳听窗外风声烈，心中想起子弟兵。
> 二更里来雪花飞，我做军鞋还未睡，
> 针针线线情谊深，想起亲人劲加倍。
> 三更里来风搅雪，想起亲人手难歇，
> 风雪打得门窗响，赶做军鞋志如铁。
> 四更里来天未亮，手拿军鞋细端详，
> 拥军理当多出力，做好这双做那双。
> 五更里来雄赳赳，旭日东升太阳红，
> 腰里披上手榴弹，去送军鞋登路程。[2]

歌曲展现出妇女同志做军鞋的心理状态和军鞋的制作过程，一双双

---

[1] 任永福.生产忙[J].山西革命根据地，1987（1）:63.
[2] 佚名.做军鞋[J].山西革命根据地，1989（4）:71.

军鞋在五更的变化中最终送到了军人们手中。此歌曲深受妇女同志的喜爱，被广泛传唱，调动了更多根据地妇女同志拥军抗日的积极性。

纺棉花

月儿亮亮照窗上，奴家坐在纺车旁，

手摇车把嗡嗡响么哎哎，一天纺花七八两。

小小油灯长悠悠，坐近纺车不用愁，

梭儿穿得吱吱响么哎哎，年年穿上新衣裳。

纺得细来织得长，织成白布送前方。

名字登在报纸上么哎哎，你看荣光不荣光。[1]

歌曲从妇女纺棉花的角度，反映了妇女同志在根据地手工生产方面所做的贡献。通过歌曲的传播，提升了妇女同志为根据地生产、拥护八路军的热情。也正是因为根据地音乐的传播和教育作用，使根据地经济发展迅速。

山西抗日根据地的音乐，通过文艺团体、群众、军人们的传播，使根据地建设在不同方面都有了长足的进步与发展，有力地巩固了我党在群众心中的地位，为抗日战争的胜利奠定了坚实的基础。

三、丰富抗日根据地群众的精神文化生活

山西抗日根据地音乐在弘扬民族精神、培养民众抗战热情的同时，又在不断丰富、发展根据地民众的精神生活，是精神文化生活的有益补充。在政治宣扬和政府表彰之外，最有效的方式就是通过有民族精神的艺术形式来带动民众的抗日激情。张鸣认为："真正对乡下人的世界观起架构作用的应该是乡间戏曲、故事、传说、童谣、民谚、民间宗教的各色宝卷（已化为说唱艺术的一部分）等。"[2] "他们不再用低沉的小调来悲叹自己无告的生活，不再酗酒、赌博，变相的自杀，而是集合到广场上，在伟大的战斗之前，高声地合唱抗战进行曲。过去他们用秧歌祭献神灵，现在

---

[1] 佚名.纺棉花[J].山西革命根据地，1989（4）：71.

[2] 郑立柱.华北抗日根据地农民精神生活研究[M].北京：人民出版社，2014：79.

第一章　山西抗日根据地音乐形成的历史语境与历史意义

他们把秧歌舞与大炮、机关枪排在一列,用它为武器来夺取自己的命运。在生产、武装动员、普选等这种新生活中,人们也学会了写街头诗、写剧本、唱歌、演戏、画画了。"[1] 这段话真实再现了当时根据地民众丰富的精神文化生活,以及在从事这些活动之中体现出来的民族精神、抗战精神。

通过回顾边区过新年的场景,就能更直接地理解和体会根据地音乐如何通过多种形式来丰富边区人民的精神文化生活。新年期间,家家户户都到当地较大的场地集合,开始迎接新年的一系列活动。自发演出的内容也是丰富多样。大家如同约好的一般,同时来到广场上,此时,不仅广场上人头攒动,舞台上也开始热闹了起来。第一个节目是秧歌舞《新年乐》。[2] 通常这种形式出现在新年娱乐活动中,大家伴着音乐的律动,纷纷加入队伍,参与上场的人越多,越能凸显热闹的气氛。大家手中拿着自己制作的扇子或者五颜六色的绸子,远远望去就是一片彩色的天地。秧歌舞算是暖场,第二个节目是《新年大合唱》。大家自发地站在一起,在指挥的带领下共同高声歌唱,歌词如下:

　　咱们唱那个三十四年新年歌,恭贺大家生产多。
　　　牲口庄稼收成好,丰衣足食多快活。
　　　可该咱们好生活,好生活!

当合唱的第一段结束之后,会有锣鼓敲起来,大家跟着锣鼓的敲击声,再次扭起秧歌,形成一个队形。通常锣鼓的节奏是这样的:

　　×××× × / ×××× × / ×××× × / × × × //

当大家在锣鼓的伴奏下扭了一段时间后,紧接着继续演唱大合唱的第二段内容:

　　咱们唱那个三十四年新年歌,实行民主多快活,
　　　咱们要选举好政府,大家的事情大家做。
　　　人人自由笑哈哈,笑哈哈!

---

[1] 田间. 庆祝边区首届艺术节[N]. 抗敌报,1940-11-04.
[2] 佚名. 新年乐[M]. 太原:韬奋书店发行,1945:12.

咱们一伙儿大年初一一齐歌唱，只要跟上共产党，

一年更比一年强，男女老少喜洋洋。

拥护中国共产党，共产党！[1]

当大合唱结束后，快板会起，大家听着快板声，开始进行第二次扭秧歌。在扭动的过程中，还继续唱，歌词如下：

一家人吃的甜又香嗯唉呦，从今后咱们这里一天比一天强。

吃得饱穿得暖，粮食堆满仓，快快乐乐过呀时光嗯唉呦。

粮食多，庄稼强，大家都喜洋洋。多亏那好政府，给咱们出主张。

开荒互助，度呀灾荒，大家都要生产。过光景还要靠自己亲手干，

发展边区大呀生产嗯唉呦！[2]

秧歌随着歌声的结束而告一段落，这时又有新的形式登场了——用推花车的形式演出《送伤员》。在这部剧中，有人物、有剧情，人物主要有三个，分别是：推车人，男性，20多岁；拉车人，女性，扮演推车人的老婆，20多岁；坐车人，扮演成一名伤员，也是20多岁。其余就是群众演员，扮演慰劳队，在人数上要求越多越好。男、女演员分别演唱，中间还有对白。

女（唱）：叫声丈夫你细听，推车要小心。同志伤口震痛了，俺心不忍，哎嗨哟。同志伤口震痛了，俺心不忍。

男（唱）：叫一声老婆你放心，说明白道理咱就行。我保管叫同志不觉疼痛赶路程，又负责又耐心任务完成。

女（唱）：同志打仗受了伤，为的是咱老百姓。喂水喂饭屙屎屙尿好好照应，哎嗨哟。喂水喂饭屙屎屙尿，好好照应。

男（唱）：老婆你不必细叮咛，我自己心里知分明。老婆你用用劲，前面就是一树林，让同志在那里歇歇停停。

（对白）

---

[1] 佚名. 新年乐[M]. 太原：韬奋书店发行，1945:15—17.
[2] 佚名. 新年乐[M]. 太原：韬奋书店发行，1945:18—19.

第一章 山西抗日根据地音乐形成的历史语境与历史意义

齐唱：推车子上路快如风，加快脚步往前行。又快又稳不稍停，要送同志医院中。

女（唱）：军队打仗为人民，闹生产来闹养种。

男（唱）：帮咱修渠又修路，处处为咱老百姓。

女（唱）：八路军建设根据地，才有今天好光景。

男（唱）：八路军既然为咱们，就该帮助八路军。[1]

慰劳队边唱边入场：

（齐唱）：咱们大家组织起慰劳队。

（妇女）：叫声同志你听我言。

（老太太）：我也送你几个鸡蛋。

（村长）：我来给你带上红五星。

（齐唱）：望你医院好好休养。

（齐唱）：这些礼物交给同志表表咱的心。

（妇女）：这双鞋子送给你表表俺的心。

（老太太）：这叫你到医院保养你身体。

（村长）：感谢你光荣负伤为咱老百姓。

（齐唱）：伤口好身体强再去打日本。[2]

当大家齐唱结束后，新的形式出现——儿童歌舞。在此次新年演出中，排演的是《劳动生产》，用12个左权小调唱出全年生产的过程。用4～6名儿童表演生产劳动。

舞蹈用的旋律都是一样的，以"1 12 32 3 | 3 35 21 2 | 2 23 53 5 5 532 12 1"为准。

接下来就是儿童演唱的部分，采用唱和对白结合的方式：

春雨下罢天气晴，提起箩头去拾粪。

猪粪马粪和牛粪，一天拾了八十斤。

---

[1] 佚名. 新年乐[M]. 太原：韬奋书店发行，1945：19—20.
[2] 佚名. 新年乐[M]. 太原：韬奋书店发行，1945：21.

（对白）

　　　　担起卜篮去担粪，来来往往担得红。
　　　　左一堆，右一堆，把地上的满腾腾。

（对白）

　　　　扛起小镢头，赶快往地走。
　　　　刨了呀地边刨地头，埂边构一构。

（对白）

　　　　爹爹摇着耧，哥哥牵牲口，
　　　　姐姐呀把籽溜，俺去栽绿豆。

（对白）

　　　　手把锄头锄野草，锄得快锄得好，
　　　　庄稼长得高，唉唉哟，庄稼长得高。

（对白）

　　　　天不下雨地里旱，眼看庄稼快要枯干。
　　　　开渠呀，还是把水担。

（对白）

　　　　秋风起来天气凉，麦子发了黄。
　　　　玉茭结得肥又胖，眼看着收秋忙。

（对白）

　　　　镰刀磨得测喇喇，
　　　　哎呀老乡们，俺去地里割庄稼。

（对白）

　　　　割的割来扛的扛，军队民兵都来帮。
　　　　葫芦南瓜山药收回去，玉茭麦穗堆满场。

（对白）

　　　　秋把胳哥乡，咱姐妹去打场。
　　　　打了呀麦穗，还有高粱。
　　　　玉茭呀黄豆，小豆都打完，

第一章　山西抗日根据地音乐形成的历史语境与历史意义

还打麻头脑。

（对白）

你拿木杴去扬场，我拿扫帚来帮忙。
扫的扫来扬的扬，麦是麦来糠是糠。

（对白）

簸的簸来藏的藏，粮食扛在南山上。
藏得深来藏得好呀，不怕鬼子来抢粮。[1]

舞蹈、歌唱和对白的交叉结合，外加儿童生动的肢体表演，把边区一年四季不同的劳动场景真实地展现给每一位群众。积极向上的精神面貌，融洽的军民关系，丰收的成果，让更多根据地群众感受到军民团结共抗日寇的重要性，意识到自力更生搞生产的必要性。

通过上面不同节目的记录，足以想象当时边区庆祝新年的场景是何等的热闹。除了新年，根据地的元宵节或是其他传统节日也是如此。此外，还有重要的纪念日、活动等，文化生活也是如此丰富。

日军侵略山西以来，山西抗日根据地音乐肩负起唤醒民众、抗日救国的政治使命和任务。独具特色的山西抗日根据地音乐不仅将其传播的作用发挥到极致，更是将它作为宣传抗日民族精神的载体放大到极致。它创造了山西抗日根据地音乐传播的奇迹，为我们以后的音乐传播提供了宝贵的经验和值得深思的现实意义。

山西抗日根据地的音乐具有明确的传播目的，就是通过音乐活动的开展，联合更多的中国民众团结起来，共同奏响抗日救国的主旋律。它传播方式多样化，以抗战歌曲为主的大众化传播是其主要特点。它可以通过歌咏团体的组织和建立，在歌咏运动的过程中通过口头教唱、刊物印刷，特别是通过各类文艺工作者的演出和宣传工作，对根据地音乐进行全面传播。在山西抗日根据地音乐的传播过程中，根据地人民经历了被动接受—

---

[1] 佚名.新年乐[M].山西：韬奋书店发行，1945:17—18.

主动接受—成为积极的传播者这三个不同传播过程的转变。

第四节 山西抗日根据地音乐的历史意义

当山西境内打响了抗日的第一枪后，山西抗日根据地音乐在抗战过程中有了前所未有的发展，达到了未曾企及的高度。在中国面临生死危险的重要关头，山西抗日根据地的音乐像号角一般发挥着积极的作用，也在整个中国历史的进程中有着重要的意义。

一、山西抗战历史的记录

（一）记录了日军惨无人道的暴行

从古至今，我们习惯通过文字来记录历史。从司马迁的《史记》开启了中国人记录历史的脚步，到《汉书》《后汉书》《三国志》《晋书》《宋书》《南齐书》《梁书》《陈书》《魏书》《北齐书》《周书》《隋书》《南史》《北史》《旧唐书》《新唐书》《旧五代史》《新五代史》《宋史》《辽史》《金史》《元史》《明史》，共同构成了"二十四史"。当然，我国的史书不仅仅止于以上，按分类、断代等不同的划分还有很多。但是，通过音乐记录历史的形式却较为少见，更何况是在短短几年就能够创作出大量的作品。

纵观山西抗日根据地的音乐，抗战歌曲占据很大的比重。在众多的歌曲中，我们可以通过歌词去了解当时的历史，特别是日军残暴对待我根据地同胞的历史。左权民歌《逃难》中这样述说：

> 家住左权县呀，南乡庄则村，
> 日本鬼子侵略我国，不得安宁。[1]

歌词中说出了根据地人民面对日军侵犯不得不出逃的无奈。在左权民歌《八路军日本鬼不一样》中，这样描述日本侵略者：

---

[1] 左权县文化馆. 桃花红 杏花白[M]. 北京：新星出版社，2004：147.

第一章 山西抗日根据地音乐形成的历史语境与历史意义

> 撵鸡打狗找姑娘，杀人放火又抢粮，
> 张牙舞爪像疯狗，八格呀路打洋枪。[1]

歌词形象地将日军进村"扫荡"的样子以及所做的坏事说了出来。黎城民歌中同样也有着类似的记录，《血泪仇》的歌词是这样的：

> 大同府呀嘛哎偶哎，九龙壁呀嘛啊偶啊。
> 你看日本鬼子呀嘛啊偶啊，真凶狠呀嘛啊偶啊。
> 抢我城呀嘛哎偶哎，杀我娘呀嘛啊偶啊，
> 多残忍呀嘛啊偶啊。
> 小孩子呀嘛哎偶哎，老头子呀嘛啊偶啊，
> 来报信呀嘛啊偶啊。"[2]

另一首民歌中是这样唱的：

> 九月里来秋风凉，日本鬼子狠心肠；
> 烧咱房来抢咱粮，无辜百姓遭了殃。
> 烧死金文、水昌十二个，
> 打伤五十亩小焦他娘……
> 罪难受啊哭断肠，无人种地怎打粮？[3]

这首民歌详细记录了1941年秋，日军"扫荡"源泉、北寺底、五十亩一带时发生的事。源泉村村民王金文、朱水昌等12人为了躲避日军，藏在了寨沟老石窟中，不料被日军发现后用柴草堵住洞口，放火活活烧死。同时，日军把抓住的村民都集中起来用机关枪进行扫射，有的用刺刀活活挑起来刺死。

昔阳民歌《西峪恨》中，将西峪村遭受日军蹂躏的罪状说了出来：

> 昔阳有个西峪村，常被敌蹂躏。
> 十一月十九更凶狠，杀死咱三百多人。
> 呀嘿，你看恨不恨。

---

[1] 左权县文化馆. 桃花红 杏花白[M]. 北京：新星出版社，2004：164—165.
[2] 黎城县八路军文化研究会，黎城县档案局. 民族之魂[G]. 长治：黎城印刷有限公司，2017：323.
[3] 黎城县八路军文化研究会，黎城县档案局. 民族之魂[G]. 长治：黎城印刷有限公司，2017：328.

> 日本强盗真毒辣，到处大烧杀。
> 只有民兵组织好，才能保卫咱。
> ……[1]

仅仅一个村，在一天之内就被敌人杀死三百多人，让多少家庭处于悲惨的境地。这种灭绝人性的行为令人发指，这种对敌人的仇恨将永远铭记。

为了更快、更好地让当地群众牢牢记住敌人对我们犯下的罪行，利用当地群众熟悉的曲调编纂歌曲就成为当时根据地文艺工作者采用的有效方式。如《六六事变歌》就使用了绣荷包调，将敌人在六六事变中的所作所为通过歌曲的形式唱了出来，很快在群众中间流传：

> 晋南中条山，山高实可观。
> 日本鬼来进攻，大炮响连天。
> 六六大事变，鬼子犯条南，
> 野山炮打到了陕州城南关。
> 枣儿一片黄，农民正收忙，
> 不料想鬼子兵打到咱家乡。
> 人民去逃难，逃难实可怜，
> 男女都逃在一迎沙口滩。
> 鬼子太野蛮，山沟齐抢遍，
> 又烧杀又强奸，真真太欺天。
> 六七那一天，血染沙口滩，
> 可怜我军和人民，尸骨堆如山。
> ……[2]

控诉日军罪行的民歌在短时间内遍布山西各个根据地，有襄汾民歌《鬼子真可恨》、方山民歌《日本鬼子真是坏》、兴县民歌《日本侵略者

---

[1] 任永福.西峪恨[J].山西革命根据地，1987 (3):63.
[2] 佚名.六六事变歌[J].山西革命根据地，1987 (4):61.

真可恨》、阳泉民歌《日本鬼子真凶狠》、和顺民歌《日军侵华罪滔天》等，不同的歌名却都表达了日军的凶残这样同一个内容。

此外，借助其他音乐形式进行日军罪行的控诉也较为常见。在垣曲抗日歌谣《赶走日本狗强盗》中这样写道：

> 日本鬼子的大炮，轰毁了我们的家。
> 枪杀了爸爸，又拉走了亲爱的妈妈。
> 叫爸爸也不答应，叫妈妈也不闻。
> 破庙里挤满了我们一群可怜的难民。
> 哭一声死去的爸爸，叫了声没有信的妈！
> 哪一年、哪一月才能回到我们的老家。
> 哭也没有用处，快参加抗日军，
> 打走了日本狗强盗才是我们的光荣。[1]

歌谣从一个受难孩子的视角，说出了大家被日军侵略后家破人亡、无处安身的悲苦境地。歌词真实地将日军的卑劣行径反映了出来，更加激起了根据地群众想要参加抗日为家国报仇的勇气和决心。

著名的《血泪仇》，通过眉户、话剧、说唱等不同形式搬上了舞台，抗战题材的内容融入到群众喜爱的形式和熟悉的曲调中，一经演出便得到根据地人民的强烈反响。

（二）记录了军民抗战的历史

目前的山西抗日根据地音乐作品，如果按照时间顺序贯穿始终，则能形成一部令人振奋的军民抗战历史。军队在前线英勇杀敌，群众在后方积极支持与援助。军爱民，民拥军，军民团结合作的场景通过音乐作品展现在我们眼前，让我们从另一个角度了解根据地群众积极参军、拥军，共同抗日的历史。

---

[1] 车仁杰. 赶走日本狗强盗[J]. 山西革命根据地，1989（4）:71.

哥哥参加八路军

正月里来正月正,哥哥要参加那个八路军。

八路就把炮楼来攻,哎咯哟哟,快快报名参加八路军。

二月里来月如钩,敌人进来要拉牲口,

先拉毛驴后赶牛,哎咯哟哟,然后把鸡提上走。

三月里来三月三,哥哥他扛了一挺轻机关。

队伍开到娘子关,哎咯哟哟,单等哥哥书信还。

四月里来四月八,我给俺哥哥做衣服,

做好衣服前线上送,哎咯哟哟,哥哥穿上把鬼子杀。[1]

歌曲运用了山西民歌常见的形式,通过对正月到四月的回顾,让我们感受到一对积极支持抗战的小恋人舍小家为大家的情怀,以及一心想要杀敌的决心。这正是当时山西抗日根据地群众积极参军的典型缩影。

欢送战士

战鼓咚咚,红旗飘扬,战士们好威武。

我们在此立定敬礼,唱歌联欢送。

送你们到前方去,反击日本强盗的进攻;

送你们到前方去,消灭日本强盗的威风。

瞄准方向,勇敢地冲冲冲去。

杀敌人杀杀杀完,抗战胜利方乐融融。[2]

根据地群众敲锣打鼓地送亲人去前线,可见大家对中国共产党的支持和想要把日本侵略者赶出去的决心。

抗日小剧《劝郎参军》片段

男:大道理,小道理,大小道理我懂得,虽然革命为自己,不如在家守着你。

---

[1] 佚名.哥哥参加八路军[J].山西革命根据地,1987(1):46.
[2] 黎城县八路军文化研究会,黎城县档案局.民族之魂[G].长治:黎城印刷有限公司,2017:324.

女：糊涂糊涂你真糊涂，你真是个糊涂虫，大敌当前不爱国，在家守着老婆转炕头。这个思想你不转变，咱俩区上去分手。

男：不对不对是我不对呀，明天我就参军去。[1]

这部抗日小剧，很真实地反映了当时群众的内心：从最初的待在家还是参军的矛盾与纠结，到经过家人的劝说，意志坚定地去参军的心理过程，反映出山西抗日根据地群众较高的政治觉悟以及对中国共产党的无比信赖。

反映同样内容的歌曲还有：

送俺男人打日本

送了一程再送一程，大批队伍快步前行。

十七八那闺女你来做啥？送俺男人去打日本。

送了一程再送一程，瞧不见哥哥就转回家中。

十七八那闺女你来做啥？送俺男人去打日本。[2]

在传统的民歌风格中，敌人抢夺百姓的罪行、百姓对敌人的憎恨以及鼓励支持亲人参军杀敌的心理被真实地刻画出来。

以参军为主题的抗战歌曲依然普遍存在于山西各个地方。屯留民歌《送郎去参军》、阳曲民歌《送郎参军》（下棋调）、兴县民歌《送夫参军》、寿阳民歌《送哥哥》、阳泉民歌《三哥哥吃了八路军的粮》、静乐民歌《妈妈让我当兵去》、武乡民歌《参军请茶歌》等，数不清的音乐作品真实记录了山西抗日根据地群众在党的文艺工作者的宣传动员下，积极响应党的号召自愿参军的情形。

家中的壮劳力去参军，其他人在后方也通过各种形式积极支持抗战工作。黎城民歌《模范兄弟》就有这样的记录：

哥哥当兵打东洋，弟弟务农保家乡，新中国有希望。

---

[1] 黎城县八路军文化研究会，黎城县档案局. 民族之魂[G]. 长治：黎城印刷有限公司，2017：339—340.

[2] 岳斐文，梁红一. 抗战中的图与歌[J]. 山西档案，2005（3）：47.

>   前线的人马强又壮，后方的粮食用不光。
>   为了抗战，为了解放。
>   你好好在后方生产，我勇敢去前方打仗。
>   把那凶恶的日本帝国主义，打死在中华大地上。
>   建立起新中国，像铁一样硬，钢一般强。[1]

哥哥在前线奋勇杀敌，弟弟在家拼命劳作以支援前线粮食，这正是山西抗日根据地千千万万个家庭的真实写照。

在黎城民歌《男耕女织》中，又记录了另一种场景：一大家人，无论男女老幼全部积极劳动，尽自己的能力去支援前线，只为让前方的战士能够有粮吃、有衣穿。

>   开荒啊开荒，前方的将士没有军粮；
>   织布呀织布，前方的将士没有衣裳。
>   大嫂嫂，老爸爸，丈夫和娃娃，不要惦记他呀。
>   我们努力耕织，不少他们穿吃，打败鬼子好回家呀。
>   我们努力耕织，不少他们穿吃，打败鬼子好回家呀。[2]

在党的领导和号召下，山西抗日根据地群众从一个家庭自发去支持前线，逐渐发展为轰轰烈烈的大生产运动，黎城石板区的几首歌曲就足以让我们感受到当时人们生产劳动的热闹场面。

《十杯茶》片断

>   一杯茶敬给我的爹，我去抗战爹种田，叨啦叨来咪索咪来叨啦嗦；
>   二杯茶敬给我的娘，我去抗战娘纺花，叨啦叨来咪索咪来叨啦嗦；
>   三杯茶敬我的哥，我去抗战哥打柴，叨啦叨来咪索咪来叨啦嗦；
>   四杯茶敬我的姐，我去抗战姐做军鞋，叨啦叨来咪索咪来叨啦嗦；
>   五杯茶敬我的妹……[3]

---

[1] 黎城县八路军文化研究会，黎城县档案局．民族之魂[G]．长治：黎城印刷有限公司，2017：322．

[2] 黎城县八路军文化研究会，黎城县档案局．民族之魂[G]．长治：黎城印刷有限公司，2017：339—340．

[3] 岳斐文，梁红一．抗战中的图与歌[J]．山西档案，2005（3）：49．

第一章　山西抗日根据地音乐形成的历史语境与历史意义

在中国共产党的领导下，在文艺工作者的积极动员中，山西抗日根据地的人民在思想上也逐渐发生了变化。虽然过去长期存在的封建思想还未彻底消除，但是已经有一部分群众向进步和文明迈出了第一步。特别是一部分妇女同志，能够大胆地摆脱封建束缚，在大生产运动和抗日战争中发挥自己的作用，尽自己所能贡献力量。她们不仅积极鼓励和支持自己的情郎或者爱人参军去前线打敌人，同时也不忘积极投入到后方的拥军工作中发挥自己的所长。

拥 军

大批男人前线去打仗，难道我们妇女们无主张？
后方那工作咱来当！
组织妇女缝袜洗衣裳，将士们穿上才能打胜仗。[1]

翻身歌

过去是妇女们（嗯）活得不如意，婚姻不能自做主，强迫买卖成婚。
过去是妇女们活得不如意，媒人为了嘴，爹娘要彩礼，闺女受了罪！
现在的妇女们，已经翻了身。国家大事都能办，男女讲平等。
男人十八岁，女人十六整。咱俩人情愿订了婚，不用介绍人。[2]

小脚难受

张大娘，李二嫂，两只小脚像辣椒。
地不能种，水不能挑，走起路来牙儿呅。
在家能做饭，出门靠大家。
放足好，放足好，放足才能把生产搞。[3]

黎城民歌《翻身歌》和《小脚难受》唱出了根据地女性对婚姻自由的向往以及对放脚的渴望。

---

[1] 佚名.拥军[J].山西革命根据地，1987（1）:46.
[2] 黎城县八路军文化研究会，黎城县档案局.民族之魂[G].长治：黎城印刷有限公司，2017:325.
[3] 黎城县八路军文化研究会，黎城县档案局.民族之魂[G].长治：黎城印刷有限公司，2017:326.

抗日战争的历史，也是农民文化普及的历史，更是妇女同志重获新生的历史。这段历史，让更多的妇女走上了学文识字的道路；这段历史，让妇女走上了男女平等的道路；这段历史，让妇女认识到自己的优势，在抗战中发挥着各种重要的作用。抗日战争中，伟大的中国共产党给万千处于苦难中的妇女带来了希望和福音，是值得纪念的一段历史。

妇女站岗

四更五点钟，太阳往上升。奴家去站岗，盘查行路人。

忽听脚步响，来了一个兵，穿军服，戴军帽，好像自己人。

同志哪部分？（答）我是八路军。在前线打胜仗，回家探亲人。

他说八路军，我可不放心！路条拿出来，小奴看分明。[1]

这首歌谣，颠覆了之前对妇女的约束与认识。原本以为只能围着锅台转的妇女，也可以在抗战中担任站岗盘查的任务。通过传唱这首歌，更多的妇女同志勇敢地站出来，积极参与到抗战中，为早日打败日寇贡献自己的力量。

与此同时，在山西抗日根据地的其他地区也看到了关于男女平等内容的歌曲。

反对买卖婚姻歌

第一反对坏妇女，结婚为了要东西；

只顾眼前巧打扮，将来自己害自己。

第二反对坏男人，拿上大洋买女人；

大洋花了一千三，全部家当踢弄空。

第三反对坏媒人，专门包办说婚姻；

为了吃人一顿饭，花言巧语欺骗人。

第四反对坏家长，拿上闺女做买卖；

闺女受罪你享受，想想应该不应该。

---

[1] 车仁杰. 妇女站岗 [J]. 山西革命根据地，1989（4）:71.

第一章 山西抗日根据地音乐形成的历史语境与历史意义

众位同志和姐妹，买卖婚姻要反对；

实行政府新法令，谁要破坏反对谁。[1]

歌曲从四个方面对买卖婚姻作出指责，唱出了妇女同志多年来在婚姻中的悲惨境地。定襄民歌《离婚》、翼城民歌《离婚小调》、襄汾民歌《离婚歌》、武乡民歌《快给俺写上结婚书》、临县民歌《自由结婚》、陵川民歌《自由结婚小调》、左权民歌《反对买卖婚姻》等也反映出对买卖婚姻的态度。

此外，在这段历史的记录中，关于军民战斗内容的歌曲也很多。有的记录战争场面，有的记录某次重要的战役胜利，有的纪念某位将军，有的赞美某个英雄……无论是何种内容，都与抗击日本侵略者有关。这部分内容最能鼓舞和打动人，更能激起人们想要和敌人拼到底的斗志和决心。

黄崖洞大战

鬼子毒辣又凶狠，调兵进攻黄崖洞；

鬼鬼祟祟往前行，结果碰了一个钉。

出潞城，到西井，到处碰到地雷阵；

大战坚持了好几天，那里又遇正规军。

两班人守黄崖洞，数千鬼子来进攻；

大战坚持了好几天，两班拼了两千人。

十四团来更勇敢，曹庄打了个伏击战；

给了个鬼子猛不防，人马死了一大半。

送子弹，送干粮，民兵配合真适当，

这场大战真漂亮，粉碎鬼子大"扫荡"。[2]

---

[1] 佚名.反对买卖婚姻歌[J].山西革命根据地，1990（2）：37.
[2] 黎城县八路军文化研究会，黎城县档案局.民族之魂[G].长治：黎城印刷有限公司，2017：331.

黄崖洞抗日民歌四首

（一）

工人军人山里人，现在都是一家人。
为了打击小东洋，血肉相连亲又亲。

（二）

鬼子来了我出山岗，鬼子溜了我回工厂。
挖出机器造枪炮，狠狠打击小东洋。

（三）

大地雷，小地雷，交通要道全布齐。
不管鬼子从哪来，路上都坐土飞机。

（四）

掷弹筒，威力大；鬼子躲，汉奸怕。
轰隆一声就开花，炸得强盗回老家。
咱们兵工要多造它。[1]

为了保证我军有足够的弹药，在太行山的黄崖洞曾建立了我八路军的第一个兵工厂，所以这里就成为日军极为关注的地方，保卫黄崖洞对于我军而言极为重要。以上两首黎城民歌，生动记录了黄崖洞战役的情形，让我们在感受战斗重重困难的同时，也体会到了战争胜利后的喜悦。

右玉抗日民歌二则

（一）

红红的太阳照窗头，越思越想越发愁。
想来想去无路走，一心儿要去抗日寇。
抗日工作真正好，汉奸走狗消灭了。
日伪政权全推倒，杀尽日寇把国保。

---

[1] 黎城县八路军文化研究会，黎城县档案局. 民族之魂[G]. 长治：黎城印刷有限公司，2017：331—332.

第一章　山西抗日根据地音乐形成的历史语境与历史意义

(二)
(男唱) 国家兴亡事，匹夫能无责？
　　　　投笔去从戎，红颜何所托？
(女唱) 打起黄莺莺，莫在树上鸣，
　　　　鸣时惊我梦，不能随郎行。
(男唱) 饥餐日虏肉，渴饮倭寇血，
　　　　凯歌归来日，相泪叙离别。
(女唱) 妻子手中线，郎儿身上衣，
　　　　临行缝密密，望君早日归。[1]

记录其他战役的歌曲还有：定襄民歌《攻打史家岗》、阳泉民歌《平定西庄大惨案》、和顺民歌《羊蹄洼惨案》、左权民歌《七七事变》等。

下面的黎城民歌《黄崖洞英雄赞》则从另一个角度去记录这段历史。这首歌是一二九师先锋剧团在庆祝黄崖洞保卫战胜利晚会上，由胡迦陵演唱的一首赞歌。

黄崖洞英雄赞

谁怕冷风，谁怕冷雨，谁怕那雪花儿纷飞！
勒住我们的战马，看一看黄崖洞边的血迹，数一数黄崖洞边的尸体！
黄崖洞是我们的！黄崖洞是我们的！
我们的英雄们在这里写下了英雄的诗篇！留下了光荣的记忆！
鬼子们，都狼狈逃窜！
我们是太行山的儿女！
我们歌唱：我们的英雄们，给侵略者以打击。
我们是太行山的儿女！
我们歌唱：黄崖洞是我们的！黄崖洞是我们的！
我们的，我们的，我们，我们的！[2]

---

[1] 高星炎. 右玉抗日民歌二则 [J]. 山西革命根据地，1991 (4):62.
[2] 黎城县八路军文化研究会，黎城县档案局. 民族之魂 [G]. 长治：黎城印刷有限公司，2017:335.

赞美、纪念类的歌曲还有很多，如临县民歌《朱总司令丰功伟绩山高水长》、沁源民歌《人民最爱子弟兵》、兴县民歌《共产党是咱救命人》《贺司令员好英雄》、左权民歌《感谢共产党》《纪念烈士歌》、文水民歌《歌唱英雄刘胡兰》、芮城民歌《跟着共产党幸福长》、太原民歌《要找恩人八路军》等。

歌唱刘师长

我们在欢笑在歌唱，歌唱着我们敬爱的刘师长。

刘师长是时代的健将，他领导我们战斗前进，向胜利的方向。

人人称呼他救星，个个称呼他太阳。

我们在欢笑在歌唱，歌唱着我们敬爱的刘师长。

在他天才的创造下，敌后的大小村庄变成了铜壁铁墙。

在他英明的领导下，全边区的军民都在前进，向新中国的方向。[1]

人们用歌曲的形式来赞颂人人爱戴的刘伯承师长，将人们心中的话语化作歌词说了出来，更好地表达了群众的心声。诸如这样的赞歌还有之前提到的《左权将军》等。

在抗日过程中，还有许多赞美从群众中涌现出的先进模范的歌曲。

歌唱王凤祥

塔寺青年王凤祥活跃又勇敢，他是咱们武委会的民兵指导员。

他对抗日工作积极又热情，领导民兵上回马拆了哨棚。

为了保卫根据地坚决打敌人，打得鬼子和汉奸不敢进村。

盘查户口禁毒品去送情报，起早搭黑打晌午吃苦耐劳。

不幸正月二十三天明四点钟，特务汉奸引鬼子包围了塔寺村。

王凤祥为国又为民，坚决顽强不屈服光荣牺牲。

叫声民兵同志们人人要牢记，学习英雄王凤祥杀敌立功劳。[2]

---

[1] 赵静，朱容. 歌唱刘师长[J]. 歌曲新编，1943（9）:20.
[2] 佚名. 歌唱王凤祥[J]. 山西革命根据地，1990（2）:37.

第一章　山西抗日根据地音乐形成的历史语境与历史意义

抗日英雄武克鲁

武克鲁家住祁县夏家堡，他在祁县中学念过书。

自从鬼子进了祁县城，他就坚决参加抗日军。

参加牺盟会与顽固斗争，成立游击队建设独立营。

英勇杀敌人，活泼人人敬，他是祁县人民中的好样人。

克鲁今年二十四岁正，县长营长他担任。

精明强悍人人信，他是好县长第一任。

六月六鬼子又行凶，克鲁神岭附近光荣献身。

牺牲为的是咱老百姓，咱们与他报仇恨。

乡亲父老要记清，克鲁爱国爱人民。

他是咱们的好英雄，伟大精神万古传。[1]

有"奇袭王"之称的祁县县长兼独立营营长武克鲁，在与敌人对抗中光荣牺牲，年仅24岁。他生前就深受群众爱戴，牺牲后大家为了纪念他，经常会唱起"克鲁歌"。这首歌曲不仅是群众怀念之歌，更是群众奋勇杀敌、救亡图存的激励之歌。

还有很多像王凤祥、武克鲁一样的英雄，他们中有的虽然是无名英雄，但他们的流血牺牲，他们为抗日胜利作出的贡献，通过歌曲等形式的传播，让许多人牢牢记在心中。脍炙人口的《歌唱二小放牛郎》等歌曲，就是很好的例证。

山西抗日根据地音乐以不同的方式、不同的视角，全方位记录了山西抗日战争的历史，用其特有的表达，让人们直观、生动地了解这段历史，并永久流传。

二、山西民间音乐的传承

山西取之不尽用之不竭的民歌素材，极大地丰富了山西抗日根据地音乐的创作。特别是在抗战歌曲的创作中，抗战民歌成为亮点。宁武民歌

---

[1] 郝仙槐. 抗日英雄武克鲁[J]. 山西革命根据地，1986（2）:66.

《练兵忙》、左权民歌《百团大战》、沁源民歌《周西岭战斗》、武乡民歌《粉碎九路围攻》、屯留民歌《三天打下老爷山》、平顺民歌《石雷歌》、河曲民歌《军民合作打敌人》、临县民歌《慰劳八路军》、襄汾民歌《做军鞋》、稷山民歌《站岗放哨》、潞城民歌《站岗放哨》、昔阳民歌《放哨》、静乐民歌《组织放哨》、沁水民歌《互助队》、保德民歌《闹生产》、长子民歌《努力搞生产》、交城民歌《纺花歌》、万荣民歌《纺棉花》、忻县民歌《织手巾》、太原民歌《要找恩人八路军》、阳高民歌《调兵》、运城民歌《情哥哥参军我等着》、夏县民歌《跟着共产党不变心》、永济民歌《共产党的恩情长又长》、芮城民歌《跟着共产党幸福长》、灵丘民歌《灵丘城大惨案》、定襄民歌《劝郎参军》等，用不同地区的民歌素材创作出的具有独特地域特点的抗战民歌，几乎遍及山西所有的抗日根据地。

打落敌机赞歌

王八来的巧，王八来的妙，日本鬼子的飞机轰炸我同胞。

四十六旅机关炮，把它尾上瞄，飞机尾朝天，屁股冒了烟。

飞机尾朝天，屁股冒了烟，刹那间落到了令狐三村黄河滩。

军民齐向前，活捉了驾驶员，四十六旅击毁日机美名天下传。[1]

这首抗日歌曲，在曲调上使用了当地的绣荷包调，在歌词方面通过使用当地方言，让演唱时每一句歌词都朗朗上口，通俗易懂地让大家明白了四十六旅击落敌人飞机的英勇事迹。

十二月小唱

正月北风凉呀，开会过新年，

今年和往年，可是不一样呀，

到处里救亡的旗帜飘扬呀，

大家参加决死队，努力求解放呀！

---

[1] 佚名.打落敌机赞歌[J].山西革命根据地，1987（4）:61.

第一章　山西抗日根据地音乐形成的历史语境与历史意义

二月里雪花飘呀，鬼子攻晋南，
韩信岭上天天演血战呀，
咱们呀，决死队全体集合呀，
唱起那个出发歌，上呀上前线呀！
三月冰雪消呀，半夜雨飘飘，
英勇的战士破坏同蒲道呀，
配合晋南和晋北，鬼子们走不了呀！
四月春风暖呀，满山桃花香，
明月照汾河，真正好风光呀，
过了河，每天呀都打胜仗呀，
烧坏汽车几十辆，群众都称赞呀！
五月里太阳红呀，好比大火盆，
国耻和惨案，行动来纪念，
决死队，开一个运动大会呀，
军政体育都竞赛，个个逞英雄呀！
六月天气长呀，麦子黄又黄，
到处的老百姓，又忙又喜欢呀，
怕的是，野田的鬼子呀，
咱们组织割麦队，老百姓来帮忙呀！
七月到"七七"呀，心头浇热血，
加紧来保卫武汉大西北呀，
扩大着，四五个新编总队呀，
巩固太行根据地，铜墙铁壁般呀！
八月中秋节日，家家来团圆，
眼看那五谷，丰收在眼前呀，
老百姓，又怕又喜欢呀，
大家组织护秋队，军民团结紧呀！
九月到十三呀，鬼子出清乡，

"三光"那政策呀，抢粮又烧杀呀，
咱们呀，配合部队来作战，
保护太行区，巩固根据地呀！
十月天气凉呀，鬼子心胆寒，
北局呀下指示，整军迎新兵呀，
一二九，扎根太行区呀，
刘、彭指挥来作战，消灭国民党呀！
十一月下大雪呀，鬼子发了愁，
到处设地雷，传单城内飞呀，
老百姓，歌唱八路军游击队，
鬼子远闻声，草木皆是兵呀！
十二月迎新年呀，战士们心欢喜，
随军文工团，来到咱住房呀，
祝你们，到处打胜仗呀，
军民携手来庆祝，捷报党中央呀！[1]

这首《十二月小唱》颇具山西民间特色，当地群众素来就有将自己的所思所想按照时辰、月份等依次表达出来的习惯。本曲则是将根据地12个月里军民在一起发生的种种事件通过民歌的形式依次罗列唱了出来，一边回忆过往，一边在一年的回顾中统一了思想，达成了军民团结共抗日寇的共识。

长工的苦情

打罢二更才睡下，不等鸡叫起床了。
营生苦重茶饭赖，吃少屙多没劲道。
紧刨慢闹挨打骂，半年工钱被扣掉。
长工生下男娃娃，赤脚打片养活成。
十五六岁会劳动，就给地主做营生。

---

[1] 任雪峰.十二月小唱[J].山西革命根据地，1988（4）:68.

第一章　山西抗日根据地音乐形成的历史语境与历史意义

> 迟睡早起受一辈，到老落个肺痨病。
> 十辈百辈千千辈，受尽恓惶难翻身。
> 自从来了共产党，长工苦情才断根。[1]

这首歌曲是1947年邵挺军先生在晋绥边区整理的，歌词将当地方言的特色表现得淋漓尽致。"营生""赤脚打片""恓惶"等词语就是晋绥边区最典型的方言用语。整首歌曲表达直白，情感真实，很容易引起群众的共鸣，打动群众的心。在抗战时期，这首歌曲在晋绥边区传唱度很高，传播范围也很大。

抗战时期的歌曲，为了更好地融入群众并被大家接受，在创作时，文艺工作者们首选的创作方式就是与民歌相结合。这种做法不仅大大提升了群众的接受度，更重要的是在前期的抗日根据地宣传工作中能够及时、快速、大量地创作出抗日歌曲，从而在很短的时间内得到有效的传播。

山西抗日根据地音乐中，除了民歌的传承以外，其他民间音乐也被很好地保留和继承下来。以左权小花戏为例，它是当地最受群众喜爱的剧种，是辽县人抒发情感的一种艺术形式，但是有"搂"和"抱"等庸俗的动作，多表达男女调情的内容。为了延续它自身特有的民间曲调以及带给群众较好的视听感受，时任左权剧团指导员的皇甫束玉对小花戏进行了改造。"改造的经验是：必须有新的创造代替旧的一套，不能一味的取消。他亲自在二高创造出三种形式来：一种是'四季生产'，把旧的场面、步法改成新的花场；一种是'劳动生产'，把儿童舞蹈和花戏歌调结合起来，加上了象形的动作和必要的道具（盔头、马鞭、驴头等）；一种是'住娘家'，是新旧形式的混合场面，唱调中夹上对话和快板，并通过一个故事表现出来"[2]。通过对低俗内容改造，保留左权民间花戏歌调，既达到了准确传达抗日救亡内容信息的要求，同时还能保留群众熟悉、喜爱的曲调，虽然较之前做了变动，但是主要精华未变，仍然具有较高的群众基础，故而通过小花戏的演出达到了

---

[1] 邵挺军.长工的苦情[J].山西革命根据地，1990（3）:68.
[2] 山西省文学艺术工作者联合会.山西文艺史料（第一辑）[M].太原：山西人民出版社，1959:212.

一定的宣传效果。同时，皇甫束玉还说："旧花戏的内容和形式，都是用儿童演扮大人的事情来供大人取乐的，现在就要演扮儿童自己所喜爱的内容和形式，并且发展为学校儿童游唱的一种普及形式。小花戏的特点是'小'（小型的）、'花'（多样的），所以能随时地编和演。去年儿童节，编了一个'小先生'歌舞，是小花戏的变形，今年儿童节又编了一个'猫扑老鼠'的童话舞，中间有牛、羊、鸡、驴等的生产会，把一切动物都人格化了，这是儿童最高兴的一种形式。"[1] 皇甫束玉对左权小花戏的改造，达到了灵活多变的境界，改造后的左权小花戏可以根据不同的欣赏群体来调整演出的形式和内容，但是最根本的左权花戏歌调被原汁原味地保留和延续下来。

此外，各地的道情、秧歌、说唱音乐等形式也都被保留下来。特别是秧歌，以临县秧歌为例，他们将化装和唱的办法进行了一些调整，"过去闹秧歌是一架二架鼓子，伞头派的唱；现在是派农会唱，派妇女唱……一家唱一段段，各唱各的曲子"[2]。最大的变化是妇女可以在秧歌中演唱，而且齐唱取代了过去的独唱，但在曲调上仍旧保留借送送调。如：

反"扫荡"

鬼子"扫荡"临县城，我们民兵负责任，保护老百姓。
接到情报土枪开，老百姓摘门背铺盖，抬出大锅来。
爆炸小组下河滩，侦查情报前边探，上枪压下了山。
我们的民兵是好汉，腰别土枪手榴弹，要和鬼子干。
爆炸安在大官道，又把情形搞的好，尖兵找不到。
看见鬼子再按雷，土枪一响爆炸开，鬼子该倒霉，炸死一大堆。
侦查尖兵不小心，翻译官跌在地雷坑，炸死好几名。
司令官来怒气冲，侦查尖兵不小心，拉栓就枪崩。[3]

---

[1] 山西省文学艺术工作者联合会. 山西文艺史料（第一辑）[M]. 太原：山西人民出版社，1959:212—213.
[2] 山西省文学艺术工作者联合会. 山西文艺史料（第二辑）[M]. 太原：山西人民出版社，1959:128.
[3] 山西省文学艺术工作者联合会. 山西文艺史料（第二辑）[M]. 太原：山西人民出版社，1959:129—130.

这首秧歌作品用临县方言演唱，借助临县方言的发音特点，唱起来朗朗上口，再加上熟悉的借送送调，将群众反"扫荡"的过程描述得极为细致，很符合群众的欣赏口味。

招 贤 调

1=C 2/4（慢板）

```
3. 2  3. 2 | 1 16 5 1 | 2 32 1 61 | 2  -  |
过 新 年     贴 对 子    又 放 鞭 炮

2 2 3 2 3 | 1 1 6 5 1 | 1 61 216 | 5̇ - |
打 起 鼓     敲 起 锣    眉 开 眼 笑

5 56 1 | 2 2 3 2 | 3 23 1 6 | 5̇  2 |
又 是 扭   又 是 唱   不 分 老  少

2 2 3 2 | 1 6 5 1 | 1 61 216 | 5̇ - |
村 村 社 社  闹 秧 歌   红 火 热  闹
```

此外，在保留秧歌动作和曲调的同时，加入了剧情部分，这使得秧歌不仅在语言和曲调上吸引根据地群众，更重要的是剧情的发展使得秧歌更增添了几分魅力。美国记者爱金生在延安看过秧歌舞《兄妹开荒》后，称赞这是他看过的真正的中国的人民艺术。"又一次在欢迎美军观察组包瑞德上校时表演大秧歌打腰鼓，鼓声震动起来，他和他的部下全体肃立直到表演完毕。他们尊敬这是一种人民的艺术，真正民族的艺术。然而这是经过提高和改造的,这就是我们提高的方向"[1]。经过改革的作品,改变了内容,却能保留传统的民族民间音乐的精髓,这需要文艺工作者们在改造的过程中,能够对根据地群众的特点进行分析和了解,立足于他们的文化生活情况,延续属于他们的艺术审美,创作出真正意义上的群众艺术作品来。我们今天看到的山西抗日根据地音乐正是山西民间音乐延续的结果,也是众多文艺工作者从群众的角度出发,与群众紧密联系的结果。

三、中国共产党意志的体现

一个政党的实力,有硬实力和软实力之分。政党的硬实力,一般是指党员数量、组织体系、政党所领导拥有的社会力量和武装力量等。政党的软实力,一般是指意识形态的吸引力、价值观念的凝聚力、组织发展的包容力、执政形象的亲和力、发动民众的号召力、国际舞台的影响力,是区别于政治硬实力的文化软实力。[2]

抗战时期的中国共产党,在硬实力方面远远低于日本。没有先进的飞机大炮,没有射程较远的机关枪,没有较为丰富的粮食衣物,也没有人数较多的战斗队伍……与之相反,我们常常说到的"小米加步枪"在根据地已是很不错的战斗装备,我们的八路军战士们经常是穿着草鞋,冬天还穿着布满补丁的单衣裤,吃树皮草根是常有的事情。但就是在这样极为艰苦的条件下,我们在中国共产党的领导下还是取得了战争的最终胜利。这靠的是什么?正是中国共产党的软实力。是我党的软实力发挥了巨大的作用,让我们信心满满、克服困难,和敌人斗争到底。而山西抗日根据地音乐则是软实力中的一种重要体现。

(一)万众一心救亡图存的爱国精神

在山西抗日根据地,音乐发挥了重大的作用。文艺工作者们利用音

---

[1] 山西省文学艺术工作者联合会. 山西文艺史料(第三辑)[M]. 太原:山西人民出版社,1961:11.
[2] 邵维正,刘晓宝. 从中国共产党的创建看文化软实力的作用[J]. 文化软实力,2016(2):29.

乐对根据地群众进行宣传、动员，让他们逐渐了解中国共产党，了解中国目前所处的危险境地，鼓励更多的人能够加入抗日的队伍，思考身为中国人应该如何抗击敌人、捍卫祖国。文艺工作者们的宣传核心，就是爱国主义的宣传。

在山西抗日根据地建立之前，这里的群众习惯了被压迫、被奴役，他们丧失了反抗意识，加之地理环境偏僻，绝大多数人都处于文盲、半文盲状态，接收外界信息极为闭塞。因此，面对这样的群体，文艺工作者们的宣传工作有不小的难度。

穷人难

穷人难穷人难，说起穷人真可怜。
说起那灾和难呀，说也说不完。
一年四季流血汗，打下粮食不由咱。
地主们来收租呀，收了咱一多半。
穷人就怕过大年，过年如过鬼门关。
腊月初六要账来呀，踢踏咱门槛。
跑账狗腿不说理，见了穷人就生气。
穷人见了狗腿子呀，好像见恶鬼。
地主老财赛虎狼，心心念念来放账。
月保利、圪蛋利呀，赛过活阎王。
人家吃白面咱咽糠，老婆孩饿的叫爹娘。
哭哩哭叫哩叫呀，谁能不心伤？
贪官污吏为自己，小老婆要下一大堆。
穷人们受着天大罪呀，理也不待理。
工农干部上了台，贪官污吏吃不开。
三三制好政权呀，穷人们站起来！[1]

---

[1] 任永福. 穷人难[J]. 山西革命根据地，1987（3）:63.

一首《穷人难》将昔阳一带农民抗战前的状态通过歌词真实地描写出来，这也是山西抗日根据地绝大多数穷人悲惨命运的缩影。常年处在吃不饱穿不暖的生活境地中，农民们只想着多干活，希望有好的收成来适当改善当前状况。

类似的歌曲还有《穷人苦》：

上无片瓦盖屋，下无立足之地。成年累月劳动，四季汗流浃背。
一天三顿稀饭，糠菜树皮充饥。身穿衣衫破烂，春夏秋冬露体。
缝缝补补再穿，单衣冬当棉衣。破鞋破袜护脚，荆棘常穿肉皮。
席片铺炕御寒，全家一条破被。年复一年受罪，为啥这样穷气。
不是命里注定，不是天理该屈。只因手中无权，穷苦阶级受气。
今日咱要说话，当台与他讲理。劳苦人民起来，夺回咱的天地。[1]

面对这样一群长期处于被压榨和欺凌的群体，要寻找适合的方式进行革命宣传。在具体的摸索过程中发现，学习、识字需要一段时间，画画对画具、纸张等有要求，在当时物资缺乏的情况下难以满足。唯有歌曲，能够拉近和群众之间的距离，而且不受时间、地点的限制，随时可以在劳动中、农闲时去唱。更重要的是，在演唱的人数上机动灵活，不仅可以一个人唱，还可以一群人齐唱。在形式上，不仅可以单独演唱，也可以对唱、重唱、齐唱或者合唱等。这种独特的形式和优势是抗日歌曲所特有的，也正是因为这样，使得抗日歌曲有着强大的影响力和号召力。

中国共产党是一支特殊的队伍，从成立之日起，就将传承和弘扬中华优秀传统文化作为己任，并积极倡导和发展中国的先进文化，为的是通过这些先进文化引领广大群众前进的方向、凝聚奋斗力量；为的是团结带领广大中国人民能够在思想文化方面有新觉醒，在理论创造新成果、文化建设新成就中推动党和人民的事业向前发展。在中国共产党的领导下，山西抗日根据地音乐积极响应党的号召，通过多种形式来宣传党的

---

[1] 佚名. 穷人苦[J]. 山西革命根据地，1989 (4):71.

政策方针，让群众在唱歌的过程中产生共同的情感，那就是对中国共产党和祖国的热爱。

这种爱国之情会增强根据地人民的凝聚力，团结更多的力量投身到抗日斗争中，为救亡图存贡献自己的力量。与此同时，这种派生出来的爱国之情还能激发根据地人民的创造力，激励当地群众从自身出发进行抗日救亡宣传，更重要的是投入到抗战音乐的创作中，以自己的切身感受和事例影响带动更多的人为自己而战、为国家而战、为民族而战。

干一场

禾里穗黄又黄，东洋鬼子太猖狂。

昨天偷袭王家寨，今天又窜到张家庄。

遇到青年当炮灰，抓着老年运军粮。

炮灰打死丢在山坡上，运粮来时死路旁。

这样活着有啥用？不如拿起刀枪和鬼子干一场！[1]

这首黎城民歌《干一场》就以当地群众的口吻，在面对敌人的猖狂和自己群众伤亡的情况下，作出和敌人殊死搏斗的决定。最后一句激励的话语，鼓动更多的人勇敢和敌人作斗争。通过群众自己的角度进行创作，能说出群众内心的所思所想。看似一首普通的歌曲，在传唱的过程中，让很多正在犹豫纠结的根据地群众放下心中的包袱，统一思想，凝聚力量，共同杀敌。

要胜利靠自己

要过好光景，赶走日本鬼，

要胜利，靠自己，

坚决抗战抗到底，坚决抗战抗到底！

英勇八路军，救国救人民，

要胜利，靠自己，

---

[1] 黎城县八路军文化研究会，黎城县档案局．民族之魂[G]．长治：黎城印刷有限公司，2017：322．

人民力量大无比,坚决抗战抗到底![1]

类似口号一般的标题,让群众很直接地了解了歌曲要表达的意思。同时,通过歌词的传递,让大家明白抗日救国的道理,在救国过程中产生浓郁的爱国热情。

(二)无形的、强大的精神力量

山西抗日根据地音乐作为中国共产党软实力的体现,其作用是无形的。[2]从表面看,它就是我们常见到的不同音乐形式的集合体,只是在特定的时代加入了抗战的题材内容。但是,殊不知正是这一首首带有民间曲调的抗战民歌、一部部带着地区方言的抗战戏曲,在文艺工作者们的教唱和传唱过程中正悄悄地发生着变化。它们如同一粒粒小小的火种,在山西抗日根据地上传播开来,传播的速度是如此之快,蔓延的范围是如此之广,最终以熊熊大火的势头集合起来,其力量和气势让人为之惊叹。我们常说"星星之火可以燎原",对于山西抗日根据地音乐来说也是这样。它传播的不仅仅是音乐本身,而是将中国共产党对根据地政治、经济、军事等多方面的领导思想潜移默化地融入根据地音乐文化,从而进一步影响根据地人民的精神和内心。这种力量是无形的,但却无比强大。

共产党太行扎下根

三七年呀正隆冬,国破山河盼救星。

八路军队伍上前线,哎呀呀呆,一二九师驻俺村。

二月会议开得紧,北方局首长叫彭真,向前伯承邓小平,

哎呀呀呆,区委当家李雪峰。

将帅云聚小山村,太行抗战把大计定,

开辟革命根据地,哎呀呀呆,共产党太行扎下根。[3]

---

[1] 洪飞.要胜利靠自己[J].山西革命根据地,1990(4):51.

[2] 牛杰,张汉静.山西抗日根据地研究的新视角:文化软实力与文化主导权[J].中北大学学报(社会科学版),2020(7):32.

[3] 王占文.太行人民抗战民歌选集[M].太原:山西人民出版社,2017:94.

这首歌曲在1938年流传于西河头一带。抗日战争刚开始，百姓们恐慌的情绪占据了多数。这首歌曲短短三段歌词，将共产党驻村后的情况，特别是将领们的情况作了介绍。群众在传唱的过程中，极大地缓解了心中的恐慌，并无形中对共产党队伍产生了依赖，这种依赖使得根据地越来越多的百姓们面对敌人时内心变得强大起来。

民主政府爱人民

清漳河水清又清，抗日政府驻西黄漳村，

建立敌后根据地，啊呀呀呆，村村户户齐发动。

工农青妇儿童团，男女老少一股劲，

救亡图存一道令，啊呀呀呆，党叫干啥就干啥。

做军鞋补军衣，送儿前线去参军，

抬担架搞运输，啊呀呀呆，火线战场去慰问。

太行山上桃花红，抗日政府为人民，

军民团结如一人，啊呀呀呆，赶走日本鬼享太平。[1]

1938年初，中共冀豫晋省委在西河头村召开会议。在会议中，省委同志们重点对根据地建设中的武装问题、政权问题和群众问题进行了研究，同时作出具体的部署。随后，辽县县委根据中共冀豫晋省委的会议精神开展相关工作，各地普遍进行了抗日根据地的民主政权建设。正是在政权建设的过程中，群众逐渐感受到民主政府真心为民；正是通过歌曲的传唱，进一步提高了大家对民主政府的支持。

庆祝边区临参会

七月里来百花开，边区人民笑微微，

纪念抗战四周年，成立边区临参会。

七月里来百花香，临参议员聚一堂，

---

[1] 王占文. 太行人民抗战民歌选集[M]. 太原：山西人民出版社，2017:95.

> 为了建设根据地，代表人民把事商。
>
> 七月里来好风光，民众欢呼又鼓掌，
>
> 庆祝大会胜利了，并祝议员都健康。[1]

我们的党是民主的党，任何正确的决定都是我党集体智慧的结晶。1941年7月7日—8月15日，晋冀鲁豫在桐峪召开了边区临时参议会。这次会议非同寻常，是中国共产党领导下的多党合作的政治协商制度的第一次伟大尝试，同时吸收了广大的社会力量，建立并形成了广泛的统一战线。这次会议的召开，为日后我国的政治协商会议制度和人民代表大会制度奠定了基础。如此有重要历史意义的会议，对于广大根据地的百姓们来说并不能领会其中的要义，但是通过歌曲的传播，可以让百姓明白会议与自身的紧密关系，了解中国共产党的领导方针。

拥政爱民

> 服从政府新法令，保护政府不惜牺牲，
>
> 尊重政府各干部呀们，呆呀呆，保护人民财产生命得安全。
>
> 爱护群众像母亲，群众利益要尊重。
>
> 不拿群众一针线呀们，呆呀呆，爱护公物和根据地要俭省。
>
> 生产任务积极完成，三个月粮食自己供，
>
> 减轻人民的负担呀们，呆呀呆，帮助秋收和冬藏带春耕。
>
> 尊重各地风俗人情，人民痛苦顶关心，
>
> 倾听政府的意见呀们，呆呀呆，送出宣传和鼓动胜利有保证。[2]

这首歌曲的歌词句句属实，道出了中国共产党对老百姓关心的方方面面。党从百姓的衣食住行着手，让群众感到安心、温馨，并对未来革命取得胜利充满信心。

---

[1] 王占文. 太行人民抗战民歌选集[M]. 太原：山西人民出版社，2017：100.
[2] 王占文. 太行人民抗战民歌选集[M]. 太原：山西人民出版社，2017：131—132.

第一章　山西抗日根据地音乐形成的历史语境与历史意义

庆祝中共七代会

中共代表七百多位，在延安召开七代大会，

任务最伟大，团结全党全民族，打败日本建设中国。

中共力量不同前，拥有一百三十万党员，

军队近百万，民兵二百二十万，根据地已有一十九片。

伟大的中国共产党，领导人民求解放，

庆祝大会胜利成功，敬祝领袖身体健康。[1]

中共七代会是一场盛会，虽然在延安召开，但山西根据地的群众在多年的抗战中，在中国共产党的领导下，已经逐渐形成了关注时事、关注党的发展动态的意识和习惯。三段简短的歌词，让我们看到了一个伟大的党带领群众发展的巨变，看到了庞大的抗日力量。这一切正是中国共产党正确领导的结果，让每一位根据地群众看到抗战胜利的曙光。

我们回顾山西抗日根据地音乐的发展过程，它的发展与民间音乐密切相关，是民间音乐给了它不断创作的空间和动力。正是因为山西深厚的民族文化传统，才使得根据地音乐有着取之不尽、用之不竭的音乐素材。无论是"旧瓶装新酒"的抗战民歌，还是改造后的左权小花戏、临县秧歌等，无论他们怎样发展、创新，里面蕴含的传统文化的精髓始终存在。这种精髓，就是传统文化中让当地群众世代相传的民族精神。它不受形式变化、时间延续等条件的影响，依然能够长久地保留下来。这种作品中自带的具有强大生命力的文化传统，使得山西抗日根据地音乐更有灵魂，更能彰显中国共产党强大的软实力。

---

[1] 王占文. 太行人民抗战民歌选集[M]. 太原：山西人民出版社，2017:134.

第二章

山西抗日根据地音乐传播的背景

第一节 山西抗日根据地音乐传播的政治背景

毛泽东曾这样说过:"党的文艺工作,在党的整个革命工作中的位置,是确定了的,摆好了的;是服从党在一定革命时期内所规定的革命任务的。"[1] 山西抗日根据地音乐就是在抗战时期,在中国共产党的领导下完成革命任务的一种重要形式和载体,山西抗日根据地音乐伴随着抗战的整个过程。

一、抗战初期的政治背景

随着抗日形势的严峻化,1936年11月,中共中央派彭雪枫与阎锡山展开秘密合作,山西抗日民族统一战线初步形成。在战争初期,山西大多地区失陷,阎锡山多年管理的地盘逐渐瓦解。在共产党的领导和推动下,阎锡山同意在山西成立"战地动员委员会"(以下简称"战动会")。战动总会在晋西北、雁北地区、察哈尔省以及绥远省将近60个县中普遍建立了县、区、村各级动委会,积极发动群众支援抗日摧毁旧政权,发挥了战时政权的作用,为改造旧政权建立根据地新政权架设了桥梁。[2] 据统计,山西全省105个县分别划入7个行政区,7个行署主任中,有4名就是共产党员,有62个县的县长是由以牺盟会身份出现的共产党员担任,

---

[1] 毛泽东.毛泽东选集(第三卷)[M].北京:人民出版社,1991:866.
[2] 廖一红,程鹏宇.山西抗日民族统一战线中的政权建设[J].中共太原市委党校学报,2020 (1):41.

约有 20 个县的县长是由进步分子担任。以共产党为领导核心的政权建设已经粗具规模,并开始掌握主动权与话语权。[1]

牺盟会

> 沙滩里走路埝地上睡,辛苦不过牺盟会。
> 牺盟会动员抗日救国,它为咱人民把话说。[2]

牺盟大合唱

(一)我们是牺盟会员

我们是牺盟会员,我们生长在山西。
战斗在大西北的高原,战斗在大西北的高原。
举起抗战建国的旗帜,用我们一百万坚强的队伍,
争取民族革命的实现,艰苦奋斗英勇向前,
宁在山西牺牲,不在他乡逃亡。
我们是牺盟会员,我们战斗在大西北的高原,
我们战斗在大西北的高原。

(二)民众武装曲

群雁飞,汾水寒,敌人打到娘子关。
坏官旧军齐逃跑,留下人民受苦难。
黄河呼啸汾水激荡,日本强盗杀到我家乡。
牺盟会员汹涌出动,勇敢深入敌后方。
建立新政权,号召同胞保乡庄。
救国救民靠我们,庄稼百姓杀敌有力量。
太原失守临汾沦陷,风陵渡边起狼烟。

---

[1] 廖一红,程鹏宇.山西抗日民族统一战线中的政权建设[J].中共太原市委党校学报,2020(1):41-42.
[2] 《中国民间歌曲集成》全国编辑委员会.中国民间歌曲集成·山西卷[M].北京:人民音乐出版社,1990:140.

万千同胞无家归，父子流散泪涟涟。
黄河呼啸汾水激荡，日本强盗杀到我家乡。
家家弟兄一齐武装，拿起棍棒端起枪，
展开游击战，三五出没在山岗。
决死队伍旗飘扬，民众的军马威武又坚强。

（三）三年的牺盟

嘿嗬嘿！
自从鬼子攻绥远，嘿嗬嘿，嘿嗬嘿！
牺盟坚决要抗战，嘿嗬嘿，嘿嗬嘿！
拥护大团结，万众同心干，
统一战线称模范，合理负担租息减，
嘿嗬嘿，嘿嗬嘿！人民生活都改善。
嘿嗬嘿，民主政治大家管，
选县长，嘿嗬嘿，父老兄弟把身翻。
嘿嗬嘿，嘿嗬嘿！
一二一，卢沟桥吹起抗战号，一二一，一二一！
三年的牺盟有功劳，一二一，一二一！
督率决死队，杀声震云霄，
五万好汉个个是英豪，万千民众齐参战。
一二一，一二一，担架运输又慰劳，
一二一，担架运输又慰劳。
你盘查，一二一，要赶鬼子回三岛。
一二一，一二一！

（四）打倒顽固分子

顽固分子不要脸，勾结敌人怕抗战，
要妥协，想投降，私人利益暗打算。
一心回太原，洋楼享清闲，
恢复财产两万万，两万万。

牺盟建立新政权，顽固分子怒冲天，
　找摩擦，造谣言，暗杀牺盟会员。
　独霸山西省，打算做高官，
　消灭牺盟才安然，才安然。
借口冬季总反攻，晋西边界布阵容，
　决死队，战洪洞，旧军后面来反攻。
　敌人发子弹，内战抖威风，
　要替鬼子当先锋，当先锋。
顽固分子真可恨，背叛国家当奸臣，
　你拿枪，我拿刀，要给抗战除祸根。
　巩固大团结，保卫牺盟会，
　誓为民族争生存，争生存。

（五）战斗吧，牺盟

　向前吧！英勇果敢的牺盟会员。
　战斗吧！艰苦奋斗的牺盟会员。
用十万的革命武装，坚持新山西的战场。
　以广大力量，创造新中华的国防。
同志们！站稳自己哨岗，抓紧革命主张。
战斗进步先锋向前，我们是牺盟的战士。
　我们在斗争的前线，战斗向前！

（六）保卫牺盟

雁门关前长城怒号，风陵渡边黄河怒喊，
最后胜利就在明朝，民族存亡决在今天。
起来起来山西同胞，战斗啊，牺盟会员，
举起杀敌的枪刀，挥动一千三百万双铁拳。
到娘子关口，到汾河西岸，到晋西北，到晋东南，
　守住我们的阵地，保卫我们的火线。
　　　五台山，中条山，吕梁山，

战到最后胜利的明天，战到民族解放的明天！[1]

这是首影响力较大的合唱作品，为牺牲救国同盟会所写。全曲以山西牺盟会的历史背景作题材。在抗战的艰苦岁月里，《牺盟大合唱》的歌声传遍了延安和山西，极大地鼓舞了牺盟会员和抗日军民的士气。正如冼星海在《创作札记》中所写："这曲没有全部的器乐伴奏，以简单的合唱，两部、一部的形式写成，但他们极爱唱，曾在1940年5月10日延安的晚会上（是我离延安的前一天）由鲁艺的音乐系学生演唱出来，颇好。自后，这大合唱的第二段《民众武装曲》……群雁飞，汾水寒……的歌声响遍了延安和山西一带。第四段的《打倒顽固分子》和第六段《保卫牺盟》在民间和军队里也时常听见。"在六段内容中，每段从不同的角度告诉人们当前严峻的抗战形势，号召更多的人能够勇敢地站出来，为中华民族的存亡而战！

辽县开来了八路军

硝烟滚滚炮声隆呀，辽县开来了八路军，
一二九师驻在西河头，八路军总部驻在麻田镇。
哎么呀儿呀儿依儿哟呀 哎么呀儿呀儿依儿呀儿哟呀，
八路军总部驻在麻田镇。
红旗插遍太行山呀，抗战救国一道令，
开创呀太行根据地，游击战争出奇兵。
哎么呀儿呀儿依儿哟呀 哎么呀儿呀儿依儿呀儿哟呀，
游击战争出奇兵。
敢与恶魔争高低呀，不与鬼子让寸分，
一寸呀山河一寸血，八路军万代留英名。
哎么呀儿呀儿依儿哟呀 哎么呀儿呀儿依儿呀儿哟呀，
八路军万代留英名。[2]

---

[1] 雷刚. 冼星海仅用一天时间完成的抗战杰作《牺盟大合唱》[N/OL]. (2007-06-28) [2020-10-03]. http://www.rmzxb.com.cn/jrmzxbwsj/wh/ws/t20070628_145374.htm

[2] 王占文. 太行人民抗战民歌选集[M]. 太原：山西人民出版社，2017:9.

第二章　山西抗日根据地音乐传播的背景

一二九师驻西河头村

卢沟桥事变没几天，一二九师就驻俺村。
抗击鬼子上前线呀，人民盼来大救星。
前线战事炮声隆，后方会议开哩是紧，
刘邓太行巧布阵呀，迎头痛击鬼子兵。
捐粮捐款搞运送，妻送丈夫儿参军，
缝补军衣做军鞋呀，炮火前线去慰问。
吃一碗酸菜还要给钱，猪肉菜大米慰乡亲，
小米饭呀加步枪呀，誓死赶走那小日本。
刘伯承向前邓小平，威武可亲人人敬，
他住俺村才三年呀，八路军太行扎下根。[1]

　　这支歌是根据西河头小花戏《一二九师在俺村》整理的。一二九师驻村，司令部在沟里，晋冀豫省委在坡上，太行区的六个特委同期驻村，这里成为开创太行革命根据地的历史策源地，游击战争的发祥地，刘邓历史性搭档的纪念地，八路军进驻太行辽县第一村。一时间，将帅会聚小山村，西河头就成为开辟太行革命根据地的红色之都。《一二九师在俺村》《西河头走来邓政委》就是民歌的原生态记录。

八路军总部驻扎麻田镇

七月太行满山青哎，总部驻进麻田镇。
华北前线指挥部，啊呀呀呆，统帅就是朱德呀总司令。
火线上走出了彭德怀哎，群众疾苦最关心。
军民渠水传佳话，啊呀呀呆，麻田人民想念呀彭老总。
鬼子五月来"扫荡"哎，激战突围枪声紧。
参谋长阵前来指挥，啊呀呀呆，将军殉国十字岭。
人民抗战得胜利哎，军民情谊似海深。

---

[1] 王占文. 太行人民抗战民歌选集[M]. 太原：山西人民出版社，2017:10.

清障血花传浩气，啊呀呀呆，雨雪丰碑铸军魂。[1]

一首首作品，不仅在当时起到了积极的宣传动员作用，也是当时历史的另一种记录方式。也正是因为歌曲的广泛传播，让群众能够很快地了解共产党，了解八路军，开始积极地投入抗战。

二、抗战中期的政治背景

当抗战进入战略相持阶段，阎锡山看到日军开始对国民党进行政治诱降，对山西抗日根据地实行军事、经济方面封锁的形势后，企图摆脱中国共产党，在1939年发动了晋西事变。[2]此外，他通过调整行政区划的方式，安排他的专员试图夺取共产党已领导的新政权区域。

阎匪抽兵

弟兄三人伙的一个小可遇老阎把兵挑，

哭得不得了，

哎呀哟，哭得不得了。[3]

十闻名

正月里十闻名，阎锡山坐在山西省，

阎锡山坐在山西省哟，各样的税科数不清。

孩爹孩妈怎么（那个）办（呀）？各样的税科数不清。

扫帚星照天边，山西省出了个阎锡山。

阎锡山坐在山西省哟，黎民们活活受煎熬。

孩爹孩妈怎么（那个）办（呀）？黎民们活活受煎熬。[4]

---

[1] 王占文. 太行人民抗战民歌选集 [M]. 太原：山西人民出版社，2017：11.
[2] 廖一红，程鹏宇. 山西抗日民族统一战线中的政权建设 [J]. 中共太原市委党校学报，2020（1）：42.
[3] 王占文. 太行人民抗战民歌选集 [M]. 太原：山西人民出版社，2017：23.
[4]《中国民间歌曲集成》全国编辑委员会. 中国民间歌曲集成·山西卷 [M]. 北京：人民音乐出版社，1990：785.

第二章　山西抗日根据地音乐传播的背景

逃　难

家住崞县城北，住在了底渠上，
阎锡山他压迫咱们不能回家乡。
留下我的爹（来），留下我的娘，
留下我的亲戚朋友无人来照管。
留下我的房（来），留下我的地，
留下我的二老爹娘在家受恓惶。
男人担上担（来），女人提上篮，
今天咱们逃出去多会往回返。
逃难逃上走（来），后免一股愁，
家里的东西什么也不留。[1]

动员起来反摩擦

国民党（来）日害煞，不打日本打自家。
全体军民要警惕，动员起来反摩擦（么）同胞们！
阎锡山（来）心眼（呀）狠，"十二月政变"血淋淋，
杀我"决死"四个团，还向咱们来进攻（么）同胞们！
不打日本相当汉奸，杀掉汉奸理当然，
太行人民不好惹，谁不说理叫谁完（么）同胞们！[2]

阎锡山狡诈的想法终究被识破，以上歌曲更是将阎锡山苛刻对待百姓，致使大多数人身陷惨境的情况真实地反映出来。恶劣的环境，激起了百姓的不满，与此同时，提升了大众对共产党、八路军的支持。在我党新派专员薄一波等人的顽强应对、斗智斗勇下，使得阎锡山的阴谋彻底破灭。我党以失去部分抗日政权的代价换来了晋东北、晋西北和晋西南根据地

---

[1]《中国民间歌曲集成》全国编辑委员会. 中国民间歌曲集成·山西卷[M]. 北京：人民音乐出版社，1990：790.
[2]《中国民间歌曲集成》全国编辑委员会. 中国民间歌曲集成·山西卷[M]. 北京：人民音乐出版社，1990：797.

旧势力的清除，为之后的政权建设扫清了大的障碍。

山西抗日根据地抗日民族统一战线的政权随着晋西事变的结束而终止，同时迎来了共产党自下而上的政权建设。按照"三三制"的原则进行民主大选举，一定程度上缓解了中国共产党和一些阶级的矛盾，调动了广大群众参与选举的积极性，对提升妇女地位起到了很大的作用。

站岗放哨

鸡叫天刚亮，太阳往上升，秀英我去放哨，盘查那行路人。

远望山坡上，近看大道旁，东瞅瞅西望望，不见那一个人。

猛然抬头看，来了一队人，穿军衣戴军帽，容貌多威风。

秀英我开言问，你是哪部分？从哪儿来到哪儿去，干些什么事？

叫声女同志，我是八路军，从山上到山下，去打日伪军。

你是八路军，秀英我不放心，拿出路条看一看，才放你过村。

你是八路军，打仗真有劲，打搅你麻烦你，耽搁你路程。[1]

离婚小调

家住定襄镇安寨，我的名字叫人人爱，

从小小二爹娘有些外债，将奴家许配到南作来。

从小二爹娘将奴管，因此间不叫们自找男人。

到如今已将们过了门，寻下个男人不称们的心。

婆婆公公倒不错，就是那个灰小子配不过（个）我。

好吃好的不忌要动，每日里耍钱在外混。[2]

1940年底，国民党停止了对八路军的供给。第二年开始，日寇调整了对山西根据地的策略，政治与军事的进攻、"三光"等"扫荡"政策让根据地陷入艰难的境地。为了快速摆脱困境，中国共产党在政治上继续

---

[1] 《中国民间歌曲集成》全国编辑委员会. 中国民间歌曲集成·山西卷[M]. 北京：人民音乐出版社，1990：829.

[2] 《中国民间歌曲集成》全国编辑委员会. 中国民间歌曲集成·山西卷[M]. 北京：人民音乐出版社，1990：861—862.

第二章　山西抗日根据地音乐传播的背景

加强"三三制",经济上实行减租减息等有利于各阶级统一的政策,同时成立多个边区政府。各根据地对各边区政府系统进行简政与整风运动,通过一系列的运动,使得山西根据地内部更为团结,同时抗日民族统一战线更为牢固,为以后的抗战胜利奠定了基础。

改组国民党统帅部

国民政府蒋介石,欺压哩老百姓不能活,

人民敢怒不敢言,专制赛过希特勒。

哎末(莲花开)朵朵红,专制赛过希特勒。

鬼子进攻大后方,他命令军队不抵抗,

丢掉城市一百六,六十万大军受损伤。

哎末(莲花开)朵朵红,六十万大军受损伤。

蒋介石他把盟国诓,要款要炮又要枪,

用来反共反人民,不打日本反人民。

哎末(莲花开)朵朵红,不打日本反人民。

根据地民主力量大,三三制政权有计划,

收复国土打胜仗,各样政策很正确。

民主花儿开,老乡们,各样政策很正确。

全国人民总动员,民主运动大开展,

改组了国民政府统帅部,抗战胜利不费难。

民主花儿开,老乡们,抗战胜利不费难。[1]

春耕动员

打起鼓来敲起锣,春耕大会好红火,

如今儿童前边坐,欢迎县长唱个歌(呀)。

从前官府催钱粮,不管百姓闹灾荒,

如今抗日政府,关心咱们过时光(呀)。

---

[1] 王占文.太行人民抗战民歌选集[M].太原:山西人民出版社,2017:66—67.

最恨那些"吃粮人",不打日本害黎民,

自从来了八路军,和咱受苦人心连心(呀)。

春耕生产户户忙,干部军队都来帮,

早种早收早藏好,吃饱肚子打东洋(呀)。[1]

互助队

篮里是饭,桶里是水,送给山上的互助队,

男人互助把地耕,女人互助送饭水,

男女互助加油干,谁也不吃亏。[2]

无论战争形势怎样变化,根据地音乐记录当地群众的战争生活、宣传动员群众加入战斗的使命不会变。一首首歌曲不仅及时有效地宣传了我党的指导方针,同时成为当时历史的真实见证。

三、抗战后期的政治背景

1944年开始,山西抗日根据地开展拥政爱民和拥军优属活动,极大地促进了根据地的各项建设,从此根据地进入全面发展的阶段。在这一阶段,基层民主政权更加稳定,民主选举得到了群众的支持和认可,边区各项事业开展顺利。与此同时,我们对日寇主动进行大规模反攻,最终取得了抗战的最后胜利。[3]

减 租

贫苦人真可怜,四季不得闲,

到秋后,交了租,全家受饥寒。

政府新法令,照顾各阶层,

---

[1] 王占文. 太行人民抗战民歌选集[M]. 太原:山西人民出版社,2017:97—98.

[2]《中国民间歌曲集成》全国编辑委员会. 中国民间歌曲集成·山西卷[M]. 北京:人民音乐出版社,1990:833.

[3] 廖一红,程鹏宇. 山西抗日民族统一战线中的政权建设[J]. 中共太原市委党校学报,2020(1):44.

要减租要减息，剥削要减轻。[1]

拥军公约

军队人民是一体，骨肉不分离。
你也爱护我呀，我也爱护你。
做鞋补袜缝衣服，件件都耐实，
好房军队住呀，好米军队吃。
军队问咱借东西，借啥就给啥，
军队买东西呀，不高抬市价。
有了彩号伤病员，吃喝要照管，
帮助荣退军人呀，生活不困难。
军队打仗在前线，咱们送茶饭，
军民团结紧呀，胜利不费难。[2]

村 选

七月过完八月到，民主开始第一炮。
公民登记要清楚，村政民选要搞好。
实行平等和民选，不分男女和财产，
男女到了十八岁，都有选举被选权。
神经病人和汉奸，还有受过刑事犯，
剥夺公民权，期不满，登记时候要别转。
选出村民代表会，推出咱们村长来，
代表咱们办好事，咱们大家喜心间。[3]

在山西抗日根据地的整个发展过程中，中国共产党一直在积极地根据战争形势的变化而调整着战略，最终的目的就是为了人民能够早日结束

---

[1] 《中国民间歌曲集成》全国编辑委员会.中国民间歌曲集成·山西卷[M].北京：人民音乐出版社，1990：830.
[2] 王占文.太行人民抗战民歌选集[M].太原：山西人民出版社，2017：78.
[3] 《中国民间歌曲集成》全国编辑委员会.中国民间歌曲集成·山西卷[M].北京：人民音乐出版社，1990：849.

被压迫、被奴役、被侵略的历史,过上幸福的日子。而这一系列政策的调整、政治的变化,为根据地音乐的传播提供条件和土壤,使其在动员根据地民众、动员其他阶级积极参与抗日中发挥了重要作用,同时也在根据地政权建设和各项改革中积极响应党的政策、宣传党的思想,在拥军爱民、筑牢民族统一战线方面起了极大的促进作用。

第二节 山西抗日根据地音乐传播的经济背景

一、农业发展情况

在山西,林业、渔业、畜牧业的发展极为缓慢。整个农业发展,对以农耕为主的山西而言更多的是依靠种植业。它是农业发展的重要基础,同时也是抗战物资的重要组成部分。绝大多数的农民依靠着农业,祈盼着每年都有好收成,早日过上能够吃饱穿暖的生活。

农业,是后方物资供应的保障,对于稳定根据地建设、增加财政收入有着积极的作用,同时也是保证抗战胜利的强有力后盾。所以,农业是山西抗日根据地音乐传播至关重要的因素,对抗日根据地音乐传播的社会影响力起着决定性作用。

综观山西,山地和丘陵面积远远大于平原。在它的北部,冬季较其他区域寒冷,人口稀少,适宜播种的土地面积较少而且不肥沃,多种植马铃薯、燕麦、荞麦、高粱等作物,每年收成不多。

中部地区的冬季较为温暖,使得这里可以种植冬季作物,但是一年一收;人口也比北部多。小麦成为这一区域的主要种植作物,大米、棉花的种植较少,仅供自给自足。虽然小麦种植量大一些,但仍旧不能满足所有人,绝大多数百姓仍旧以高粱、黍子为主食。[1]

南部地区有着更为得天独厚的地理优势和气候优势。气温高于中部

---

[1] 孙翔.试论山西抗日根据地的农业科技[D].太原:山西大学历史文化学院,2007:4—5.

地区，人口更为集中。与黄河、汾河邻近，所以种植的作物可以十分便利地得到河水的灌溉。小麦和棉花是这里的主要种植作物，但是因为棉花的种植面积增加而减少了小麦的收成。百姓在享受河水灌溉便利的同时，也会遭受洪水对庄稼的水涝影响，反而小麦不能满足所有人的需求。[1]

辛亥革命以后，连年军阀战乱对山西影响不算大，处于相对稳定的状态。特别是1916年阎锡山掌握山西军政大权后，较理想地实行了"六政三事""厚生计划"，山西农业在此期间得到空前发展，有了可喜的收获。山西的百姓安居乐业，河南、山东、河北等周边省份的百姓极为羡慕。

当日本的铁蹄进入山西这块土地，这里的百姓从此过上了噩梦般的生活。日军烧杀抢掠的恶行让百姓们纷纷逃离，以至于之前安居乐业的村庄变成了没有人烟的"空城"。1939年、1940年的天灾，涉及范围广，受灾情况严重，加之日军疯狂地掠夺，使得之前多年建立的较稳定的经济体系受到致命性的破坏，农业生产状况一蹶不振。据不完全统计，山西省1937年（皮棉）产量近63万担，八年来共减少413万余担，平均每年减少80%，此乃各省中减少数字之最大者。[2]

阎锡山在抗战初期退居到晋西地区，在他统治的这些区域，实行"兵农合一"政策以及"征一购三"，将农民和土地绑在一起，同时还能在任何时候征兵征粮。农民们因不堪重负，纷纷选择逃离山西。

面对这样的悲惨状况，中国共产党用开展大生产运动的方式解决军民对各种物资的需求。具体做法是：加大对科学技术的研究和掌握，使得科学技术可以更好地服务于农业发展，服务于抗战。采取了八项具体政策：减租减息政策、休养生息政策、移民政策、农贷政策、提高农业生产技术、推广棉植、奖励开荒和农业累进税政策。政策的实施保证了农业正常有序地进行，山西经济开始逐渐恢复。在这些政策的实施过程中，共产党结合当时的战时环境，为山西抗日根据地量身定制了长远计划，既可以长期坚

---

[1] 孙翔. 试论山西抗日根据地的农业科技[D]. 太原：山西大学历史文化学院，2007:4.
[2] 孙翔. 试论山西抗日根据地的农业科技[D]. 太原：山西大学历史文化学院，2007:15.

持抗战，抵御敌寇，又可以保证军民的需求，在自给自足的同时促进其他产业同步向前发展。在保证种植业稳步提升的过程中，又加大对水利、林业、畜牧业、纺织业等的重视，通过科学技术的普及和推广，让广大农民对农业知识有全新的认识，全面推进和提升山西抗日根据地的经济建设。

二、商业发展情况

山西的地理位置和地理环境对土生土长的山西农民而言有着较大的影响，"八分山丘二分田"是对山西地理环境的生动描述。一代又一代山西人终年面对山地、丘陵，辛勤耕作满足全家人的粮食需求成为生活的主要动力和目的。时至近代，任凭同时期的其他城市有着多么大的商业发展，发生何种变化，山西仍然保持着长久以来形成的传统农业社会的特点。在很长一段时间，山西的商业主要围绕着农业，土地是主要的交易空间。有时因为生产力水平低，没有条件进行产品交易。如在晋中辽州，"辽民农作之外不知贸易，且山多土少无田可耕，即有山陂硗瘠之地，所获仅偿所奋，而衣食徭差则越境备办。间称有余，不过仅仅自给，稍为丰侈，立见消涸"。甚至在"富甲天下"的祁、太、平，平遥亦"水崩沙浅，生理鲜薄，民生其间终岁勤劳"。农民在仅仅能勉强维持其自身生存所用之时，自然无法拿出剩余产品投入市场，也没有较大的购买力参与市场交易，这就导致了集市长期停滞于一个较为初级的层次上。[1]加之晋商的衰落，许多晋商陆续返乡也影响了当地农民的额外收入，正如"自入境之金大减，比户购买之力渐窘，各行之所售亦只供用当地低程度消费。同光以前繁荣市况已不可再"[2]。

进入抗战时期，山西抗日根据地的商业从其性质和形式上看，最主

---

[1] 牛文君. 近代以来晋中地区商业衰落原因初探[D]. 南京：南京师范大学社会发展学院，2014：28.
[2] 刘文炳. 徐沟县志·民生志[M]. 太原：山西人民出版社，1999：164.

第二章　山西抗日根据地音乐传播的背景

要的有公营商业、合作社商业、私营商业。[1] 多种形式的商业，在促进根据地经济发展，巩固根据地政权地位，对内提升人民生活质量，对外打破敌军对我的封锁，同时对保证抗战的最终胜利方面起到了重要的作用。

有这样一段记载反映了当时的公营商业："那时的部队商店，可能有二十多家。有三分区司令部商店，有晋绥根据地的粮店，叫'信义源'，还有一二〇师的新华商行。"[2] 类似以上这些公营商业，以政府状态呈现，不以营利为目的，是在统一的领导下有计划地进行营业。

与公营商业相比，合作社商业更受党和政府的重视。它是不同抗日阶层的经济联合体，是公营商业的有力补充，同时也是山西抗日根据地商业最重要的组成部分。这样的经济组织以服务群众为目的，同时鼓励群众自愿参与。屯留县吾元镇罗村的老共产党员郭玉堂，以本村老商户刘士增、黄玉秀两家的杂货铺为基础办起了农民合作社，经营日用杂货，规模日益扩大，受到了太岳地委和军区的表扬。到 1944 年底，屯留县共办起 25 个经济合作社，入股群众达 3000 余人，股金约 5000 余元，粮食 1500 石，从业人员 150 余人。"据统计，到 1939 年底，晋察冀边区有 22 个县建立了合作社，共办起 1307 个合作社"，"1940 年，北岳区已有各类合作社 4120 个，社员 498000 余人，股金 100 余万元"。[3] 从以上数字不难看出，山西抗日根据地合作社商业的快速发展。

此外，山西抗日根据地还有另一种商业形式，那就是私营商业。为了抗战的早日胜利，边区政府充分发挥私营商业进步和积极的一面，虽然是资产阶级性质的，但是因为富农和民族资本家不是革命的对象，所以免去其税收，最大程度地调动这一部分群体经营的积极性，作为商品种类和业务范围上的有益补充和发展。[4] 据不完全统计，"1941 年（左权）县境

---

[1] 王勇浩. 试析山西抗日根据地的商业 [J]. 山西农业大学学报（社会科学版），2008（5）:513.
[2] 张成德，孙丽萍. 山西抗战口述史 [M]. 太原：山西人民出版社，2005:374.
[3] 张洪祥. 论抗日战争时期晋察冀边区的合作事业 [C].// 财政部财政科学研究所. 抗日根据地的财政经济. 北京：中国财政经济出版社，1987:192—193.
[4] 王勇浩. 试析山西抗日根据地的商业 [J]. 山西农业大学学报（社会科学版），2008（5）:514.

抗日根据地私营商业发展到 507 户，资本 4.5 万元（冀钞）……桐峪镇百货、山货、日杂、饮食、副食加工、修理、缝纫等商业店铺由战前的 12 户增到 105 户，成为太行抗日根据地最繁华的集镇之一"[1]。

正是因为党中央和边区正确的商业政策，使得山西抗日根据地的商业有了快速、稳步的发展，极大地提升了根据地人民的生活水平和购买力，为赢得抗战的最终胜利作出了巨大贡献。

三、金融发展情况

抗日战争初期，日军的疯狂掠夺致使晋察冀三省的货币金融极为混乱。为了更好地保证抗战胜利，保障军需充盈，进一步巩固抗日根据地经济和政治建设，在边区建立属于边区人民自己的银行，发行本地区的货币成为当时迫切的需求。

在晋察冀边区军政民第二次代表大会中，顺利通过了《边区为统制与建设经济得设立银行发行钞票》的决议案。1938 年 3 月，在五台县石咀镇的普济寺中，晋察冀边区银行总行终于正式成立了。其主要任务就是"发行边币、代理金库、承募公债、货币斗争"[2]。通过任务的执行，达到稳定根据地物价、发展农工商业和合作商业，进一步提升当地群众的生活水平。

1938 年 4 月上旬，八路军一二九师在多次艰难进攻下，终于成功粉碎了日军对晋东南的围攻，恢复并发展了以沁县为中心的抗日根据地。随后将根据地范围扩大到白晋路以西、老黄河以北、同蒲路以东、正太路以南的太岳根据地。[3] 为了进一步巩固和发展根据地的政治和经济，同年 8 月，晋东南地区在沁县南沟村成立上党银号。从此，上党银号就成为山西抗日根据地晋东南地区的根据地银行。银行内部设会计、发行、总务三

---

[1] 赵世元. 左权县志 [M]. 北京：高等教育出版社，1999：179.
[2] 潘琦. 华北各抗日根据地的金融机构 [J]. 党史博览，2019（6）：29.
[3] 粟明辉. 抗日民主根据地金融法律制度研究 [D]. 北京：中国人民大学，2010：19.

第二章 山西抗日根据地音乐传播的背景

个股,经理由薄一波兼任,副经理为侯振亚,工作人员有20余人。同年冬,随着业务的发展和扩大,又增设了长治、辽县、沁县三个分号。1940年,上党银行为躲避日军"扫荡",在转移途中遭遇敌人,部分人员被打散,账簿资料尽失,最终并入冀南银行。

虽然上党银行运营时间不长,但是它的成立,保证了根据地纸币顺利发行。通过在根据地发行纸币,极大地弥补了财政的不足,保证了根据地战争和生产的顺利进行。同时,银行还增设了信贷业务来激励根据地工商业的恢复和发展。

1939年,冀南银行在山西黎城县小寨村成立,同时在太行区和冀南区设立机构并营业,以发行冀南币为主。1941年,成立冀南、太行、太岳行政联合办事处,统一领导三个区。这种在一元化领导下,银行坚持本身业务发展的组织形式,一直坚持到抗日战争胜利。[1]

抗战时期,晋绥根据地的银行先后成立了兴县农民银行和西北农民银行。银行通过发行货币,让银行资金的80%作为军需款项,为抗战胜利起到了不可小觑的作用。[2]

---

[1] 潘琦.华北各抗日根据地的金融机构[J].党史博览,2019(6):27.
[2] 潘琦.华北各抗日根据地的金融机构[J].党史博览,2019(6):30.

山西抗日根据地的经济不仅仅包含以上三个方面，还有林业、交通业等其他方面，在这里不再赘述。但正是在经济背景论述的过程中，我们逐渐感受到中国共产党的智慧和一心为人民的初心。中国共产党能够立足于根据地现状，制定较为合理、科学的政策，指引根据地人民沿着正确的方向发展。虽然期间有敌军颇具杀伤力的破坏，但是根据地人民还是依靠自己的智慧和力量取得了阶段性成功，在经济方面有了大的发展，既保障了抗战的持续进行，同时让更多的百姓能够吃饱穿暖，较从前过着相对稳定的生活。这一切，是对抗战胜利的保障，更是对抗日根据地音乐传播的有力保障。

四、手工业发展情况

在山西各个抗日根据地，手工业在七七事变前就有了一定的发展，有的发展规模很大。如事变前的高阳曾经是华北有名的产布区，销路很广，在全省甚至全国都有它的分庄。其中，专织高阳布的机器就有十万张以上。凡是规模较大的布庄都有自己的织染扎工厂。[1]

随着手工业发展规模变大、速度变快，手工业的种类也呈现出多样化的局面。手工业的发展，也为山西抗日根据地音乐乃至文化等的发展和传播奠定了一定的基础。

以晋察冀抗日根据地为例，当时的手工业包括纺织、矿业以及其他小手工业。其中，纺织包括织布、印染等种类，矿业包括煤、铁、硫黄、瓷等。还有小手工业更是种类繁多，有造纸、农具、油坊、化学、皮革、熬盐、编织等。[2]

七七事变后，各地交通出现堵塞的情况，导致大量的产品积压。日军对工厂的破坏和掠夺更是雪上加霜，使得工厂接连倒闭，工人大批失业。以盂县煤铁业为例，之前全县有100多个煤窑，工人2000多名，再加上

---

[1] 彭泽益. 中国近代手工业史资料（第二卷）[M]. 北京：生活·读者·新知三联书店，1957：147.
[2] 彭泽益. 中国近代手工业史资料（第二卷）[M]. 北京：生活·读者·新知三联书店，1957：175.

从事铁业的工人，人数高达 6800 多人。事变后的盂县煤铁业，不再有之前的辉煌。从 1945 年 12 月冀晋区第三行政专署《关于盂县煤铁生产调查概况表》就可以直观地看出发展的情况。[1]

关于盂县煤铁生产调查概况表[2]

焖炒铁炉						铁锹炉						煤矿业					
炉数		工人数		日产量		炉数		工人数		日产量		窑数		工人数		日产量	
事变前	事变后	事变前	事变后	事变前	事变后	事变前	事变后	事变前	事变后	事变前	事变后	事变前	事变后	事变前	事变后	事变前	事变后
20	0	2800	0	12000	0	100	0	600	0	800	0	100	24	2000	234	1400	145

通过表格的对比可以看出，煤铁业的变化非常明显。要想继续维持好的情况，就必须保证物资的获取，可是这却成为一大难题。布料、纸张、煤油灯等日用品绝大多数要依靠敌货，日军为了控制我根据地，采用了更为卑劣的手段：先是封锁根据地的经济，然后哄抬物价，把物品的价格提升至几倍甚至几十倍，以此掠夺边区的资金，最终达到"经济毁灭边区"的效果。1940 年，边区当时棉花输出的价格为每斤 1 元 2 角至 1 元 4 角之间，洋纱的价格为每斤 8 元左右。一斤的棉花通过加工变为一斤的洋纱，中间的利润高达 7 元左右，竟然全被敌人攫取了。[3]

面对敌人的疯狂之举，根据地开始抵制敌货，实行生产自救，一方面改善根据地群众的生活水平，另一方面可以粉碎敌人想要经济封锁边区的美梦。

---

[1] 贾海雄，姚菲，苏小平．晋察冀抗日根据地手工业的发展及其历史作用[J]．山西革命根据地，1990（2）：18．

[2] 贾海雄，姚菲，苏小平．晋察冀抗日根据地手工业的发展及其历史作用[J]．山西革命根据地，1990（2）：19．

[3] 彭泽益．中国近代手工业史资料（第二卷）[M]．北京：生活·读者·新知三联书店，1957：147．

于是，从 1938 年到 1940 年，边区从麦秸加工入手，开启了生产自救的第一步：草帽编织、造纸业等产业如火如荼地开展起来。由于原材料充足，编织的手法简单易学，草帽编织业在边区很快得到了普及和发展。在曲阳县，无论走到哪里，随处可以看到三五成群的妇女或儿童在编织草帽辫。1939 年三个月内所制造的草帽其价格就达到了 2000 元，整个边区的草帽编织收入高达百万元。[1]

除家庭手工业外，比较有规模的还有煤炭业，在当时有人民煤业合作社和八个煤矿；造纸业有金龙等三个造纸厂；[2] 还有其他多种行业，如纺织、陶瓷、纸烟、水磨等都设立了不少工厂。

1944 年，平定山底建成了两座炼铁炉，恢复了炼铁生产。然后，周边的村都积极行动起来，开始铸造铁锅、铁钉等小型货品，同时还做一些手榴弹等军需物品。仅这一带从事冶铁的劳动者就多达 3000 人。[3]

边区的手工业虽然处于当时艰苦的条件下，但是其发展的速度还是很快的。1940 年，边委会直属的较大厂矿就有七八个，主要以煤矿、制帽业为主，而纺织业已成为边区最为普及的家庭手工业；1941 年，以易县、唐县为代表的 12 个县中，从事纺织业的妇女有 38983 名。其中，10 个县的纺车数量达到 30345 辆。[4] 造纸、编织业等也有了较大的发展。

根据地音乐的传播，是在抗日战争的政治大背景下逐渐大规模展开的，它的发展与进步离不开根据地经济等方方面面的发展，它们在相互促进和发展中彼此壮大。

---

[1] 彭泽益. 中国近代手工业史资料（第二卷）[M]. 北京：生活·读者·新知三联书店，1957：172.
[2] 彭泽益. 中国近代手工业史资料（第二卷）[M]. 北京：生活·读者·新知三联书店，1957：169.
[3] 彭泽益. 中国近代手工业史资料（第二卷）[M]. 北京：生活·读者·新知三联书店，1957：169—170.
[4] 彭泽益. 中国近代手工业史资料（第二卷）[M]. 北京：生活·读者·新知三联书店，1957：195.

第三节 山西抗日根据地音乐传播的必然性

山西抗日根据地音乐在整个抗战过程中发挥了重要的作用，特别是在宣传动员方面作出了独特的贡献。它在根据地的传播绝非偶然，而是整个历史发展过程中诸多条件具备后的必然产物。[1]

一、民歌海洋中掀起的"革命之花"

山西，自古以来就与音乐有着不解之缘。他们之间的缘分从先秦时期，一直延续到抗战时期还在续写着……在山西历史的发展过程中，音乐是其中重要的一部分。因为有了音乐，山西多了一份厚重；因为有了音乐，山西多了一抹色彩；因为有了音乐，山西多了一丝独特；因为有了音乐，山西多了一份回忆。

从山西出土的乐器来看，这里有着人类史上较早的音乐发展史。特殊的地域、特殊的水土，让山西成为孕育音乐的摇篮。随着山西在古代历史上霸主地位的建立，音乐也随之得到了不一般的待遇。乐器的丰富、乐律的改革，就足以看出山西人对音乐的专情与喜爱。鼓吹的出现，为现在的山西音乐留下深刻的印记，我们依稀在威风锣鼓、绛州鼓乐中可以找寻曾经的影子。随着民族大融合，不同国家、民族的乐器和曲调的出现，让山西古代音乐发生了大的变化。这一切，为以后音乐的发展奠定了基础，积累了音乐素材。

尧时期的《康衢歌》，开启了山西歌曲发展的历程。[2] 看似是从徒歌到但歌的简单变化，但说明了古代山西人对歌曲的不断探索与更高标准的要求。山西不同的地域特点，造就了歌曲曲调、语言等的不同，也正是因为这样，方显得山西民歌丰富多样。从古至今，山西歌曲的发展为抗战民歌奠定了基础，并提供了继续发展的空间。

---

[1] 杨靖远. 不打败日寇不割髯！[N]. 大众日报，2015（4）.
[2] 薛首中. 山西音乐史[M]. 太原：山西教育出版社，2017：11.

抗战时期，特别是在轰轰烈烈的歌咏运动中，由群众熟悉的民歌小调改编成的抗战歌曲成为当地群众喜爱的形式，同时也是对敌斗争的有力武器。如《王家庄》以民间小调《锯大缸》的问答形式，揭露日军的暴行，号召群众起来杀尽侵略者打回家乡。劫夫填词的《新河间调》用当地通俗的语言，号召老百姓都来参加抗战，消灭敌人保卫家乡。张寒晖创作的歌曲《去当兵》，采用了当地的民歌小调和群众熟悉的语言，通俗、亲切地向群众讲述了不要苟且，不要心怀侥幸心理，只有团结起来共同抗敌，才能实现自救、实现最终的解放。这首歌里唱道："叫老乡，你快去把战场上，快去把兵当。莫等到日本鬼子来到咱家乡，老婆孩子遭了殃，你才去把兵当……""你别想，谁来了给谁纳粮，日本来了奸淫烧杀还要抢掠，一家大小杀个光，我的好老乡……"[1]这首歌曲有多段歌词，每一段都表达了不同的观点，意在通过不同角度的讲述，让群众理解作者的用意，同时在顿挫有力的民歌曲调中能够更快地识记歌词，如同唱民歌一般，成为通俗的爱国主义教材。

肖向荣创作的歌曲《一九三七年华北抗战歌》同样也是选用了当地民歌的曲调，在长达十段的歌词中，每一段结束后面接有过门，与整首歌曲的旋律完美地融为一体，极具当地特色。尽管歌词很长，但是因为群众比较熟悉，所以很快成为大家广为传唱的歌曲："七月太阳似火烧，日寇进攻卢沟桥，亡我国，灭我种，还要奴役我同胞……"[2]歌词朗朗上口，从卢沟桥事变唱起，在每段中将我国的战争形势、战争任务通过歌词表述得极为清楚，让群众在传唱中了解了战争对大家的不利，激起了大家奋起抗战、英勇救国的热情。

高敏夫也是用民歌填词的创作高手，他创作的《献给八路军出征将士》唱道："全国动刀兵，一齐来出征！你看那大旗飘扬多威风。这批人马哪里来，西北，陕甘宁！杀退鬼子兵，一齐下关东！城头上站着两位大将军，

---

[1] 洪亚飞.晋察冀根据地宣传工作研究：以抗战歌曲为例[D].太原：太原理工大学，2019：32.
[2] 刘立波.论抗战时期救亡歌曲与救亡歌咏运动的历史作用[J].社会科学战线，2014（6）：276.

威风凛凛是那个朱德毛泽东！……"这首歌曲打破了传统的民歌小调多为抒情的习惯，用欢快、热情的基调，让人在演唱的过程中充满战斗的激情，唱出了群众想要投入战斗的情感，也唱出了对人民军队和人民领袖发自心底的赞美。

歌曲《拥护共产党》也是将民歌元素引入歌曲创作的典型代表。它根据民歌歌词多以当地民间俗语为主的特点，采用"孩子不离娘，瓜儿不离秧"的口头语言形式创作歌词，既便于群众识记与传唱，又形象地将群众与共产党之间亲密的血肉关系做了比喻，再加上以浓郁的民间曲调配乐，使得这首歌曲成为根据地群众非常欢迎的抗战歌曲，甚至传播到华北各抗日根据地。

正是因为山西音乐久远的历史，所以在山西抗日根据地，当地群众可以将世代流传的民歌进行改编，毫不费力，信手拈来；也正是因为山西这片"民歌的海洋"，给抗战歌曲提供了更广阔的发挥空间，可以在其基础上进行改造和新形式的创造。《参军歌》《打死敌人千千万》《煤窑沟大捷》《左权将军》《农村包围城市》《军民一家》《做军鞋》《纺织支前歌》《坚决不做亡国奴》《长城谣》《日落西山》《新莲花落》《做棉衣》《卢沟问答》《正月里来是新春》等这些抗日歌曲，如同浩瀚民歌海洋中的一朵朵"革命之花"，努力地发挥着自己的优势，在抗战过程中起着巨大的作用，在抗战史中散发出独特的魅力。

二、面对农民群众的必然选择

山西抗日根据地建立初期，进入根据地的文艺工作者把流传较广的红军歌曲、学堂乐歌、左翼音乐家创作的歌曲等进行改编后，教给当地的群众演唱。虽然这些歌曲较为流行，但是对于山西抗日根据地的群众来说，要接受它还需要一些过程。因为这些歌曲绝大多数创作于大城市，受众是有一定文化基础的学生、工人、知识分子等。而山西根据地群众绝大多数是农民，加之受地理位置偏僻的影响，和外界几乎隔绝，消息闭塞，他们的欣赏类型还停留在本地戏曲、民歌和小调上。

作为文艺工作者，面对不同的宣传对象，也要随之改变宣传的思路，必须适应山西抗日根据地群众的音乐喜好，创作出他们喜爱的抗战音乐才能达到更好的宣传效果。也只有这样，才能在宣传动员中和群众产生共鸣，才能激发根据地群众积极投身到抗日救亡的革命中。在这种情况下，以当地民歌为素材进行改编创作，成为进入山西抗日根据地的文艺工作者们必然的选择。

如平定民歌《八路带头打胜仗》：

> 和风吹来谷子黄，
> 军民齐心反"扫荡"；
> 民兵埋伏打游击，
> 八路带头打胜仗。[1]

五台民歌《雁门关上雁门开》：

> 雁门关上雁门开，
> 黄河以西八路来；
> 头仗打胜平型关，
> 二仗解放五台山。[2]

简单的四句歌词，让当地群众很快了解了八路军在战斗中的英勇，同时后两句直白地让群众感受到两场战役的重大意义以及带给群众的福音。

代县民歌《万里长城万里长》：

> 万里长城万里长，
> 雁门关下古战场；
> 阳明堡里一把火，
> 多少敌机一扫光。[3]

---

[1] 山西省民间文学研究会筹备委员会. 山西歌谣[M]. 北京：人民文学出版社，1960：161.
[2] 山西省民间文学研究会筹备委员会. 山西歌谣[M]. 北京：人民文学出版社，1960：163.
[3] 山西省民间文学研究会筹备委员会. 山西歌谣[M]. 北京：人民文学出版社，1960：164.

在这首歌曲中,歌唱了 1937 年 10 月 19 日夜间,我八路军一二九师七九六团三营营长赵宗德同志,率领战士们夜袭代县阳明堡日军飞机场,击毁击伤敌军的 24 架飞机,战斗获得胜利。精练的歌词瞬间让所有群众知道了阳明堡战役所取得的战绩。

在宣传动员工作进行到新的阶段,根据地群众也逐渐成为抗战的宣传员。他们自觉地将自己熟悉的民间歌曲进行改编,用当地的方言和曲调进行演唱,很好地拉近了和其他群众之间的距离。改编者以自己的口吻或者和其他群众相同的立场去演唱,更具有说服力和感染力。

如平陆民歌《纺棉花》:

月亮出来照在西墙,小奴家坐在纺花车旁,
手扳绞板嗡嗡响呀么纺的线儿细又长。
纺的细来纺的光,做成衣裳送前方,
八路军为咱杀敌忙呀么支援军队理应当。
灯添油来明晃晃,一边纺来我一边唱,
为了咱军队打胜仗呀么一夜纺它七八两。
太阳出来照在西墙,小奴家停车下了床,
劳动英雄我第一名呀么你看我排场不排场。[1]

平陆当地的曲调加上方言,用民歌的形式将平陆一名普通妇女积极纺棉花支援前线,争当劳动英雄的较高思想觉悟表现了出来。歌词口语化,对于当地群众而言朗朗上口,熟悉的曲调又易于当地群众传唱和识记,这样才能有效地传播,达到预先的效果。

还有盂县民歌《八路就是报仇人》:

无人区里冷清清,
骂在口里恨在心;
日本鬼子别太凶,

---

[1] 运城行政公署文化局. 河东民歌选(二)[M].1979:16—17.

八路就是报仇人。[1]

在晋东南流传很广的民歌《骂汪小调》：

> 抗战走上了二阶段，
> 出了个大汉奸，
> 汪精卫卖国贼，
> 该死的王八蛋。
> 甘心给日本当走狗，
> 没有那人心肝，
> 挑拨离间使诡计，
> 破坏统一战线。[2]

这首歌中用了大量群众熟悉的语言，如"二阶段"指的是抗日战争的相持阶段；还有"走狗""王八蛋"之类的詈辞，反映了老百姓对汪精卫发自内心的厌恶与憎恨。简短的几句歌词，让群众能够很快对汪精卫有个直观的了解，便于大家在思想认识上的统一。

无论是文艺工作者改编的歌曲，还是群众自己编写的歌曲，都是适应根据地群众的实际情况，一种快捷、有效的宣传形式。相比较其他音乐而言，抗战民歌不仅是抗战音乐的重要组成部分，同时也是抗战宣传工作开展的需要，是面对农民这一特殊宣传群体的最佳选择。

三、全国歌咏运动的"自由变奏"

九一八事变后，在民族危机日益加重的情况下，上海成为抗日救亡歌咏运动的中心。中国共产党领导的以聂耳等音乐家为代表的左翼音乐组织，积极开展以救亡为主题的音乐活动。为了更好地传播救亡歌曲，他们利用电影、戏剧等作为媒介渠道。为扩大传播范围和群体，聂耳于1934年先后创建了联华声乐团和电通歌咏队。在聂耳等人的影响下，1935年，

---

[1] 山西省民间文学研究会筹备委员会．山西歌谣[M]．北京：人民文学出版社，1960：160．
[2] 山西省民间文学研究会筹备委员会．山西歌谣[M]．北京：人民文学出版社，1960：165．

第二章　山西抗日根据地音乐传播的背景

刘良模发起、成立了民众歌咏会，并在香港、广州等地建立了分会。在左翼音乐工作者们的大力支持下，民众歌咏会会员从最初的90余人迅速发展到300多人，最后达到近千人。[1] 同年4月，吕骥、沙梅等人成立业余歌咏团，音乐界人士、上海左翼影剧界艺人、中小学教师、学生以及社会进步青年成为主要参与者。上海的这些活动因参与人数多、规模大、影响面广，迅速扩大到全国。于是，在北京的清华大学成立了海燕合唱团，随后天津、济南、开封、南京、武汉和长沙等城市的学生积极响应，纷纷组织歌咏团体，将救亡歌咏运动进一步推广到中小城镇及偏远农村。七七事变揭开了中国人民全面抗战的序幕，激发出大多数作曲家的创作热情。抗战歌咏团、战地服务团在上海、天津和北平等地活动，他们深入农村和工矿，走向前线，组织歌咏运动，教唱抗战歌曲。这一时期，广西桂林的抗日歌咏运动也蓬勃兴起。多种形式的纪念活动和歌咏大会，激发了群众的抗战情绪，最后形成数万人乃至几十万人参加的规模洪大的抗战歌咏活动，将全国性的群众歌咏运动推向高潮。[2]

在陕甘宁和各抗日根据地，合唱团体也如雨后春笋般建立起来。在全国歌咏运动的影响下，山西抗日根据地也展开了热烈的歌咏运动。

山西歌咏运动多见的形式是齐唱，在部队中较为常见。如《子弟兵军歌》《子弟兵战歌》等歌曲，整齐的结构、雄壮的旋律、行进的节奏、激人奋进的歌词等因素，使得歌曲极具传播性和号召力，加之是适合军人的专属内容，因此这样的歌曲频繁出现在很多场合中。其次，齐唱在群众中也成为常见的形式。文艺工作者们、各个宣传组织为了达到较好的宣传目的，会组织根据地的群众识字唱歌，待群众对歌曲内容相对熟悉后就会出现齐唱。《快乐的游击队》《我们的晋察冀》《誓死不投降》等不同内容的歌曲，都会在群众学习中以齐唱的形式较好地呈现出来。随着根据地宣传队伍的不断壮大，专业程度的不断提升，创作的歌曲形式从

---

[1] 刘立波.论抗战时期救亡歌曲与救亡歌咏运动的历史作用[J].社会科学战线，2014（6）：276.
[2] 刘立波.论抗战时期救亡歌曲与救亡歌咏运动的历史作用[J].社会科学战线，2014（6）：275.

较为简单的歌曲逐渐转向合唱歌曲。《牺盟大合唱》《黄河大合唱》《太行山上》等一系列合唱歌曲的出现，真正让群众感受到合唱带给每一个人内心的震撼和情感的共鸣，极大地鼓舞了根据地万千军民的战斗意志。

作为全国歌咏运动的延续，山西抗日根据地首先将宣传、教育和动员作为主要的任务。其次，在全国歌咏运动的影响下，山西抗日根据地立足于山西特点，发挥山西民歌的优势，在合唱曲目中加入山西民歌的素材，融入根据地风格，在原先的基础上"自由变奏"。这种"变奏"方式是山西抗日根据地音乐传播过程中必然的选择，也是最合适的选择。

第三章
山西抗日根据地音乐的创作主体

第一节 专业文艺工作者

1939年，毛泽东在《大量吸收知识分子》一文中指出："在长期的和残酷的民族解放战争中，在建立新中国的伟大斗争中，共产党必须善于吸收知识分子，才能组织伟大的抗战力量，组织千百万农民群众，发展革命的文化运动和发展革命的统一战线。没有知识分子的参加，革命的胜利是不可能的。"[1]

一、专业文艺工作者队伍的组成

随着战争形势的变化，当音乐活动的中心从武汉转移至延安，又随着战场变化转移到山西抗日根据地时，一大部分爱国音乐工作者，他们毫不犹豫地直接奔赴山西抗日根据地，开始了形式多样的抗日宣传工作。山西抗日根据地聚集了许多优秀而且专业的音乐工作者，他们开始致力于抗战文艺的宣传工作。短短数日，偏僻冷清的土地上空响起了嘹亮的歌声，百姓们单调的生活被种类繁多的艺术形式所填满。从最初的本地区民歌，到重新填词后的"新民歌"；从独唱、对唱，到齐唱、合唱；从以抗战歌曲为主的音乐形式，逐渐扩展到秧歌剧、活报剧、街头剧、歌剧等多种音乐形式。

---

[1] 毛泽东.毛泽东选集（第二卷）[M].北京：人民出版社，1991:641.

当时在山西抗日根据地的文艺工作者们主要由以下几个方面组成：有从武汉、上海等大城市来的文艺工作者，他们虽然有着强烈的爱国热情，但是由于长期生活在大城市，对根据地的农村生活不是很了解，擅长于创作艺术类歌曲。左翼文艺工作者是抗日根据地建立以来人数最多的一个专业群体，他们有着较为丰富的音乐宣传和创作经验，有很多延安的经验可以借鉴。此外，他们还肩负了培养本地文艺工作者的使命。经过一段时间的学习，本地的文艺工作者也很快发展起来，构成了山西抗日根据地文艺工作者队伍中庞大的一支。无论他们来自哪里，都极度热爱山西这块土地，热爱根据地的人民和军队。他们愿意在中国共产党的领导下，以最大的热情投入到伟大的抗战中，以一名共产主义战士的身份将这份执着进行到底。

二、代表性音乐家

1. 黎莎

黎莎，原名陈增美，山西繁峙县城关人。1937年七七事变后，身为女同志的她积极参加了繁峙县城关妇救会工作，努力宣传抗日救国，揭露日寇侵略罪行。第二年，她被调到平鲁县二区妇救会工作，进行演出、动员青年参加抗日队伍、组织妇女做军鞋支援前线，以及到附近的部队、学校教唱抗日歌曲成为她工作的主要内容。

1940年，黎莎被派到晋绥抗战学院学习，一年后参加了抗战学院文化队，担任演员。当时演出的节目有《母子行》等小剧，还有《大刀向鬼子们头上砍去》《生产大合唱》等歌曲，以及《叮铃舞》《生产舞》等舞蹈。

1942年7月，在抗战学院文化队与"青抗校"文化队合并的基础上，成立了晋绥文联大众剧社。大众剧社成立后，主要任务就是配合根据地进行的民主建政、生产自救、拥军爱民等中心工作开展宣传活动。为了有好的宣传效果，大众剧社充分运用群众所喜爱的晋剧、眉户、地方秧歌、说唱等形式进行文艺节目编排。编排好的节目在周边进行演出，有时根据各个地区的需要进行较长时间的演出,曾经赴二分区的河曲、保德、神池、五寨等县进行了为时四个月的演出。演出的剧目有《买卖》《掺砂》《母女行》《说唱参议会》《欢送参议员》《劳军》《王有才交公粮》等。经过专业训练的黎莎在反映军民关系的《十二把镰刀》和颂扬劳动英雄温象栓的《温家庄》剧中扮演了角色,还参加了晋剧传统戏《三娘教子》《芦花》《打渔杀家》《柜中缘》《四差》等戏的演出。[1]

1944年春,大众剧社并入晋绥分局七月剧社。黎莎被组织分配在以演歌剧为主的二队担任演员。她先后参加了道情剧《埋盒子》、眉户剧《王德锁减租》、平剧《上天堂》、秧歌剧《李爱仙》、歌剧《三个女婿拜年》《办喜事》《血泪仇》《重见天日》《大家办合作》等众多剧目的演出。1946年春,二队决定排演《白毛女》,黎莎在戏中扮演黄母,成功地塑造了一个伪善歹毒、佛面蛇心的地主婆形象,获得同行和观众的一致好评。同年,黎莎加入中国共产党;同年夏,随二队赴崞县参加了土改工作,为当地群众演出了《血泪仇》《白毛女》等剧,对促进土改的深入发展起了积极的推动作用。

1948年8月,七月剧社宣布撤销,黎莎奉命回兴县待命,先后参加了《光荣花》《送夫参军》《翻身曲》《两亲家》等剧目的演出。1949年,黎莎调到山西省总工会文工团任戏剧股股长兼演员;1959年,调任内蒙古云母厂党支部书记;1964年起任内蒙古自治区建设厅工业处长;1984年离休。

2. 晨耕

晨耕,1937年10月参加了八路军,年仅14岁。1938年春调到分区宣传队工作,1941年被选送到华北联大文艺学院音乐系学习,开始了专业作曲的道路。1942年冬天,他在冲锋剧社任音乐队队长,主要从事歌曲和歌剧的创作。他创作的《献给一九四一年》(树楷作词)为初期作品

---

[1] 杨卫华. 晋绥革命根据地文艺人物录[M]. 北京:中国戏剧出版社,2002:75.

之一,是一首曲调顺畅、节奏鲜明的队列歌曲,在进行曲中糅进了秧歌舞的节奏,曲子充满了胜利的欢乐。随后又创作了《意志坚又坚》(野明作词)、《四恨》(谷岩作词)等歌曲。晨耕创作的《夜袭之歌》(白杨林作词),以简练的曲调、轻捷的节奏,描述了游击队在黑夜中偷袭敌人的情景。他为表彰携手并肩作战并取得了反"扫荡"胜利的边区军民而创作的《要把生铁炼成钢》(邢野作词),是一首军民问答形式的对口唱,在民间《钉大缸》的基调及快板式的说唱节奏上发展而成,由冲锋剧社演唱后,曾在边区流传。萧芜作词、晨耕作曲的《新战士王二发》,是1944年春词、曲作者在部队深入生活时,对参加欢迎战士入伍的动人场面有感而作的。曲作者的中心意图是拟写一首具有民间音调、民族风格的进行曲,采用了具有中国民间音乐特征的"工"调式和民歌的旋律创作而成的一首优秀歌曲。此曲不但在边区军队中广泛而长久地流传,改编为合唱之后又成为中央广播电台保留曲目。此外,晨耕还创作了儿童歌曲《小木刀》(白杨林作词)和《炮楼谣》(白杨林作词)等。这些具有儿童歌谣风或自然吟唱曲的儿童歌曲,表现了边区少年儿童立志抗日和嘲讽敌伪的风趣,在敌后儿童中被广泛传唱。[1]

3. 亚欣

亚欣,原名刘亚欣,曾用名刘星汉,1924年12月出生,河北保定市人。1937年七七事变后,于10月间参加了八路军三纵队火线剧社任宣传员,第二年进入河北抗战学院军政院学习。

1939年,调入八路军一二〇师战斗剧社,担任音乐干事、乐队队长等职务。1940年1月,随部队转赴晋西北根据地。1942年,赴延安参加整风学习后留鲁艺分院进修。1943年之后,先后在晋绥文化服务团、晋绥实验学校、七月剧社三队、晋绥文联音乐部等单位任创作员、研究员。在八路军一二〇师战斗剧社期间,创作了《晋西北军队进行曲》、《三

---

[1] 王剑青,冯健男. 晋察冀文艺史[M]. 北京:中国文联出版公司,1989:487—488.

唱劳动英雄》（卢梦、苏民、常功、亚欣作词，苏民、亚欣作曲）、《四季变工调》（吕修明作词）、《爆炸》（田家作词）、《胜利向前进》（亚欣作词）、《大翻身》（亚欣、徐颖作词，张鲁作曲）、《向前进》（苏民、亚欣作词，坚辛作曲）、《小朝廷命不长》（伍陵作词）、《万岁，中国共产党》（林枫作词）、《勇敢向前》（林朋作词）、《斩断穷根》、《民兵参战》（孙谦作词）、《生产》、《防奸歌》（徐颖作词）、《练兵》（亚欣作词，安春振作曲）、《拥军优抗》（亚欣作词，苏民作曲），等等。此外，还与人合作创作了秧歌剧《上南山》及《改造二流子》等剧目。这些歌曲、歌剧全部都由根据地的音乐刊物《战斗歌声》《七月歌选》以及《晋绥日报》分别刊发登载。其中，《四季变工调》曾获晋绥边区"七七七"文艺奖。

1940—1943年间，创作了《加紧围困挤垮敌人》（吕修明作词）、《地雷战》、《地雷好像大西瓜》（徐颖作词）等歌曲，还与人合作了反映大生产运动的《纺线线》（卢梦作词）、《打掐棉花》（吕修明作词）、《快机织布好》（吕学熙作词）以及《组织起来》等歌曲。

1943—1947年间，曾编辑出版了《晋绥民歌》《九腔十八调》《寺院音乐》等书籍。1949年，与他人共同创作了歌曲《向大西北进军》。新中国成立后，历任四川艺术研究室主任，西南音乐专科学校办公室主任、校党总支书记，峨眉电影制片厂艺术室副主任等职。离休前任四川省文化厅艺术处处长、厅党组成员。[1]

4. 唐诃

1938年，年仅15岁的唐诃参加了冀中军区游击三分队，后来所在部队成立了曙光剧社，喜爱音乐的他便在剧社里开始从事文艺工作。根据组织的需要，唐诃被调到七月剧社之后，一心投入到音乐创作中。他创作的《边区好》（翟翼作词），用山西民歌的音乐语言谱写而成，作品一经公

---

[1] 山西省文学艺术工作者联合会. 山西文艺史料（第二辑）[M]. 太原：山西人民出版社，1959：58.

开演唱便很快在根据地传播开来。刘微作词、唐诃作曲的《骂阎锡山》（原名《阎锡山回太原》）流传为民歌，具有较突出的山西风格。李焕之在《作曲教程》第十章对《骂阎锡山》作出的评论为："是很地道的山西风味。"从作曲的角度分析，李焕之认为其调式的使用成熟、流畅，充满了真情实感。他还认为这些歌曲（指《骂阎锡山》等四首），从谱例上来看，和救亡时代的聂耳的作品在创作方法上是一致的，具有很强的民族风格。此曲创作于1943年年底，1944年年初便由演员用对唱形式演唱，不久便流传于冀晋地区。1945年冬，《冀晋日报》刊登了一则消息：晋东北某村一儿童团员被阎匪抓住，要他唱一首八路军的歌，他便高唱着《骂阎锡山》慷慨就义。该曲于1979年被收入《山西民间歌曲集》第三集中。葛尧作词、唐诃作曲的《打击"归顺班"》，创作于1943年"政治攻势"中，通过在山西五台一带的广泛传唱，起到了打击投降派的作用。该曲的曲调来源于五台民歌《种洋烟》和《骂鸡调》，轻快的风格还便于在少年儿童中传唱。唐诃作词谱曲的《翻身不忘共产党》是一首民歌风较浓郁的群众歌曲，创作于1946年，最初发表于《教育阵地》，收在冀晋行署出版的小歌本上。正是唐诃，较好地解决了创作歌曲的革命化、民族化与通俗化。[1]

5. 王钵

王钵是山西广灵人，于1937年10月参加革命，后又加入中国共产党。为了革命，他积极投身到他擅长的音乐领域中，通过学习各种音乐知识进行更好地创作。认真努力的他很快在音乐方面有了提升与进步，凭借扎实的音乐功底和丰富的斗争经验，在晋察冀军区第一军分区战线剧社担任乐队队长，后又在中国人民志愿军文工团担任团长等职务。

无论在哪个工作岗位，他一心革命的信念始终不变，所以均取得较为满意的成绩，充分发挥了文艺工作者的作用，极大程度地调动了根据地军民的抗日热情。

---

[1] 王义华，杨卫华. 晋察冀革命文化艺术人物志[M]. 太原：山西人民出版社，2003:417.

他不仅管理社团的日常事务，同时还积极参与创作与排演。抗日歌曲是他投入主要精力创作的领域，其创作的歌曲很多都受到当地人民群众的欢迎，并被广泛传唱。如《村剧团》《鸡叫三遍亮了天》《崔洛唐》等歌曲曾经广泛流传在各大根据地之间。[1]

6. 韦虹

韦虹，原名韦剑虹，笔名雨弓，广东珠海人。自幼爱唱歌的他于1937年参加了武汉合唱团，1938年加入中国共产党，参加武汉青联工作，同年7月到达延安后在鲁艺音乐系学习，后随华北联大赴晋察冀边区任八路军晋西陈士榘支队政治部教育干事。之后再次回到延安继续在鲁艺学习，学习结束后又到晋察冀军区第二军分区政治部七月剧社任音乐教员。作为延安鲁艺二期的学员，他曾跟随冼星海学习作曲。他创作的《参加八路军》（李今作词）作为群众歌曲，为了更好地被当地群众接受，充分利用了山西吕梁地区民歌的曲调。果然，熟悉的曲调、朗朗上口的歌词深受晋察冀军民的喜爱，紧密地配合了当时的群众参军运动。他所创作的《秋后的蚂蚱》（朱羽作词）、《创造模范营连》（歌谣作词）、《胜利永远是我们的》（王思一作词）和《顶有名》（歌谣作词）等革命歌曲都具有浓郁的山西民歌风味，在晋东北地区军民中十分受欢迎并被广泛传唱，此外他还创作了歌剧《一家人》等。[2]

7. 支杰

支杰，又名支登科。全面抗战爆发后，他立即参加了当地人民武装自卫队总队工作，在接触到中国共产党的信仰后成为一名共产党员。第二年，根据工作需要被调入晋察冀边区人民武装自卫队总指挥部政治部自卫剧社任副社长。1938年10月，担任晋察冀边区晋东北大众剧社社长兼党支部副书记。其间，他注重剧社的宣传工作，积极组织教唱抗日歌曲，同时还排练舞蹈以及话剧。1939年5月，他带领剧社对三五九旅进行慰问，

---

[1] 王义华，杨卫华. 晋察冀革命文化艺术人物志[M]. 太原：山西人民出版社，2003:9.
[2] 王义华，杨卫华. 晋察冀革命文化艺术人物志[M]. 太原：山西人民出版社，2003:18.

演出了很多抗日歌舞节目，深受军民喜爱。1940 年，为了揭露国民党顽固派假抗日的阴谋，他积极组织创作并演出了歌舞活报剧《反对顽固派》，轰动全场，受到地委领导的极大肯定。

8．今歌

今歌，原名王宗岳，又名王铁音。1937 年，考入重庆南渝中学高中部读书，在读期间担任指挥，教唱进步歌曲。1938 年 5 月，经中共重庆市地下组织安排，辗转奔赴革命圣地延安，同年加入中国共产党。1938 年 9 月，被周巍峙选调，成为西战团音乐队的一员。1939 年 11 月，跟随西战团进入晋察冀根据地。1940 年，担任军区抗敌剧社音乐队副队长。因为从小喜爱音乐，参加革命后他长期担任作曲和乐队指挥。在剧团工作期间，为近百首歌词、歌剧谱曲，先后创作了一大批优秀作品。歌曲主要有《爱护树》《军民节约四唱》《反"治安强化运动"》等，同时获得边区鲁艺文艺奖和军区政治部首次创作甲、乙等奖。歌剧《地狱与人间》因较深刻地反映了当地军民反抗日寇的英勇斗争，演出获得极大的成功，成为剧社的代表剧目。[1]

9．石梅

石梅，女，原名王润华。年仅 17 岁就参加革命，在晋察冀边区联大担任演员，后来又在晋察冀军区挺进剧社担任演员。多年的演员生涯，使她在歌曲创作上积累了丰富的经验。她创作的歌曲《歌唱狼牙山五壮士》，一创作出来便迅速在晋察冀边区广泛传播，深受当地军民喜爱。后又在京剧、话剧的创作上有所涉足，创作了话剧《平兰与秀珍》以及京剧《李自成》。但是她更多的精力还是放在演出中，扮演了很多角色，出演的作品有话剧《杨明甫》、歌剧《钢铁与泥土》、京剧《打渔杀家》《李自成》等。直至新中国成立后，她仍然继续演出，参演了《大团圆》等多部剧。[2]

---

[1] 王义华，杨卫华．晋察冀革命文化艺术人物志[M]．太原：山西人民出版社，2003：21．
[2] 王义华，杨卫华．晋察冀革命文化艺术人物志[M]．太原：山西人民出版社，2003：29．

10. 史轮

史轮，又名马清瑞，河北威县人。1930年参加革命后进入烟台军官学校读书。1937年奔赴太原，同年10月参加了西战团，任文学编辑。1938年底，随西战团到达晋察冀边区，与诗人田间、邵子南等同志共同创办了《战地诗社》。《歌谣》《我们是人》《事务工作》等诗歌较为贴切地反映了当时边区群众的抗日斗争生活，受到人们的喜爱。此外，他还经常与李劫夫、周巍峙等作曲家合作，一度创作出很多优秀的抗日歌曲，在晋察冀广为流传。与李劫夫合作的歌曲有《群众的歌声》《坚持持久战》《保卫边区》《妇女慰劳小曲》等，与周巍峙合作的歌曲有《杀过哈尔滨》。他创作的歌曲极能唤起边区群众的心声，反映边区生活的诸多方面。1940年，年仅34岁的他在雁北反"扫荡"战斗中牺牲。[1]

11. 朱羽

朱羽，北京市人。1939年便积极参加了革命，在晋察冀军区第二军分区政治部七月剧社工作。因为工作突出，擅长表演，在剧社中担任戏剧队分队长。他成功地扮演了很多剧中的角色，获得群众的认可和喜爱。除此之外，他还擅长相声、双簧表演，使得观看的军民能够在艰苦的抗战生活中获得愉悦。他还在歌曲创作方面有所研究，由他作词的歌曲《秋后的蚂蚱》一经演出，便获得群众的喜爱，在晋东地区被广泛传播。精力旺盛的他将抗日的热情投入到创作中，性格活泼的他走到哪里都能和群众很好地打成一片，这成为他创作的作品深受欢迎的原因。1942年，他在寿阳县敌占区活动时被敌人包围而受重伤，最终牺牲，年仅23岁。[2]

12. 王引龙

王引龙曾在晋察冀军区第三军分区冲锋剧社从事作曲等艺术工作。他创作的《警戒线上之歌》（野明作词），是借鉴正格节奏和民族音调相结合创作而成的一首群众歌曲。曲作的特色是以铿锵有力的节奏、不严格

---

[1] 王义华，杨卫华. 晋察冀革命文化艺术人物志[M]. 太原：山西人民出版社，2003:36.
[2] 王义华，杨卫华. 晋察冀革命文化艺术人物志[M]. 太原：山西人民出版社，2003:53.

均等的节拍突出警戒线上的不稳定感；音调情绪饱满，曲调起伏，以造成临战的特定气氛。此曲在反"蚕食"斗争时曾流行于三分区前沿部队，受到战士欢迎。谷岩作词、王引龙作曲的《民兵战歌》是借鉴河北民歌的音乐素材，采用进行曲的节奏写成的战斗歌曲，曲作将民族音调和军歌节奏相结合，表现了充满胜利信心的民兵战士勇往直前的英雄气概，曾在三分区一带流传。树楷作词、王引龙作曲的《快快组织联合政府》是借鉴了华北G调式民歌素材谱写而成的群众歌曲，除最后两句外，每个乐句都用了切分，形成一个不稳定的紧迫感，最后两句以音乐语言的肯定语气突出了"快快组织联合政府"的主题思想。此外，他还创作了《反攻的时候来到了》（树楷作词）、《看看是谁要打内战》（刘薇作词）、《欢迎新同志》（刘薇作词）、《解放北平联唱》（刘薇作词）等革命歌曲，在民族革命战争和人民解放战争中发挥了它的战斗作用。[1]

13．徐曙

徐曙是1939年随同抗大二分校文工团来到晋察冀边区的，后来到抗敌剧社从事歌剧和歌曲创作。徐曙创作的《八路好》（胡可作词），由于用明白畅达的音乐语言较好地表现了八路军"打仗为老乡"的本质，形式和内容融洽地结合在一起，产生了较为久远的艺术魅力，以至今天还脍炙人口，传唱不绝。他还创作了《赶不走鬼子别想活》（森林作词）、《手榴弹》（张喜元作词）、《李勇变成了千百万》（胡可作词）、《肃清亲日派》（方壁作词）等多首革命歌曲，较好地配合了晋察冀边区的各项政治运动。[2]

14．张达观

张达观作词作曲的《军队和老百姓》，是一首运用晋北民歌素材进行艺术创作、焕发着历久不衰的艺术魅力的优秀作品。歌曲中的第一句颇具特点，通过富有变化的精心处理，使之重复出现，加之歌曲短小精悍，结构谨严，易唱易记，所以很快便风靡了晋察冀，从1939年流传到今天。

---

[1] 王义华，杨卫华．晋察冀革命文化艺术人物志[M]．太原：山西人民出版社，2003:208.
[2] 王义华，杨卫华．晋察冀革命文化艺术人物志[M]．太原：山西人民出版社，2003:208.

音乐舞蹈史诗《东方红》将此歌曲作为抗战时期表现新型军民关系的代表作编入里面,成为中国革命史的形象教材。张达观还创作了《献花》《民兵战斗歌》和《抬伤兵》等革命歌曲。[1]

15. 林渊

林渊,原名胡斌武,河南潢川县人。1937年6月随胞姐到达北平考入大同中学读高中。未及开学,抗战全面爆发,遂回到原籍任小学教员。期间,出于爱国热情,组织学生开展抗日救亡宣传运动。之后,又离别家乡到达晋西南抗日前线,参加了山西青年抗敌决死二纵队,任宣传干事,不久又调到二纵队五团一营担任政治工作员。在五团一营工作期间,常常为大家演唱一些抗日歌曲。因其嗓音洪亮,演唱亲切动人,被大家称为"小铜号"。1938年底调吕梁剧社任音乐指挥,参与排练并指挥演出了《抗敌歌》《旗正飘飘》《自由神》以及《在太行山上》《青年进行曲》《流亡三部曲》等多首抗战歌曲。为进一步提高自己的专业水平,于1939年夏与苗波、华纯、裴光等四人,赴晋东南太行艺校学习深造。晋西事变后,又与先期到达延安的剧社同志一起进入鲁艺音乐系第三期学习。

1940年初,吕梁剧社奉命回到晋西北前线,改为晋绥文联剧社。5月,为庆祝反顽固斗争的胜利,根据地各文艺团体在兴县进行会演。文联剧社除演出话剧《胜利》之外,还首次演出了由冼星海同志作曲、傅东岱同志写词的新作《牺盟大合唱》。除参加合唱节目外,林渊还以其浑厚圆润的男低音,为大家演唱了著名歌曲《蒙古马》和自己谱曲创作的新歌《故乡》。

1940年8月,决死二纵队黄河剧社并入晋绥文联剧社,接着又一起并入晋绥分局七月剧社。年冬,随七月剧社赴延安,再次入鲁艺音乐系学习。1941年加入中国共产党。1942年春天,学习结束回到晋西北前线。在晋绥分局七月剧社担任音乐指导期间,指挥演出了《黄河大合唱》《牺盟大合唱》《在太行山上》《游击队员之歌》等革命歌曲,还多次担任

---

[1] 王剑青,冯健男. 晋察冀文艺史[M]. 北京:中国文联出版公司. 1989:489.

领唱和独唱。此外，与常苏民一起，收集整理了晋剧、眉户、道情等剧种的许多唱腔、曲牌以及民歌小调等音乐资料，为音乐工作者学习研究优秀地方戏曲艺术及民族、民间音乐积累提供了极为丰富的珍贵材料。

1943年春，调任晋绥一中音乐教员兼体育教员。除讲授乐理、视唱练耳等音乐基本知识外，还组织学生进行歌咏比赛，开展篮球活动，举办全校运动会，极大地活跃了师生的文化生活，促进了学校的教学工作。在此期间，还创作了《一中校歌》《一片乌云盖青天》等歌曲。后来又在学生中挑选了一批擅长文艺的积极分子，组建了一中剧社，排练演出了《小放牛》《兄妹开荒》《血泪仇》以及自己编创的《边区好》《质问国民党》等歌剧、话剧、皮影戏节目。他们除在学校开展文艺活动活跃学校的文娱生活外，还经常深入城乡集镇为群众进行宣传演出，在城乡群众中产生了一定影响。

1945年日寇无条件投降后，调任绥蒙区建国学院政治教员。1947年调绥远军区文工团，先后任协理员、副团长等职。新中国成立后，先后于绥蒙军区文工团、解放军第六政治干校等单位任副团长及俱乐部主任等职。1958年转业后，历任天津和平区电机修配合作社主任，天津市离合器厂厂长，天津市东方红发动机厂主任、厂长等职。1985年离休。[1]

16. 傅东岱

傅东岱，原名傅尚普，河南新安县人。1932年在开封黎明中学读书期间，经常阅读马列著作及进步书刊，团结进步同学，积极开展抗战宣传。1935年考入河南省立百泉高级师范后，与进步同学一起，共同发起组织了新垦文艺社，先后在郑州、漯河分别创办了《新垦》及《向实》周刊，同时还在当时河南省会开封出版了《海星》月刊，并担任上述三刊主编。期间，连续发表了《灾后》《向真理迈进》等抗日爱国诗文，响亮地提出"手拉着手，心连着心，向公敌死拼，向真理迈进"。之后，又在同学中组织

---

[1] 晋绥文艺研究会. 文艺战士名录[J]. 内部刊物, 1968: 135.

起读书会，阅读鲁迅等人的进步书籍，传播革命思想，共同寻求救国真理及道路。此外，还利用寒暑假机会，在家乡新安组织起教育救国协会、青年抗日救国宣传队等组织，深入城乡，宣传演讲，教唱抗日歌曲及演出《血洒卢沟桥》《汉奸的下场》《放下你的鞭子》《酒楼上》等多种文艺节目，勇敢地战斗在抗日救国的阵地前沿。

1938年元月，联络同乡青年数十人，几经辗转，来到抗日前线山西晋西南地区投奔革命。经过牺盟训练班及随营学校的培训，正式被分配到山西新军决死二纵队政治部任宣传干事，积极开展抗日文艺宣传活动。是年3月，调任牺盟洪赵中心区委宣传部负责人之一，更加奋发开展工作。6月，调任蒲县牺盟会秘书之后，积极开办全县农、青、妇及自卫队干部培训班，并协助当时尚未公开的中共蒲县县委开办了党员干部学习班；又组织起蒲县文工团（后并入吕梁剧社）开展文艺宣传活动。1938年秋吕梁剧社成立后，于次年1月担任剧社编导，并任牺盟洪赵中心区《大众抗日报》主编。之后，又加入中国青年新闻记者学会，并任该会吕梁分会理事，积极从事新闻宣传报道工作。1939年秋天，因公到西安办事，适逢美国著名新闻记者埃德加·斯诺也在西安，遂前往采访，并抓住这一难得机会，向斯诺详细介绍了吕梁、太行山等根据地抗日军民克服重重艰难险阻，坚持敌后抗日斗争的许多动人事迹。同年加入中国共产党。1939年初任吕梁剧社编导时，创作了《决死队之歌》等歌曲交剧社演唱，并在洪赵区召开的首届妇代会、青代会上亲自教唱。同年10月随吕梁剧社赴延安鲁艺学习，期间见到了仰慕已久的音乐家冼星海同志，并将自己创作的《吕梁山青年抗敌决死队进行曲》《山西农民救国会会歌》《游击小组歌》等歌词，请冼星海同志谱曲，然后由吕梁剧社排练演出。1940年3月，写出了《牺盟大合唱》。冼星海同志看了歌词，尤其是听取了关于牺盟会、决死队等抗日武装英勇斗争的情况介绍后，毅然执笔，仅用两天时间即为这部大合唱成功地谱写了全部乐曲。

1940年5月，在晋绥边区为粉碎顽固派的进攻而举办的"红五月"

文艺大会演期间,《牺盟大合唱》作为吕梁剧社的主要节目,由音乐家李清宇担任指挥,于5月7日第一次搬上舞台,引起满场喝彩。时隔三日,《牺盟大合唱》由延安鲁艺音乐系排练,于延安中央礼堂演出,也获得极大成功。从此,这部后来成为冼星海四部著名大合唱之一的曲目,在晋陕大地很快传唱开来。[1]

17．裴世昌

裴世昌,山西平遥县人。1931年就读于山西太原国民师范。九一八事变后,积极参加抗日救亡运动,成为学生运动的积极分子。1937年参加革命,曾在八路军总部担任傅钟同志的秘书。1942年初任八路军军政杂志社编辑,同年秋调晋绥分局七月剧社任社长。领导剧社排出了《打金枝》《二度梅》《斩单通》《失空斩》《下河东》《回荆州》《黄鹤楼》《吃瓜》《三岔口》《出棠邑》以及新编历史剧《陆文龙》等传统剧目。在从事领导工作的同时,还参与了不少剧目的演出,成功地塑造了许多性格迥异的人物形象,如《失空斩》中的诸葛亮、《哭灵堂》中的刘备、《下河东》中的赵匡胤、《杀府》中的伍子胥、《断臂说书》中的王佐等等。

1944年被派往晋中平川开展工作时,不幸被捕,坚贞不屈,于1946年在太原英勇就义。[2]

18．张沛

张沛,原名张俊生,河北安国人。1938年4月参加革命,1939年3月加入中国共产党。参加革命初期,任冀中军区三分区抗敌剧社社员及分队长。他唱歌、跳舞、演戏、拉胡琴、吹笛子,成为业务方面的多面手。

1940年六七月间,创作发表了第一首歌曲《在这战斗的土地上》。之后,又创作了《长江水》《青年要当兵》《铁的子弟兵》等歌曲。1941年11月任冀中军区八分区前卫剧社队长,后调任冀中军区火线剧社副队长。

1942年冀中五一反"扫荡"后,火线剧社转战太行一分区,张沛调

---

[1] 晋绥文艺研究会．文艺战士名录[J]．内部刊物,1968:113.
[2] 晋绥文艺研究会．文艺战士名录[J]．内部刊物,1968:124.

新组建的红星剧社任班长。先后在歌剧《挡不住》《钢铁与泥土》，话剧《把眼光放远一点》《十六条枪》《慰劳》《讨伐》等剧中担任重要角色。同时，还创作了歌曲《人民需要共产党》及快板剧《当兵去》等节目。

1943年底，随红星剧社调到晋绥边区八分区。翌年初，红星剧社同八分区大众剧社合并（仍称大众剧社），任乐队队长。在晋剧传统剧《反徐州》《白门楼》《空城计》《打金枝》《取成都》《杀府》及京剧《打渔杀家》《法门寺》《捉放曹》等戏中分别扮演了角色，并参加了伴奏。还参加了现代戏《张初元》《血泪仇》《王德锁减租》《吃亏上当》《兄妹开荒》《大家好》《二流子转变》《劳军》《牛永贵负伤》《打得好》《两个包袱》《十六条枪》《大战协和堡》等剧的演出。

1945年抗战胜利后，创作了《向太原进军》等多首群众歌曲。[1]

致力于山西抗日根据地宣传工作的专业文艺工作者们远远不止以上这些，他们作为专业文艺工作者的代表，在宣传党的方针政策、开展根据地音乐工作、动员和教育根据地群众、培养当地音乐工作者、推动根据地音乐创作等方面起了举足轻重的作用。

第二节 非专业文艺工作者

在山西抗日根据地的文艺工作者中，非专业文艺工作者占据了很大的比重。在这个群体中，有的没有任何音乐基础，在专业文艺工作者的培养和影响下，逐渐走上文艺道路，开展各种文艺宣传或者创作活动；有的是音乐爱好者，会一些简单的乐器演奏或者民歌演唱，他们在文艺团队的影响和带领下，也逐渐成为文艺工作者。

当地群众逐渐加入剧社等文艺组织，进行相关的文艺创作。但是，他们由于没有专业的创作基础，所以在起初创作过程中会出现多种情形。平时农民们忙农活，闲暇时间就聚在一起进行简单的创作。他们没有时间

---

[1] 王义华，杨卫华. 晋察冀革命文化艺术人物志[M]. 太原：山西人民出版社，2003：91.

到处去搜集材料，只是在下乡演出时，走到哪儿就和当地的老百姓谈到哪里，或者找当地的干部总体了解一下情况，从所知道的情况中提取相对有趣、有意义的内容进行改编创作。如果涉及某个人，就会去找到这个人进行交谈，并将重要的内容记下来作为编排的素材。在创作中，绝大多数人都是从头开始学习，摸索着进行。他们先对已有的材料进行交流和讨论，确定了主题、标题后，就开始你一言我一语地相互补充，谁的好就采用谁的内容，最后将所有大家认可的内容凑在一起形成完整的作品。

在创作时，他们大多使用群众中最流行、最喜欢的民间小调，这样更利于秧歌队员演唱。只要他们能够将唱词念下来，就可以立刻将内容套在所使用的民间小调中。对于新写的曲子，他们不会识谱，也不会对着乐谱唱，尤其是对于外来的曲调需要专人教方能唱下来。

他们认为创作还是较为容易的事情，以二中剧社的农民社员为例，他们创作了大量的歌曲，有《参加民兵》《拥护抗日军》《咱们的新政》《揍他王八旦》《保卫根据地》《买公债》《我们是党的铁兵团》《快收藏》《反内战》《春耕歌》《蒋介石碰钉子》《选举歌》《消灭日本法西斯》《唱七大》《防旱备荒大鼓词》《表民兵反"扫荡"》等；创作了蒲剧《风波亭》《千古恨》《陆文龙》《黄鹤楼》《大会中原》等；创作了秧歌《唱十大政策》《选英雄》《十绣金匾》《十五条任务》《十劝乡亲》《劳军》《新观灯》《小放牛》等。他们多产的作品几乎在整个二分区都进行了表演，特别是在河曲、保德、岚县等地，一天演出两场，偶尔会演出三场，观众在一年内达到 45 万人左右。[1]

经过大量的创作，农民工作者也逐渐积累了创作的经验。他们在具体的创作中遵循两个原则：一是作品创作要配合当前的政治任务、实际工作；二是在创作中不仅要观众喜爱和通俗易懂，同时还要兼顾教育群众的作用。专业的文艺工作者在指导群众创作的过程中，又从群众的作品

---

[1] 山西省文学艺术工作者联合会.山西文艺史料（第二辑）[M].太原：山西人民出版社，1959：181.

中汲取有用的东西以不断丰富自己的创作，为创作提供素材和新的思路，成为群众真正喜爱的艺术形式和作品。

一、非专业文艺工作者队伍的组成

1. 民间艺人

民间艺人是山西抗日根据地非专业文艺工作者队伍的主要组成部分。大部分艺人都是因为家庭贫困，迫于生计从小学艺来维持一家人的生活。他们通常掌握的艺术技能都是群众喜闻乐见的艺术形式，如竹板书、说唱、评戏、鼓词等。山西因为历来都有传统的文化活动，像高跷、旱船、狮子、龙灯、秧歌、小戏，还有笙、管、笛、箫、细乐会等，当地群众把它们称为"文会"；刀、剑、斧、钩等武术玩意儿，群众称之为"武会"。还有丝弦、梆子腔、大秧歌等民间戏班儿，群众称之为"子弟班"。无论是"会"，还是"班"，几乎村村都有。[1]随着抗日根据地的建立，他们受各个剧社、宣传队的影响，也自发组织村剧团，利用之前掌握的各种艺术形式进行抗日宣传和动员工作。由于他们长期从事民间音乐活动，所以创作中能够准确地捕捉根据地群众的审美习惯和喜好，在作品中较好地使用当地群众喜爱的曲调、语言等元素，多用"旧瓶装新酒"的方式结合抗日宣传的主题进行即兴创作。他们创作的速度比较快，语言朗朗上口，更利于根据地群众传唱和识记，宣传效果较好。

2. 其他群体

在非专业文艺工作者队伍中，还有一些特殊的群体参与其中。他们发挥自己所长，在抗战文艺工作中贡献自己的力量。

（1）儿童

根据地儿童在整个抗战过程中是一支不可小觑的力量。这个群体因为年龄较小无法上战场与日寇面对面斗争，但是他们却在其他方面发挥

---

[1] 钟惦棐. 战地上的宣传[N]. 新民日报，1950-06-17.

了重要的作用。站岗、放哨、组建儿童团等，特别是参与各个文艺社团进行宣传活动，他们成为根据地的小小宣传工作者。

> 同志们，向前走，别退后，
> 生死已到最后关头。
> 拿起我刀枪，
> 举起我锄头，
> 我们再也不能等候……[1]

这支歌是从根据地的孩子们口中唱出来的，作家周立波对敌后抗日根据地儿童斗争生活是用这样的文字描述的：

"手持刀矛的小哨兵，没有抛弃这种娱乐。没有行人的时候，他们在溪里滑冰、哗笑。看见了行人，他们马上走过来。

'带路条了吗，老乡？'这回是严肃，没有一个孩子笑了。

不使他们感到满意，是不行的。他们会包围你，如果你拿不出'路条'，就请你同他们到村里的自卫队去。如果你的'路条'是对的，'走吧'，从你的后面立即爆发了歌声。上面的歌声就是刚才检查的小哨兵发出的。

晋察冀边区的儿童组织，有儿童团、歌咏队。儿童在这里读书、识字、游戏和开会。歌咏队能唱一切救亡的歌曲。他们唱歌是娱乐自己，同时是宣传。"[2]

儿童以其纯洁、天真的特性表现出他们对新事物、新生活的敏感和适应，并永志不忘。1936年初，红军东渡黄河进入山西，在短短时间内，红军将其优良的品质和言行深深留在百姓心中。但更为重要的是，红军还带来了革命文艺的火种，这些火种在根据地少年儿童的心中点燃并传播开来。于是，孩童们毫不顾忌反动统治，肆无忌惮地唱着红军曾经唱过的歌谣。这些歌谣从儿童口中唱出，却记在了群众的心头：

> 送我哥哥当红军哟，

---

[1] 齐荣晋. 根据地与儿童文艺 [J]. 山西革命根据地，1986 (2):48.
[2] 齐荣晋. 根据地与儿童文艺 [J]. 山西革命根据地，1986 (2):48.

第三章 山西抗日根据地音乐的创作主体

> 后方工作我承担。
> 前方后方相配合呀,
> 打走那日本鬼子享太平。
> ……[1]

抗日根据地建立后,我党尽可能动员群众积极参加抗日斗争,同时建立了很多群众组织来开展抗日工作。儿童们组建的组织有儿童团、歌咏队等。在抗日队伍中,儿童是不可忽略的力量。根据儿童的特点,他们从事文艺工作最符合他们的天性。如果他们参加了儿童团、歌咏队,会在一定程度上对智力、能力等有大的提升。因为他们不仅仅是唱唱歌、跳跳水手舞、演演"捉汉奸"等活报剧,在演出的过程中,也是他们接受教育、学习知识的重要途径。

晋西北是一个政治、经济、文化都极为落后的地方,抗战开始后,八路军一二〇师带来了一个战斗剧社,战地总动员委员会也有一个话剧团。这些剧社、委员会的政治干部和知识分子每到一个地方,就会把当地小学校的少年儿童集合起来,教他们唱几支歌曲。这些教唱的歌曲多是由过去的红军歌曲改编而成的,内容多是抗日和动员青年积极参军等。于是,这样的抗日歌曲很快被儿童和青年们所接受。在1937年年底和1938年年初,这个山区里的城镇和沿大路的村庄里,到处都能听到抗日的歌声。[2]

儿童们在抗战宣传工作中发挥着强大的作用。党所领导的文艺团体及其他基层组织,都把组织儿童、辅导儿童从事文艺活动当做一项任务来抓。一些比较进步的农村小学教师就组建了农村儿童剧团,一方面他们可以过着有组织的集体生活,另一方面可以担任一些战时的宣传任务。在不到一年时间内,晋冀豫边区就有武乡儿童剧团、阳城儿童剧团等。这些儿童剧团和职业剧团、宣传队以及业余戏剧组织成为根据地存在的四种

---

[1] 齐荣晋. 根据地与儿童文艺 [J]. 山西革命根据地,1986(2):48.
[2] 山西省文学艺术工作者联合会. 山西文艺史料(第二辑)[M]. 太原:山西人民出版社,1959:83.

文艺组织形式，同时也是戏剧运动中的一个方面军。[1] 除了儿童剧团，其他组织形式中，儿童演员的数量也相当大，他们有的肩负着许多抗日的工作任务，有的没有其他事情可做。针对这一情况，为了更大程度地发挥儿童在组织中的作用，1939年，全国戏剧界抗敌协会晋东南分会制订了工作纲领，特别是对一个模范剧团提出了相关的建议："剧团的成员中，儿童的数量相当大，他们除了担任舞蹈歌咏以外，便没有其他的工作可做。因此，提倡在大剧团内设立儿童戏剧组。"这样重新划分后，在短短一年时间中就有了明显的效果。[2] 1939年，八路军总部的火星剧团演出的《小英雄》、太行山剧团创作的《五儿》等作品就在一定程度上推动了抗日工作在根据地的传播和推广，收到了很好的宣传效果。

中国共产党十分重视少年儿童从事文艺运动，不仅加强职业剧团、宣传队和其他业余戏剧组织中的儿童工作管理力度，在组建和扶持儿童剧团方面也极为重视。晋绥边区的兴县石岭子儿童剧团和完小剧团、临南完小剧团，都是由当时极具影响力的七月剧社、五五剧社和战斗剧社亲自扶植起来的。

在党的重视下，儿童剧团在快速成长着。根据地文艺工作者对儿童剧团的工作也极为上心，当他们看到临南完小儿童剧团因为自己编不出新作品，很多年还在跳着红军时期的丁玲舞蹈时，"感到莫大的苦闷，这一切，给我们提示了一个刻不容缓的任务，就是秧歌下乡与乡下秧歌结合起来。我们希望这一任务，能立刻见诸行动"。这样的心理代表了诸多文艺工作者对个别儿童团发展滞后时的心理状态。许多文艺工作者为加强儿童文艺活动，进行了专门创作。除各种剧本和舞蹈外，还有其他作品，如由胡海创作的儿童小说《侯圪坦和他们的少先队》（获得晋绥边区"七七七"文艺奖），石丁作词、杨戈作曲的《儿童团歌》以及牛文等编绘的连环画《少

---

[1] 齐荣晋. 根据地与儿童文艺[J]. 山西革命根据地，1986（2）:48.
[2] 山西省文学艺术工作者联合会. 山西文艺史料（第二辑）[M]. 太原：山西人民出版社，1959:58.

先队》等作品，极大地丰富了当时的儿童文艺创作。[1]

我党开辟了敌后抗日根据地以后，为中国的话剧、歌剧能够根植于大众提供了其生长的土壤。换句话说，话剧、歌剧等真正凸显中国气派、民族风格、乡土气息的新文艺就是从这里萌芽并逐步成长的。其中，根据地儿童在他们的发展过程中也作出了不少贡献。许多儿童剧团就属于话剧、歌舞组织，即使是其他的剧团，他们演出的歌咏、舞蹈也多是由儿童来承担演出。

太行根据地左权县有一种"小花戏"秧歌剧，它是当地很流行的一种民间儿童歌舞。之前旧的花戏演出，都是让儿童来扮演成人的角色，为了博取大人的享乐和欣赏，内容较为低俗，不利于儿童健康发展。为了使这一儿童歌舞剧沿着健康的方向发展，许多文艺工作者对此进行了改造。在改造过程中，他们先对演出内容进行改编，用"旧瓶装新酒"的方式编创了新的表演内容，同时还添加了简单的舞蹈动作，但是演出后的效果不尽如人意，不能引起群众的普遍关注。在大家的进一步研究下，又把旧的场面和步法改成新的花场，同时把儿童舞蹈与花戏歌词结合起来，加上了道具和肢体动作，唱腔中还加有对话和快板，将整个故事情节生动地展现出来。在化妆方面也有了新的突破，如在女孩子的头发上挽上花髻，根据剧情的需要搭配围巾、短裙等服饰；男孩利用毛巾，在头上包裹出多种花样，提升演出的视觉效果。[2]经过多重改造，左权"小花戏"真正体现出了儿童歌舞的特色，深受观众的喜爱。他们先后演出了《四季生产》《劳动生产》《住娘家》《小先生》《猫扑老鼠》等。歌舞相结合的形式，还有童话剧、神话剧，不仅吸引了孩子们，成人也极为喜欢。我国的儿童剧就产生于党领导下的根据地上，革命的儿童文艺也从这里起航。

数百年来，中国艺人长期处于社会的最底层，不被重视甚至被歧视，在中国共产党的领导下，社会地位才逐渐得到提升。少年学艺在过去相当

---

[1] 山西省文学艺术工作者联合会. 山西文艺史料（第二辑）[M]. 太原：山西人民出版社，1959：167.
[2] 王占文. 流转千年的歌舞[M]. 太原：山西人民出版社，2012：107.

于变相卖身，契约一般是："学艺六年，谢师一年，共七年。在此期间，狼吃狗啃、投河奔井、自寻无常，俱与班主一字无涉。"1943年以前，在根据地的一些旧戏班子里，仍有"收下徒弟买下马，由我骂来由我打"的这种旧的不良师徒关系。[1] 随着党和政府对这一现象的改造，在根据地内部普遍成立了青少年部，还有专人负责教育工作。这样一来，曾经的少年学徒终于摆脱了过去的束缚，地位彻底得到了解放。太行根据地的襄垣农村剧团就是典型的代表。他们组织师徒双方多做自我批评，从思想上解决问题，使老的艺人能够意识到旧师徒关系的不合理；从年轻的徒弟这里启发教育，让他们能够正确对待旧戏，懂得旧戏里也有值得学习的东西，不认真跟随老艺人学习，仅仅凭借表演新的内容，也很难得到群众的喜爱。[2] 只有建立新型的相互帮助、共同学习、团结友爱的同志式人与人的关系，才能推动整个剧团向着更好的方向发展。

在根据地，儿童团员也是音乐传播的一支重要力量。身在岢岚县的李树春，佃农出身，为了生计从小便深刻体会了旧社会带给他的水深火热的生活，小小年龄就懂事地跟随母亲去田边拾柴火、割草等。1937年抗战全面爆发，在岢岚县动委会成立后，像李树春一样的孩子有了接受教育的机会。通过学校教育，李树春逐渐懂得了救亡图存的重要性。作为一名小学生，他踊跃报名参加县动委会领导下的儿童团，按照组织的要求，尽自己的能力参与各种宣传活动。在活动中，他和儿童团其他成员赵仁杰、焦根海等一起排练、演出，在街头用激昂洪亮的嗓音演唱《义勇军进行曲》《抗日救亡进行曲》等，声音虽然稚嫩，但真挚的情感影响和感染了许多过往的路人，激发了大家爱国的热情和想要投身抗战的积极性。由于他工作积极，热情大胆，不久就担任了县儿童团团长。李树春对他妈妈说："儿决心抗日救国，参加革命，只要国家民族需要，领导叫到哪里，我就到哪里，不怕艰苦，不怕牺牲。"他领导的儿童团非常活跃，工作表现突出，

---

[1] 王剑青，冯健男. 晋察冀文艺史[M]. 北京：中国文联出版公司，1989：539.
[2] 山西省文学艺术工作者联合会. 山西文艺史料（第三辑）[M]. 太原：山西人民出版社，1961：216.

曾受到当地党政领导罗贵波、续范亭等同志的表扬。1939年秋，组织上调他去兴县工作，任晋绥边区青联文教部部长。树春没有辜负党和人民对他的培养教育，在蒋介石、阎锡山发起破坏抗日统一战线、阴谋分裂倒退之时，他立场坚定，站在抗战救国的前列，同当时顽固派破坏抗战的行为展开了面对面的斗争。1939年冬，在兴县一次群众大会上，他登台讲演，声泪俱下，控诉国民党反动派消极抗战、积极反共的血腥罪行，号召人民起来斗争。他的讲演受到了当地人民和乡亲父老的赞扬。[1]

1939年冬，他被派到临县工作。他坚持原则，敢说敢干，无论在地方还是到作战部队，他说干就干，雷厉风行。1941年1月，他在临县三交镇与日军作战时身负重伤。在生命垂危之时，他没有向组织提任何要求，也没有惋惜自己年轻的生命，而是用微弱的声音告诉同伴："要抗战到底！"牺牲时，年仅17岁。

分布在不同地区的抗日根据地的儿童团员，在抗战中也起到了积极的作用，很多歌曲中就有鲜明的体现。

儿童团

年纪小，志气高，我们要为国为民立功劳。

哎——，

马儿踏踏，人声喂喂。看是谁来了，要问个仔细才能放他过。

喂——，

你从哪里来，你到哪儿去，身边可带路条？

假如是汉奸敌探一个跑不了。捉汉奸，捕敌探，发扬中国儿童荣光。[2]

这首黎城歌曲，歌颂了儿童团员在抗战中认真负责以及起到的重大作用。

此外，少年先锋队也在抗战中发挥了自己特有的作用。1938年，在

---

[1] 山西省文学艺术工作者联合会. 山西文艺史料（第三辑）[M]. 太原：山西人民出版社，1961：118.
[2] 黎城县八路军文化研究会，黎城县档案局. 民族之魂[G]. 长治：黎城印刷有限公司，2017：323.

运城县北柏王山下的三路里村建立了抗日武装组织。这里有一支八路军的游击支队,其中的少年先锋队更为活跃。这支少年先锋队的主要任务就是站岗放哨和宣传我党的抗日主张。在很短的时间内,这支队伍就快速地发展壮大起来,达到250人,被编成了一个中队,下设三个分队,每个分队由六至八个班组成。为了加强少年先锋队的领导,我党为其配备了年龄较大的青年战士作为队长、分队长和指导员,甚至出于对少年队员们综合能力全面提升的考虑,为其配备了文化教师,在训练和任务之余进行一些文化课程的讲授。[1]

站岗放哨之余,这支少年先锋队还有一项重要的任务就是开展抗日宣传活动。为了将更好的作品展现给边区群众,平时队员们排练极为认真。在排练《二小参军》时,为了使演出效果更生动,他们找来了头盔、竹篮、扁担等简单的道具。他们主要排演的是反映当时斗争生活的一些题材,形式以小歌舞、独幕剧、表演唱等为主,通常排练好后会在周围村的街头、巷口等人流量相对大的地方演出。他们的演出生动活泼,受到群众的喜爱,让很多当地的农民,特别是年龄相近的青年颇受鼓舞。在看完演出后,他们纷纷报名参加游击队。当时游击队有这样一首歌谣夸赞少年先锋队:

> 少先队,不简单,
> 冒着枪弹搞宣传。
> 唱得群众挺起腰,
> 唱得青年把军参。
> 唱得敌人吓破胆,
> 唱得游击队把威添。
> 唱得人民齐抗日,
> 唱得鬼子快完蛋。[2]

---

[1] 张恩. 柏王山下小八路:记山西运城市抗日战争时期的一支少年先锋队[J]. 山西革命根据地,1991 (3):40.

[2] 张恩. 柏王山下小八路:记山西运城市抗日战争时期的一支少年先锋队[J]. 山西革命根据地,1991 (3):42.

这支特殊的抗日队伍,虽然队员年龄小,但是志气大。他们在平时的生活中处处严格要求自己,以成为真正的八路军,能够上战场打敌人为每一个人的梦想。为了更好地激励自己,他们几乎人人都会唱《我是英雄的小八路》这首歌:

> 柏王山下雷声吼,
> 万众一心赶日寇。
> 少先队员上前线,
> 我是英雄的小八路。[1]

这些小队员们,在家还是需要照顾的孩子,可是经过少年先锋队的磨练,成长得很快,进步突飞猛进。11岁的队员吕小仙,在没有入队前还需要家人的照顾,自从成为先锋队队员后,经过队长、老师的培育,担任了护理伤病员的工作。短短时间内,他不仅能够照顾了自己,还跟着军医学会了很多医学护理知识。为了减轻伤员的疼痛,他经常给伤员唱歌,深受大家的喜爱。

朝气蓬勃的儿童们,在抗战过程中扮演了不同的角色,承担了不同的工作任务。他们生活在同大人们一样的战争岁月中,面临着同大人们一样的生活难题,同时还面临着敌人凶残的进攻与出其不意的暗害。他们跟随着文艺团队,活跃在根据地每一个需要他们的地方,积极乐观地发挥着他们的作用。

"工作的确是一种改变人的力量,使不聪明的也聪明起来,把一些很平常的农家孩子,变成一个个少年艺术工作家"。抗战时期活跃在根据地的儿童们,是历史的骄傲,值得我们永远学习和铭记![2]

(2) 僧人

九一八事变后,五台山不仅是佛教圣地,还是抗日基地。1931年9月,

---

[1] 张恩. 柏王山下小八路:记山西运城市抗日战争时期的一支少年先锋队[J]. 山西革命根据地,1991 (3):43.
[2] 齐荣晋. 根据地与儿童文艺[J]. 山西革命根据地,1986 (2):48.

五台山的僧人们开启了宣传工作，不到一年便积聚了抗日的力量，成立了僧界救国会，开始有序地组织抗日宣传活动。七七事变爆发后，薄一波率领的山西青年抗日决死队抵达山西五台山地区，继续组织形式多样的抗日宣传活动，这里的抗日热情在逐渐被点燃。直到1938年，五台山作为晋察冀抗日根据地的发祥地，其范围扩大到了40多个县，在抗战历史上开始发挥重要的作用。

在这种抗日宣传动员的影响和号召下，1937年农历八月，五台山黄庙、青庙的和尚和喇嘛联合举行了打鬼会；同年还成立了蒙藏学堂，在边区政府派出的教师的教授下，积极学习抗日知识；1938年1月13日，五台山青、黄两庙僧众组织动员会，参加抗日救亡工作。[1] 随着战争形势的需要，五台抗日动委会发动五台山地区的工、农、商、学各界组建了抗日救国会。1938年3月，五台山僧界救国会的僧人达1200余人，他们积极为当地的300余八路军人员提供吃食、皮衣等援助。随后，各个寺庙的僧人先后参加了抗日救亡培训班的培训，极大地激发了参与培训的400多名僧人的抗日救国热情。其中，僧人悟阐在牺盟会秘书的带领下，积极投身抗日宣传工作，刻印资料和歌曲，极大地推动了当时的宣传工作。[2] 在学习、宣传之余，他们还成立了僧侣自卫队，青、黄两庙18至35岁的480多名僧人均成为这支抗日自卫队的队员。这支独特的队伍在佛教事务之余，每天都坚持军事训练。

"出家不出国"成为当地许多抗日僧侣的一种信念。他们利用自己身份的特殊性，开展各种抗日活动。首先是用各种办法营救被困的八路军和群众。他们利用佛教音乐，用不同的音乐执行不同的任务。这些音乐如同暗号一般，告知八路军战士和群众何时转移，何时是安全状态，及时

---

[1] 山西省地方志编纂委员会办公室.山西地方史志丛书之二：抗日战争时期山西大事记[M].太原：内部资料，1984：46.

[2] 王福应.党的抗日民族统一战线政策与五台山僧人在抗日战争时期的历史贡献[J].忻州师范学院学报，2000（4）：30.

第三章 山西抗日根据地音乐的创作主体

五台山僧侣自卫队进行军事训练

躲避了日军，保全了军民的生命安全。其次，他们利用自己的特殊身份，给八路军提供、传送情报消息。一些年龄较小的僧人参加不了自卫队，却能利用自己年龄小不被注意的优势，为八路军传送消息。如有"快腿和尚"之称的显通寺和尚照权，就经常深入日军占据的塔院寺、罗睺寺等据点搜集情报；还有后来的殊像寺住持圣忠法师，小时候的他常到日军驻地五台山"皇城"侦察敌情。此外，寺庙还是八路军和群众的最佳避难场所。宽敞的寺庙有时会成为八路军的藏身处，僧人们会提供较好的住宿和粮食，甚至会为病伤员治病疗伤。

1938年，日军侵入五台山后，寺庙也难以幸免。他们从这里搜刮粮食、衣物，勒索钱财，掠夺珍贵的法器、供器，甚至烧毁寺庙，残忍杀害僧人。

五台山僧人积极参与到抗战中，涌现出很多英勇抗敌的事迹，在当时产生了极大的影响。1938年秋，日军经过柳院抵达蛇沟梁时，五台山僧侣自卫队队长慈荫率领 100 多名青年僧人自卫队员，配合八路军马以林和洪涛书记带领的农民自卫队，阻击日军进犯。整整一天的激烈战斗，他们一直奋勇杀敌，直到所有子弹打完后，依然不退缩，利用居高临下的有利地形，滚石头、扔石块，吓退敌人，取得胜利。[1]

许多年轻的僧人脱去佛衣，穿上军装，加入八路军的队伍，誓死抗击敌人。悟金、海如、然易、照廉、含坚、白喜贵等僧人就是典型的例子。在我干部队伍中，就有原五台山僧人出身的师级以上干部 20 余人，开创了我国宗教界抗战的先河，在中国佛教史上留下了光辉的一页。[2]

（3）盲人

为了更大程度地团结一切可以团结的力量，共同结成统一战线来抗击日寇，在山西抗日根据地，除了以上所述人群纷纷加入抗日的大军，一个特殊的群体也成为抗日队伍中的一分子，用他们特殊的方式为抗日贡献着力量。他们就是盲人抗日宣传队。

当时，已有的抗日队伍由多种身份的人构成，他们有：农民、游击队、民兵、儿童、妇女、僧人。作为盲人而言，他们通常是被人们忽略的对象，因为眼睛无法正常看到东西，所以常被人们看做是被保护的群体。抗战以前，盲人多以算卦或者卖艺（卖唱居多）为生，多演唱或者传唱辽县的开花，沁源的秧歌，平遥、沁县的三弦书，长治、武乡、高平等地的鼓书，陵川的钢板书等。大多数的盲人只身一人，走街串巷或者在各个村庄间依靠卖艺获取维持生活的食物或少量钱财。若遇到富裕人家，通常在门口为之唱或者说一段吉利的歌或话，为的是能够混一顿饭。抗战开始后，这群特殊的人群逐渐被抗战的歌声、各种形式的抗日宣传所感染，身体力行地开始从事抗日活动。太行盲人宣传队就是其中一支杰出的队

---

[1] 崔玉卿.开创我国宗教界抗战的先河：晋察冀根据地上的五台山抗战[N].光明日报，2015-08-27（5）.

[2] 崔玉卿.开创我国宗教界抗战的先河：晋察冀根据地上的五台山抗战[N].光明日报，2015-08-27（5）.

伍，多在晋中、晋东南等地区活动。他们从一个人逐渐发展壮大到一队人，通过搭班合伙的形式进行演出，《小寡妇上坟》《张生与莺莺》《梁祝姻缘》等是他们最初演出的剧目，内容多表达男女之间的爱情，凸显老百姓在封建社会无奈无助的生活状态和悲苦命运。随着抗战的开始，这支盲人队伍于1938年被改组成盲艺人抗日宣传队，为了有更好的宣传效果，这支宣传队开始在演出内容上进行调整。[1]

特殊的身份，使得盲艺人抗日宣传队在宣传中有别于其他宣传队伍。他们通常不被敌人所关注，所以经常有组织有计划地潜入敌占区进行抗日宣传。除了演唱抗日歌曲以外，他们还自编自演了《义和团杀洋人》《吴三桂引清兵自遭杀身大祸》等广泛在民间流传的故事。此时，演唱的内容已从过去的儿女情长逐渐变为奋勇杀敌的题材。此外，他们还利用盲人的身份给敌人算命，趁机宣传因果报应，让一部分敌人弃暗投明。

盲艺人宣传队在党的正确文艺方针的引领下，勇于创新，不断加强创作，"以抗日文艺工作者的崭新姿态，走上了敌后根据地的新文化战线。他们说唱抗日节目，歌颂英模，揭露汉奸，打击敌人"[2]，以其特有的方式进行着抗日宣传。

1938年10月，在武乡县举办了抗日宣传誓师大会，83名盲艺人聚集在一起，开始了为期七天的培训。在这一周中，盲艺人们认真学习，努力识记，誓为抗战贡献自己的力量。待培训结束后，83人分为8个小组，分别去往不同的地方进行抗日宣传。这样的宣传，一坚持就是好多年。在这几年的历练中，盲艺人们改变了之前的演唱风格，将创作的视角放在抗战题材上，作品《红都炮台》《减租减息》《陆文龙》《十二员大将》等作品均受到根据地群众的热烈欢迎。特别是下面这首《逃难》，勾起了每一位根据地群众内心的情感，成为广泛流传的歌曲：

家住左权县呀，南乡庄则村，日本鬼子侵略我国不得安宁。

---

[1] 杨茂林. 山西抗战纪事（二卷）[M]. 北京：商务印书馆，2017：623.
[2] 杨茂林. 山西抗战纪事（二卷）[M]. 北京：商务印书馆，2017：625.

> 丢了我的家呀，丢了我的地，丢了我的亲戚朋友逃难出去。
> 逃难逃在外呀，娃娃抱在怀，哭了一声好苦呀，冻死俺的孩。
> 娃娃你不要哭呀，娘娘也不好活，不是狼吃日本鬼，哪有这一说。
> 男人担一担呀，女人据一篮，逃难逃在外边，你看难不难。[1]

歌词形象生动地将老百姓逃难的苦和泪描绘出来，加上地方熟悉的曲调，歌曲一经唱出，就让老百姓的苦难回忆历历在目，对敌人充满仇恨。

盲艺人常穿行在不同区域，只为更多地进行抗日宣传。因为视力不好，所以在日常行动中极为不便。他们会将视力相对好的同伴排在第一位，其他人的手依次搭在前一位盲人的肩膀上，另一只手中握着拐杖。有的为了凸显演出效果，身上还背着乐器。山西抗日根据地的地形险恶，千沟万壑，崎岖不平，这为盲艺人的行走带来了很大的困难。若遇到雨雪大风等恶劣天气，会使原本行动不便的盲艺人们更加行走不便，有的盲人甚至在行走的过程中跌落悬崖。

英勇坚强的盲艺人宣传队，用自己的行动践行着一心抗日的誓言，用自己精湛的才艺感染影响着根据地的每一位群众。

二、代表性音乐家

1. 王思奇

王思奇，河北文安人。从小喜欢西河大鼓，一直努力钻研西河大鼓的唱腔。在抗日战争爆发后，积极参加了革命。在革命过程中逐渐意识到可以借助西河大鼓在当地群众中的受欢迎程度来宣传抗日，所以开始向民间艺人请教、学习。通过对西河大鼓、竹板书的进一步学习，他逐渐掌握了弹唱和写作鼓书的要领和技巧，于是编写了很多关于抗日题材的鼓词、竹板书段子，一度成为当地民间艺人大量传唱的内容。其创作的鼓书作品有：《张三成上吊》《最后一分钟》《弹唱董存瑞》等，传唱度极高。此外，王思奇还编写了《鼓词编写入门》《谈谈说书》等理论著作，在

---

[1] 贾晓凤. 山西抗战歌曲与中国共产党的政治动员 [D]. 天津：天津师范大学，2017:52.

一定程度上将鼓词这种民间艺术更加规范化地发展。[1]

王思奇创作的鼓词作品,在语言上朴素而有诗意,内容贴近百姓生活,情节生动感人,能够很好地引起群众的共鸣,起到了很好的教育和宣传抗日的作用。

2. 张一然

张一然,河北任丘人。在家乡读小学、中学期间,对京剧产生了浓厚兴趣。1925年他17岁时,因家庭生活拮据,只身外出闯荡。在冯玉祥部当过兵,也曾在煤矿谋职求生,而更多的时间是接触京剧,并依靠自学学会了不少须生戏,成了声噪一时的"名票"。

1939年夏,他参加了正在冀中与日寇浴血奋战的八路军一二○师,同年底随军挺进晋西北,先后在一二○师战斗平剧社、延安平剧研究院、晋绥军区平剧院等单位担任演员、研究员、副社长、院长等职务。曾编导过多部传统戏、新编历史剧及革命现代剧,被誉为革命队伍中的"京剧泰斗"。

1939年,张一然被分配至一二○师战斗剧社任演员后,通过革命理论、专业知识的学习,逐渐成为一名政治思想坚定、业务能力较强的艺术骨干。他先后参加了《水灾》等多部话剧的演出,在话剧《打虎沟》中成功地塑造了一个骄横跋扈、令人作呕的大烟鬼。同年加入中国共产党。1941年5月,在贺龙同志的倡导与支持下,他调集一二○师所属剧社的京剧爱好者,组建了战斗平剧社,任副社长。排练了多部京剧传统剧目,并巡回于边区各地,为军民主演了《打渔杀家》《四进士》等戏。同时,编创了大型历史剧《嵩山星火》,并于1941年底奉命赴延安演出。期间,张一然主演了《古城会》《宝莲灯》《四郎探母》《珠帘寨》等传统剧目。1942年3月,战斗平剧社与延安鲁艺平剧团合并,定名为"延安平剧研究院",张一然任院务委员及研究员等职务。同年5月,他与阿甲等一起,

---

[1] 王义华,杨卫华. 晋察冀革命文化艺术人物志[M]. 太原:山西人民出版社,2003:15.

参加了具有划时代意义的延安文艺座谈会，聆听了毛泽东同志在座谈会上的讲话。10月，在为庆贺延安平剧研究院正式成立而推出的新编历史剧《岳飞》（田汉编剧）中，又成功地塑造了民族英雄岳飞的形象，获得了领导与观众的普遍赞誉。之后不久，他先是执导了反映河南贫苦农民悲惨生活的现代戏《难民曲》，接着又创作了《上天堂》《张学娃过年》等两部现代戏。这两部戏紧贴群众生活，及时反映现实，演出后同样受到群众欢迎、行家称道，并成为研究院久演不衰的保留剧目。

1944年春，延安平剧研究院编创了脍炙人口的新编历史剧《三打祝家庄》，张一然在剧中饰演农民起义军领袖宋江，此剧在延安首演后，引起了强烈反响。毛泽东同志看后给予了充分肯定，并在给研究院的信中写道："继《逼上梁山》之后，此剧创造成功，巩固了平剧革命道路。"后来，此剧连续演出百余场，创造了当时当地一个剧目演出场次最多的纪录，同时还被根据地不少剧团移植上演，成为深受广大群众欢迎的好戏。[1]

3. 武子芳

武子芳，又名武芝芳，山西孝义人。1938年参加革命后，先在孝义民族革命大学学习，结业后分配到孝义县抗日游击队任工作员。因年龄太小，又调往孝义县战斗剧社。在此期间，参与演出了《林中口哨》《兄弟们拉起手来》《三河口》等剧，以及《船花舞》《空军舞》《儿童舞》《海军舞》等节目。后来由于日寇频繁"扫荡"及阎锡山顽固派反共摩擦的进一步加剧，为保存力量，经县委决定，剧社撤离孝义，归属山西省第四专署建制，并更名为"民革剧社"，继续在汾离公路两侧各县进行抗日宣传活动。

1940年，民革剧社并入七月剧社，武子芳于同年秋赴延安鲁艺、部艺学习。1942年冬学习结业后，随七月剧社回到晋西北。不久，即到晋绥文联文化队任演出干事及舞蹈教员。后来又在二分区大众剧社（后改为

---

[1] 王剑青，冯健男. 晋察冀文艺史[M]. 北京：中国文联出版公司，1989：532.

二中剧社、雁门剧社、晋绥人民剧社）任剧务股副股长等职。期间，兼任舞蹈教练及音乐教员，并开始学演山西梆子传统剧目。演出了《双锁山》（饰琼宝）、《反徐州》（饰花云）、《回荆州》（饰周瑜）、《黄鹤楼》（饰赵云）、《陆文龙》（饰岳飞）、《斩黄袍》（饰高怀德）、《斩单通》（饰罗成）、《哭灵堂》（饰马超）、《三打祝家庄》（饰石秀）、《风波亭》（饰岳云）、《逼上梁山》（饰李小二）等戏。1943年加入中国共产党。[1]

4．洛林

洛林，原名李国元，笔名骆铃。原籍新疆，维吾尔族，祖父时迁居南京。1938年秋，因参加抗日救亡活动，被反动当局追捕，遂辗转到达延安投奔革命。初入陕北公学学习，后就读于鲁迅艺术学院。1941年毕业后，先后担任晋察冀边区华北大学文工团秘书，冀中九分区国防剧社、冀中军区火线剧社、太行一分区红星剧社社长等职。1942年加入中国共产党。

1943年初，洛林率红星剧社全体演职员随军到达晋绥八分区，与分区大众剧社合并，任社长。先后排演了话剧《把眼光放远一点》《十六条枪》，京剧《打渔杀家》《法门寺》《问樵闹府》，晋剧《反徐州》《打金枝》《走雪山》《空城计》《取北原》，以及运用晋剧、眉户、秧歌等曲调演唱的现代戏《张初元》《王德锁减租》《兄妹开荒》等。期间，还创作了歌剧《两个包袱》及歌曲《人民需要共产党》（作词）、《英雄颂》（作词）等作品。

1944年9月，我八分区部队配合野战兵团经过一个昼夜的激战，一举攻克汾阳日伪最大据点协和堡，取得全歼日伪军的辉煌胜利。根据这一事件，洛林创作了多幕大型话剧《大战协和堡》，经在八分区深入生活的战斗剧社导演成荫同志排练，又很快在当地上演。[2]

5．薛中科

薛中科，艺名鞭子红，山西永济人。自幼拜师学艺，专攻须生，兼学花脸，学成后在晋西山区搭班唱戏。经常演出的剧目有《出棠邑》《春

---

[1] 杨卫华. 晋绥革命根据地文艺人物录[M]. 北京：中国戏剧出版社，2002：77.
[2] 杨卫华. 晋绥革命根据地文艺人物录[M]. 北京：中国戏剧出版社，2002：84.

秋笔》《药酒计》《松棚会》《告御状》《高平关》《抚琴》《卖华山》《五岳图》《玉虎坠》《雁塔寺》《斩黄袍》等数十出。其表演凝重，嗓音洪亮，念白清晰；椅子功、髯口功，纯熟精练。后来因"倒仓"，声带喑哑，改学乐队打击乐。之后嗓音逐渐恢复，重新参加了演出。1942年秋，晋绥四专署文工团更名为湫水剧社，并以晋剧为主要演出形式。为尽快适应工作需要，剧社在晋西北广聘晋剧精英，充实剧社教师与演员力量，其被聘加入湫水剧社，从此参加革命。在湫水、吕梁剧社长达八年的时间里，薛中科先后为剧社培养了一批又一批中青年演员，为一些青年演员排练了《黄鹤楼》《三岔口》《吃瓜》《赐环》等剧目。这些戏的演出，不仅锻炼了青年演员，丰富了上演剧目，同时也提高了剧社的社会声誉。除在培养青年演员方面有一定建树外，他还毫无保留地为剧社传授、导演了《春秋笔》《回荆州》《芦花》《出棠邑》《黄鹤楼》等大批剧目。剧社根据其腹本《春秋笔》改编的历史剧《大会中原》一剧，在思想内涵及戏剧冲突等方面都达到了一定的高度和深度，受到业内人士与观众的欢迎与好评。这部剧不仅成为剧社久演不衰的保留剧目，同时被不少兄弟剧团移植演出，在更大范围内满足了根据地军民的文化生活需求。新中国成立后，薛中科曾担任中阳县晋剧团教师，为培养青年演员、丰富上演剧目作出了积极贡献。他还为剧团捐资购置了院址，修建了宿舍；为县区兴建水库、开通公路等公益事业进行赞助。[1]

6. 吕光

吕光，女，原名吕有兰，山西汾阳人。1940年春，年仅11岁时，随同抗日游击队投奔吕梁抗日根据地，同年冬，随剧社赴延安鲁艺附属部队干部训练班学习。1941年转入八路军部队艺术学校三队学习戏剧，同时补习语文、历史等文化课。1941年年底，剧社首次排练晋剧传统剧《打渔杀家》，即扮演了主要角色肖桂英。同时，又在《走雪山》中饰主角

---

[1] 杨卫华. 晋绥革命根据地文艺人物录[M]. 北京：中国戏剧出版社，2002：189—190.

曹玉莲，在延安新剧场演出，受到观众热烈欢迎。

1942年春，随剧社返回晋绥边区兴县。同年2月，拜名老艺人冀兰香、马全则等为师，主攻青衣，先后排演了传统剧目20多出。其中，在《二度梅》中饰陈杏元、《金水桥》中饰银屏公主、《回龙阁》中饰王宝钏、《打金枝》中饰皇后、《春秋配》中饰小姐、《花亭》中饰张美英、《卖水》中饰丫环、《杀府》中饰伍员妻、《明公断》中饰秦香莲、《回荆州》中饰孙夫人、《祭桩》中饰王桂英、《芦花》中饰李氏等。同时还反串须生，在《王佐断臂》中饰王佐、《赐环》中饰王允，在新编历史剧《三打祝家庄》中饰顾大嫂、《逼上梁山》中饰乳娘等。在反映现实生活的新剧《血泪仇》（晋剧）中饰东才妻、《吃亏上当》（秧歌剧）中饰媳妇、《刘巧儿告状》（新歌剧）中饰大嫂子、《十二把镰刀》（眉户剧）中饰王二妻等。[1]

7. 刘克

刘克，曾用名刘风江，河北定县人。早年为民间艺人，会说快板、快书。1938年8月参加晋察冀军区第二军分区七月剧社，任演员。不久加入了中国共产党。配合抗日斗争宣传任务的需要，自编自演了大量曲艺节目，《杨世明主任打火车》《二铁炮赛马》是其代表作，在晋东北广大军民中享有一定声誉。1944年7月，七月剧社参加了晋察冀军区举办的文艺汇演，刘克带病坚持演唱了上述两个段子，获得了好评。[2]

---

[1] 杨卫华. 晋绥革命根据地文艺人物录[M]. 北京：中国戏剧出版社，2002：111-112.
[2] 王义华，杨卫华. 晋察冀革命文化艺术人物志[M]. 太原：山西人民出版社，2003：40.

第四章
山西抗日根据地音乐传播的主要内容

第一节 抗战歌曲

在山西抗日根据地的各类音乐体裁中，抗战歌曲占据了重要的地位，具有创作数量众多、表现方式丰富、传播方式多样、创作速度迅速、传播范围广泛、容易唤起共鸣等明显的优势，是山西抗日根据地音乐传播的主要内容。

一、抗战歌曲的历史语境

山西被称为"民歌的海洋"，回顾整个山西古代音乐的发展过程，不难看出山西与民歌的不解之缘。早在尧时代就有了关于民歌的记载，尽管当时生产力低下，人们的生活甚至生存都存在问题，但是依然阻挡不了山西人对民歌的喜爱。《康衢歌》收录于宋代郭茂倩编著的《乐府诗集》第八十八卷中的杂歌谣辞（六）中，相传是尧帝在位期间，微服私访时听到的一首童谣。意思是：让百姓有衣有食，难道不是你的政策英明。大家不投机取巧，而且都能按规矩办事。[1]

康衢歌

立我臣民，

莫匪尔极。

---

[1] 薛首中. 山西音乐史[M]. 太原：山西教育出版社，2017:49.

第四章　山西抗日根据地音乐传播的主要内容

> 不识不知，
> 　　顺帝之则。[1]

尧时期的《击壤歌》、舜时期的《南风歌》，抒发了当时人们对自由自在、美好生活的向往。到了西周时期，出现了最早的采风。作为中国第一部诗歌总集，其中的"风"这一部分就是我们现在所说的民歌，而"十五国风"中的《唐风》和《魏风》收录的就是关于山西的民歌。到了汉代，汉乐府再次对古代民歌进行搜集整理，其规模和成就堪称历史之最。魏晋时期的民歌，风格朴实，最大的突破在于歌词用七言体和长短句代替了之前的四言体、五言体。

并州歌

> 士为将军何可羞，
> 六月重茵披豹裘，
> 不识寒暑断他头。
> 雄儿田兰为报仇，
> 中夜斩首谢并州。

《乐府诗集》收录的这首《并州歌》就是典型的七言体民歌。此外，随着民族元素的融入，山西民歌开始出现多元化。我们熟知的《敕勒歌》就是敕勒人用鲜卑语唱的牧歌翻译成汉语后，变成有唱有和的民歌形式。《碧鸡漫志》说出了隋唐时期民歌的发展情况："盖隋以来，今之所谓曲子者渐兴，至唐稍盛。今则繁声淫奏，殆不可数。古歌变为古乐府，古乐府变为今曲子，其本一也。"[2] 隋唐时盛行的曲子其实就是在古乐府基础上，从乡村传到城市后经专业人士改造后的民歌。随着曲子传唱成风，逐渐在当时的文人中也兴起了为之填词的风气。民间流传有这样一个版本的《望江南》：

---

[1] 薛首中．山西音乐史[M]．太原：山西教育出版社，2017:49．
[2] 薛首中．山西音乐史[M]．太原：山西教育出版社，2017:142．

望江南

> 天上月，
> 遥望似一团银。
> 夜久更阑风渐紧，
> 与奴吹散月边云，
> 照见负心人。[1]

曲中歌词口语化突出，白居易根据此音乐曲调改编的《望江南》，至今是经典佳作。受唐代填词的影响，到了宋元辽金时期，除了有依曲填词外，还出现了自度曲，而且曲调也极为丰富，为说唱、戏曲等音乐开阔了创作的空间。明清音乐具有了世俗化特点，民间小曲有了空前的发展，通常是在闹社火时将发生的事情编唱出来，如祁太一带的《苦伶仃》、文水的《捡麦根》等。

当时间进入近代，在山西抗日根据地农民占据多数。交通的不便利、经济的落后阻碍了农民和外界的交流。在精神文化生活上，他们是闭塞、单调的，只是在农闲时会偶尔哼唱几句当地的表达思念、爱慕的情歌小调。[2] 山歌类的民歌有《难活不过人想人》《探情郎》《小妹妹心上开了花》《咱盼哥哥回口里》《媳妇苦》《泪蛋蛋好比水推船》《童养媳妇活不成》《小寡妇上坟》等；卷席片类的有《卷起烂席片解心宽》《人家都说们想哥哥》《娘老子主婚害死个人》《你才是我的麻缠鬼》等；开花调类的有《有了心思摆摆手》《想亲亲》《桃花红 杏花白》《不想走了返回来》《想哥哥想在俺心坎上》等；劳动号子类的有《打硪歌》《推船号子》《掀船调》《打蓝调》《耕田号子》等；秧歌类的有《看秧歌》《绣花灯》《苦伶仃》《卖元宵》《大上坟》《小拜年》《走西口》等；小调类的有《穷人难》《长工苦》《四保揽营生》《盼丈夫》《哭五更》《咱二人恩爱到白头》，也会有对当时美好生活的记录，如《观灯》《闹元宵》《拜年》《赶会》

---

[1] 薛首中. 山西音乐史[M]. 太原：山西教育出版社，2017：144.
[2] 郑立柱. 华北抗日根据地农民精神生活研究[M]. 北京：人民出版社，2014：22.

《逛庙会》《放风筝》《游花园》等；还有套曲类的，如弹唱《太平调》《老西调》《西江月》《跌断桥》等，兴县昆曲《连环扣》《李逵磨斧》《莲花落》等，左权大腔《小大姐骑毛驴》《落梅花》《张生游寺》等。[1] 种类繁多、内容多样的民歌成为当时山西人排遣单调生活的一种重要方式，民歌成为人们精神上的"必需品"。

随着日军的侵入，打破了这里多少年形成的生活状态。日军对无辜百姓野蛮屠杀，尸横遍野。1937年9月初的阳高县惨案，500多名青壮年和儿童被机枪扫射；1939年9月13日的闻喜惨案，日本侵略者将闻喜裴社村93名无辜群众在4个多小时之内野蛮杀害，300多间民房被烧毁，其他财务损失惨重；1940年6月8日的岚县惨案，日军第九混成旅团占领岚县后实行惨无人道的"三光"政策，剿贼寨惨案纪念碑就是最有力的证明；还有1943年5月31日的祁县投毒惨案、1942年3月的五台士集村惨案；等等。数不清的惨案几乎遍布整个山西，使山西百姓遭受到前所未有的深重灾难。

无助的山西百姓在此时迎来了中国共产党。由于消息闭塞，对中国共产党不了解，再加上之前被日军的各种侵略，此时的山西老百姓如同惊弓之鸟，对所有外来人都有着极大的戒备。在抗日根据地建立初期，百姓们绝大多数是文盲或半文盲，他们只能通过观察我党官兵们的言行，通过文艺工作者的宣传和歌声，通过对比中国共产党和日军、国民党等队伍的不同来直观了解和判断谁值得拥护。在这种情况下，文艺工作者们教唱的抗战歌曲，极大地弥补了山西根据地人民精神文化生活的不足，在短时间内就被当地群众迅速接受，并很快传播开来。也正是通过抗战歌曲所传递出的信息，让更多的群众开始信赖并逐渐依赖中国共产党。在这种文化氛围的影响下，当地群众开始从学唱抗战歌曲到自己编创抗战歌曲，从被动接受转变为主动宣传。根据地群众在文化角色上的转变，

---

[1] 晋察冀革命文化史料征集协作组. 晋察冀革命文化艺术发展史[M]. 北京：中国戏剧出版社，2007:189.

无形中增强了民族救亡和解放的决心。

山西抗日根据地的抗战歌曲最早是以教唱的方式进行宣传和传播的，从传唱已有的救亡歌曲，到自创抗战歌曲；从很少有人唱，到处处是歌声；从专业文艺工作者进行创作，到根据地民众参与创作；从独唱，到合唱，再到与当地音乐相结合；从小型的音乐作品，到大型的融入诸多元素的音乐作品……抗战歌曲在表现形式上发生着大的变化，山西抗日根据地处处可以听到抗战歌曲。皇甫束玉这样描述左权抗战时期的歌唱情景："在左权县无论男女老少，不会唱几支歌曲的很少，不论哪个学校，都会唱几十支抗日歌曲。"[1]

1945年11月27日，延安《解放日报》发表了《活跃在晋中平川的文工团》的报道："随着八路军挺进晋中，晋西北文工团也到达了平川——经受敌寇八年血腥统治的地方。这支由二十五人组成的武装宣传队，在几天之中写好了四出戏，还编了两首歌《新苦伶仃》《骂汉奸》。他们去杏花村集上演出时，观众达一万多人，在十二天中，剧团演出共十四次。"[2]

抗战歌曲的创作紧紧围绕、配合特定时期党的方针政策和中心工作。抗战时期，山西抗日根据地的印刷物资匮乏，难以保证报刊正常出版和顺利发行，歌曲就成为政策宣传的有益补充。山西抗日根据地抗战歌曲的创作自觉地紧密围绕着党的政策和方针，因而具有极强的针对性和时效性。如根据地开展拥政爱民活动，就有《拥政爱民公约歌》《妇女慰劳小曲》；开展宪政运动，就有《宪政运动进行曲》《开展宪政运动》；开展义务兵役制运动，就有《快快参加武装》《好男儿应该去当兵》；颁布"双十纲领"，就有《双十纲领第十七条》《双十纲领第十条》；开展军民誓约运动，就有《我们宣誓》《遵守军民公约》；为了推动民主选举，就有《认真选举》

---

[1] 左权县史志办公室.左权县革命斗争回忆录[M].晋中：榆社印刷厂，1987：175.
[2] 山西省文学艺术工作者联合会，山西文艺史料（第二辑）[M].太原：山西人民出版社，1959：13.

《民主政权歌》《民选歌》；号召创建铁的党军，就有《铁的党军》《继续创造铁的党军》《向着铁军的路上》。这些类型的歌曲，有效地宣传了党的方针、政策，促进了山西抗日根据地的健康发展。

陈志昂说："抗日战争时期是一个流血的年代，也是一个唱歌的年代。整个民族都在歌唱，歌唱着种地，歌唱着做工，歌唱着行军、打仗、流血，歌唱着走向永生……"[1]在中国共产党领导的抗日宣传中，抗战歌曲以最简便的方式发出了民族解放的呐喊，传递了中国共产党的声音，凝聚了人心，鼓舞了士气，坚定了胜利的信心。

二、抗战歌曲的组成

在山西抗日根据地，抗战歌曲在整个抗日音乐中占据很大的比重。它涉及的体裁多、题材广，参与创作和演唱的人数众多，传播速度快，达到了较好的传播效果，成为中国共产党极为青睐的一种宣传动员方式。

抗战歌曲大致由以下几种音乐类型组成。

（一）歌曲

我国自古以来就有依曲填词的创作习惯，加之在我国学堂乐歌初期将之继续沿用，所以依曲填词就成为许多音乐创作者常常采用的一种创作方式。抗战歌曲的初期创作中，它继续受到文艺工作者们的青睐，成为最主要的一种方式，俗称"旧瓶装新酒"。这种方式极大地弥补了当时山西抗日根据地文艺工作者对专业作曲知识的缺乏，可以根据战争的形势和需要快速创作出较多抗战歌曲，是战争初期较为理想的创作方式。之后，在文艺工作者的宣传和带动下，根据地的一些群众也积极投身于抗日战争的宣传和动员工作中。他们在当地民歌的基础上，用百姓最熟

---

[1] 陈志昂. 抗战音乐史[M]. 济南：黄河出版社，2005：绪论1.

悉的曲调、最直白的语言，以自己的口吻和立场进行抗战歌曲创作，依曲填词依然成为主要的创作方式。这些抗战歌曲被称为抗日民歌。这些抗日民歌传播的速度更快，效果更好，数量更多。同时也出现了这样的现象，那就是许多作品都是同一曲调。如左权抗日民歌《石匣有个狼牙山》和左权另一首抗日民歌《黄崖洞大胜利》就是同一曲调。[1] 两首作品，旋律音高相同，节奏相同，只是在调式上做了区分。《石匣有个狼牙山》是 C 大调，《黄崖洞大胜利》是 G 大调，且在第一、三、四和十二小节使用了附点八分音符，在四二拍进行曲节奏的律动中增加了快速的节奏变化，凸显了群众对黄崖洞胜利的喜悦心情，和主题表达更贴切，更显生动。尽管两首曲子的旋律相同，但是在创作过程中经过细微的变化处理，让大家在传唱时不容易混淆，体现了创作者的细心和用心。由此可以看出，根据地歌曲创作已经从原始的生搬硬套，开始逐渐探索着有所创作。他们根据要宣传的内容和主题，在已有民歌旋律的基础上进行适当调整，力求更准确地传达意象，同时也为下一阶段的创作奠定了基础。

---

[1] 左权县文化馆. 桃花红 杏花白[M]. 北京：新星出版社，2004：149.

第四章　山西抗日根据地音乐传播的主要内容

石匣有个狼牙山

左权文化馆整理

1=C 2/4

```
| 3 5  6 1 | 6 5  4 3 | 5 7  2 3 | 5 1  6 3 |
  日 本  鬼 子   真 毒   辣,
  石 匣  有 个   狼 牙   山,①
  三 八  五 旅   真 勇   敢,

| 5 1  7 6 | 1 5  5 6 | 1 5  6 1 | 5  -  |
  和 顺  出 发   分 两   岔,
  那 是  鬼 子   的要 命   关,
  活 抓  了鬼   子的 指挥   官,

| 2 1  7 6 | 1 5  5 6 | 6 5  3 2 | 3 5  5 2 |
  一 路  沿 着   平 辽   路 么嗯咳
  三 八  五 旅   老 二   团 么嗯咳
  抢 了  鬼 子   大 洋   马 么嗯咳

| 3· 5 5 2 | 3 1  7 6 | 1 5  6 1 | 5  -  |
  哎 格呦呦  路过 寒湖   到 石   匣。
  哎 格呦呦  打的 鬼子   丧了   胆。
  哎 格呦呦  夺了 鬼子   轻机   关。
```

147

黄崖洞大胜利

左权文化馆整理

1=G 2/4

```
3. 5  6. 1 | 6  5  4  3 | 5. 7  2  3 | 5. 1  6  3 |
1.鬼    子   毒  辣  又  凶   狠，
2.出    潞   城  来  到  西   井，
3.正    规   军  守  黄  崖   洞，
4.十    四   团  来  更  勇   敢，
5.送    子   弹  来  送  茶   饭，

5  1  7. 6 | 1. 5  5  6 | 1. 5  6  1 | 5. — |
1.调  兵  进    攻    黄    崖    洞。
2.到  处  碰    到    地    雷    阵。
3.数  千  鬼    子    来    进    攻。
4.曹  庄  打    了    个    伏  击  战。
5.民  兵  配    合    更    适    当。

2  1  7. 6 | 1. 5  5. | 6  5  3  2 | 3. 5  5  2 |
1.鬼  民  鬼兵  崇  崇  往  前  行  么  哼  嗨
2.民  兵  坚  持  了  好  几  天  么  哼  嗨
3.人  民  战  了  士  真  英  勇  么  哼  嗨
4.给  鬼  战  子  真  猛  防  么  哼  嗨
5.这  场  大  战  不  漂  亮  么  哼  嗨

3. 5  5  2 | 3  1  7. 6 | 1. 5  6  1 | 5. — ‖
1.咳  格  哟  哟  结果碰了  一  个    钉    清。
2.咳  格  哟  哟  日寇伤亡  数  不    清。
3.咳  格  哟  哟  千余鬼子  丧  了    命。
4.咳  格  哟  哟  人马死了  一  大    半。
5.咳  格  哟  哟  粉碎鬼子  大  扫    荡。
```

随着更多专业音乐工作者群体的到来，山西抗日根据地的群众也逐渐在他们的影响和带领下接受更专业的音乐知识，特别是西方的作曲技术和方法。创作时，在群众熟悉的民歌曲调的基础上，结合先进的作曲技术，再加以朗朗上口的歌词，让很多经典的抗日民歌在宣传、动员工作中发挥了极大的作用，有的甚至作为经典流传至今。

在抗日民歌的发展过程中，我们不难看出一个现象，根据地建立前的民歌多抒发对亲人的思念、对爱人的想念、对生活现状的不满而无可奈何，悲观、无奈、无助的情绪占据了主导。如偏关民歌《眊妹妹》，离石民歌《瞭哥哥》，大同民歌、左权民歌、临县民歌、曲沃民歌不同版本的《绣荷包》，宁武民歌《难活不过人想人》，等等，将爱情、对情人的思念抒发到极致，沁源民歌《小寡妇上坟》、兴县民歌《老天爷杀人没深浅》等则更多真实地刻画出主人公对生活现状的无奈。尽管也有对生活的赞美，对特殊节日的快乐心情的表达，但占据的比重很小。如朔县民歌《采花》、晋中民歌《采棉花》、忻县民歌《打酸枣》、河曲民歌《挂红灯》、定襄民歌《清清的河水绕山流》等歌曲，将采花、打酸枣等事情当成生活的调剂品，享受艰苦生活中的短暂欢乐。但是在抗日根据地建立之后，当地民歌的主题也在悄然发生着变化。我们再很少见到之前的关于男女之间相思情感的抒发、对生活现状的叹息，而是跟随中国共产党的方针政策的调整变化而随之发生着变化。

在根据地建立之初，主要是宣传动员、积极鼓励更多群众能够行动起来，投身于抗日救亡的斗争中。这一阶段的歌曲有：

齐上阵

张纪生忆唱　董长熙记词　（黎城）

举起了斧和锯呀嗨呀，中国的工人不做亡国奴牙嗨。

举起了镰和锄呀嗨呀，中国的农民不做亡国奴牙嗨。

举起了枪和刀呀嗨呀，中国的军人不做亡国奴牙嗨。

举起了书和笔呀嗨呀,中国的学生不做亡国奴牙嗨。

举起了针和线呀嗨呀,中国的妇女不做亡国奴牙嗨。

为了救自己,大家起来赶走日本强盗![1]

这首歌的歌词,从工人、农民、军人、学生和妇女的角度,对不同层面的群众作了动员,旨在激发所有中国人不当亡国奴、团结一致抵御日寇的决心。

快去把兵当

张纪生忆唱　董长熙记词　（黎城）

叫老乡,你快去把战场上,快去把兵当。

莫等日本鬼子杀到咱家乡,老婆孩子遭了殃,你才赌气把兵当。

你不要想那日本鬼子难杀我呀,贪图享安乐。

你不当兵,他不出钱,想个法儿躲。

不去打仗亡了国,看你怎么活!

怎么活![2]

这首歌的歌词如同唠嗑一般,用最直白、最亲切的话语让根据地群众能够很容易懂得作者的创作意图。包括歌曲标题在内,整首歌曲都直截了当地劝说大家去当兵,为的就是不当亡国奴。

别了吧,我的朋友

张崇德忆唱　董长熙整理　（黎城）

就在这青草满地的时候,走上斗争的路。

因为家乡一片沃土物产丰富,变成了敌人的家业。

家乡呀,被那日本鬼子强占变成了屠场。

甜蜜温柔泛滥着敌人的腥腥血流。

---

[1] 黎城县八路军文化研究会,黎城县档案局.民族之魂[G].长治:黎城印刷有限公司,2017:320.
[2] 黎城县八路军文化研究会,黎城县档案局.民族之魂[G].长治:黎城印刷有限公司,2017:320.

祖国的孩子们呀，你的家乡，你的家乡。

要想不做亡国奴，也只有奋斗。

上前线去，上前线去，上前线去。

走啊，走啊走，走啊走啊走。

别了吧，我的朋友，就在这青草满地的时候。[1]

这首歌的歌词写得比较文艺，首尾呼应。歌曲将青草满地的时节和腥腥血流、沃土和屠场作了突出的对比，让群众的心为之难过和愤慨。同时指出接下来要应对的思路，就是要奋斗，不做亡国奴。连续几个"上前线去"和"走啊"，有一种号召力和紧迫感，宣传动员的效果较为明显。

动员参军、号召上前线打敌人的抗战歌曲不仅仅在黎城有，其他地方也很多见。如：

送郎去参军

李白云记 （屯留）

一更鼓儿嘣，月儿亮晶晶，

小妹子穿针引线把衣缝，穿针引线把衣缝，送郎去参军。

三更鼓儿嘣，月亮照当空，

情郎哥领袖像前表决心，领袖像前表决心，打败鬼子兵。

五更鼓儿嘣，东方发了明，

全村人敲锣打鼓出了村，敲锣打鼓出了村，齐呀齐欢送。[2]

这首歌中的三个段落形象地描写了三种人物的状态和心情。第一段唱出了情妹妹对情郎参军的支持与不舍；第二段唱出了情郎哥参军前雄心勃勃、信心满满要把日军打败的状态；第三段唱出了村中群众对参军大力支持与肯定的思想觉悟。

---

[1] 黎城县八路军文化研究会，黎城县档案局. 民族之魂[G]. 长治：黎城印刷有限公司，2017：321—322.

[2] 《中国民间歌曲集成》全国编辑委员会. 中国民间歌曲集成·山西卷[M]. 北京：人民音乐出版社，1990：801.

送哥哥

陈丽萍唱　寿阳县文化馆记　（寿阳）

过了小雪下了工，二哥哥回家无有营生，

愁吃愁穿过不了冬，快快武装参加八路军。

毛毛谷来金丝丝黄，打发哥哥上战场，

拿上刺刀扛上枪，快把日寇消灭光。[1]

从这首歌可以看出妹妹对哥哥参军的大力支持，把吃饱穿暖的愿望寄托在八路军身上，希望哥哥快快参军能够早日让家人过上好的生活，同时也反映出当时妇女积极进步的抗日思想。

随着根据地建设的不断发展，抗战歌曲会根据中国共产党制定的新的革命任务随时调整宣传内容。关于支援前线的歌曲有：

白岩寺看花

张崇德忆唱　董长熙整理录像　（黎城）

白岩山上去旅行，看花又踏青。

排队出校门，步调一致歌同声。

牡丹分红白，山高多奇峰。

春雨初洒风光好，我是爱国好儿童。

登高望远，麦浪滔滔一片青。

柳条绿，桃花红。

老乡忙春耕，突击快下种。

秋后有余粮，反攻胜利有保证。

巩固根据地，民兵是长城。[2]

这首歌曲从儿童的角度描写了他们去白岩寺看花时沿途的美景，同时还看到了田地里的老乡为保证秋后有余粮能够支援前线而努力耕种的情景。

---

[1]《中国民间歌曲集成》全国编辑委员会．中国民间歌曲集成·山西卷[M]．北京：人民音乐出版社，1990：802．

[2] 黎城县八路军文化研究会，黎城县档案局．民族之魂[G]．长治：黎城印刷有限公司，2017：321．

第四章　山西抗日根据地音乐传播的主要内容

大生产

青青的草来，蓝蓝的天，太阳出来人马忙。

你拿锄来，我拿镰，为了抗战去耕田。

你织布来，我纺线，为了抗战缝衣衫。

李伯伯，王婆婆，张大嫂，赵大哥，不怕人数多。

努力生产好处多，吃穿不愁。

生产了粮食、衣服和布匹好救国。[1]

这首歌描述的是一幅群众进行大生产的热闹场景。为了抗战，他们扛起锄头、拿起镰刀去耕田；为了抗战，他们织布纺线，为战士们缝衣裳。这首歌从生活出发，号召所有的人发挥所长，投身到抗战的支援工作中来。

抗日歌曲应用广泛，出现在很多场合。它出现在繁忙劳作的田间地头，出现在妇女识字组的教室里，出现在文艺工作团体的演出宣传活动中，出现在各种庆祝活动中……燕大教授抵达晋察冀边区后的一篇文章中写道："到达边区队后，我们差不多每到一站，都受到当地军民的欢迎。这些愉快的人们，他们唱歌和举行反法西斯大会。"[2]"十八集团军政治部以鲁艺、实验剧团、先锋剧团等为中心，集中本区的艺术战士，深入敌伪腹心扩大中共七大发表之两大文件之宣传，以配合政治攻势。现已分区出发，采用群众大会、晚会、座谈、访问、街头剧、歌曲、民谣、木刻、宣传画、标语、传单深入群众工作，以打击敌伪阵地。"[3]可见，在当时众多的宣传方式中，歌曲作为重要的一种方式发挥着作用。

（二）歌谣

抗战歌谣作为在特殊政治情形之下产生的一种新音乐，是抗战歌曲的补充，重在宣扬抗战精神，激发群众抗战的决心和信心。这种形式的

---

[1] 黎城县八路军文化研究会，黎城县档案局. 民族之魂[G]. 长治：黎城印刷有限公司，2017：322.
[2] 班成蔗. 我怎样到边区来的[N]. 太岳日报，民国三十一年四月十五日（第四版）.
[3] 佚名. 太行艺术战士深入敌伪腹心宣传中共文献[N]. 太岳日报，民国三十一年九月四日（第一版）.

音乐在广泛的传播中，同样为抗战作出了重要贡献。[1]

山西抗日根据地的抗战歌谣，是在传统歌谣体诗歌的基础上，与抗战主题相结合的一种新的音乐形式。它表达直白、朗朗上口，又根植于群众生活中，能够被群众很好地接受并在广大群众中得到很快的传播。据不完全统计，在山西各个抗日根据地就流传着很多歌谣，表现的内容极为丰富：晋东南一带的歌谣有《反"扫荡"》《粉碎九路围攻》《望延安》《红缨枪》《送郎去参军》《吃水不忘打井人》《小五更》《迎接光明》等；晋中一带的歌谣有《七七事变》《羊蹄洼惨案》《日军侵华罪滔天》《日军侵占太谷城》《敌炸榆社城》《骂汉奸》《联络苦》《受难歌》《三大任务》等；晋西北一带的歌谣有《日本鬼子的大炮》《打游击》《爱英做军鞋》《纺棉线》《卖瓦盆》《闹生产》《诈良心》《下柳林》《白家山》等；太岳一带的歌谣有《儿童团查路条》《送丈夫去参军》等。可以说，抗日的歌谣在反映抗日根据地的生活方面是无所不包的。[2]

晋察冀边区有着较为悠久的歌谣创作的历史，四千万人民群众中有着丰富的传统歌谣的素材，抗日战争的爆发，使得歌谣的素材又增添了新的内容。从歌谣内容来看，表达愤怒、仇恨和喜悦的情绪较多。[3]

太行山根据地的歌谣发展迅速，普及大小乡村，是当时为抗日战争服务的主要活动形式之一。[4] 从形式上，当时的歌谣主要分为四种：第一种是在舞台和街头表演的带有曲谱的作品，如《东南西北》《十劝伪军》《朱总司令下命令》等。这些作品多为文艺团体的工作者们出于宣传目的而创作，还有一些是民间艺人编写。第二种是在地方小调的基础上填新词。根据地这样的情况比较多，如左权的《十恓惶》、武乡的《逃难歌》、

---

[1] 张晶. 太行区的社会教育研究（1940—1949）：以武乡与左权为例[D]. 临汾：山西师范大学，2019：47.
[2] 晋冀鲁豫边区革命文化史料征集协作组. 闪光的文化历程：晋冀鲁豫边区文艺史[M]. 济南：山东文化音像出版社，1999：132—133.
[3] 王剑青，冯健男. 晋察冀文艺史[M]. 北京：中国文联出版公司，1989：476.
[4] 太行革命根据地史总编委会. 太行革命根据地史稿[M]. 太原：山西人民出版社，1987：45.

盂县的《勇敢的十九团》、五台的《建立边区晋察冀》等。第三种是口头流传的、朗朗上口的作品。这类作品没有曲谱，如同顺口溜一般，如《赶快回》《红旗插上太行山》《打火车》等。第四种是民歌和抗日内容相结合，在传统风格基础上形成的新的作品形式，如《姐妹观灯》《绣荷包》等。

从内容上，有的歌谣是揭露日伪统治区的黑暗，根据地人民盼望八路军的心声。如：

逃难歌

家住武乡县，四区胡峦岭，
日本鬼烧杀抢，不能在家中。[1]

烧杀抢搜

鬼子来了是杀哩！伪军来了是抢哩！
汉奸来了是烧哩！特务来了是搜哩！[2]

哭五更

一更里来好心焦，咱住地区真糟糕。
快乐的日子不能过，每日里真怕鬼子杀。
……
五更里来天大明，越思越想越伤心。
边区的人民多快乐，我们都盼八路军。[3]

歌谣以十分沉重的笔调，诉说蒋介石、阎锡山统治下的人民的疾苦，也重在唤醒更多的群众能够积极投入到抗日战争中去。

有的歌谣是揭露和痛斥蒋介石、汪精卫、阎锡山的投降卖国主义。如：

---

[1] 佚名. 逃难歌[J]. 山西革命根据地，1985（4）:45.
[2] 武永虎. 抗战时期的太行歌谣[J]. 山西革命根据地，1985（4）:45.
[3] 武永虎. 抗战时期的太行歌谣[J]. 山西革命根据地，1985（4）:45.

卖国家

蒋宋孔陈四大家,蒋介石家中又有家,
卖国家,亲敌家,
峨眉山上去安家。[1]

把个山西就出卖了

阎锡山真没谱,送给日本人地理图,
紧赶让八路军知道了:把个山西就出卖了。[2]

壁虱虫

蝎子的尾巴城门洞的风,汉奸特务丧尽良心。
投靠敌人卖国求荣,他们是人人憎恨的壁虱虫。[3]

以上三首歌谣勾画了以蒋介石为代表的卖国投降主义者的丑恶形象,可见群众对其的厌恶与憎恨。

有的歌谣反映出根据地女性对抗日支持的态度,如:

小日本不投降不结婚

哥哥去当八路军,妹妹后方把你等,
不消灭鬼子不见面,小日本不投降不结婚。[4]

类似的歌谣还有积极宣传和动员群众加入抗日队伍,坚定抗战决心的,如:

当兵要当八路军

好铁要打钉,好汉要当兵。

---

[1] 武永虎.抗战时期的太行歌谣[J].山西革命根据地,1985(4):46.
[2] 武永虎.抗战时期的太行歌谣[J].山西革命根据地,1985(4):46.
[3] 武永虎.抗战时期的太行歌谣[J].山西革命根据地,1985(4):46.
[4] 武永虎.抗战时期的太行歌谣[J].山西革命根据地,1985(4):46.

吃菜要吃菜心心，当兵要当八路军。[1]

有的歌谣是歌颂中国共产党和八路军：

八路军是咱们的救命人

青石板，石板青，

青石板钉银钉。

太行高，高太行，

太行山住咱八路军。

藤结瓜，瓜连藤，

八路军和咱心连心。

打鬼子，除汉奸，

八路军是咱救命人。[2]

还有的歌谣赞扬在抗战中根据地军民表现出的斗争智慧，如：

巧摆石雷阵

大石头，大用途，

民兵哥哥抢家中。

凿子凿，挖空心，

黄面面炸药装满洞。

埋在村口口，埋在大道中，

敌人来了它显歪，哎嗨哟！

一个个躺在地留平。[3]

还有反映抗日根据地群众生活状况的，将群众生活的点滴都通过歌谣记录了下来，如群众的生产劳动、婚恋自由等，通过这些歌谣可以感受到根据地群众热爱生活、积极向上的状态和精神面貌。

歌谣以其特有的方式将山西抗日根据地军民丰富的战斗生活表现得

---

[1] 武永虎. 抗战时期的太行歌谣[J]. 山西革命根据地，1985（4）:46.
[2] 武永虎. 抗战时期的太行歌谣[J]. 山西革命根据地，1985（4）:46.
[3] 武永虎. 抗战时期的太行歌谣[J]. 山西革命根据地，1985（4）:46.

淋漓尽致,特别是在表现军民的思想情感、理想愿望方面更加突出,在一定程度上让更多的人通过歌谣增强了对抗日的决心和信心。

歌谣从表现手法上也呈现出独特之处:一是为了便于传播,因此篇幅短小,朗朗上口,易于理解;二是用"比、兴"的手法,吸收借鉴古代诗歌中的民俗传统,如在歌谣中把阎锡山、蒋介石等比作"壁虱虫""太灰鬼"等,把敌人的碉堡比作"王八壳子"等;三是将陕北民歌信天游的元素很好地引入其中,在抒情的同时,给人以自由奔放、轻快明朗的感觉,如"七月里连阴,八月里晴,共产党领导我们打日军。阳婆婆上来满山山红,共产党领导我们翻了身""漳河的水潺潺地流,开口唱着信天游""天上的星星地下的灯,八路军多得数不清";四是多采用排比句式,在加深主题的同时,让人感到情感激荡,耐人寻味,如《十圈圈》中"一圈圈的人儿村干部们听……二圈圈的人儿父老乡亲们听……"这样的排比句一直唱到十圈圈;五是运用了民间常用的一些传统体裁,如《哭五更》《歌唱十二月》《春夏秋冬》等;六是形式自由多样,具有不固定性。歌谣中的词多为口语,所以在唱的时候什么格式都会出现,如有四言、五言、七言相对规整的句式,而有的每句的字数也会出现长短不一的情况。为了达到朗朗上口的效果,歌词多押韵,少数也会出现不押韵的情况。

此外,出于宣传群体的考虑,也有一些专门针对儿童群体的歌谣。以下是黎城的一首儿童歌谣:

日本鬼儿,喝凉水儿
杨尚军辑录　　(黎城源泉村)

日本鬼儿,喝凉水儿。打了罐子,赔了本儿。

坐汽车,轧断腿儿。坐轮船,沉了底儿。

进山村,挨枪子儿。两眼一翻,蹬了腿儿。[1]

流行于黎城源泉村的这首儿童歌谣,在语言上运用了很多儿化音,

---

[1] 黎城县八路军文化研究会,黎城县档案局. 民族之魂[G]. 长治:黎城印刷有限公司,2017:328.

体现出儿童的说话特点；再加上对日本军的仇恨，将一系列不吉利的后果用在敌人身上，希望敌人早日被消灭掉。

《太岳日报》报道了高平敌占区童谣流行情况。在这一地区，童谣的内容多通过歌唱八路军的英勇威武，来对比日军已到末路的境地。《一年胜利》中唱道："高粱红，日本败，谷子收八成。八路顶乾坤，色谷不成，土匪不行。"[1]

在长达14年的抗日战争中，出现了抗战特有的文化形式。歌谣在其发展的过程中，积极地宣传了抗战思想，阻止了反动的文化宣传，抵制了低俗歌谣流传的风气，在一定程度上团结和改造了一些民间艺人和民间文艺组织，为新文化的发展奠定了基础。这一时期的抗战歌谣，不仅丰富了人民群众的业余文化生活，拓宽了群众自我教育的方式，更重要的是在粉碎、瓦解敌人方面起到了十分重要的作用。珍贵的抗战歌谣，使中国歌谣的内容更为丰富，同时成为我国党史、军史和传统教育的生动教材。[2]

（三）其他

1. 合唱

在抗日歌曲的创作中，为了进一步增强宣传效果，提升群众的抗日热情，让更多的群众参与到歌曲的演唱中来，文艺工作者们在原先歌曲创作的基础上加入了多声部、多种演唱形式。于是，抗战歌曲出现了一种新的音乐形式——合唱。

合唱在创作和演唱技巧方面要求较严格，所以起步晚了一些。当山西抗日根据地民众逐渐接受了抗战歌曲这一形式后，为了团结更多的群众，合唱便成为更理想的宣传动员方式。在大家一起唱的过程中，会受到氛围的影响，容易形成抗日救亡的共识，增强组织性和凝聚力。正如徐泽骧在国民救亡歌咏协会成立大会上号召："我们不是为歌咏而歌咏，

---

[1] 佚名.高平敌占区童谣流行[N].太岳日报,民国三十一年十月十六日（第四版）.
[2] 武永虎.抗战时期的太行歌谣[J].山西革命根据地,1985（4）:45.

我们是要为民族抗战救亡而歌咏，我们是要为民族独立解放而歌咏；我们是要用歌咏的方式，来唤醒民众，指出现在国家民族的危机；我们要用歌咏的方法，来组织民众，使他们成为一个强有力的集团；我们要用歌咏的方法，来训练民众，使他们有参加抗敌救亡集体生活的习惯。"[1]

合唱是抗战时期山西抗日根据地最有效的宣传、动员方式。1939年11月，随着晋察冀抗日根据地创作的第一部大合唱《朝着列宁斯大林的道路前进》的出现，山西抗日根据地陆续出现了众多优秀的合唱作品，如《春秋大合唱》《十月大合唱》《在共产党的旗帜下》《中华民族不会亡》《歌唱斯大林格勒》等。根据地民众在合唱中坚定了要与更多的同胞们一起抗日的决心。《在太行山上》《黄河大合唱》《牺盟大合唱》等优秀作品更是在当时起到了极大的作用。[2]

其中，《牺盟大合唱》标题中的"牺盟"是山西牺牲救国同盟会的简称，是国共两党建立的抗日民族统一战线组织。虽然从成立到解散只有短短3年多，但会员人数却高达300余万。这首合唱歌曲，由多个章节组成，重在反映300多万牺盟会员英勇抗日的斗争场面。它是词作者傅东岱在亲身经历并感受了由冼星海指挥的百人《黄河大合唱》后，触动了想要创作一部反映抗日军民伟大斗争的大合唱。通过不断地刻苦学习乐理知识，深入体验斗争生活，他逐渐积累了大量的创作素材。1940年春，傅东岱完成了《牺盟大合唱》歌词的创作，并将歌词送给身体抱恙的冼星海。冼星海在听了傅东岱关于山西牺盟会、决死队和山西抗日斗争形势的介绍后，仅用了一天的时间就完成了这部大合唱的谱曲，使之也成为山西抗日根据地的杰出音乐作品，迅速传遍了山西的各个抗日根据地，团结和凝聚了更多群众。[3]

在众多文艺工作者的努力下，根据地群众的音乐素养有了明显的进

---

[1] 徐泽骧. 国民歌咏救亡运动之意义[N]. 申报, 1937-08-08.
[2] 王剑青, 冯健男. 晋察冀文艺史[M]. 北京: 中国文联出版公司, 1989:504.
[3] 程文华. 烽火辽阳[M]. 太原: 山西人民出版社, 2010:67.

步。大家从最初的齐唱,逐渐开始尝试对经典作品进行合唱。在创作方面,一些文艺工作者也开始尝试对合唱进行创作。如:

破 晓

大陆的人民在怒吼,海洋的盟军在搏斗,
胜利的捷报像雪花飞扬,残暴的敌人在发抖。
世界的人民结成了钢铁的堡垒,
被压迫的民族将求得自由和解放。
茫茫的长夜已经快过去,胜利的天明眼看就来到。
法西斯蒂将要在战斗中毁灭,新的世界将要从血泊中成长。
疲惫的眼睛睁大吧,黎明的黑暗必须熬,
遍野的横尸莫心惊,道路的曲折别急躁。
团结紧团结牢,咬紧牙关抖擞精神,
粉碎一切困难,迎接祖国的破晓。[1]

仅仅在晋察冀根据地的舞台上,就出现了黄自创作的合唱曲《抗敌歌》《旗正飘飘》,排演了《山在虚无缥缈中》等。合唱以其声部多、表现力强、参与人数多、演出效果震撼等优势活跃在山西的各个根据地。

周巍峙,不仅是位多产的歌曲创作者,在合唱曲方面的成就也不可小觑。他与老搭档邵子南专门为晋察冀边区的艺术工作者们创作了专属合唱曲《晋察冀边区艺术工作者之歌》。整首作品庄严豪迈,运用了西方复调的作曲技法,提升了作品的难度。在传统的四声部中,创新性地加入了童声声部,在营造视听的新鲜感方面作出了表率,同时童声的加入让人感受到强大的生命力和活力。他和方冰创作的合唱曲《整滩歌》,是为根据地大生产运动而作。作品将声部减少至两个,但是在演唱方式上加入独特的构想,运用了齐唱、轮唱、合唱等多种唱法交替的方式,使歌曲不再显得单调。此外,他还创作了合唱曲《万岁啊晋察冀》《民

---

[1] 朱容.破晓[J].歌曲新编,1943(9):23.

主的好收成》等作品,推动了晋察冀根据地合唱的发展。[1]

《向着斯大林的道路行进》也是影响力较大的一首合唱作品。它是吕骥与沙可夫创作的一首混声合唱。作品在先慢后快的速度变化中,将情绪也从之前的雄壮逐渐变得高涨,如同汹涌澎湃的波涛,给人一种势不可挡的气势。此曲虽然未曾正式发表,但是随着联大油印版资料进入到大后方,就逐渐在不同的地区广泛传播。

如同歌曲一样,边区的文艺工作者们依然会将创作的视角放在根据地的儿童们身上,为之创作属于他们的合唱作品。1941年春,作曲家王莘借鉴由民间小调改编的歌曲《边区儿童团》,为联大儿童演剧部的成立创作了合唱曲《晋察冀儿童合唱》。这首作品一经传唱,就传遍整个晋察冀,几乎所有的大人、小孩都会唱。此外,他创作的《永远热爱八路军》运用组歌的形式,在演出形式上不再是单一的演唱,而是加入了舞蹈,边唱边舞中将根据地群众对八路军的拥护和热爱之情表现出来。此外,他还创作了《生产战斗大合唱》,在配合大生产运动的同时,对抗战宣传起到了积极的推动作用。[2]

卢肃也为根据地的合唱创作作出了贡献。《春耕》《平原》《献礼》三部合唱作品,将不同的主题表现出来,各具特色。他与陈乔共同创作的合唱曲《平原大合唱》,在保持当地民谣风格的基础上,更具活泼、诙谐的特点。合唱曲中的一个部分《群众的力量大如山》,因为更具感染力而传唱度极高,最终作为单独的歌曲传遍整个根据地。[3]

还有一大批文艺工作者致力于合唱的创作。张非、卜一、陈地、陶申四人共同创作的《晋察冀民主四唱》,将民间曲调按照西洋的合唱手法表现出来,特别是衬词等的出现,使得作品民族性浓郁,十分受欢迎。罗浪于1940年创作的《你为什么不当兵》将领唱、对唱和合唱相结合,

---

[1] 王剑青,冯健男.晋察冀文艺史[M].北京:中国文联出版公司,1989:504.
[2] 王剑青,冯健男.晋察冀文艺史[M].北京:中国文联出版公司,1989:505.
[3] 王剑青,冯健男.晋察冀文艺史[M].北京:中国文联出版公司,1989:505.

很好地诠释了作品内容；唐河创作的《穷人翻身谣》分为四大段，前三段用领唱、齐唱等形式演唱，最后一部分通过四部轮唱结尾。这是一首篇幅较长的大型声乐曲，在创作过程中，作者为了兼顾各个根据地都能接受，所以在曲调选择和歌词的通俗易懂方面下功夫。果不其然，作品受到了各个根据地军民的喜爱，同时无论是大的剧社还是小的文工团，甚至是村剧团，都可以演出，在各个根据地流传甚广。为了方便传唱，篇幅短小的合唱曲有王引龙作曲、邢野作词的合唱歌曲《生死的斗争》，王引龙又和词作者树楷合作了歌曲《军民努力大反攻》；还有火星词曲的《向敌人进攻》以及他和高阳合作的《沙原的歌声》。还有一些合唱颇具民歌特色，借助平时劳动中"劳动号子"的音调和节奏，营造大家一起劳动的场面。如陈地创作的《春耕歌》，里面带有浓郁的打夯号子的特点，规律的节奏，给人有力的感觉，将一幅春耕的场面瞬间浮现在每一个聆听者的眼前，熟悉又亲切，极具感染力。类似的作品还有陈地创作的合唱曲《搬石头》，也有着异曲同工之妙。[1]

在合唱的指挥方面，何慧同志是为数不多的优秀指挥。1937年10月，北京燕京大学的学生何慧受战争的影响流亡到太原，经八路军驻太原办事处介绍，成为西战团的一员。入团后，她主要的职务是合唱指挥，在晋察冀的六年中经她指挥的作品不计其数。无论是独唱，还是齐唱、合唱甚至是大合唱，她都能完美地完成指挥任务，在一定程度上提高了合唱团演唱的水平和质量。西战团创办的乡村艺术培训班结业的时候，将近300人演唱的《黄河大合唱》她都能够完满地指挥下来。也正是因为有何慧这样的同志致力于根据地的合唱指挥工作，不仅提升了当时的合唱质量，更重要的是将根据地军民通过合唱紧紧地凝聚在一起。

大量合唱作品的创作，推动了山西抗日根据地的歌咏活动，使之成为音乐活动的主要形式之一。

---

[1] 王剑青，冯健男. 晋察冀文艺史[M]. 北京：中国文联出版公司，1989：505—506.

2. 叙事歌

叙事歌，又叫故事歌，顾名思义，就是故事与歌曲相结合。当《歌唱二小放牛郎》这首歌以叙事歌的形式出现后，逐渐在各个抗日根据地兴起了这一音乐形式的创作。

提起叙事歌，我们会不自觉地联系到叙事诗，它们如同一对姐妹一般形影不离。"从某种意义来说，文学叙事诗勃兴的历史原因及特点的探索和研究，大体适用于晋察冀边区的叙事歌曲"[1]。

叙事诗的发展，不是回归到中国古代的传统诗歌，而是在古代诗歌的基础上作为现代文学形式的一种革新。它受到外国文学和五四新文学观念的影响，在一大批新兴成长起来的诗人们的推动下逐渐发展和壮大起来。从早期的田间、邵子南等诗人，到之后的魏巍、方冰、邓康、劳森、丹辉、曼晴等，他们在创作中加入了向人民群众学习的理念，并与民间文艺相结合，使得叙事诗成为根据地群众喜爱的文学艺术形式。受到叙事诗的启发和影响，叙事歌将自己的接受者准确定位在根据地的农民群众和农民出身的战士身上。为了让接受者更好地理解与接受，创作的形式必须将革命内容与较为通俗化的形式相结合。考虑到长久以来根据地军民喜闻乐见的说唱形式，因其将具体的故事情节以叙事的形式娓娓讲述，所以叙事歌必然要吸取和借鉴带有叙事形式的说唱，方能博得群众的喜爱。此外，叙事歌还需考虑革命的功利性。无论哪种艺术形式，最终的目的都是要将革命的斗争与生活形象地展现出来，从而唤起万千中国同胞团结一致、抵御敌寇的斗志。叙事歌在具备革命歌曲能够生动展示根据地军民艰苦战争生活的同时，运用叙事的方式赞颂抗日英雄、倾吐群众心声、控诉日军暴行，在生动叙述中唤起了更多人的共情，更具影响力。

作曲家劫夫作为叙事歌创作的杰出代表，及时捕捉到了叙事歌的特点，并利用这一形式将其变为抗击敌人的有力武器。1942年反"扫荡"

---

[1] 王剑青，冯健男．晋察冀文艺史[M]．北京：中国文联出版公司．1989:493．

结束后，他计划将一些英雄人物的叙事诗写成歌词并谱上曲子，于是与方冰共同创作了《歌唱二小放牛郎》。这首叙事歌通过对王二小英雄事迹的讲述，将这个小英雄的形象完美地表现出来，让很多群众在感动中加深了对敌人的仇恨。同年，他与方冰再度创作的《王禾小唱》，将民兵英雄的形象塑造得活灵活现，表达了对民兵英雄的赞颂。这首叙事诗的曲调借用了当地的山歌，略带悲伤的情感，舒缓的节奏与歌曲叙事的节奏达到很好的契合，也适合对王禾的抒情与赞美："经常他出没在敌占区，象黑夜里头一把火。"劫夫将这两首歌曲带到少艺队进行教唱，接着团里的歌咏队也唱开了。《晋察冀日报》知道了这两首歌曲，很快发表了出来，在很短时间内整个边区甚至敌占区都传遍了。他与邵子南合作的歌曲《自由的农民王老三》，在 C 大调明亮的曲调中，通俗简洁地讲述了一个边区农民王老三感受边区自由民主的气息，积极愉快地生活的故事。歌曲根据内容的表达先后出现了两种节拍，一种是用于叙述的三拍子节奏，另一种是为了强化叙述的力度，提升大家信心和力量的四拍子节奏。作者通过塑造一个王老三的形象，让边区群众在王老三身上找寻到自己的影子，感受在边区民主、自由的新天地中生活、劳动和斗争的乐趣和幸福感。[1]

1940 年，劫夫怀着极为沉痛的心情与邵子南再度合作，创作了歌曲《五十九个》。这首歌曲中的"五十九个"，指的是在望都县柳陀村殉难的 59 名乡亲。凄惨的旋律，徐缓的速度，表达了作者对乡亲们的祭奠之情。与之类似的还有 1943 年为了缅怀在完县野场石沟殉难的 118 名乡亲创作的歌曲《忘不了》。真挚的情感、悲恸的心情感动了无数根据地的群众，也让大家在悲恸之中感受到内心对敌人的痛恨之情。后来，安波同志在这首歌曲的基础上重新填词，在冀热辽边区得到广泛传播。[2]

随后劫夫与方冰共同创作的叙事歌《狼牙山五壮士》、与邵子南创作的《茂林挽歌》以及和陈陇合作的歌曲《李勇对口唱》，不仅将叙事

---

[1] 王剑青，冯健男. 晋察冀文艺史[M]. 北京：中国文联出版公司，1989:496.
[2] 王剑青，冯健男. 晋察冀文艺史[M]. 北京：中国文联出版公司，1989:496.

歌的特点发挥到极致，更具特点的是他们在创作中极为重视地方戏曲、民歌小调等民族民间音乐元素的运用，拉近了和根据地群众之间的距离，颇受边区群众的欢迎。

此外，劫夫在创作其他歌曲时也注重叙事性的应用，如《中华民族》《天上有个北斗星》《望见了北斗星》《英雄赞》等都带有一定的叙事意味。

张非作曲、施序作词的叙事歌曲《劳动英雄胡顺义》也颇具特点。歌曲做到了三个结合：叙事性与抒情性的结合、独唱与伴唱的结合、民间说唱体与歌曲体的结合。正是因为不同元素间的结合，在原有叙事歌曲的基础上进行了新的尝试。[1]

晨耕作词、萧芜作曲的《颂平阳》，是对平阳惨案中牺牲的所有群众的缅怀和悼念。歌曲用较为沉重的语调、叙事性的手法、音乐手段的变化，让人们感受到敌人的凶残，从中产生对敌人的憎恨之情。管桦作词、黄河作曲的歌曲《唱苏河》以及管桦与纪良合作的歌曲《好村长》，用相同的情感、叙事性的方式对反"扫荡"中壮烈牺牲的41名战友和被敌人谋害的老村长进行纪念。特别是《好村长》，通过多种演唱方式的交替结合，让人们从不同角度感受老村长为革命牺牲的伟大，叙述过程感人至深、催人泪下。

这一时期，还有一部分文艺工作者致力于叙事歌曲的创作，他们是：严金萱与陈陇创作的《平阳河》、徐曙与胡可创作的《王老三减租小唱》、陶申和胡地创作的《北淇村》、罗浪创作的《狼牙山谣》以及与魏巍合作的《五壮士之歌》，甚至还有在"李勇爆炸运动"中涌现出的关于这一主题的很多叙事歌曲。这些叙事歌曲深受晋察冀军民的喜爱，逐渐流传到其他各根据地，引发了深刻的影响。[2]

叙事歌曲是在叙事诗的基础上通过与叙事音乐的结合逐渐形成的一种新的艺术形式。为了配合叙事音乐的节奏、韵律，为了让边区群众能够

---

[1] 王剑青，冯健男．晋察冀文艺史[M]．北京：中国文联出版公司，1989:497.
[2] 王剑青，冯健男．晋察冀文艺史[M]．北京：中国文联出版公司，1989:498.

感受到歌词的亲切，所以歌词在叙事诗的基础上与当地方言、说唱等结合，便于群众识记。为了能让更多群众接受，在叙事音乐的选择上，作曲家们在创作时也与当地的民间音乐相结合，使得根据地群众在熟悉的曲调中自然地接受和哼唱。叙事歌曲的发展，将抗日过程中涌现出的先进个人和动人事迹在歌曲的塑造下得到升华，逐渐成为当时十分重要的一种宣传和赞颂英雄人物形象的方式。歌曲《下柳林》就是较为典型的作品。

下柳林

郭丕汉记　（离石）

各位众乡亲呀，侧耳仔细听呀，听我给你唱一段下呀么下柳林。

家住山西省，西山离石城，离城十里有一村，出了个李改英。

提起李改英，生的好人品，今年二九十八春，还没啦订了婚。

妈的是村干部，爹的是参了军，她是村里的女民兵，全家闹革命。

有一年开了春，村里来了兵，八路军游击队，住下一个营。

军号响连声，出操又练兵，男女民兵八路军，军民一家人。

排长张有生，英俊的好后生，练兵场上显奇能，样样第一名。

改英爱有生，暗暗自叮咛，如果能和他结婚，一辈子称我的心。

练兵三月整，队伍要起身，营部开会做决定，留下张有生。

留下了张有生，领导众民兵，又学武来又学文，抗战打日本。

有一天太阳红，有生家里停，改英悄悄进了门，端起个洗脸盆。

改英笑嘻嘻，舀起一盆盆水，有什么衣衣裳裳，我来给你洗。

有生脱下件衣，改英接手里，又是揉来又是搓，二人把衣洗。

改英开口问，同志你哪里人，什么时候参了军，是不是订了婚？

我是河北人，名叫张有生，十七岁上参了军，谁和咱来订婚？

改英喜心中，排长你细听，象你这样的好后生，不知道谁想跟。

咱是个当兵人，银钱没一分，今在西来明在东，谁爱咱这些人？

改英笑盈盈，又把针线寻，有什么的破破烂，我来给你缝。

拿起一条线，纫上一根针，又是补来又是缝，二人来谈心。

二人有了心，开会常相跟，你跟我，我跟你，形影不离分。
红花配绿叶，模范爱英雄，你有意他有心，二人订了婚。
二人订了婚，感情实在深，谁知团部来了信，要调张有生。
有生接到信，立刻要行动，二人难舍又难分，不由泪淋淋。
有生起了身，改英送出村，有两句知心话，你要记心中。
作战要英勇，遇事动脑筋，服从命令听指挥，为国多立功。
有空了看我来，没空了写上个信，千万不要坏了心，忘了我李改英。
有生把誓盟，你的话记心中，如果谁要坏了心，天打五雷轰。
掏出个小本本，递给李改英，单等革命成了功，咱二人再结婚。
走了又一里，送了又一程，眼看快到团部的门，二人才把手分。
送走了张有生，改英回家中，头又昏来脑又闷，如同得了个病。
今日在村口瞭，明日在村口等，一直过了半年整，不见个信和音。
有一天听得个风，气坏了李改英，都说有生下柳林，投降了日本人。
改英不相信，眼见才是真，拿定主意下柳林，是非要弄清。
提了个小包袱，借了个良民证，沿途路上有人问，我是去走亲。
翻了七架山，爬了七架塄，鸡叫走在点着灯，瞭见了柳林镇。
下了柳林镇，哨兵来盘问，身上掏出良民证，哄了鬼子兵。
进了口子的门，看见了张有生，话不虚传果是真，气坏了李改英。
一见张有生，黄皮穿一身，鬼不鬼来人不人，看见他发恶心。
有生他很热情，叫了声妹改英，想不到你下柳林，来看我张有生。
改英把口开，翻脸骂起来，谁叫你下柳林，当了个警备队？
当了警备队，影响太不美，投敌卖国犯下罪，揭了你的脑瓜盖。
快些跟我走，快些跟我回，回去好好再归队，立功去赎罪。
有生笑颜开，再叫改英妹，这里当兵挺痛快，你也不用回。
改英听的真，气的发了疯，掏出有生的小本本，撂下就起身。
改英起了身，骂一声张有生，当了汉奸忘了本，再不要登我的门。
改英回家中，气的害上病，忽然团部来了信，叫她去一程。
进了团部的门，团长开口问，你和有生订了婚，是不是真事情？

第四章　山西抗日根据地音乐传播的主要内容

改英忙答应，团长你细听，因他投降了日本人，我和他退了婚。
团长叹了口气，改英你听仔细，投敌不是他愿意，是团部派他去。
投敌是个计，你可别生气，因为你不晓得，骂他也有理。
改英听此话，眼里的泪落下，千头万绪我有差，我不该冤枉了他。
团长脱下了帽，眼里把泪掉，有一件不幸的事，说给你知道。
前天他送情报，叛徒把密告，汉奸鬼子下毒手，把他杀害了。
改英着了急，看不见天和地，泪珠珠卜啦啦啦啦，下起了连阴雨。
哭了多一阵，这能顶些甚？爬将起来就起身，二次下柳林。
二次下柳林，要把尸首寻，活着虽没结过婚，死了也是我的人。
下了柳林镇，到处来打听，石崖崖里寻见了，尸首血淋淋。
烧纸又奠酒，再把情人吼，有生你的魂魂鬼鬼，跟我往回走。
掏钱买棺材，拿钱雇人抬，抬到村里供起来，改英伴灵台。
营长亲自抬，团长亲自埋，男女群众一齐来，送灵到村外。
祭品桌上摆，战友们两边排，改英放声哭夫郎，哭的不起来。
穿孝又戴白，树起烈士牌，七天坟上跑一回，祭你的忠魂来。
头七献枣糕，二七献油条，三七献上糖火烧，四七献肉包。
五七油卷卷，六七蜜蛋蛋，七七献上好菜饭，吃了快升天。
七七上罢坟，参战就起身，千军万马下柳林，消灭那鬼子兵。[1]

这首叙事歌整整65个小段落，用带有押韵的方言感极强的歌词，介绍了李改英和张有生从相识到相恋再到生死别离的过程。四二拍的节奏，让叙述多了几分韵律，更适合剧情的表达。歌词生动细致的描述，让群众对李改英和张有生的敬佩之情油然而生，在悲剧的结局中激发更多人像李改英一样，化悲痛为力量，积极投身到消灭日本侵略者的战斗中。

叙事歌以其特有的魅力，成为根据地军民喜爱的一种歌曲形式，在根据地广泛流传。

---

[1]《中国民间歌曲集成》全国编辑委员会．中国民间歌曲集成·山西卷[M]．北京：人民音乐出版社，1990：805—810．

3. 秧歌剧

秧歌，作为山西抗日根据地群众喜闻乐见的一种形式，有着深厚的群众基础。它经常在各种隆重的传统节日中成为当地群众庆祝、娱乐的方式之一。曲调多采用当地民歌曲调，用方言唱出歌词。与歌曲不同的是，它在演唱的同时还有动作，通常是跟着节奏边唱边扭。为了有热闹的气氛，一般会有很多人参与，而且会形成特殊的队形。表演秧歌的人，手中常拿着绸子、扇子之类的道具，更有甚者，还会制作旱船、神话人物的面具等。如果在秧歌的基础上加入剧情，通过剧情的发展演变达到打动感染人的效果，这种形式叫做秧歌剧。

1942年，毛泽东的《在延安文艺座谈会上的讲话》发表后，山西抗日根据地的文艺工作者们积极响应讲话精神，纷纷深入到群众中，通过密切接触了解群众的喜好，并在秧歌的基础上进行发展和创新。在秧歌剧的创作中，文艺工作者们在原先秧歌剧的基础上进行改编。先是保留旧秧歌的曲调，根据主题演唱新的内容。随着新秧歌运动的不断发展，形成一种新的艺术形式，即新秧歌剧。从1943年《兄妹开荒》这部新型秧歌剧的首演，开启了新型秧歌剧的发展之路。[1]

在这种大形势下，山西抗日根据地逐渐迎来了秧歌剧的新阶段。突出新阶段中涌现出的新人物成为这一时期秧歌剧的主要表现主题。在太行襄垣农村剧社的创作中，剧作者李鸣洪等人真实地以李来成一家人为原型，讲述了一个由于封建家长制导致的家庭成员间不和睦，成天想要分家的八口之家的生活。后来通过县长的启发与劝导，一家人在不断努力和改变中幸福感有所提升，甚至成为模范家庭。此剧一经公演，就获得很大的社会反响。剧作者以真实人物为原型，使得边区群众在观看的同时看到了自身存在的问题，有着很强、很直接的宣传教育作用。

为了让根据地文艺工作者们能够创作出更多更好的秧歌剧，边区还

---

[1] 张晓兰. 红色文化凝聚中华：从几部典型作品看山西抗日根据地文化建设[J]. 党史文汇, 2015 (10): 37.

专门设立相关奖项进行鼓励。以晋冀鲁豫边区为例，边区曾以文艺作品奖的方式奖励了一批优秀作品。如武乡光明剧团创作的三场秧歌剧《义务看护队》，获得了晋冀鲁豫边区文教作品乙等奖。在获奖之后，创作者张万一又联合剧团其他人员继续创作了新的秧歌剧《改变旧作风》，在多次演出均获得巨大成功后，于1945年获得文联和专署的奖旗与奖金。[1]

在晋绥边区，战斗剧社在延安演出结束后，又集中学习了一段时间。在重新回到晋绥根据地后，剧团的成员们开始了集体创作。专业的创作结合当地的地域风格特点，秧歌剧《大家好》成为晋绥边区经典的优秀剧目。在此剧成功的基础上，西戎、孙谦等人吸取成功经验，在减租减息运动中，重点突出贫苦农民王德锁这一人物，创作了《王德锁减租》这一经典好剧。《大家好》和《王德锁减租》在1944年晋绥边区的"七七七"文艺奖评选中双双获得戏剧类甲等奖。[2]

在这一时期，还创作出许多有影响力的优秀秧歌剧。它们以当时的生活为原型和模板，重在反映这一时期群众的生活状态、思想观念。如反映根据地民兵生活题材的《闹对了》，就是描写了一个从不配合中队生产劳动、对群众态度恶劣的民兵逐渐转变为积极带头劳动、爱护群众的优秀民兵的故事，突出了民兵在抗战和根据地生产中的作用和贡献。此剧一经演出，就在群众中产生极大反响。

除此之外，秧歌剧的题材还有很多。如由马烽创作的描写婚姻自由的秧歌剧《婚姻要自由》，有力地批判了自古以来封建包办婚姻的思想，将这一时期新青年争取婚姻自由的美好愿望表达了出来，更直观地宣传了婚姻自由思想，在一定程度上影响了根据地一大批进步青年的婚姻观念，也让封建守旧思想得到了批判。

为了创作更优秀的秧歌剧，经常会有几个剧社共同联合进行创作。创作的主题仍旧是选择人民群众喜爱的题材，这样更容易引起大众的共

---

[1] 山西省文学艺术工作者联合会. 山西文艺史料（第三辑）[M]. 太原：山西人民出版社，1961:252.
[2] 山西省文学艺术工作者联合会. 山西文艺史料（第二辑）[M]. 太原：山西人民出版社，1959:201.

鸣，起到较好的宣传动员作用。

由平顺枣峧剧团马记则、马金则、申发科、马福禄、马时敏和马三则共同创作的秧歌剧《互助好》，讲述了在边区某村的一个春天，互助组组长、村劳动英雄王进芳和大家共同努力，将刘二成、李二顺等懒汉进行改造，并且大家都积极争当像王进芳一样的英雄的故事。这个秧歌剧，可以用多种音乐形式进行表演，更增添了演出和宣传效果。

柯蓝、郭新民、沈霜对周戈的原作进行了改编，创作了秧歌剧《女状元》。全剧音乐使用了五更调的曲调，使得改变后的秧歌剧更易于让当地群众接受，便于群众理解。剧中主人翁有刘大海、刘四、刘四嫂、桂兰、县妇救会主任等。

女状元

家住在呀边区哎嗨哟，好呀嘛好地方。

安居乐业多亏呀共产党，哎哟哎嗨。

我有个好媳妇，勤劳会管家务，哎嗨哟，

帮助人来纺线又纺布，哎哟哎嗨，

种庄稼赛过那男子的汉。[1]

刚 调

听她话喜得我心花开放，

好媳妇受奖励我也光荣。

剪剪花

毛主席好比那高山红灯，

引导着咱百姓呀翻了身，

给咱们过的好呀光景，嗯哎哟

哎嗨哟——

---

[1] 晋察冀文艺研究会. 敌后的文艺队伍[M]. 内部读物，1986：304.

给咱们过的好呀光景 嗯哎哟。[1]

这部秧歌剧分为三个部分，第一个部分采用了五更调的过门，提升了亲切感。

222 55 / 222 55 / 221 75 / 1— /
222 55 / 222 55 / 65 25 / 1— //

整体速度很慢，更适合抒发对共产党的赞美，对好媳妇的肯定。第二部分中过门、落板与歌词相结合，速度加快，曲调也变得有力量，突出了得知要被表彰奖励时兴奋激动的心情。第三部分是整个剧的升华，是真正主题的表现，速度较第二部分有所缓慢，但是曲调和歌词中表现出喜悦的心情，表达了对毛主席的赞颂和感激。

成荫同志也创作了不少秧歌剧。抗战开始后，他在武汉参加学生抗日救亡活动，与同学李非、陈地组织"怒号"救亡歌咏队，演出了《放下你的鞭子》等剧目。1943年春节期间，他创作了中型秧歌剧《全家福》，由于使用了喜剧形式，再加上配有群众喜闻乐见的曲调，所以每场演出都会引起当地群众的强烈反响。《全家福》逐渐成为战斗剧社的保留剧目之一。成荫在战斗剧社导演了数十部戏，除上面提到的之外，还有《流寇队长》《打虎沟》《水灾》《荒村之夜》《参加八路去》《汾离公路》《叛变之前》《一万元》《麻袋》《一把锉》等，极大地丰富了根据地群众的精神生活，同时对根据地秧歌剧的发展起到了推动作用。[2]

4. 歌剧

在新秧歌剧的基础上，根据地文艺工作者们借鉴其创作模式，注重使用和突出我国的民族音乐语言，以颇具民族色彩的中国民族音乐为基础，西洋歌剧的创作手法为参照，最终形成了一种具有中国民族特色的，将音乐、舞蹈、说唱等多种元素融合于一体的新型艺术形式——中国新歌剧。

---

[1] 晋察冀文艺研究会. 敌后的文艺队伍[M]. 内部读物，1986：305.
[2] 晋察冀文艺研究会. 文艺战士话当年（八）[M]. 内部读物，2001：261.

中国新歌剧经历了最初的在话剧基础上音乐从头出现到尾（成为"音乐的戏剧"），音乐在剧中缺乏戏剧性这一阶段。为了更好地体现歌剧中戏剧和音乐兼具的特点，根据地的文艺工作者们开始致力于中国新歌剧的创作。他们保留和继承了民族民间音乐，同时借鉴国外歌剧的音乐，用音乐来形象地刻画人物，揭示人物的内心和性格特点，描绘其生活的环境以及具有戏剧冲突的场面，让民族新歌剧的音乐更富有戏剧性，这也成为民族新歌剧的音乐特色。在歌剧中，音乐形象通过主题塑造，是歌剧戏剧性音乐的核心。作为主题歌，文艺工作者们将音乐性戏剧主题和戏剧性音乐主题较为完美地结合在一起。这样的"主题歌"成为根据地民族歌剧特别是晋察冀民族新歌剧的一个显著特点。

在山西的其他根据地，民族歌剧的创作成为当时文艺工作者们热衷的创作形式。许多文艺工作者为了能够具备创作歌剧的能力，会跟随专业的音乐家或者是被组织派到延安等地去学习歌剧的创作技术。七月剧社的大部分成员在延安学习了一年后，为了将自己学成的东西展现给晋西北的军民们，在公演三天中演出了新歌剧《治病》。该剧打破了传统歌剧的模式，音乐部分没有套用民间戏剧的任何曲调，歌词部分也超越了填词的境界，编写了十分浓厚的民间风味的新曲子。在打击乐器的使用上也经过了改造，放弃了流水、顶头等模式，动作从过去的写意变为写实，更重要的是在背景的使用上利用了现实背景……[1]一系列大的变化，充分体现出剧团创作者在新歌剧创作中的创新精神，也为以后中国新歌剧的进一步发展作出了大胆的尝试。

有一些音乐家在创作歌剧方面作出了特殊的贡献，吕骥是其中之一。为了号召广大群众参加八路军，吕骥的音乐饱含深情，在曲调上试图将外来的曲调构成与民族民间音乐的曲调构成结合起来，尽可能做到简单精练地表现主题。这首主题曲（按：《参加八路军》）就是大型歌活报《参

---

[1] 佚名．谈《十二把镰刀》与《治病》的演出[N]．抗战日报，民国三十一年三月二十八日（第四版）．

加八路军》的同名主题歌。精炼、简洁的音乐，真挚的情感，使得这部歌活报在陈庄第一次上演结束后，观看的群众已经学会并开始广泛传唱，且逐渐在各个根据地广泛传播，直至现在都是一首广泛传唱、经久不衰的革命歌曲，甚至作为上世纪六十年代中国现代革命音乐舞蹈史诗《东方红》的一首插曲。[1]

周巍峙和老搭档邵子南不仅创作了大量歌曲，歌剧也是他们合作创作的形式。1942年，二人在反复打磨后，创作了歌剧《不死的人》（又名《不死的老人》），为了将老人刚毅的性格、如同太行山的岩石般坚硬的意志表现出来，使用了悲壮、深厚的曲调。特别是歌剧的主题曲《老人歌》，曲中"好一个恐怖的暴风疾雨的星夜"这一句，共五个小节，在三拍子的节奏中层递式上行，将老人在漆黑的深夜坚定地向前行走、摸索攀登的形象完美地塑造了出来。这部歌剧首先在晋察冀边区演出，主题歌立刻成为群众喜爱的歌曲，被广泛传唱，后被作为独立的革命歌曲收入《抗日战争歌曲选集》（第3集）中。

卢肃在认真学习了毛泽东《在延安文艺座谈会上的讲话》后，深入到群众中，真实地感受到群众对胜利即将到来的发自内心的喜悦。他与牧虹联手创作了独幕歌剧《团结就是力量》。剧中同名主题歌《团结就是力量》，采用古曲音乐发展的手法、铿锵有力的进行曲节奏，再加上五度、六度音程的起伏跳跃，让歌曲更多了几分力量感和号召力，让"团结就是力量"的主题表现得更加生动、鲜明。西战团于1943年夏天在根据地选举大会和减租胜利大会上首演此剧后，朗朗上口的歌词和带有感召力的曲调让这首歌曲不仅快速在山西各个根据地流传，甚至很快在全国各个地方风行。歌曲也深受"国统区"群众的喜爱，成为这里学生和各阶层人民群众进行民主运动的战歌。在东南亚国家和日本也听到了当地人民在传唱，对当时反法西斯战争起到了极大的鼓舞作用，也提升了战士们的士气和必胜的信心。

---

[1] 王剑青，冯健男. 晋察冀文艺史[M]. 北京：中国文联出版公司，1989：513.

此外，周巍峙、邵子南二人创作的歌剧《相信谁》，王莘创作的歌剧《纺棉花》，陈地、卜一、刘沛、徐明、张非等人合作创作的歌剧《钢铁与泥土》等，在当时都极具影响力。还有其他音乐工作者的作品：李劫夫作曲的歌剧《大家喜欢》《归队立功》，唐诃作曲的多幕歌剧《天下第一军》、小歌剧《拆被子》，徐曙作曲的秧歌剧《两战士》，罗浪作曲的多场歌剧《千里寻部队》等。因作品规模较大，作曲家们也常常进行联合创作。如王引龙、唐诃作曲的歌剧《一家子》，王莘、火星作曲的大型歌剧《翻天》，王引龙、唐诃、杨健作曲的歌剧《节约立功》，张非、王佩之作曲的秧歌剧《欢迎站》，罗浪、张非作曲的秧歌剧《大庆功》等。抗战歌曲以多样化的形式，在山西抗日根据地的宣传动员工作中发挥了十分重要的作用。

歌剧特别是歌剧中的主题歌，能够将文艺工作者内心所要表达的内容通过特定的形式表现出来。作为歌剧，它有别于话剧的是，更适合表现具有浪漫主义色彩的内容。其最主要的原因就是歌剧会通过音乐将剧中人物的心理等表现得更有诗意。在歌剧《王秀鸾》中，有两段经典的心理活动需要精细地表达，一是王秀鸾的婆婆扔下幼小的孙子，没有任何眷恋地离家出走了，王秀鸾内心无比复杂："儿媳来纺线，昼夜苦辛勤，赚了钱来孝娘亲。指望婆媳和睦好度日，谁知钢刀难斩娘的心"；二是当王秀鸾的丈夫和婆婆先后离家出走后，王秀鸾面对当下特别艰难的生活，仍然咬牙坚持，自己纺线下地，除草浇园，拉犁送粪，照顾幼小的孩子。她在坚强的同时，具有一边劳作一边忍不住流泪的复杂内心。这部歌剧，在语言表演和动作表演的同时，用音乐将所要表达的内心做到了进一步的升华，将王秀鸾这位善良、勤劳又坚强的中国普通女性形象刻画得无比真实与深刻。特别是通过《送粪》曲、《拉犁》曲、《回家做饭》曲、《下地》曲、《锄地》曲、《秋收》曲、《纺棉》曲等一系列劳动的歌曲，把每一个具体的劳动动作紧密结合，在展现王秀鸾丰富、善良的内心世界的同时，还流露出王秀鸾对新的生活的期盼与对理想的展望。尤其是剧中的《拉犁》和《浇园》两首作品，采用了当地"哎呦""嘿嘿嘿"等衬词和衬腔，在演唱中将王秀鸾内心的苦闷与纠结表现了出来。"嘿，不怕筋骨酸咬紧牙关……赶走鬼子不缺吃穿"更是将王秀鸾坚强、乐观的一面真实再现。这部歌剧讲述的是平常老百姓的生活、家庭纠纷，但通过歌剧的形式演出后给人以别样的感受。正如孙犁看完该剧后说："台上很平常，家庭的纠纷，田园的劳作，而情节是这么自然，没有特意的剪裁穿插，施粪浇水，除草收割，吃饭做活，做活吃饭。但它是一幅完整的农民历史画，它和观众的生活息息相通。剧本的成功就在这里。"[1] 正是由于作者深入群众生活，将大众普通的劳动生活借助歌剧等艺术形式，变成了一幅农民历史画或农村风俗画，同时使平凡的劳动生活增加了几分浪漫与诗意，也让群众在观看过程中有了美的感受。歌剧《钢铁与泥土》，主题旋律极具特点，音乐形象寓意深刻，使歌剧作品充满诗意并附有理想和光辉，成为民族歌剧音乐的特征之一。

还有专门为儿童创作的童话剧。演出人员为儿童，有剧情，也是采用演唱和表演相结合的方式呈现。为了让演出效果更好，还会加上伴奏。比如《骂懒汉》，剧中有几个主要角色，分别是小孩、小黄牛、小驴、小绵羊、小母鸡和小懒猪。

骂懒汉

我的名叫小黄牛，力气大来胳臂粗，哞！
我要参加互助组，每天耕地十五亩，哞！
回到家里我磨面，半天能磨五大斗，哞！
要是叫我磨东西，二三百斤不发愁，哞！
……[2]

这部童话剧，将互助组对人的改造以小动物的形式表现出来，不仅让成年人有了深刻体会，让孩子们也能懂得不要做懒汉，要积极参加劳动，争当劳动英雄。

---

[1] 王剑青，冯健男.晋察冀文艺史.[M]北京：中国文联出版公司，1989：516—517.
[2] 平顺枣岭剧团等.秧歌剧集：互助好[M].新华书店，1945：28.

为了增加演出的效果，剧中使用了鼓来伴奏，节奏是这样的：

D× D× D× DO / D× D× D× DO //

小演员伴着鼓点走到台中间，当鼓声停止的时候，小驴开始演唱：

> 我是一个小驴，身穿灰色毛衣，
> 我的力气很大，专门会驮东西。
> 老老实实做工，我呀绝不调皮，
> 跑起路来飞快，回家还能耕地。[1]

无论是什么歌剧，就是借助充满情感的旋律和节奏以及打动人心的歌词，共同渲染和营造剧中人物所处的环境，恰到好处地感染群众，让更多的人为作品而震撼。如在《白毛女》中，喜儿和黄世仁在娘娘庙前相遇时的音乐，直击人的内心，让所有的观众为喜儿揪心。歌剧《钢铁与泥土》中，第一幕伤员乙和甲在出厂前的幕前音乐和第二幕在枪炮声背景下的幕前曲，也十分让人震撼。

民族歌剧将传统戏曲声腔的民族民间音乐与西方歌剧音乐相结合，逐渐形成了有民族特点的戏剧性音乐。特别是在晋察冀根据地，民族新歌剧的创作中虽然已经开始使用西洋管弦乐器，但是由于音乐工作者们对管弦乐队中乐器的音色和音域等的组合不熟悉，所以暂时出现了对声乐部分的重视程度远远大于器乐部分的现象。在歌曲的伴奏中，它的配器也差强人意，用乐器不同的音乐来区分和代表不同的人物，个别地方强调人物个性特点成为当时乐器的主要表现功能，不能很好地将庞大管弦乐队的表现功能较好地发挥，在感染力方面略显不足。

摸索前行的民族歌剧，特别是其中有代表性的主题曲，加深了歌剧在根据地群众中的印象，也成为群众广为传唱的内容，同时为中国歌剧未来的发展提供了思路和借鉴。

---

[1] 平顺枣岐剧团等．秧歌剧集：互助好[M]．新华书店，1945：35．

三、抗战歌曲的特点

（一）节奏性与革命性

在山西抗日根据地音乐中，进行曲占据了较大的比例。它之所以数量多，受到文艺工作者的青睐，原因是它富有跳跃性的节奏，更能凸显抗日根据地军民的精神风貌，更能激发更多人的斗志，更能在这样独特的节奏律动中给人以希望和勇气。所以，在根据地建立初期，进行曲体裁的音乐创作几乎成为文艺工作者创作的首选。

1942年，在晋察冀根据地，政治部发出通告征集子弟兵军歌。通告一经发出，在很短时间内就有40多首歌曲应征。经军区政治部和边区音协先后三次评审，最终有三首作品入选，分别是方冰作词、周巍峙作曲的《子弟兵进行曲》，蔡其矫作词、卢肃作曲的《子弟兵战歌》和郑红羽作词、徐曙作曲的《前进，子弟兵》。这三首歌曲都是进行曲。《子弟兵进行曲》的歌词如下："勇敢的行列勇敢地行进！庄严的阵容铁的子弟兵，震撼着山岗震撼着平原，斗争的精神一直挺向前！"[1] 如此有气概的词句加上二拍子进行曲的节奏，将人民子弟兵迈着坚定的步伐奋勇前进的精神面貌展示了出来。《前进，子弟兵》的整体风格庄严雄壮，行进的节奏充满了跳跃感，彰显了子弟兵锐不可挡的气势。《子弟兵战歌》的歌词颇具特点，一句富有召唤性的上句，它的后面会出现三个排比句。曲作者抓住这一特点，从旋律、节奏上下功夫，在下句的排比中将节奏的跳跃性与旋律的连贯性相结合，完美地捕捉了子弟兵英勇的形象和乐观的精神。

进行曲特有的风格特点，与文艺工作者想要表达的革命性和斗争性能理想地契合。这一时期，根据地的进行曲还有很多，比如《反法西斯进行曲》，词作者岳风把根据地群众对法西斯罪恶行径的仇恨和愤怒形象地进行了表达，曲作者劫夫巧妙地利用C大调曲调，将大众对法西斯罪恶

---

[1] 王剑青，冯健男. 晋察冀文艺史.[M] 北京：中国文联出版公司，1989：476.

的愤怒如同洪流般迸发出来。在晋察冀二分区部队广泛流传的《粉碎敌人"扫荡"行进曲》也是一首进行曲，词作者沈定华、曲作者丁辛通过作品很好地动员了根据地军民团结起来，共同粉碎敌人任何形式的"扫荡"，同时将根据地军民坚定的意志表现了出来。还有的为了方便子弟兵在训练时将动作要领快速识记下来，李巨川同志为此专门创作了《刺枪要领进行曲》，朗朗上口的歌词配上部队行进的节奏，完美地将战士们的军威展示出来。[1]《一分区进行曲》中，曲作者罗浪用休止符将节奏变得更为独特，使旋律动感十足，其主要节奏为"× ×O×/ ×O× × /"，前后十六分音符加休止符，力量感倍增。与《一分区进行曲》相同的是，《二分区进行曲》也极具力量感，节奏的律动增添了战斗的号召力，使这首歌曲的影响力扩大，受欢迎程度大大提升，在五台、繁峙、广灵一带广为流传，《子弟兵报》发表了专门评论进行夸赞。周巍峙创作的《边区青年进行曲》，活泼的曲调、跳动的节奏瞬间让这首歌曲活力四射，将边区青年青春、热情、精力充沛的形象生动地表现出来。[2]

  劫夫作曲的《我们的轻骑兵》，是一首具有描绘性特点的进行曲。之所以称之为描绘性进行曲，是因为它可以利用音乐的比拟手法在联想中达到描绘的效果，更重要的是借助音乐可以模拟声音和声响的功用，使大家在聆听过程中产生联想。特殊的节奏让轻骑兵的形象更加突出。《枪口向法西斯瞄准》也是群众较为喜爱、流传较广的一首进行曲，火星在创作中使用紧凑的节奏，将战士们持着枪勇敢杀敌的形象通过歌曲进行了展示。

  众多歌曲中，进行曲特有的节奏让群众在歌唱的过程中不禁会联想到我们的子弟兵。行进的速度、铿锵有力的步伐、英勇无畏的形象在进行曲中都得以充分展现。正是因为这样，抗战歌曲更具有革命性。正是因为这些特点，抗战歌曲深受根据地群众喜爱，在广泛传唱中统一了革命战线，

---

[1] 王剑青，冯健男. 晋察冀文艺史[M]. 北京：中国文联出版公司，1989:477.
[2] 王剑青，冯健男. 晋察冀文艺史[M]. 北京：中国文联出版公司，1989:478.

提升了革命斗志，弘扬了革命精神。

（二）生活性与通俗性

为了提升抗日根据地歌曲的传播速度，让更多的群众能够快速接受，在歌曲创作方面首要考虑的就是要贴近群众生活，让绝大多数没有文化基础的群众能够在最短的时间内接受并传唱。

文艺工作者创作歌曲的过程并非想象的那么容易，为了更快地借助文艺宣传团体将各种抗战思想宣传出去，就需要建立更多的文艺组织。以晋察冀边区为例，边区有很多专业的文艺团体，如抗敌剧社、西战团、火线剧社、大众剧社等。专业的文艺团体会在边区举办农村训练班，为的是训练、培养更多的文艺工作者。这些文艺工作者再到基层各个地方去训练群众来进行创作，个别业余的文艺工作者就是在这样的培训和指导下成为专业文艺工作者，如王昆、杨润身等。可是专业的文艺组织数量有限，发展本地文艺工作者就成为主要任务，而这一部分群体的来源则是农民艺人。

大众剧社每驻在一个村里，到了晚间，"歌咏"总是第一个节目，许多歌曲便是这样传播开的。歌咏的内容是丰富的，形式是多样的，齐唱、轮唱、四声部的合唱都有。就风格而论，有战斗气息浓郁的进行曲《骑兵进行曲》《游击队歌》《十月革命进行曲》《军民进行曲》《到敌人后方去》等，有庄严雄壮的战歌、颂歌《晋察冀之歌》等，有抒情活泼的《春耕曲》《快乐的八路军》《春天里》《红缨枪》等。

春耕曲

打起鼓，敲起锣，
你唱歌，我来和，
大家一起来齐唱春耕歌。
春耕不分男和女，
春耕不分军政学。
我一锹，你一锄，

> 用力耕，用力拉，
>
> 日落西山转回家。

正是这样通俗明快的歌曲，能够给人留下深刻的印象，所以传得广，记得牢。[1]

（三）叙事性

在山西抗日根据地的众多抗战歌曲中，有很多歌曲注重对故事情节、人物性格等用叙述的方式进行表达。质朴的文字，通俗易懂，但又耐人寻味，很容易打动人心。这些歌曲不是叙事歌曲，但是具备了较浓郁的叙事性。

劫夫创作了很多叙事歌曲，但是在他的其他歌曲中，也能看到叙事的特点。他与魏巍创作的《滹沱河》、与邵子南创作的《中华民族》、与石群创作的《天上有个北斗星》、与陈陇创作的《望见了北斗星》和《英雄赞》，他们共有的特点是节奏明快，旋律流畅，有一定的叙事性，使群众在聆听和演唱时更容易理解和传唱，所以流传范围很广，深受群众的喜爱。根据回忆资料记载，八路军十三团宣传队的两位14岁的小宣传员贾如山和冯广太在日本侵略者的"扫荡"中，奉命在盘山芦家峪组织抗日儿童团。不料，在一个初冬的早晨，二人在平谷敌人的奔袭中被俘。在日本侵略军的威胁下，二人毫不畏惧，誓死不投降。敌人拿他们丝毫没有办法，最后将两位小八路杀害了。当二人走向刑场的时候，不约而同地唱起了劫夫创作的《中华民族》这首歌曲，表现了两位小英雄坚贞不屈的民族气节，可见劫夫谱写的歌曲是何等的影响广泛又深入人心。这不仅是晋察冀边区军民的骄傲，也是劫夫的骄傲。[2]

在其他歌曲中，也常常看到运用叙事的方式进行创作。

---

[1] 晋察冀文艺研究会. 文艺战士话当年（二）[M]. 北京：文化艺术出版社，1989:200.
[2] 王剑青，冯健男. 晋察冀文艺史[M]. 北京：中国文联出版公司，1989:497.

第四章　山西抗日根据地音乐传播的主要内容

纺织英雄李秀莲

英雄李秀莲，年幼受欺骗。

可恨那挑梢汉，把她卖到黎城县。

霞庄做了童养媳，每日受熬煎。

嫁了个懒惰汉，有苦真难言。

经常挨打，骂是家常饭。

家中婆母真厉害，压迫李秀莲。

还有一件事，说来真可怜。

被压迫受不过，跑出来跳崖边。

多亏众人来搭救，命未丧黄泉。

来了八路军，真是翻了身。

她男人受教育，有了大转变。

每日早晚去生产，从此不缺钱。

参加纺织组，吃苦数秀莲。

培养了五女子，纺织同向前，整整纺了近四年。

英雄大选举，就在十月间。

全县代表们，都把她来选。

看看秀莲多光荣，英雄独作先。[1]

歌曲中的李秀莲，1946年出席了太行区第二届群英会，被授予太行区"纺织英雄"称号。这首歌是当时全县学校和男女民校唱的一首歌。为了向李秀莲学习，黎明剧团还创作了歌颂李秀莲的话剧。

这首歌曲用叙事的方式，将李秀莲从小到大的过程用歌词叙说了出来，让人们在唱的过程中感受到秀莲年幼的苦、结婚早期的艰辛，但是也让群众感受到八路军到来后，这样一个普通女人生活的明显变化。从普通的家庭妇女到光荣的纺织英雄，歌词从头到尾如同唠家常一般，让人觉得亲切易懂，同时还能带动人的情绪，随着秀莲命运的变化而变化。

---

[1] 黎城县八路军文化研究会，黎城县档案局. 民族之魂[G]. 长治：黎城印刷有限公司，2017:364.

这种特有的方式，正是根据地群众熟悉和喜爱的方式。

无论使用哪一种艺术形式，文艺工作者们抓住了根据地群众能够在叙事方式下快速理解作品的特点，有针对性地创作了各种作品。从最初结构简单、篇幅短小的使用叙事口吻的抗战歌曲，到篇幅加长的叙事歌曲，再到具有一定故事情节的秧歌剧、歌剧等的出现，叙事性成为适合当时群众审美喜好的一大特点。

四、抗战歌曲的代表性作品及音乐家

（一）代表性作品

1. 在太行山上

抗战歌曲可以鼓舞士气，凝聚人心，分享战斗胜利后的喜悦等。据记载，1939年秋罗瑞卿率领抗日军政大学和华北联合大学的学生去敌后战斗，两支队伍分别唱着"黄河之滨，集合着一群，中华民族优秀子孙……象黄河之水汹涌澎湃，把日寇驱逐于国土之东"和"跨过祖国的万水千山，突破敌人一层层的封锁线，民族的儿女，联合起来！到敌人后方开展国防教育……"的歌曲，满怀信心地行进中。[1]

1942年，在激战五十五个日夜后，成功粉碎了日寇的"五月"大"扫荡"，在一个个战斗小分队顺利汇合后，大家在太行山清漳河畔，愉快地唱起了《在太行山上》。[2]

这首《在太行山上》的歌词创作于山西，作者为桂涛声。他于1937年在爱国志士李公朴的带领下从云南来到山西，在进行街头演讲、积极宣传抗日的过程中，不仅被太行山的气势所感染，更重要的是被这里浓厚的军民鱼水情所感动。"看吧！千山万壑，铜壁铁墙！抗日的烽火，燃烧在太行山上！气焰千万丈！听吧！母亲叫儿打东洋，妻子送郎上战场……"

---

[1] 《晋中史志资料》编辑部. 晋中史志资料[M]. 晋中：晋中地区印刷厂，1984：100.
[2] 《晋中史志资料》编辑部. 晋中史志资料[M]. 晋中：晋中地区印刷厂，1984：108.

这些经典文字在酝酿半年后被桂涛声记录在烟盒上。1938年6月，冼星海通过桂涛声的描述，结合烟盒上的文字，怀着万分激动的心情连夜创作出脍炙人口的合唱作品——《在太行山上》。同年7月，这首歌曲得到了周恩来同志的高度好评，不仅亲自试唱，还决定将其作为武汉抗战纪念一周年歌咏大会的重要曲目。这首歌一经唱出，迅速在敌后抗日根据地传播开来，直至全国处处可以听到《在太行山上》的旋律。朱德总司令在听到这首歌后，十分喜爱，立刻抄录好歌词学着唱起来，同时要求八路军总部机关的每个人都要会唱这首歌。这首歌记录了太行山抗日的历史，记录了根据地军民共同抗击敌人的历史；这首歌更是作为有力的抗日宣传方式，动员了当时的根据地军民，极大地激发了群众的抗日热情。这首山西抗日根据地的经典歌曲，一直到现在都经久不衰，散发着独特的艺术魅力。[1]

2. 大烟袋

大烟袋

朱富根整理

上一次鬼子来"扫荡"，

狗日的好厉害，

抢走了哥哥的两只核（鞋），

还有我的大烟袋。[2]

这是一首著名的抗战歌曲，产生于山西省黎城县西井镇。在它的传播过程中，因传播范围广，有些人把这首歌误认为是邢台民歌，还有人认为是左权民歌，其实它最初产生于黎城。

这首歌是由抗战歌曲《空室清野》改编而成的。原歌曲内容如下：

空室清野

别说这是根据地呀，鬼子他不会来，

---

[1]《晋中史志资料》编辑部.晋中史志资料[M].晋中：晋中地区印刷厂，1984:109.
[2] 黎城县八路军文化研究会，黎城县档案局.民族之魂[G].长治：黎城印刷有限公司，2017:332.

>　　鬼子他也会来呀，老乡你听明白。
>　　上一次鬼子来"扫荡"呀，狗日的好厉害，
>　　放火把房子烧呀，粮食都化成灰。
>　　毁了我二哥新棉袄呀，烧了我两对鞋，
>　　可恨那二土匪呀，偷走了大烟袋。
>　　以前说空室清野呀，不把它放在怀，
>　　这回可吃了亏呀，越想越不应该。
>　　老乡啊，老乡啊，咱们一起来，
>　　空室清野早早地要安排。
>　　青抗先，自卫队，洋枪背起来，
>　　鬼子再来，他可是吃不开！[1]

这首歌创作于1940年百团大战期间。可恶的日军对晋冀鲁豫根据地发起报复性"扫荡"，对我根据地人民进行疯狂的烧杀抢掠，黎城县西井镇尤为严重。为了做好宣传动员工作，鼓励西井镇百姓，八路军总部炮兵团的怒吼剧社来到这里为抗日军民演出。可是火光冲天、尸山血海的现状让时任炮兵团总教员的李伟悲愤不已，他噙着眼中的泪水，结合当地武乡秧歌的曲调，写出了这首《空室清野》。全曲用慢板和快板鲜明地分为两个部分。其中，慢板为第一部分，"别说这是根据地呀，鬼子他不会来，鬼子他也会来呀，老乡你听明白。上一次鬼子来'扫荡'呀，狗日的好厉害，放火把房子烧呀，粮食都化成灰"为第一句，"毁了我二哥新棉袄呀，烧了我两对鞋，可恨那二土匪呀，偷走了大烟袋。以前说空室清野呀，不把它放在怀，这回可吃了亏呀，越想越不应该"为第二句。前两句采用山歌的曲调用说唱形式将剧情讲述了出来。第二部分则是用快板的形式带动和鼓舞人，军民联合起来用"空室清野"的策略去对付敌人，使根据地军民重振信心，誓与敌人抗争到底。最后，再次反复，但是却使用了慢板，全曲风格首尾呼应。

---

[1] 黎城县八路军文化研究会，黎城县档案局. 民族之魂[G]. 长治：黎城印刷有限公司，2017:333.

这首《空室清野》一经演出便被广为传唱,迅速在山西抗日根据地传播开来,深受军民的喜爱,为动员我抗日军民采取"空室清野"的策略对付敌人的"三光政策"起到了积极作用。

因广受人民喜爱,这首歌的歌词经改编后有多个版本,歌名也改为了《大烟袋》《可恨鬼子偷了我的大烟袋》等。[1]

(二)代表性音乐家

1. 周巍峙

周巍峙,原名周良骥,江苏东台人。1934年积极参加了上海抗日救亡歌咏运动。1937年抗日战争全面爆发后,随着战争形势的变化,分别在山西、西安、延安等地参加了抗日,主要从事抗日宣传工作。1938年年底担任西战团副主任,随后率领西战团到达晋察冀根据地,主要负责边区的文艺行政领导工作,同时从事音乐创作、音乐指挥和乡村的艺术教育活动。他在根据地文艺工作、歌曲创作以及音乐理论等方面都有着较大的贡献,但最为突出的还是抗日歌曲的创作。[2]

《青纱帐起》是一首关于游击健儿的歌曲,由周巍峙担任作曲,蓝矛作词。歌曲的节奏颇具特点,大部分乐句的结尾处出现了四分休止符或八分休止符,特定位置的短暂停顿,在表现顿挫感的同时,更重要的是表达了作者想要表现游击健儿英勇、顽强的革命意志和坚定不移的革命信念。他和邵子南共同合作的歌曲《人要是没有自由》,是针对国民党反动派"一党专政"而作,表现了作者及根据地群众对此的不满和反对。

周巍峙在创作中,创作的想法能够和邵子南达到高度的默契,所以二人共同创作的作品还有很多,较为有影响力的是《李勇要变成千百万》和《李勇已变成千百万》。这两首作品是周巍峙专门针对"李勇爆炸运动"

---

[1] 黎城县八路军文化研究会,黎城县档案局.民族之魂[G].长治:黎城印刷有限公司,2017:332—333.
[2] 王义华,杨卫华.晋察冀革命文化艺术人物志[M].太原:山西人民出版社,2003:374.

而创作的,堪称"姊妹篇"。1943年秋,游击队员们在李勇的带领下投入到春季反"扫荡"中。他们利用村中的地理优势,大摆地雷阵,日寇约有36人被炸死或炸伤。英勇的事迹得到聂司令员的高度嘉奖,号召所有民兵向李勇学习。同年的《晋察冀日报》为此发表了长篇通讯报道《爆炸英雄李勇》,于是"李勇爆炸运动"瞬时在根据地轰轰烈烈地展开,越来越多的民兵展现出英勇无畏的一面。为了将这一运动更好地开展,周巍峙与邵子南继续投入最大的热情,创作了歌曲《李勇要变成千百万》。歌曲很快在根据地广泛传播开来,掀起了越来越多的人争当"李勇"的热潮。周巍峙看到了歌曲的作用如此之大,与邵子南再次不谋而合,再度创作了《李勇已变成千百万》这首歌曲。两首歌曲在曲调和节奏上相同,在主题上也一致,后一首歌曲在前一首歌曲的音乐主题中出现了延续和进一步发展,二拍子的行进节奏使得歌曲的斗争情绪高涨和昂扬。

除此外,周巍峙还创作了《新中国的姆妈》《拥护双十纲领》《保卫晋察冀》《优待抗属》《整滩歌》《选举代表》《民主的好收成》《组织起来》《妇女信条》《儿童战歌》等歌曲。这些歌曲紧紧围绕战争的形势和根据地建设的发展要求,通过歌曲的广泛传播,在一定程度上发挥了应有的作用,坚定和鼓舞了抗日军民万众一心共同抗击日寇的信心和决心。[1]

2. 吕骥

吕骥,原名吕展青,1909年生,湖南湘潭人,曾就读于上海国立音专。1929年从上海国立音专肄业后,在上海电通电影制片公司、联华影业制片印刷有限公司(1932年改为联华影业公司)担任指挥。1932年参加左翼戏剧家联盟,在创作中建立了共产主义信念,并于1935年2月加入中国共产党。先后组织业余合唱团、歌曲研究会、歌曲作者协会。创作《新编"九一八"小调》(街头剧《放下你的鞭子》插曲)、歌曲《保卫马德里》

---

[1] 王义华,杨卫华. 晋察冀革命文化艺术人物志[M]. 太原:山西人民出版社,2003:375.

和《自由神》(同名电影主题歌)。1937年到北平、绥远、山西抗战前线开展救亡歌咏活动,创作《武装保卫山西》等歌曲。同年10月到延安,在抗日军政大学及陕北公学负责歌咏工作。1938年3月,参加筹建鲁迅艺术学院,任音乐系主任、教务处主任,先后创作了歌曲《抗大校歌》、《陕北公学歌》、《西北青年救国会歌》、《鲁艺院歌》、《壮丁上前线》、《开荒》、《毕业上前线》、《大丹河》(同名话剧插曲)等,参加了歌剧《农村曲》的音乐创作。1939年9月来到了晋察冀敌后抗日根据地,从事音乐创作和艺术领导工作,担任华北联合大学文艺部副主任兼音乐系主任。创作《华北联大校歌》、活报剧《参加八路军》的音乐。他作词作曲的《新青年》是专为抗战青年创作的,歌曲将青年们充满朝气和一心抗战的热血状态表现了出来。"节奏活泼、有朝气,曲调新颖耐唱,结构严谨"是他对这首歌曲的诠释。[1] 他和成仿吾联合创作的《华北联大校歌》,也投入了他大量的心血。歌曲打破了传统的先抑后扬的创作风格,一改传统习惯,以高昂的情绪作为开始,直接将所有高涨的情绪迸发出来,通过C大调的进行曲,带给人震撼的感觉。1940年春天,他再度联手成仿吾创作了《民主政权歌》。鲜明的节奏,行进的速度,让根据地群众对民主政权间接地有所感受;流畅的旋律,朗朗上口的歌词,一经传播就遍布整个晋察冀根据地,为该区抗日民主政权的建设、巩固和进一步发展起到了积极的宣传作用。同年7月,吕骥回到延安,任鲁艺音乐部主任兼教导主任,创作大合唱《凤凰涅槃》。1942年参加延安文艺座谈会,曾主持陕甘宁边区音乐界抗敌协会,组织中国民间音乐研究会,写有《民间音乐研究提纲》《纪念聂耳》等论文。1945年抗战胜利后,随鲁艺到东北解放区,先后任东北大学鲁迅艺术文学院副院长、院长,《人民音乐》主编,东北音乐团团长。写有《近五十年来的新音乐》《东北民歌选序》等论文,创作了《攻大城》《铁路工人歌》等歌曲。[2]

---

[1] 王剑青,冯健男. 晋察冀文艺史[M]. 北京:中国文联出版公司,1989:481.
[2] 王剑青,冯健男. 晋察冀文艺史[M]. 北京:中国文联出版公司,1989:482.

3. 卢肃

卢肃，原名卢方平，江苏籍作曲家。自幼喜爱音乐，在家乡民间音乐与天主教音乐的熏陶下成长。抗战爆发后，还是学生的他就积极地为抗战进行宣传。1938年10月，卢肃到达延安鲁艺音乐系学习作曲。在他学习的过程中，还接受了指挥、相关音乐理论的学习，随后在此任教。《古道行军》是他创作的第一个作品，取得成功后开始进行合唱作品的编创，先后创作了《平原大合唱》《生产大合唱》《春耕大合唱》等，均得到人们的认可。次年，他光荣地加入中国共产党，并于夏天历经艰辛到达晋察冀华北联合大学音乐系担任教员，后来担任系主任。培养音乐人才是他这一时期的主要任务，此外仍旧没有停止创作。《晋察冀边区艺术节歌》是他与田间创作的歌曲，通过歌曲表现了节日欢快的气氛，表现了艺术工作者们在抗战期间不畏艰苦、乐观面对的态度和精神。他和词作者牧虹多次沟通后，创作了小歌剧《除夕》《我爱八路军》等作品。1942年至西战团，再度与牧虹合作，歌剧《团结就是力量》的同名结尾曲《团结就是力量》创作成功，不仅传遍了山西各个根据地，甚至传播到全国的各个地方，引发了千百万中国人团结一致、共同击败敌人的热潮。此外，他积极配合根据地建设，专门创作了一些歌曲。《认真选举》是在边区开展民主选举运动时创作的，旋律流畅，曲调亲切，风格有别于之前的进行曲，更像是一幅根据地民主政治生活的风俗画。歌曲《庄稼汉选举》创作于《在延安文艺座谈会上的讲话》之后。他积极响应讲话的号召，深入到根据地群众中，在普选活动中逐渐感受到了民主的氛围，于是将群众自己管理自己的大事的这种积极的、民主自由的心情表达了出来。他专门为五一劳动节创作的《五一纪念歌》，表达了群众心中的自豪与喜悦，更像是对这个特殊节日的赞美之歌。[1] 为了再度统一群众团结一致的思想，卢肃作词作曲的《枪口对外》不再使用激昂的曲调，而是像拉家常一般将中国

---

[1] 王剑青，冯健男. 晋察冀文艺史[M]. 北京：中国文联出版公司，1989：483.

人不打中国人的道理娓娓道出，婉转的旋律打动了不计其数的中国同胞。他的作品不仅面向成年人，也关注对孩童的宣传和教育。在平山县洪子店小学，卢肃看着一个个活泼的孩子，结合当地曲调即兴创作了一首民谣：

> 小指头儿，打日本，
> 　　打不倒呀哈，
> 单用大指头儿也不粘，两手一齐干呀！
> 　哎嗨哟，两手一齐干！[1]

这首歌谣一经教唱，就受到孩子们的喜爱，革命的种子在孩子们心中生根发芽。

在晋察冀边区流传较广的《拥军公约》也出自卢肃之手。为了让广大根据地军民增强抗日的信心，提升爱国热情，他以流畅、委婉的方式进行抒情式的表达，唤起了群众的共情。

1943年，随着蒋介石消极抗日，晋察冀根据地群众在面临战事严峻、生活艰难的情况下，受《团结就是力量》歌曲的鼓舞，坚持一切依靠自己，以勇敢面对困难的信念度过了最艰难的阶段。1944年，卢肃回到延安鲁艺任教。抗战胜利后任中央党校文艺工作室研究员、晋冀鲁豫人民文工团副团长。1949年后历任中央歌剧院院长等职。[2]

4. 曹火星

曹火星，原名曹峙，河北平山人。1938年初走上了革命的道路，那年的他刚刚14岁。他曾经在晋察冀边区群众剧社当过演员、指挥和音乐队长。1940年入华北联大文艺学院音乐系学习，开启了他的作曲生涯。他于1943年创作的《没有共产党就没有新中国》等脍炙人口、鼓舞人心的歌曲，在群众中广泛流传，产生了很大影响。火星自己曾讲到这首著名歌曲的创作经过：那是"1943年进行反法西斯宣传，为儿童'霸王鞭'写的一组歌曲的最后一首歌，为了好记好唱好跳，歌曲节奏简练，乐句

---

[1] 王剑青，冯健男. 晋察冀文艺史[M]. 北京：中国文联出版公司，1989:483.
[2] 王剑青，冯健男. 晋察冀文艺史[M]. 北京：中国文联出版公司.1989:482—483.

整齐。最早是《没有共产党就没有中国》，1949年进入北京、天津前，中央提出提法不妥，进城先不要唱。后群众自动加了'新'字（我也是这时加上'新'字的），这样很快就传遍了全国"[1]。周巍峙曾对《没有共产党就没有新中国》这首歌为什么会产生历久不衰的魅力做过这样的分析："在中国人民面前摆着两条路——光明的路和黑暗的路的时候，稍有理性的中国人，都已看清没有共产党的英勇抗战，就要亡国。于是，火星同志的代表真理、代表人民呼声的歌《没有共产党就没有新中国》，便应运而生了。"他还指出："这首歌以真挚的语言、质朴的风格、流畅的旋律，道出了中华民族的心声，唱出了历史发展的必然，歌颂了中国的新生。我想，这就是它被人们厚爱并长久流传的缘由。"

此外，曹火星创作的《我们是无敌的英雄》，运用进行曲节奏，吸收了当时抗战歌曲的音调特征，更好地表现了时代精神和民族风貌。他创作于1942年的《向敌人进攻》，是一首为反对敌人经济封锁而进行斗争的群众歌曲。词作鲜明的战斗口号和曲作简练的音乐语言交融在一起，起到了鼓舞人民勇敢进行战斗的作用。徐明作词、火星作曲的《献花》，是1945年为察哈尔人民政府成立庆祝会上的献花舞所写的主题歌。曲作吸取了东北民歌的节奏和音调，使整首歌充满了朴实流畅的特点和热情欢快的气氛。[2]

5. 王莘

王莘，原名王莘耕，江苏无锡人。曾任华北联大文学学院音乐系教员，于1943年4月加入边区抗联领导的群众剧社（前身为平山县铁血剧社）。致力于歌曲和歌剧的作曲工作，是晋察冀边区在歌曲，特别是在歌剧创作方面有突出贡献的一位作曲家。他作词谱曲的《晋察冀》，是1939年创作的第一首歌曲，也是《抗日战争歌曲选集》中的第一首歌曲。这首歌的曲作采用舒缓而富有抒情意味的曲调，歌颂了敌后根据地晋察冀在民族

---

[1] 王剑青，冯健男. 晋察冀文艺史[M]. 北京：中国文联出版公司，1989：483.
[2] 王剑青，冯健男. 晋察冀文艺史[M]. 北京：中国文联出版公司，1989：483—484.

革命战争中发挥的砥柱作用。后面的副歌采用雄壮有力的合唱，更加烘托了这一音乐形象。他在1940年创作的《打击顽固分子》一歌，短小精悍，爽朗易唱，又有严正气势，被广为流传。1940年创作的《选村长》，是为牧虹写的快板剧《选村长》创作的主题歌。曲作借鉴了民歌小调，亲切自然，很受群众喜爱，《晋察冀日报》《北京日报》和《天津日报》都发表过评论予以肯定和赞扬。《坚决地战吧》（施序作词）是王莘于1940年夏创作的一首旋律新颖别致的歌曲。歌曲的前半部分较抒情，后半部分采用富有节奏的进行曲，两部分形成了鲜明对比。同年他还创作了《拥护中共双十纲领二十条》（集体作词）。1943年创作的《永远跟着共产党》和1945年创作的《歌唱解放区》（血星作词），都是颂赞歌曲，适合于群众歌咏活动演唱，在晋察冀文艺团体中广泛流传。1944年创作的《治安军是汉奸军》，是一首词意简赅、易唱易懂的政治宣传歌曲。此外，他还创作了《愉快的劳动》（罗东作词）等歌曲。[1]

6. 张非

张非，原名金成钧，曾用名张明如，河南开封人。到了延安之后，他参加了陕北公学流动剧团，从事革命歌曲的演唱和创作。1942年11月调到晋察冀军区政治部抗敌剧社，从事歌曲和歌剧创作，写出了深受晋察冀军民欢迎的作品。他创作的《拥政爱民公约歌》，是一首宣传拥政爱民运动的歌曲，曲作节奏依歌词的自然节奏而作，通达流畅，易学易唱，明白犹如叙说，故在群众运动中流传较广。邓康作词、张非作曲的《咱们永远在一起》，汲取了河北一带的民间音乐语汇和调式特征，信手拈来，不事雕琢，故显得亲切、流畅和自然。他创作的《张老汉》（胡可作词），较好地描绘了一个边区百姓对党和领袖无限热爱的动人形象，深情质朴而充满自豪。林韦作词、张非作曲的《妇女做鞋组》，表现了边区翻身妇女纯朴、开朗、热情的内心世界，被晋察冀边区村剧团广泛演出，《晋

---

[1] 王剑青，冯健男. 晋察冀文艺史[M]. 北京：中国文联出版公司，1989:484—485.

察冀日报》发表了评论文章予以肯定。他创作的《让地雷活起来》(郑红羽作词),根据自己的生活感受和歌词提供的意境与特色,采用了一些抗战歌曲的音乐语汇,富有战斗的号召力与革命的鼓动性;旋律新鲜别致,洋溢着较为浓厚的生活情趣,反映了抗战军民的革命乐观主义精神,曾在晋察冀军区广泛传唱,推动了"李勇爆炸运动"的开展。《中国近现代音乐史》对此歌予以了肯定的评价。[1]

7. 罗浪

罗浪,福建泉州德化人。曾在战线剧社从事革命歌曲和歌剧的创作活动,在歌曲创作上做过多方面的艺术探索,故具有较好的宣传演唱效果,受到晋察冀军民的好评和喜爱。他创作的《生活在晋察冀》,是根据魏巍的一首短诗,采用民歌常用的叠句谱写而成的节奏轻快的短曲,目的在于易唱、易记、易传。曲作用大调,加用附点音符,使节奏活泼,充满自豪感和自信心。此曲作于1942年5月,由于短小易唱,很快在一分区、三分区及整个晋察冀边区流行,刊登于《战线报》。新中国成立后曾改名为《生活在新中国真快乐》发表。魏巍作词、罗浪作曲的《五壮士之歌》,写于反"扫荡"之中,歌曲短促有力,曲作随歌词的情感逻辑变化而发展,并汲取了中国古诗吟诵体的抑扬顿挫和同一主题不同发展的种种手法来丰富曲作的艺术表现力,以适应歌颂英雄时的不同情感的需要。《七月小唱》是罗浪根据田间的一首歌颂党的抒情短诗谱写的歌曲。曲作有民谣风,作者有意借鉴了冼星海的《二月里来》,但此曲更具北方民谣特色。歌中重叠句的运用加强了对党对边区人民的热爱。李又华作词、罗浪作曲的《骑兵歌》,采用了ABA的结构体式,羽音起,多用三连音,使乐曲具有飞奔腾跃之感,较好地表现了骑兵的战斗风采。此曲曾发表于《战线歌选》。刘佳作词、罗浪作曲的《复仇的歌》,融合了南音与北昆的基本音调。南音以优美动人、委婉悠扬见长,此曲在汲取南音的基础上,放慢行进速度,

---

[1] 王剑青,冯健男. 晋察冀文艺史[M]. 北京:中国文联出版公司,1989:486.

加以重音和饱和音,使旋律蕴含着迸发复仇烈火的冲击力,风格上接近一首苍凉悲壮的挽歌,广泛流传于晋察冀边区,发表于《抗敌歌声》。此外,罗浪还创作了《春耕小唱》(魏巍作词)、《狼牙山谣》和《不让麦子喂洋狗》(钟惦棐作词)等革命歌曲,紧密地配合了边区的各项政治运动。[1]

8. 刘西林

刘西林,原名锡林(琳),1919年元月生,河北沧县人。1936年参加中华民族解放先锋队,1937年参加八路军,1938年加入中国共产党。

西安事变后,刘西林到三原参加了我党主办的青年训练班第一期学习。结业后被分配到五台山游击队工作,因太原失守,转临汾刘村八路军学兵队受训,后分配到八路军一二〇师战斗剧社工作,历任班长、戏剧组组长、话剧队副队长等职。在他任职期间,1939年随军转赴冀中根据地战斗剧社,1940年返回晋西北进行抗战的演出宣传。1945年抗战胜利后,被派往三五八旅做战勤工作。

1943年,他除了参加秧歌剧《一把锉》等剧目的演出外,还与朱丹等合写了秧歌剧《张老汉劳军》及《跳大神》,独立创作了秧歌剧《夫妻拜年》《逃难》等剧目。同时,为秧歌剧《劳动英雄回家》创作了主题歌《大黄牛,黄油油》;为《夫妻拜年》写了插曲《正月里来是新春》;为《逃难》创作了主题歌《解放区的天》等。在战斗剧社的10年间,除演戏外,还从事编剧、导演、音乐创作及乐队伴奏工作。演出的剧目有:话剧《流寇队长》(饰刘大运)、《军火船》(饰警察),秧歌剧《兄妹开荒》(饰王二小)、《新旧光景》(饰老汉)、《警惕》(饰农民)、《大家好》(饰村主任)、《一把锉》(饰俏秃子)。此外,还演出过《八百壮士》《农村曲》《一心堂》《人命贩子》《警觉》《水灾》《黄河》《第四十一》《回头是岸》等剧目。参加导演并在其中担任角色的剧目有:话剧《挤敌人》(饰伪军)及《甄家庄战斗》(饰民兵)。创作的剧本,还有话剧《冲突》、

---

[1] 王剑青,冯健男. 晋察冀文艺史[M]. 北京:中国文联出版公司,1989:485—486.

《活路》、《王英进丰镇》（合作）、《回家》、《南山顶战斗》（合作），大活报剧《方山战斗》等。创作的歌曲有：《诸位好乡亲》《练兵歌》《翻身歌》等。1944年9月，晋绥边区"七七七"文艺奖委员会公布获奖作品，其参加编剧、导演、演出及作曲的《新旧光景》《大家好》《劳动英雄回家》等剧目，皆获边区"七七七"文艺奖。此外，还创作过"太平歌词"，写过《七垧地的眼泪》《回忆我的老伙计李来顺》《炮击宁化堡》等文章，均发表在《抗战日报》上。[1]

9. 安春振

安春振，1914年2月出生，辽宁新民人。1937年九一八事变后流亡关内，先后参加抗日义勇军、抗日盟军进行抗日活动。后加入东北军，并于1937年9月由王再天介绍加入中国共产党。之后，几经辗转，到达抗日前线山西，考入民族革命大学。不久，被杨宪武教授选入"民大"工作队，赴各地宣传演出，于1938年3月到达延安。先就读于陕北公学、抗日军政大学，后到延安鲁艺音乐系学习。1939年7月，随华北联大文艺学院音乐系开赴冀中前线后，调入八路军一二〇师战斗剧社。是年底阎锡山发动了晋西事变，战斗剧社随一二〇师回到山西兴县。在战斗剧社先后担任宣传员、儿童演剧队音乐指导、剧社音乐股股长、指导员等职。1942年10月重新加入中国共产党。1948年冬，担任临汾西北艺校二部组织科科长兼音乐部主任。1949年春，任西安西北军政大学艺术学院政治处主任兼音乐部主任，年底随军南下入川，进驻成都。[2]

1940年元月，安春振到达晋绥后，先后创作发表了不少音乐作品，成为当时颇有影响的音乐工作者。5月，八路军一二〇师所属的"战斗""战火""战线""战力"等剧社会师于晋绥首府——兴县，举行了颇具规模的文艺会演。期间，他创作的《快缴公粮》（莫耶作词）、《百团大战》（莫耶作词）以及《扛起镢头上岗》《反"扫荡"》等歌曲，受到了同行和群

---

[1] 杨卫华. 晋绥革命根据地文艺人物录[M]. 北京：中国戏剧出版社，2002：118.
[2] 杨卫华. 晋绥革命根据地文艺人物录[M]. 北京：中国戏剧出版社，2002：123.

众的好评。是年冬，担任战斗剧社儿童演剧队音乐指导。期间，创作了《儿童演剧队队歌》及《革命摇篮》等歌曲。1941年秋，为儿童独幕歌剧《荒村之夜》作曲，还为贺龙、吕正操司令员编排的秧歌舞创作了舞曲和插曲。在为《三个女婿拜年》编曲时采用晋绥地区民间秧歌的曲调，演出后受到当地群众好评，并在1944年晋绥边区举办的"七七七"文艺奖评选活动中获奖。之后，又先后创作了《党在敌后方》（唐成银作词）、《七月的太阳》（崔明鉴作词）、《歌唱贺司令员》（苗波作词）、《人民的红五月》等多首革命歌曲。其中，《党在敌后方》《七月的太阳》等荣获晋绥边区"七七七"文艺奖。1947年五一节期间，在《晋绥日报》发表了歌曲《工人之歌》。1948年，与晋绥34位音乐工作者共同搜集整理的577首晋绥民歌由晋西音协编辑出版。[1]

10．李桐树

李桐树，1924年出生，河北束鹿人。1937年12月参加革命，1938年考入抗战学院。1939年春调八路军一二〇师战斗剧社，历任社员、音乐组员、少年艺术队副队长兼音乐教员等职。1949年冬随军南下。

1940年秋，在战斗剧社儿童演剧队既当演员又当乐队演奏员。先与安春振共同创作了《儿童演剧队队歌》，接着又在儿童话剧《勤务班》中饰演小刘，在《小放哨》中饰演贪玩的儿童团员，在《黑豆与白面》中饰演怕吃苦的卫生员，在童话剧《公道的评判》中饰演狡猾的狐狸等角色。

1942年春赴延安，为中央机关及延安军民演出长达半年之久。毛泽东、朱德等领导同志观看了他们的演出。

1943年春，战斗剧社及儿童演剧队全体人员结束了延安的演出，带着向延安兄弟单位学习的《卷白菜》等大秧歌舞节目，一路扭着由延安回到晋西北。当时，毛主席的《在延安文艺座谈会上的讲话》已传达到晋绥。剧社同志们经过认真学习，很快投入到秧歌剧的创作中，先后创作上演

---

[1] 杨卫华．晋绥革命根据地文艺人物录[M]．北京：中国戏剧出版社，2002：123．

了秧歌剧、大合唱等十余个节目。李桐树参与作曲的秧歌剧《劳动英雄回家》，1944年在晋绥边区举办的"七七七"文艺奖评选活动中荣获金奖。他还自行设计、试制成晋绥边区内第一把土造大提琴。为此，晋绥军区政治部还为其举办了发明创造展览，并授予其"模范工作者"称号，光荣地出席了边区第四届群英大会。[1]

第二节 地方曲艺与民间戏曲

山西在音乐方面的发展有着悠久的历史，自古就被称为是戏曲之乡、民歌之洋。除了民歌，当地的地方曲艺和民间戏曲也是群众喜闻乐见的艺术形式。抗战期间，它们也以自身的条件和优势发挥着作用，成为山西抗日根据地音乐的有益补充。

山西抗日根据地的曲艺活跃的原因，不仅是因为民族革命战争的需要，同时与它自身的某些艺术特点不可分割。

一、地方曲艺

曲艺，是运用从生活中提炼出来的生动形象且说唱化了的语言来讲述故事、描绘人物、状物写景、抒发情感，很贴近群众的审美习惯。说和唱是曲艺最主要的艺术手段，众多的曲种有的或说或唱、或两者兼具；有的似说似唱，有动作、有表演，风格多样；有的辅以道具，有的辅以伴奏，多样化的演出形式满足了群众的精神需求。如果说戏曲是供人观看并聆听，曲艺则主要是听觉的艺术。因此，曲艺说唱底本，即对曲艺作品的语言有着较高的要求，需要有一定的文学价值，具备雅俗共赏的效果。换句话说，曲艺的语言要来源于生活，要生动形象，要精简押韵，方能在表演中博得群众的喜爱并被广泛传播。[2]

---

[1] 杨卫华. 晋绥革命根据地文艺人物录[M]. 北京：中国戏剧出版社，2002：141.
[2] 王剑青，冯健男. 晋察冀文艺史[M]. 北京：中国文联出版公司，1989：523.

第四章　山西抗日根据地音乐传播的主要内容

曲艺创作和演出是山西抗日根据地各大戏剧社团十分重视的内容。以晋察冀抗日根据地为例，抗敌剧社中的很多社员除了创作剧本外，曲艺也是他们创作的重要部分；群众剧社在大鼓方面十分重视，还专门组织了大鼓队；还有一些专业的文艺组织设立专人进行曲艺方面的创作，以确保所创作作品的数量和质量。这些音乐工作者在硝烟弥漫的战争中一边创作，一边从事演出。他们都是根据战斗形势的变化和需要，随时改编和创作，甚至是现编现演，在发挥曲艺教育作用的同时，将他们创作的富有战斗性和舆论宣传作用的曲艺作品普及给更多的群众。在这一时期的曲艺作品中，题材以英雄人物、革命故事为主，通过诉说与群众贴近的人和事来唤醒人民群众，以积极的状态投入到抗日的队伍中来。

曲艺的说唱方式中，说、学、逗、唱是主要形式，适用于鼓词、快板、单弦、相声等。内容题材也是多种多样，不受限制，所以深受群众的喜爱。山西抗日根据地常见的曲艺有：三弦书、跌杂则（快板书）、莲花落、四片瓦、坠子书等。根据地的曲艺发展离不开各剧社曲艺的创作者和表演者的共同努力，他们最初几乎都是戏剧或戏曲的作者、演员或歌唱演员，但是源于对国家的热爱、对日本侵略者的仇恨，纷纷成为抗日宣传阵营中的一分子。此外，还有旧艺人积极参加抗日宣传，成为抗日宣传队伍中的一员，与剧社一起编创、演出新的曲艺节目，王尊三、康福元等就是杰出的代表。

鼓词是以鼓、板击节说唱的一种曲艺形式，兴起于明代，清代初逐渐达到鼎盛状态。北方鼓词发展尤为显著，特别是在河北、河南、山东、辽宁、北京以及天津等地。鼓词的演唱方式有两种：一种主要流行于农村，演出时艺人没有乐器伴奏，仅仅依靠自己击打鼓板来进行说唱；还有一种形式在农村和城市都有流传，艺人在说唱过程中自己弹奏三弦来进行演唱，被称为"三弦书"或者"弦子书"。由于鼓词的曲词主要采取上下句反复的诗赞体（"三弦书"除了这一体裁外，还有乐曲体），曲调较为古朴，更能形象地表现悲壮、感人的革命故事。[1] 鼓词艺人王尊三、李国春等是当时主要的代表艺人。

八路军八团一连的副班长赵治国擅长大鼓。在八团纪念"八一"的娱乐晚会上,他表演了《开荒大鼓》。《开荒大鼓》采用唱和白相结合的方式,格式为四句提纲后面进行唱或者白。

提纲：建立革命家务,生产战线效功；

开荒加油努力,选为劳动英雄。

（白）：说的是一九四四年,边区的生产脑满川,按下别处且不表,单把八团表一番。……

（唱）：好一个生产大英雄,农业生产他能行。他吃苦耐劳埋头苦干,对生产的道理认识清。他言说多开一亩多打一斗粮,又为私来又为公。

……[2]

他表演了《群英大鼓》,格式与开荒大鼓相同。

提纲：目前胜利将到,准备力量反攻。

为了工作改进,大会召集英雄。

（白）：四句提纲念罢,内有鼓段相随,诸位英雄稳坐哑言,听我慢慢的道来。

（唱）：收罢了庄稼要入冬,加紧冬训莫消停。兵马精战术广,百战百胜,齐心赶走日本兵……[3]

赵治国为了鼓励战士们不要掉队,坚决通过封锁线,创作了《过路》；根据有些同志不安心工作,感觉后方不如前方好的情况,还编创了《延长游感》等大鼓作品。

曲艺中的相声是一门语言艺术,也是一种表演手段较强的喜剧性曲艺艺术。它的特点是在轻松诙谐的形式中将严肃的主题、深刻的寓意表现出来,值得人去思考和总结。它的特殊表现手段"包袱儿",是在"说、

---

[1] 王剑青,冯健男. 晋察冀文艺史[M]. 北京：中国文联出版公司,1989：524.
[2] 赵治国. 赵治国的大鼓[M]. 八路军联防政治部出版,1944：1.
[3] 赵治国. 赵治国的大鼓[M]. 八路军联防政治部出版,1944：7.

学、逗、唱"的过程中，根据促使人们发笑的心理作用和艺术手法而组织起来的笑料。[1]因此，相声艺术的主要功能是讽刺。它既可以鞭挞揭露腐朽反动的事物，也可以讽刺人民内部的落后现象，还能表现真善美的事物。何迟作为一名曲艺家，在相声和相声剧的创作上作出了较大的贡献，他改编的相声《拉洋片》《对对联》《改行》，创作的相声《孔子正传》《某甲乙》、相声剧《二五减租》等作品，不仅受到根据地群众的喜爱，流传也较为广泛，为宣传抗日和根据地建设作出了突出贡献。

快板书也是根据地军民喜欢的一种文艺形式，由数来宝演变而来。快板书在演出形式上沿用了数来宝用两块大竹板和五块小竹板击打的形式，同时借鉴了竹板书、西河大鼓和各种演唱艺术的长处，使得快板书有着较强的刻画人物、描述情景的表现力，更能打动人。[2]文艺工作者们又在快板的基础上进行改编，快板剧就出现了。在山西抗日根据地的舞台上，经常可以看到表现英勇杀敌的抗日英雄、积极从事生产自救的劳动模范以及饱受地主剥削欺凌的贫苦农民的形象。

快板书还具有即兴编唱、见啥说啥的特点，所以还常常在行军休息、作战间歇、营地驻扎以及开会前后等较短的时间进行演出，起到宣传、活跃气氛、鼓舞士气等作用。轻影创作的快板书《平鹰坟》就是具有代表性的作品。

有时出于战争形势变化的需要，边区的文艺队伍会随时被拆成小规模的小分队或宣传小组，分散隐蔽地进行活动，所以会出现将大合唱改成小的歌曲，舞台从村头搬上了炕头、搬进了坑道，成千上万的观众变为一群一群或一组一组的规模等情况。1943年，由于战争形式紧迫，只能召开一个小型的群众会议。会议前需要一个节目进行热场，文艺队队员们开始集思广益，因为时间紧，单人演出的优势就是不需要和其他人配合，因此就将双人快板改成了单人快板形式，新编了词儿在快板中数了起来：

---

[1] 王剑青，冯健男．晋察冀文艺史[M]．北京：中国文联出版公司，1989：530.
[2] 王剑青，冯健男．晋察冀文艺史[M]．北京：中国文联出版公司，1989：531.

我姓王，叫王老四儿，
家住城西与王家屯儿。
一家共有三口人儿，
老两口一个闺女，
起了名字叫小俊儿。
从小念了四年书，
又识文来又断字儿。
忠厚老实人缘好，
她在妇教会当主任儿。
我家人少心也齐，
发展生产鼓足了劲儿。
种着十亩丰收田，
还有一个菜园子儿。
养着一个大杠子牛，
还有一头喔儿啦哇的大叫驴儿，
自车自牛不求人。
盖了五间新房子儿，
干干净净的小院子还是砖谩地儿。
又亮又光的黑大门儿，
门上贴着一副对儿，
写的是：五谷丰登粮满囤儿，
一家和气喜盈门儿。
"勤俭持家"四个字儿，
贴在上面是横批儿。
不愁穿不愁吃，
红红火火的小日子儿。
自从来了日本鬼，
那帮野兽不是玩意儿。

钉子鞋、药膏旗，
走了东村串西村儿。
又抢粮又放火，
这可苦了咱庄稼人儿。
多亏来了共产党，
教给咱们打鬼子儿。
抗日工作不落后，
身强力壮没问题儿。
担伤员送弹药，
送公粮埋地雷儿。
去年冬天刚上冻，
腊月初八一早晨。
鬼子兵汉奸队儿，
一下包围了俺们村儿。
抓走了群众和干部，
其中就有俺闺女儿。
第二天炮楼里边放出了信，
告诉家里去领人。
我到了炮楼去听话，
见到了汉奸队长胡麻子儿。
他从前是个大烟鬼，
又偷又摸不是东西儿。
这回他当了汉奸队，
成了鬼子的大红人儿。
张嘴要了一千块，
一千块钱赎闺女儿。
十天之内没现款，
一具死尸一领席。

我们老俩，哭一阵儿想一阵儿，
　　瞪着两眼干出神儿。
　　小俊是我的独生女，
　　是我们老俩眼珠子儿。
　　甭想往后顾眼下，
　　砸锅卖铁也赎人儿。
　　十亩地一下去了九亩半，
　　去了一块菜园子儿。
　　卖了那头大杠子牛，
　　还有那喔儿啦哇的大叫驴儿。
　　七凑八凑九百九，
　　一叠一叠的新票子儿。

　　一大清早进了炮楼，
　　见了汉奸队长胡麻子儿。
　　他龇着牙咧着嘴，
　　下手抓过新票子儿。
　　叫我回家听准信，
　　两天以后就放人儿。
　　我一等等了有两月，
　　一直没放我那闺女儿。
　　我老汉哭得红了眼，
　　我老伴哭湿了衣裳襟儿。
　　人不该死总有救，
　　呼啦啦山上下来八路军。
　　猛虎下山多带劲儿，
　　一仗拿下了炮楼子儿。
　　老乡亲们得了救，

第四章　山西抗日根据地音乐传播的主要内容

> 其中就有俺们闺女儿。
> 我们老俩高兴得眼里直掉泪,
> 大眼角里净笑纹。
> 拿了点零钱急忙走,
> 逢天赶了个刘庄集。
> 称了几斤深州大蜜桃,
> 河间府的大鸭梨儿。
> 砍了一刀肥猪肉,
> 还有一盒细果子儿。
> 凑了一个"四色礼",
> 瓜子不饱是个"仁心"儿。
> 三步并作两步走,
> 我去慰劳亲人八路军,
> 去慰劳亲人八路军。[1]

看似简单的单人快板,但因为是在战争较为艰难的时期进行演出,所以显得格外珍贵。这个节目开创了我们在敌人炮楼下演出的先声,同时也深受根据地群众的喜爱。因为是特殊的时期和演出场合,所以演员在开演时对所有观看的群众提出了一些要求:不许鼓掌,不许喝彩,不许……这些要求,需要观众按捺住观看时的欢乐,控制住他们兴奋的心情,待到散场回家后方能释放自己内心的激动和节目带来的愉悦。甚至有的人看了一次觉得不过瘾,就打听剧社下一个演出地点,准备再去看。群众之所以喜欢这个节目,是因为节目中使用的语言、编写的故事都是他们熟悉的,观看中不自觉会有一种亲切感。这个节目一经演出,就有不少地区把这个节目学了回去,成为每次开会前的预热节目,最后在整个根据地广为流传。

在快板书的基础上,保留原有演出方式,将篇幅变长,里面加入剧情,不仅有演唱,演出人员还会根据剧情的需要适当地化妆并使用简单的道

---

[1] 晋察冀文艺研究会. 文艺战士话当年(二)[M]. 北京:文化艺术出版社,1989:86—90.

具，这种形式叫做快板剧。[1]快板剧《生产总结》的内容如下：

组长：众组员，听我说，今年过年真快乐。

　　　做粘糕，吃疙瘩，吉时都将对联贴。

　　　……（锣鼓起）

全体：大家努力加油干，眼看胜利就来到。

　　　生产等于上前线，前后方要配合好。

　　　工农兵，心一条，不怕敌人打不倒，

　　　现在咱们就散会，最后还要呼口号。

（口号）一、男女老少组织起来，一齐参加互助组！

　　　　二、努力生产，要做劳动英雄！

　　　　三、多打粮食，准备反攻！

　　　　四、中华民族解放万岁！

　　　　五、中国共产党万岁！[2]

在快板剧的演出过程中，演出人员的数量可以根据演出场地的不同随时增减人数。为了提升演出效果，还加上了伴奏乐器，在转场时或者为配合剧情来推动情绪或者速度的变化。最后结束时，集体呐喊口号已经成为固定的模式。对口号的数量没有做固定要求，但是口号的内容会随着剧情表达内容的变化而随之作出调整。在最后喊口号的时候，群众会在演员的带动和影响下跟着喊出口号，使群众有着很强的参与感，更容易达到宣传动员的效果。

活跃于晋察冀边区的"新洋片"，是连环图画与说唱文学及表演相结合的一种民间艺术形式。这种"新洋片"和流行于民间的"旧洋片"也即"西洋景"在形式上的不同之处为：不是将连环图画封闭在镜箱内，

---

[1] 平顺枣峧剧团等．秧歌剧集：互助好[M]．新华书店，1945：34．

[2] 平顺枣峧剧团等．秧歌剧集：互助好[M]．新华书店，1945：35．

使一人在装有凸透镜的镜孔处观看,而是制作成舞台式的镜箱,使连环画片可在镜箱的后端推拉变换。画面也较"西洋景"要大,一般长为三尺二,宽为二尺半。[1]这样可容纳观众近百人,大大地提高了它的宣传效能。演出时,往往一人在镜箱近旁说唱表演,两人在镜箱后伴奏并兼管换画片。"新洋片"的舞台多是由四布景片搭成的,装卸携带也都较为轻便。这种盛行于晋察冀和其他农村的"新洋片"是旧形式的利用和改造,是一种综合性的民间艺术形式,不但能看,而且能听。这种声色俱备、悦耳娱目的民间艺术形式,群众不仅易于接受,而且十分喜爱。"新洋片"备受群众欢迎、喜爱的原因,还在于它不仅能演出一些叙事性的故事,表彰、赞扬边区的英雄模范人物,还能演出一些同农民的生产生活休戚相关的农业、卫生等科学常识以及一些使他们耳目一新的新闻。如一位姓张的老乡看了《怎样养娃娃》之后,一定要拉演洋片的同志到他家里去吃酒,并痛惜地说:"你们要早来七八天,我那孩子就不会撂下了。"很多媳妇在看洋片之前便嘱咐她们熟悉的小学教员,让他在看洋片时留心听,回头再给她们讲讲。当群众从演出新闻、时事等内容的洋片中看到国民党反动派的军官同姨太太们寻欢作乐及兵败投敌的样子时,台下顿时响起一片愤怒的斥骂声。[2]"新洋片"生动直观地让群众感受到抗战想要宣传的内容,同时留给群众的印象也更加深刻。

此外,山西抗日根据地的不同地域还有各自独具特色的曲艺形式,如洪洞琴书:

---

[1] 王剑青,冯健男.晋察冀文艺史[M].北京:中国文联出版公司,1989:547.
[2] 王剑青,冯健男.晋察冀文艺史[M].北京:中国文联出版公司,1989:547.

十二月生产

洪洞琴书

1=C 4/4

(6 6 0 6 | 656i 5·6 | 4444 | 24565 | 2̇ 2̇ 0 2̇ | i̇2̇765·6 |
4 4 4 4 | 24245 ‖: i·6 5·6 | 4 4 5 :‖ 4 4 5 :‖ 4 4 4 4 |
24245 | 0 i̇ 5 | 4 3 2 1 | 5i653·5 | 2̇3̇2̇6̇ i·6 | 5 5 i̇ |
65351 | 3 3 3 6 0 | 6̣ 3̣ 5̣ | 1 1 1 6̣ 5̣ | 6̣ 1 5̣ | 5̣ 3 3̣ |
打罢了春　是新年，听我把生产　表一番。大家一起

3 6̣ 6̣ | 1 6̣ 1 6̣ 3 | 6̣ 3̣ 5̣ | 3 2̣ 3̣ 5 | 1 6̣ 1 | 6̣ 1 6̣ 5̣ |
稿生产，合作化好比　幸福泉。买农具（哟），买肥料，农业生产

6̣ 1 5̣ | 3532 1 | 6̣ 1 6̣ 5̣ 1 | 1 1 6̣ 1 6̣ 1 | 6̣ 3̣ 5̣ | 3 5 5 3 |
大提高。做庄 稼，真有 益，千万不敢叫 荒了地。那（嗒儿）都得

3 2 3 | 1 6̣ 1 1 6̣ | 5·5 5 | 3 2 3 0 | 1̣ 6̣ 1 0 | 6̣ 3̣ 5̣ |
做捣好，不要叫地理 长下草。有了空，　就积粪，　就拾粪，

6̣ 1 6̣ 5 6̣ | 6̣ 3̣ 5̣ | 1 1 1 1 | 6 6̣ 3̣ 5̣ | 3·2 3 | 1 6̣ 1 |
茅子攒下了 好几瓮，一担一担 往地里送。上 的饱 打得好，

1 6̣ 1 6̣ 1 | 1·5 5 0 | 3 3 3 3 | 3 6̣ 1 6̣ | 1 6̣ 1 6̣ | 1 5̣ 5̣ |
一年的粮食 吃不了。有了余粮 咱缴了，要把国家 建设好。

5 3 3 5 | 5 3 3 0 | 5 5 3532 | 3 6̣ 1 1 | 1 6̣ 0 5̣ | 2 3 2 1 2 6̣ |
自私自利　全打倒，共产主义　来得早（哟）　嘀　嗒 哟嘀哦嘀哦嘀

5 6̣ 4 5̣ | 0 i̇ 5 | 4 3 2 1 | 5i6535 | 2̇3̇266·6 | 5 5 i̇ |
那依呀 嘀！

65351 | i̇ - ‖

二、民间戏曲

戏曲，对于根据地的大多数农民而言十分熟悉，是他们在单调的生活中最为期盼的娱乐方式之一。根据地群众绝大多数是农民，他们世世代代辛苦劳作，很少有接受教育的机会。在简单乏味的生活中，农民们极其渴望有一些娱乐能够缓解这种生活模式，戏曲就成为其中的一种形式。

戏曲的形式多样，演出的题材众多，对农民们有着潜移默化的影响作用。随着抗日战争爆发，我党开始关注根据地群众的生活和思想状态，借助戏曲这一形式对农民们进行抗日宣传与抗战思想传播。1940年以后，根据地的文艺工作者们立足于山西抗战的实际需求和宣传效果，在原有戏曲的基础上进行改编，产生了新编戏曲，具体表现在小花戏、秧歌、道情等山西根据地民众喜闻乐见的音乐形式上。新编戏曲通过与抗战题材相结合，在抗日根据地民众丰富生活的同时，潜移默化地起到了宣传抗日、打击敌人的作用。这种内容上的改变就是最直接的抗战宣传。特别是皇甫束玉对小花戏进行加工改造后，成为太行山根据地群众文艺活动的主流，在山西抗日根据地音乐宣传方式的革新上作出了贡献。

边区政府也很重视戏曲对广大群众的影响。1940年2月6日，晋察冀边区对戏曲演出和创作提出倡议和号召，应当摒弃与现下不合时宜的内容，如才子佳人、帝王将相等内容的表演，更多地与当前的抗战形势相结合，最大程度地反映山西抗日根据地的生活。倡议一经提出，就得到很多边区的支持与赞同。次年年底，太行区党委宣传部对文艺工作者们提出了创作、编写紧密结合根据地社会生活，反映抗战形势的作品在元旦期间演出的要求。1944年1月，左权县政府历经一年时间，组织专业的团队创作了《住娘家》《军民一家》《告新状》等新的小花戏作品，成为元宵节期间为全县群众上演的新节目。同年，晋绥边区的七月剧社也在元旦和春节期间排演了《千古恨》《血泪仇》《交城山》以及《王德锁减租》等十余部作品。在各地演出的过程中，这些作品得到了群众的普遍好评。这样的创作和演出思路，成为各个根据地一直坚持的原则，直到1945年，太岳区召开群英会时，演出的48部作品均为新戏。[1]

花鼓，是当地的民间舞蹈，通常是四个人在一对小鼓和一对小钹奏响后，一边唱一边跳地演出。因为演出人数略多，加之打击乐器的伴奏，所以十分热闹。唱的调子也很单一，一般是反复演唱一曲节奏欢快的《花鼓曲》，简单容易识记，又无需其他费用和开支，所以成为常见的娱乐宣传方式，群众十分喜欢。早期的闹花鼓，题材多是充满情爱的曲段，陈旧的形式与唱词，逐渐让群众丧失了听花鼓的兴致。随着共产党带领群众建立了民主政府，生活有了改观，到了特殊的节日开始有了娱乐活动，所以之前闹花鼓的艺人们一有空就凑在一起，组成花鼓组进行排练。在村干部的帮助下，他们与时政相结合，编写新词，因为不识字，全凭自己记忆演唱。有时因为不懂歌词的内容，村干部会一边给艺人们讲解歌词内容，一边宣传党的政策方针，久而久之，他们开始尝试自己进行创作，排练和演唱的积极性也大大增强。据资料记载，当时仅一个村七八年间新创作的花鼓词就有113段。如《减租减息》《敌后力量》《捕虫》《反懒汉懒老婆》等，还有一些宣传反对迷信、赌博等内容。[2] 这种形式，不仅在当时成为群众消遣娱乐的方式，而且对宣传党的各个时期的中心工作起到了积极的作用，使群众在观看中了解了党的政策思想和当下要完成的工作任务。作为农民的艺人们，在排练和演出的过程中，不仅教育了当地的群众，对自我的教育和思想的提升也起到了不可小觑的作用。

霸王鞭，又称"花棍舞"或"打连厢"，也是当地的一种民间歌舞形式，是在演唱的同时挥动两端装有铜片的彩色短棍，这个彩色短棍就是"霸王鞭"。[3] 在山西各大根据地，霸王鞭很受群众喜爱，成为常见的一种演出形式，孩子们在课间也会打霸王鞭。每当霸王鞭打响的时候，根据地的上空就会回荡着霸王鞭上铜片发出的清脆的声音和儿童们欢乐

---

[1] 杨茂林.山西抗战纪事（二卷）[M].北京：商务印书馆，2017：621.
[2] 王剑青，冯健男.晋察冀文艺史[M].北京：中国文联出版公司，1989：541.
[3] 王剑青，冯健男.晋察冀文艺史[M].北京：中国文联出版公司，1989：542.

的歌声。独特的形式引起了专业文艺工作者的兴趣，据有关资料记载，抗战剧社的舞蹈队曾在郑红羽指导下，根据民间旧有的霸王鞭形式创造出儿童集体歌舞的新形式。这种新形式经过专业文艺社团的演出和传播，很快便在各个根据地、中小学校流传开来，成为儿童这个特殊群体尤为喜爱的一种文化娱乐方式。在霸王鞭旧有的形式中，队形缺乏变化，通常几个歌曲都采用一种不变的队形；在歌曲唱终一段，由乐队演奏过门时队形仍无变化。因此，霸王鞭的演出显得呆板凝滞，缺少生动活泼的气氛。与此相反，有些地方的霸王鞭在演出时则显得过于"花哨"，队形变幻不定，不但每支歌曲后变换队形和位置，甚至每句歌词都要调换位置和穿插走动，使观众眼花缭乱、目不暇接，根本无法集中注意力聆听演唱内容，反而降低了宣传效果。新霸王鞭的第一个改造，便是将旧有霸王鞭的队形和变换位置等加以规范，表演动作也作了一些规范化的要求并进行了若干创新，还从秧歌舞等民间舞蹈中吸收了一些表现热烈、欢快情绪的动作和步伐。在霸王鞭演唱歌曲的选择、歌曲内容的组合及演唱方式上，也有明确的要求和提示。如演唱歌曲宜选用一些节奏性强、旋律简单流畅、易于上口，且富有民族民间音乐情调的小调歌曲或创作歌曲。有时为了达到某种宣传目的，可将几支歌曲编排或组合起来。如根据地某村有一支120名小学生组成的打霸王鞭的表演队伍，为了提升演出效果，村子里为每一个演员制作了服装。120人穿着统一的服装，挥舞着霸王鞭上系着的彩穗，再加上铜钱和竹棍敲击发出的清脆声音和演唱的民间小调，让人在震撼中感受到别样的美。[1]

小放牛是民间传统歌舞小戏《小放牛》中的一段男女对唱。剧中村姑向牧童问路，俏皮的牧童故意留难，要村姑回答他提出的问题，才告诉她。于是二人就一问一答，边歌边舞地演唱起对歌来。流传于晋察冀边区一带的民歌《小放牛》是由四个乐句构成，第一、二乐句是一对上下句，

---

[1] 王剑青，冯健男. 晋察冀文艺史[M]. 北京：中国文联出版公司，1989：543.

第三、四乐句是前两句的变化反复。音调明快流畅，富于表情，充分表现出劳动人民的聪明才智和开朗乐观的性格。

旱船，又称"跑旱船"，也是一种民间艺术形式，由一渔姑手提彩纸（或彩绸）和竹竿扎成的旱船，一渔夫手持饰红绸簇花飘带的木桨撑划，一起跑动摇曳，呼答唱和，洋溢着欢快、诙谐的喜庆色彩。[1] 在晋察冀边区的传统年节里，这种传统的民间形式，如小放牛及旱船等常用来配合抗战宣传，唱一些新内容。

1942年，在延安学习一年后的七月剧社回到了晋西北边区。为了更好地向群众展示在延安所学，七月剧社连续演出了三天。其中，眉户剧《十二把镰刀》深受群众喜欢，给大家留下了深刻的印象。这部剧是在旧戏里的《小狗戏》，也就是当地所说的曲子戏的基础上改编而成的。[2] 群众虽然第一次看此剧，但是感到很亲切的原因是它采用了眉户戏的曲调。眉户戏有着很深厚的群众基础，多年来当地群众尤为偏爱。熟悉的曲调、当地的音乐，再加上剧中男女主角的动作再现的是当地群众的劳动过程，这些熟悉的内容和形式拉近了作品与群众间的距离，通过剧情的发展让群众有很强的带入感，身临其境中感受到该剧所要表达的内容，无形中宣扬了抗日的精神。

三、代表性音乐家及作品

1. 王尊三

王尊三，1892年出生于河北唐山。因具有一副圆润甜美的嗓音，所以很早就在黄河南北和长城内外说唱。书目《隋唐》《杨家将》《西厢记》等是他较为拿手的作品。多年的说唱生涯，使得他更擅长于表演、说唱金戈铁马的故事，能够将战争中的细节较为细腻地进行表述，对于传统的书目也能够做到博采众长、自如发挥。抗日战争期间，王尊三在文艺工作者

---

[1] 王剑青，冯健男. 晋察冀文艺史[M]. 北京：中国文联出版公司，1989：544.
[2] 晋察冀文艺研究会. 敌后的文艺队伍[M]. 内部读物，1986：281.

的感召下，积极投入到抗日战争的宣传工作中。他一边动员和组织群众参加抗日救亡活动，一边积极参与编演新的鼓词，希望通过创作出来的作品感动群众、鼓舞群众、打击敌人。当时创作的作品有：《保卫大武汉》《晋察冀小姑娘》《亲骨肉》《皖南事变》《大生产》等。此外，他还经常深入到敌人据点附近进行说唱，进行"政治攻势"，企望从气势上瓦解敌人。在《亲骨肉》的说唱中，他用自己多年说唱的经验，将剧情安排得恰到好处、张弛有度，抑扬顿挫中讲述了一个六十多岁的老大娘为了保护在她家投宿的武工队员，任凭敌人凶残地对待，仍旧坚决不屈服的感人故事。在剧情的讲述中，王尊三将故事错落有致的结构优势发挥到极致，既引人入胜，又不显得刻意局促。作品中的语言充满浓郁的生活气息，更易于群众理解和接受，比如"俱都是大枪上着刺刀，挺胸挺肚赛比横虫。有一个人特别的又彪又愣又黑横，真好似一个凶神一般，说出话来又破又哑，就好像大公鸭嗓子叫唤的音声"。这篇鼓词，足有五六千字。长篇鼓词通篇多用"十四寒"韵，偶尔用邻韵"十五删"。他创作的鼓词《大生产》，是为了适应根据地大生产运动的需要而创作的。这部作品通过渗透着伦理内容的家庭矛盾纠纷，反映大生产运动对每个人的重要作用，从而引起更多的根据地群众加入大生产运动的热潮，积极为根据地建设贡献力量。鼓词的语言流畅生动，诙谐幽默，形象易懂。较为典型的就是作品中村干部到家中调解的时候，习惯享受的小三家老婆十分生气，叫嚷到："谁听你们一块来说和，讲些话你好比鸭子头上把疙瘩长，在俺家充什么大头鹅。"为了更形象地将小三家贪图享受的生活状态表现出来，鼓词将这一部分用较为凄清的曲调进行演唱："小三家两天吃不上一顿饭，支起灶火吊起锅，只饿的我蒙眼又黑，一挂肠子闲半截。"王尊三创作的鼓词，在演唱的过程中不断精益求精，反复修改加工，所以有着鲜明的主题、生动的描述、活泼的语言等说唱特色。同时，他还十分重视鼓词等民间艺术的改造和民间艺人的团结，多次受到党和人民政府的表彰。[1]

2. 李国春

李国春，河北雄县西楼村人。13岁就给人做店员，后来又打短工，受着地主、资本家的打骂和欺凌，因而对中国共产党有着深厚的情感。他积极参加抗日活动，1944年成为五区西楼村青救会主任，年仅19岁。李国春性格活泼开朗，经常在各种庆祝大会上给群众演唱西河大鼓和竹板书等曲艺节目。演出之余，他不忘进行新节目的创作，但是由于从小读书少，在创作鼓词的过程中不会手写成为最大的障碍，只能依靠自己的口唱。他怀着对抗战的热情和对敌人的憎恨，克服种种困难，仍然坚持口头编创各种曲艺作品。《决堤》就是他口头编创的作品之一，揭露了平南地区大汉奸王凤岗在1944年想要决堤放水淹没解放区的罪恶想法，为了让群众能够识破坏人的罪恶想法，他创作了此部作品让更多的人团结起来共同与汉奸日寇作斗争。1945年10月，他报名参军，到晋察冀边区跟随冀中第十军区文工队进行随军演出。1946年秋末，国民党第15保安纵队突然袭击我容定县（即今容城县、定兴县各一部分）县大队，我军和县大队紧密配合，从9月29日至10月1日全歼敌人。李国春得知后，立即将这次激动人心的歼灭战编成了鼓词《瓮中捉鳖记》，从战斗结束的第二天便开始在部队中说唱，高度赞扬了我军英勇作战的无畏精神。李国春所在的文工团跟随着主力部队到处编演新的鼓词段子，极大地鼓舞了战士的斗志和勇气。1947年6月12日，我军攻打永清城，一举歼灭了国民党第三保安纵队。李国春怀着激动的心情又编出了《鏖战永清城》的鼓词，在军民中广泛演唱，积极配合了人民解放战争。钟惦棐在《重视文艺为兵服务的诱导过程》一文中说："在扫除新城外围据点的战役行动中，文工团的李国春同志在拿岗楼的时候说大鼓，一个小段未完，前方又传来胜利消息，于是又赶到前面去说。……当战斗结束时，李国春同志半夜里蹚着溜腰深的水，挽着

---

[1] 王剑青，冯健男. 晋察冀文艺史[M]. 北京：中国文联出版公司，1989:526.

团副政治主任和其他同志过河。"由于李国春和战士们亲如骨肉,他的作品生动真实地表现了火热的战斗生活,战士热情地称他为"战地活宝"。当时新华社第十支社记者高镜明在《战地场上作宣传的动人活宝》一文中,专门写了他在战场上做宣传工作的动人事迹。因为他做宣传工作成绩显著,曾在1947年春季和秋季两次被评为二等功。李国春曾以高度的政治热情,在土改运动中把歌剧《白毛女》改编成长篇鼓词。在这篇鼓词中,他把歌剧中许多幕后处理的地方都进行了发挥,增加了许多"书外书",这样不仅深刻地表现了歌剧《白毛女》的主题,而且发挥了鼓词演述故事的特点,使鼓词较好地配合了土地改革运动,后在《文艺生活》杂志刊登。此外,李国春创作的鼓词作品还有:《保护麦收》《练兵先锋旗挂在四连炊事班》《给蒋军"带路"》《张秀彦缴大炮》《狂欢之夜》等。[1]

李国春除鼓书创作和演出外,也曾创作和表演过相声。钟惦棐在《重视文艺为兵服务的诱导过程》中记道:"他(即李国春)还在新占的岗楼前面做成烛台,上面插上几根筷子当供香,表演他的单口相声——《哭岗楼》,引得全体战士捧腹大笑。"

3. 魏炳山

鼓书艺人魏炳山,河北省清苑县宋村人。20岁开始学说书,七七事变后在共产党领导下,在村里担任抗日宣传工作,学唱新词《妻子送郎上战场》。通过对中国共产党的深刻认识,于1942年加入中国共产党。为了更好地抗战,他发挥自身优势,以说书艺人的身份打入岗楼,做争取瓦解敌伪军的内线工作。凭借着他多年深厚的说书功底和真诚的态度,有一次,当他唱完一段《争取特务》后,伪军听了不但没翻脸,反而让伪军感受到了敌人残酷丑恶的嘴脸。当他说完《妻子送郎上战场》及自编的《活捉汉奸×满堂》等新书后,全场一片安静,所有的伪军们沉浸在对共产党、八路军的无比尊敬和崇拜中,同时勾起了大家想要成为八路军共同杀敌

---

[1] 王剑青,冯健男. 晋察冀文艺史[M]. 北京:中国文联出版公司,1989:526—528.

人的强烈愿望。伪军班长张必丰、杨福深等五个伪军后来携械投降了八路军。魏炳山将"说书就是我的革命武器,我坚决好好学习,推陈出新,拿我的弦子鼓、用我的嘴来战斗"作为自己一直坚持的信条,用自己最真诚的态度、朴实的话语为抗战斗争做着贡献,实现着他对革命的誓言。[1]

4. 王魁武

王魁武,河北雄县人。投入到抗日战争的宣传中后,就开始积极地进行鼓词的演出和创作。创作、演出的作品在唱词上流畅易懂,风格上活泼生动,较好地体现了西河大鼓头板唱腔的起板、紧五句、慢四句、一马三涧、快板头和二板唱腔的起板、流水板、反腔、十三咳等板式及特点,并将鼓词传统技艺得以很好的延续和保留,受到当地群众的广泛好评。主要作品有《减租减息》《昝岗惨案》等,不仅在当地受到热捧,在山西其他抗日根据地也受到群众欢迎。王魁武的名字和作品最终载入《中国大百科全书·戏曲曲艺》的"西河大鼓"条目。1947年,王魁武在深入敌后进行抗日救亡宣传时,光荣牺牲。[2]

5. 韩喜堂

韩喜堂,河北藁城县近庄人,是一名爱国的盲人艺人。七七事变后,他发挥自己的优势,拿着自己的一副竹板便参加到抗日斗争的行列,主要从事抗日战争的宣传和演出工作。为了更好地配合抗战形势,他自编自演了一些抗日题材的鼓书小段,深受群众欢迎。1942年"五一"大"扫荡"后,他不惧危险,勇敢地在敌人周围进行宣传,不幸被捕。有汉奸当面问他:"瞎喜堂,你还骂我们不?还宣传打日本不?"韩喜堂当即骂道:"我为了祖国,为了革命,死了算什么?不象你们这些坏蛋,当伪军、当汉奸、当日本的走狗!"骂得敌人恼羞成怒,端起枪来就下了毒手,韩喜堂就这样壮烈地牺牲了。[3]

---

[1] 王剑青,冯健男. 晋察冀文艺史[M]. 北京:中国文联出版公司,1989:528.
[2] 王剑青,冯健男. 晋察冀文艺史[M]. 北京:中国文联出版公司,1989:529.
[3] 王剑青,冯健男. 晋察冀文艺史[M]. 北京:中国文联出版公司,1989:529.

6. 何迟

何迟是一位剧作家，他的剧作大部分是喜剧，而且善于运用民间形式。他又是一位曲艺作家，在相声和相声剧上作出了较为突出的贡献。何迟从小就受父亲的影响，得到相声艺术的熏陶。在他 12 岁时就在郑州私立第一小学的恳亲会上演出了他父亲创作的相声《对对联》，开始正式接触相声这种曲艺形式。1939 年，他从延安来到晋察冀边区，在长途跋涉的行军之中不断演出。同年，表现优异的他担任晋察冀第四军分区火线剧社政治教员兼直属队长。1940 年改编了相声《拉洋片》和《对对联》，因为太受群众的欢迎，所以这两个段子会随着宣传的内容和对象不断更换或变化其内容。《改行》是他改编的又一个具有影响力的相声作品，作品通过讲述日本帝国主义统治区京剧艺人的悲惨生活，让更多群众感受到艺人的艰辛与不易，同时引发群众对日本帝国主义的憎恨。1941 年创作的相声《纪念周》，讽刺并揭露了国民党反动派不打日本侵略者，专闹派系斗争、制造摩擦、压迫人民的丑恶嘴脸。1942 年 9 月创作的相声《孔子正传》，讽刺了封建主义。相声《某甲乙》配合了党的整风运动，善意地嘲讽了"三风"不正的某些基层干部。同年创作相声剧《二五减租》《鸡》和《喜讯》等。何迟创作的相声，视野较为开阔，题材较为多样，能较敏捷地反映时代气息和当时的斗争形势。何迟在演出时会将喜剧幽默、讽刺的特点很好地表现出来，他创作的相声和相声剧会将"包袱"抖得不露声色却引得全场群众开心一乐，曾得到聂荣臻同志的高度肯定。[1]

7. 轻影

轻影，原名臧恩，唐县人，是抗敌剧社的剧作家。他不仅在秧歌剧和话剧方面有研究，在快板书方面也有一定的成就。他于 1938 年参加革命，在晋察冀边区唐县抗日政府工作。1942 年 1 月参加八路军，任第二团宣传队员。1944 年至 1945 年任晋察冀军区第三军分区冲锋剧社创作员，

---

[1] 王剑青，冯健男. 晋察冀文艺史[M]. 北京：中国文联出版公司，1989：531.

创作了一些随队演出的大众歌曲等，快板书《平鹰坟》就是代表性作品。剧中写的是有庄阎王之称的大恶霸，在他驱鹰走狗地打猎时，他养的鹰被魏老头误以为是野鹰打死了。庄阎王十分生气，不仅将贫苦的魏老头打得死去活来，还"硬逼着魏老头卖掉所有的三亩地，扎了素纸兔元宝和纸钱，雇了八个鼓吹手，笛儿喇叭锣鼓喧天，买了个油漆棺材来出殡"。快板书《平鹰坟》在故事情节的安排上，有张有弛、有实有虚、有疏有密，较为引人入胜。在快板书的句式上，突破原来数来宝的"三、三、七"句式，在七言对偶的基本句式之外，特别是在交待情节和对话时，偶用"三字头"等句式，提高了语言的生动程度和描写能力。说至一段收束处或情节跌宕起伏的紧要处，便以"击板"即大小板的混合连奏来烘托气氛，传达急切的心理节奏和强烈的情感。此外，为了增加快板书叙事状物的描摹性与生动性，轻影在描述语言中多用象声词，如："三大草鸡正在'咯嗒咯嗒'叫""肚子饿得'咕呱咕呱'直叫唤""手榴弹轰轰开红花""机关枪哒哒响连天""'咕噜呱哒'响成一片"等。通篇快板书一韵到底，说起来朗朗上口，利于表达。快板书《平鹰坟》是反帝反封建的典型作品，后来曾被改编为鼓词或戏剧，得到广泛的流传。[1]

8. 张翔

作为山西隰县人的张翔，于1938年6月参加了隰县牺盟会苦斗剧团，担任剧团演员。1939年四五月间，中共晋西南区党委为动员抗日，开展抗日救亡宣传，决定建立一个宣传队。他积极响应号召，由苦斗剧团调往宣传队。同年7月1日在纪念党的诞辰18周年时，在原宣传队的基础上建立了七月剧团，张翔成为七月剧团中的一名演员。7月7日，为纪念抗战两周年，晋西南区党委在隰县川口举行纪念大会，七月剧团为大会进行了首场演出，他登台指挥大家演唱了《黄河大合唱》《生产大合唱》等抗日救亡歌曲。1940年春，在晋剧《张凤娇》《新三岔口》及歌剧《顽

---

[1] 王剑青，冯健男. 晋察冀文艺史[M]. 北京：中国文联出版公司，1989：533—534.

固大失败》等剧中担任了角色。同年冬,在《反徐州》剧中饰演徐达一角,给延安军民留下了深刻印象。在多年的抗战宣传中,张翔建立了坚定的共产主义信念,于1941年加入中国共产党。1942年,他又参加了《失空斩》《回荆州》《走雪山》等剧的演出,逐渐成为剧社主要演员。此外,他还曾在《杀府》《走雪山》《反徐州》《黄鹤楼》《空城计》《斩马谡》《三打祝家庄》《逼上梁山》等剧中扮演过不同的人物,成功地塑造了伍子胥、老曹福、徐达、刘备、诸葛亮、钟离老人、王教头等性格迥异的人物形象。在现代戏中,饰演了《刘胡兰》剧中的石三槐、《张初元》剧中的地主吕良等。

四、其他有影响力的作品

除了以上曲艺工作者创作的经典作品,在当时抗日根据地还有一些有影响力的鼓词作品:何迟的《复仇》《双十纲领鼓词》《十女夸夫》和《质问蒋介石》,王树萍的《民族气节女英雄杨怀英》,黄沙的《黑妞劳军》,土豹的《民兵参战平汉线》,晓真的《爆炸英雄李混子》,刘流的《小两口争灯》,苏友林的《黎明》,康迈千的《姑嫂春耕》和冀中群众剧社大鼓组集体创作、刘轩执笔的《刘志成舍生取义》等。这些鼓词的创作和演出同杰出的鼓书艺人王尊三、李国华和王魁武等一起,为晋察冀边区的鼓词等曲艺活动的开展和提高作出了积极的贡献。这里需要提及的是,广泛流传的《晋察冀小姑娘》(金人作词、徐曙作曲),是一段吸取了京韵大鼓的旋律谱写而成的新说唱;《八路好》(胡可作词、徐曙作曲),是以西河大鼓旋律谱写成的对唱。从某种意义上来说,它们也可视作曲艺改革的新尝试。[1]

在快板书的众多作品中,还有一些作品在当时有着较大的传播力,如无款的《蒋介石有几颗头》,丁东的《民谣偶拾》,戚云达的《一朵红花》,刘尊、刘哲的《不讲卫生的张葱妮》等。《不讲卫生的张葱妮》中写道:"张葱妮,真不行,衣裳脏了她不洗。真是'窝囊'不卫生,人人见了都'格腻'。"

---

[1] 王剑青,冯健男. 晋察冀文艺史[M]. 北京:中国文联出版公司,1989:529—530.

《晋察冀日报》刊登的由张文芳写的《卢家庄的黑板报》中写道："这（指快板《不讲卫生的张葱妮》）是两个初小程度的通讯员——刘尊和刘哲编写的，他们充分的使用了乡土口语，采用了群众最熟悉的形式，无怪乎这篇作品很快就流传开来，而张葱妮也在群众的劝导下转变了。"此外，大刘的《快板歌唱张月波》、李天卫的快板《李老年数算盘》发表在《前线报》，张东晖的《行军快板》发表在《冀中导报》，化龙的快板《医助黄玉书》《医政赵长伶》、杨锡福的快板《夺英雄》发表于《冀东日报》。从这里我们可以看到，快板这种曲艺形式在乡村群众文艺中的广泛运用和宣传效果。

因曲艺短小精悍，群众喜闻乐见，所以引起了许多专业文艺工作者乃至一些知名的作家、剧作家的重视。除上述文艺工作者，北进剧社的指导员钟惦棐也是一位突出代表。作为四川人，起初他既不熟悉当地的语言，也不懂得西河大鼓等曲艺的辙韵。为了写鼓词，他曾向很多人学习当地群众语言和鼓词等曲艺知识，创作了鼓词《拥军模范甄秀林》，与徐振武合编鼓词《奔袭长辛店》，和曹曲水合写落子词《谁家天下》等曲艺作品，还写了《李国春和他的"战斗大鼓"》等表彰鼓书艺人及探讨鼓书艺人的文章。此外，剧作家傅铎也创作过曲艺作品《爆炸英雄李远》，周克创作过评书朗诵词《英雄们随我来》，王正西、徐明文与李国春合作过鼓词《子弟兵血战胜芳》等，还有徐曙、张非也都从事过曲艺创作。上述专业文艺工作者以他们的辛勤劳作，对新曲艺的创作与发展起了很大的推动作用，也体现了曲艺创作和演出正沿着普及与提高、民间艺人与专业文艺工作者相结合的正确方向在健康发展。[1]

---

[1] 王剑青，冯健男. 晋察冀文艺史[M]. 北京：中国文联出版公司，1989：534—535.

第四章　山西抗日根据地音乐传播的主要内容

第三节　器　乐

一、山西抗日根据地器乐发展的历史背景

山西地理位置偏僻，消息闭塞，民间曲艺中常见的乐器有二胡、笛子等。在抗日根据地建立以后，虽然有不少专业的剧社、文艺宣传队进行相关的演出和宣传，但是因为专业演奏人员缺乏、乐器携带不方便等原因，所以演出多是清唱的形式，很少有乐器伴奏。

在战争不断、物资匮乏的山西抗日根据地，乐器成为稀有物品，在器乐方面的创作更是罕见。刘良模在《忆抗日救亡歌咏运动》中曾说道："当时我们教大家唱歌的任务是非常艰巨的，因为我们既没有钢琴，又没有手风琴，教歌就靠自己的嗓子……"[1] 众多音乐工作者立足现状，将精力更多地投入到歌曲的创作中。

随着抗战音乐宣传工作的不断深入，简单的演出已经不能满足广大群众的需求了。根据地的音乐工作者们也不止步于此，在宣传、演出的同时，还注重乐器在演出中发挥的效果和作用，从而提升演出的艺术性。在很多剧团或文艺团体出现了很多多面手，他们既能进行创作，又能钻研乐器、合唱、二重唱、独唱、独奏，还能上台进行伴奏，二胡、三弦、板胡、口琴、笛子几乎样样能行。他们在艰苦的条件下，不依靠外部，自己进行乐器制造，小提琴、大提琴、瓢琴、各种打击乐器和用羊肠做的琴弦等，都是那个时期依靠他们自己的智慧创作的乐器成果。

二、山西抗日根据地的器乐活动

山西抗日根据地的音乐工作者数量少，专业水平较低，音乐创作成果不显著，器乐作为稀缺物资，其发展更是举步维艰。使用器乐进行的音乐活动更是少之又少。

---

[1] 刘良模．忆抗日救亡歌咏运动[J]．人民音乐，1980（6）：16．

1939 年，八路军一二〇师战斗剧社跟随主力部队到达边区的途中，招收了一批少年儿童。在他们当时办的壁报上，贴着一篇题目为《我学口琴的经过》的文章，内容如下：

"好久以前，乐队队长把口琴给了我。给我的那一天，无论什么时候都在吹。吹到后来，把嘴都磨破了，起泡了。我想，不吹了也罢，就放了起来。

"最后要排小歌剧，乐队也要我参加。不吹不行了，就跟着大家练习。练了很多日子，几个曲子也算是差不多了。

"以前的消极怠工真是不好。我们常说：'铁大房梁磨绣针，功到自然成。'什么事只要不停地做，就可以做成。"[1]

一篇质朴的文章，可以看到当时乐队的伴奏乐器中，口琴因为它方便携带等优点受到青睐和重视。当时的儿童演剧队，已经能够独立进行活动了。三十多个儿童队员中，会使用口琴演奏的有十个人，使用二胡的有十个，提琴的两个人，曼特林的两个人，三弦的两个人，手风琴的一个人。小小的孩子们都能熟练地驾驭多种乐器，几乎人人能演奏，个个会歌舞。此外，他们还学会了作文、写诗等技能，并开始尝试着创作。从 1941 年 3 月到 1942 年 7 月的十六个月中，这些儿童队员共创作了六个短曲、四个舞蹈和一个儿童剧；唱会了四十五支歌曲，练会了六首乐曲，排演出四个舞蹈、七个儿童剧、一个小歌剧、两个活报剧和一个童话剧。[2]

为了达到更好的宣传效果，乐器特别是方便携带的乐器已经普遍在各种场合使用，无论是规模较大的剧还是简短的歌曲，都开始使用乐器伴奏。

牧羊歌

放羊过山坡，青草儿多又多。

---

[1] 山西省文学艺术工作者联合会. 山西文艺史料（第一辑）[M]. 太原：山西人民出版社，1959：104.
[2] 山西省文学艺术工作者联合会. 山西文艺史料（第一辑）[M]. 太原：山西人民出版社，1959：105.

第四章　山西抗日根据地音乐传播的主要内容

　　羊儿快肥胖，掌柜笑哈哈。
　　放羊过山坡，青草儿多又多，
　　羊儿不吃草，放羊的受折磨。
　　放羊过山坡，青草儿多又多。
　　掌柜吃烙饼，给我糠馍馍。
　　放羊过山坡，青草儿多又多。
　　何日丢鞭子，当兵学哥哥。[1]

这样一首山歌，看似是对牧羊人生活的描述，其实是从牧羊人的角度出发，表达不愿过被人折磨的生活，一心想要当兵抗日得解放，并引发了很多群众的共鸣，激发像牧羊人一样的穷苦人民都能积极参加抗日，为自由和解放而战斗。为了提升演出效果，作者特意标注了可以用笛子来助奏，为的是让人能够通过笛子的声音联想到放牧的草原和山坡，有很强的带入感。由此可见，根据地的音乐活动在宣传、动员的同时，开始注重宣传的形式和效果，注重艺术性的提升。

在各个剧社的音乐活动中，积极将乐器参与其中，有时甚至作为独奏乐器进入群众的视野。特别是我们的民族乐器，更是深得根据地群众的喜爱。

在挺进剧社的演出中，除了演出几部完整的大戏外，也演出一些综合性节目。在这些节目中，除了独幕的话剧、快板之外，也有歌剧、唱歌、器乐演奏。剧社的器乐演奏，由于当时的几个同志——陈先芳、韩鸣、韩非、王建中、田汀一已经比较熟练地掌握了民族乐器，曾排练和演出过一些古典乐曲，如《梅花三弄》；广东音乐，如《小桃红》《雨打芭蕉》；北方流行的乐器曲和牌子曲等。这些乐曲在曲调上朴素华美，情绪上愉快健康，尽管这些作品对于当时的根据地群众而言是一种新鲜的内容，但一经演出就深受根据地军民的欢迎。特别是陈先芳同志的二胡独奏，更是成为

---

[1] 洪荒. 苏民曲 [J]. 歌曲新编，1943（9）:22.

许多群众纷纷追捧的节目。

三、代表性音乐家

根据地的文艺工作者们在多年的排演中不断学习与提升自己，逐渐在音乐方面成为行家。一部分文艺工作者甚至在乐器方面有了一定的造诣，挺进剧社的陈先芳、韩鸣、韩非等就是在逐渐学习和排演中有了较高的演奏水平。

陈先芳，1930年7月参加革命，演奏的二胡深受群众欢迎。他学习刘天华的二胡演奏技巧，具有较高的演奏水平。刘天华的代表作《光明行》《空山鸟语》等技巧较高的曲目成为他经常演出的内容。特别是《空山鸟语》一曲，群众听到那些清丽的鸟鸣声，都啧啧称奇。这在当时来说，作为一种高水平的演奏实属难得。

周巍峙同志不仅在音乐创作方面是专家，在乐器演奏方面也是行家，尤其钹打得极好。在演出大型京剧《忠烈图》（即《烈夫殉国》）中，他凭借对京剧的熟悉，担任乐队演奏员。演出之余，他会对西战团的一些队员们进行乐器演奏方面的培训，将自己的演奏心得和经验传授给大家。此外，他口琴吹得也十分好。吹口琴，这在当时来说是十分稀罕的事情，好多群众甚至文艺队的队员们都未曾见过，更别说吹奏。为了进一步加大口琴的推广，1939年春天，国内建立了口琴队。音乐队的同志们人人都学会了吹口琴，从此在演出节目形式上多了一项口琴演奏。演出的节目主要有：《八路军进行曲》《参加八路军》等。此外，周巍峙将国外优秀的乐曲也教给大家，《司令进行曲》《维也纳的精兵》《双鹰旗下》《比翼鸟》等作品开始登上了边区宣传的舞台，不仅让音乐队的同志们耳目一新，根据地的军民们也开阔了视野。[1] 尽管口琴因体积小、易携带、音色美、容易学等优点深受人们的喜爱，但是在演出时不免会有一些缺憾，

---

[1] 晋察冀革命文化史料征集协作组. 晋察冀革命文化艺术发展史[M]. 北京：中国戏剧出版社，2007：303.

如缺少半音阶导致既不能转调也吹不出升降半音，在吹奏一些曲目时只能按 C 大调的音阶吹奏。但是对于当时的群众而言，仍然十分喜爱这一乐器。

抗战进入后期，在各方面的共同努力下，乐器逐渐普及，甚至出现西洋乐器在中国传统音乐中的运用。但是当时根据地的实际情况是，许多乐器特别是西洋乐器的缺乏成为最大的困难。为此，根据地的音乐工作者们凭借自己曾经外出学习的经验，开始了自制乐器的尝试。1944 年左右，李桐树自行设计、试制成晋绥边区第一把土造大提琴。土造大提琴的成功，极大地鼓舞了根据地的其他音乐工作者们，大家纷纷开始了各种乐器的自制尝试。晋绥军区政治部为了肯定李桐树这一有意义的尝试，为其举办了发明创造展览，并授予其"模范工作者"称号。他曾光荣地出席了边区第四届群英大会。之后，李桐树一直致力于乐器的研制和演奏，还组建了晋绥军区第一支军乐队和管弦乐队，促进了边区器乐的演奏和发展。[1]

多才多艺的劫夫，不仅在音乐创作方面可圈可点，会吹奏很多中外乐器，更令人佩服的是，他会制作乐器。劫夫与西战团的木工张文共同合作，在材料、工具极为缺乏的条件下，用松木、枣木、梧桐木等材料精心制作了小提琴、大提琴、苏联三角琴以及二胡等乐器。这些乐器外观精美，质量合格，演奏效果也很好，为当时根据地的演出提供了极大的帮助，大大提升了演出效果。

山西五寨县的张涵，于 1938 年 12 月参加革命，随后在晋西抗日宣传队任宣传员。1939 年秋调任牺盟洪赵中心区吕梁剧社社员。晋西事变后又转战到晋西北。1940 年调任绥远省文工团副团长，5 月在晋西北各界为庆祝反顽斗争胜利而举办的"红五月"文艺会演中，参加了《黄河大合唱》《牺盟大合唱》等节目的演出。同年年底，随剧社赴延安入鲁艺学习，在这里不仅学习各种音乐理论知识，更多的是学会了很多乐器的演奏。经过一年的学习，他在结业后被分配到三五八旅宣传队任演奏员。翌年又调入

---

[1] 杨卫华. 晋绥革命根据地文艺人物录[M]. 北京：中国戏剧出版社，2002：140—141.

八路军一二〇师战斗剧社，参加了为延安军民及党中央领导的汇报演出。专业的学习，加上平时较多的演出，张涵的演奏水平越来越高。1943年初，当他返回晋西北根据地后，为了进一步提升自己的音乐水平，又考入了鲁艺晋西北分院学习音乐。1944年2月，晋西北分院并入晋绥分局七月剧社，他被分在二队任演奏员。到了七月剧社之后，除为剧社演出的《交城山》《闹对了》《王德锁减租》《大家办合作》《白毛女》等戏伴奏外，他还与乐队同志多次举办专场音乐会。在乐队工作期间，他曾先后在晋西北、陕北等地收集整理了眉户、道情、晋中秧歌等地方剧种的多首乐曲，还将一位板胡艺人演奏的道情曲牌进行改编、配器，由乐队进行演奏。此作品后来又被华北联大作为教材使用。他还注重收集民歌，其收集的多首民歌曾被晋西北音协的亚欣同志收入《晋绥民歌》出版发行。此外，他先后创作发表了《奋勇杀敌》《无敌解放军》《革命的火》等歌曲。1945年，为新歌剧《办喜事》设计了以道情音乐为主调的唱腔与伴奏曲。演出后不仅受到群众的热烈欢迎，而且在1946年春节秧歌演出比赛会上荣获"人民生活的表现"锦旗。同年加入中国共产党后随军北上绥蒙，长期在晋绥军区文工团二队从事音乐工作。[1]

石文，原名赵硕，山西蒲县人。1938年秋参加革命。先在蒲县工作团工作，后调决死二纵队吕梁剧社。1939年底赴延安鲁艺、部艺学习。1940年春学习结束回到晋绥，在晋绥文联大众剧社参加各种排演。期间，参加演出了《牺盟大合唱》《叮铃舞》《儿童游戏舞》等节目并为一些节目伴奏。1942年调到八路军一二〇师战斗剧社编辑股任编辑。为了提升自己的综合能力，他于1943年进入晋绥一中学习，第二年又被调到湫水剧社乐队工作。在湫水剧社工作期间，他既是演员，又是演奏员，在乐队吹笛子、拉二胡、弹三弦、拨四弦兼拉小提琴。曾在《王德锁减租》《刘二起家》《血泪仇》《张秋林》等剧中扮演角色。此外，还创作了秧歌剧《炸

---

[1] 杨卫华.晋绥革命根据地文艺人物录[M].北京：中国戏剧出版社，2002：39.

碉堡》,创作、演出了歌剧《张秋林》等。1945年日寇投降后回到晋绥一中任音乐教员,创作了河南坠子《庆贺刘善本驾机起义》,为连年征战的士兵们和当地群众连续演出多场,同时也配合了当时农村开展的土地改革运动和除奸反霸斗争,受到了党政领导的表扬与群众的普遍称赞。[1]

李忠,原名李增耀,1928年10月出生,山西孝义人。1938年2月参加革命,先在山西新军决死二纵队三团任勤务兵、通讯员,同年秋调入团部解放剧团任舞蹈演员,后被派到八路军第五师战士剧社接受形体训练,并学会了《叮铃舞》等节目。1939年晋西事变后,辗转到达晋西北,在晋绥分局七月剧社任演员,演出过《秋收舞》等节目。后被送入晋西青年抗日干部学校文化队学习。期间,在历史剧《拣柴》中饰演李春华。之后改学打击乐。1942年青年抗日干部学校文化队改为晋绥文联大众剧社后,为《拾金》《反徐州》《八大锤》等剧目伴奏。1944年春,大众剧社合并到七月剧社,李忠任二队演奏员,先后参加了《血泪仇》《白毛女》

图为抗日战争时期,我军某文艺团体的合唱排练

---

[1] 杨卫华.晋绥革命根据地文艺人物录[M].北京:中国戏剧出版社,2002:99—100.

《王德锁减租》《闹对了》等多部剧目的伴奏。[1] 由此可见，根据地乐器演奏逐渐向专业化方向发展。

在整个抗战时期，能谱写并演出器乐曲的剧社是不多的，但数量稀少的器乐曲从另一个角度记录了山西抗日根据地民众的生活。在整风运动后，晋西北的"剧社里，都有了自己较为熟练的地方戏曲和秧歌的乐队（包括打击乐器和丝弦乐器），有些搞作曲的同志学会了打鼓板，小提琴也参加了山西梆子和郿鄠剧的乐队"[2]。在七月剧社中，韦虹、唐诃是音乐创作方面的主力。韦虹除了创作一些歌曲外，还谱写了《夜渡活川口》《夜间侦查》等器乐曲。陈地于1938年在延安鲁艺进修并任器乐教员，1939年在晋察冀任华北联大文工团音乐组长、指挥、作曲兼该地音协理事。有着多年器乐演奏经历的他，一直致力于根据地器乐的发展。1943年他调入西战团后，担任团务委员会委员兼音乐组组长、指挥、作曲。他不仅著有《声乐基础》（获鲁迅文艺奖金），还有器乐专著《民间器乐曲》，极大地充实了根据地器乐的理论内容。

山西抗日根据地的器乐在根据地音乐的发展中，经历了从无到有、从少到多、从民族乐器到西洋乐器、从业余到专业的发展和转变。在它的发展过程中，正是因为有很多致力于根据地音乐的文艺工作者的不懈努力和钻研，不畏艰辛，克服重重困难，才取得较为显著的成就，实现了根据地音乐的专业化宣传和演出，更重要的是为新中国的器乐发展奠定了坚实的基础。

第四节 音乐理论

山西抗日根据地作为抗战前线，战争较多，根据地音乐主要承担宣

---

[1] 杨卫华. 晋绥革命根据地文艺人物录[M]. 北京：中国戏剧出版社，2002：134.
[2] 卢梦. 抗日战争和解放战争期间晋西北地区文艺活动的回忆[J]. 山西文艺史料（第二辑），1959：13.

传动员工作。为了发动群众、鼓舞士气，山西根据地音乐的创作多以歌曲为主，仅有极少数的音乐工作者将精力投入到了音乐理论的研究中。

一、音乐理论的传入与融合

山西抗日根据地建立后，延安文艺工作团、西北战地服务团、东北促进纵队干部队、八路军总政治部前线记者团等大批文艺工作者来到这里，不仅自己进行宣传动员，同时还积极带动本地的文艺工作者、教育当地群众共同投入到抗战救国的行列中。面对几乎没有文化的农民群众，起初是进行歌曲口头教唱，使得群众在唱的过程中领会党的主张，更好地开展各项活动。然后，对当地农民进行文化普及，摆脱文盲的状况。当时边区出台的《边区文救会为实行新的工作方针告边区各界同胞书》中的工作方针是："团结全边区一切抗日的文化工作者，共同开展边区民众识字运动及乡村文化娱乐工作，提高干部的文化水平与各部门的文化质量。"在具备一定的基础后，文艺工作者们开始进行相关音乐内容的专业培训，包括音乐简谱的识别、歌曲指挥的手势、利用民歌小调进行歌曲创作等，这些音乐方面的培训占据的学习时长要大于学习其他内容。如华北联大文工团在晋察冀边区举办培训班时，曾帮助五专区举办了一场为期一个半月的乡艺干部培训班，班容量达到200人左右。经过一个多月的学习，班级将近百分之六十的学员学会了识谱等技能，并掌握了一般艺术理论等。

二、音乐基础理论的代表性人物

1. 何慧

西战团的何慧在向西欧学习音乐方面作出了较大的贡献。在何慧的介绍下，西战团的同志们接触了很多欧美歌曲，有美国作曲家兰美瑞改编和声的中国民歌《锄头歌》，李艳忱翻译和编辑的德国古典作曲家亨德尔的《弥赛亚》，以及《一百零一》等。这些内容成为当时忙于排练演出的音乐队员们求知若渴的东西，无疑让队员们开阔了音乐方面的视野。与此同时，何慧还将国内外经典的音乐理论著作介绍给了大家，如英国伯劳特的《和声学理论与实用》、王光祈的《西洋音乐史》《中国音乐史》、丰子恺的《音乐入门》等。这些书籍对于音乐队的队员们而言是从未听说过的，书中的内容也是闻所未闻，它们成为每一位队员的音乐入门级教材，也是大家争着阅读、传抄的宝贵资料。正是通过学习这些宝贵资料，大大提升了西战团队员们的表演和创作能力，为之后西战团出版的《歌创造》提供了多种创作思路和艺术形式。[1]

2. 张鹏鸣

张鹏鸣，山西灵石人。1937年7月参加革命，1939年晋西事变时转战到晋西北，先后在晋绥八分区黄河剧社、八路军一二〇师战斗剧社、晋绥文联大众剧社、晋绥分局七月剧社、晋绥文联文工团等单位担任教员、音乐干事、音乐创作组组长等职。1941年6月至1942年6月，他在部艺音乐班学习期间，作为作曲课实习，曾为《部队艺术学校校歌》及《纺棉花》两首歌谱写了曲子。1943年元月，他被调到晋绥文联大众剧社担任音乐干事，在不到一年的时间里就较为系统地记录整理了眉户、山西梆子音乐的数十种唱腔、曲牌。眉户音乐由晋绥分局文书科科长曹速刻印成油印本，在边区发行。山西梆子音乐，则与常苏民、郭沐林等记录整理的唱腔、曲牌汇集一起，由常苏民统一编辑审定后，定名为《山西梆子音乐概述》，在边区出版发行。这一著作，较为翔实地记录了山西梆子音乐的各种唱腔、曲牌、板式、锣鼓经以及《拣柴》等多出剧目的主要唱段。丰富的内容通过全面的论述使之成为根据地不可多得的戏曲音乐专著，对继承与发展山西梆子的优秀文化和推动根据地戏曲事业的繁荣与发展均起到了很好的作用。直到新中国成立后，这本书还多次再版发行。1944年冬，七月剧社三队改编为晋绥文联文工团，张鹏鸣担任创作员。翌年春，他到离石县刘家山村深入生活的过程中撰写了以《农民歌手刘有鸣》为题的调查报告，发表在《晋绥日报》上。他的这些音乐论著成为山西抗日根据地较为珍

---

[1] 杨卫华. 晋绥革命根据地文艺人物录[M]. 北京：中国戏剧出版社，2002：87.

贵的理论资料。[1]

3. 赵卜一

1941年4月，为了普及识谱知识，服务于相关音乐活动，联大文工团音乐组的赵卜一编写了晋察冀边区第一部音乐理论专著——《简谱识谱法》。书中第一次提出了"独立音符"即"1"（dou）的概念，以及增时线、减时线、高低倍音点等一套独立于五线谱以外的记谱音系。赵卜一等编著的关于记谱法的《简谱体系》，则为群众性音乐创作活动的普及起到了积极的推动作用。有关识谱方面的理论文章，还有赵尚武于1942年撰写，由晋察冀军区政治部出版的《识谱理论初步》。[2]

4. 肖抗

肖抗，原名康联祺，1922年出生，山西兴县人。1940年参加革命工作。1941年加入中国共产党，同年由晋西青年抗日干部学校调晋绥青联文化队任副队长。1942年调晋绥三分区湫水剧社从事音乐工作。1944年春夏之交，自编简谱知识手册，为剧社普及音乐知识。

还有西战团的团员田间，不仅在诗歌方面有所造诣，在音乐创作方面也有自己独特的思考，早在1939年5月就写了专文《谈"新民谣"的创作问题》。[3]

特殊的年代，在鼓励和动员根据地群众投入抗日战争的号召下，一部分文艺工作者在完成自己的宣传动员工作之余，对音乐理论潜心研究非常难能可贵。他们为我国音乐理论的进一步发展起到了重要的作用，更为当时的音乐记谱、音乐传播等实践工作提供了借鉴和创新的思路。

5. 王元方

王元方，原名王延春，笔名梅丝，1913年4月出生，山东单县人。1931年在上海同济大学读书，后转入南京陆地测量学校学习，结业后在

---

[1] 杨卫华. 晋绥革命根据地文艺人物录[M]. 北京：中国戏剧出版社，2002：172.
[2] 杨卫华. 晋绥革命根据地文艺人物录[M]. 北京：中国戏剧出版社，2002：385—386.
[3] 杨卫华. 晋绥革命根据地文艺人物录[M]. 北京：中国戏剧出版社，2002：154.

航空测量队任航空摄影员。1937年七七事变后，奔赴延安，1938年5月进入鲁艺音乐系学习。

1938年11月，调入八路军一二○师战斗剧社任音乐教员。创作了《保卫冀中》《老乡老乡把兵当》《参加八路军》《迎接1940年》等歌曲，还为舞蹈《平原游击战》等节目谱写了乐曲。1939年，编辑了《音乐知识》，同年冬，剧社建立了音乐股。1940年初，剧社又随部队回到晋西北。在兴县蔡头村，为歌咏团排练了冼星海的《黄河大合唱》《生产大合唱》，李焕之的《青春颂》，杜矢甲的《蒙古大合唱》及自己创作的《百团大战》等。1941年，在曹禺名著《雷雨》中饰演鲁大海，同年加入中国共产党。1942年，到延安鲁艺音乐系继续深造。1944年11月结业后，调绥德分区文工团，先后任音乐股股长、乐队指挥、指导员等。期间，为《上冬学》《双报仇》等歌剧进行了作曲，并创作了《翻身谣》等十多首歌曲。[1] 王元方于1939年编辑了《音乐知识》，在音乐理论方面作出了贡献。

三、声乐理论的代表人物

1. 陈地

1942年5月，陈地撰写了《声乐基础》。这是一部关于声乐基础知识的理论著作，提出了"声乐即有乐器伴奏或无乐器伴奏的由人声演唱的音乐"的观点。在书中，陈地具体阐述了声乐训练的一些基本乐理、方法和步骤，为长期从事实践活动的有着丰富实践经验的歌唱演员和文艺工作者提供了较为系统和科学的声乐理论知识和方法。同时，陈地也提出每一位演唱者都是新作品的二度创作者，对作品的理解和创作有着重要的作用。[2]

2. 肖河

1942年，肖河翻译了《指挥手册》，这部重要的手册被评为鲁迅文

---

[1] 杨卫华. 晋绥革命根据地文艺人物录[M]. 北京：中国戏剧出版社，2002：90—91.
[2] 杨卫华. 晋绥革命根据地文艺人物录[M]. 北京：中国戏剧出版社，2002：105.

艺奖金评选委员会公布的1942年二季度入选作品。该手册介绍了指挥如何在音乐作品内容和风格的基础上,在演出或者练习时结合口头提示或解释,通过手势、身体动作和面部表情对作品的节拍、速度、力度和思想感情等变化进行处理,从而引导全体合唱(奏)团的团员们能够准确地将音乐作品的内容和情感表达出来,并为演唱(奏)者在演出中总结要领、方法和技巧。这些重要的理论对当时的演唱形式和歌咏活动的指导意义是极其重要的,也为当时歌咏活动的指挥提供了重要理论指导。

3．边军

1938年5月,边军赴延安在抗日军政大学四期学习,10月参加西战团到了晋察冀边区。同年,加入中国共产党。先后在《反正》《八百壮士》及戏曲《烈妇殉国》等剧中担任演员及演奏员。1940年任音乐队队长,并与他人合作编辑出版了《歌创造》音乐刊物。1942年调抗敌剧社任音乐队队长,与他人合作编辑出版《连队歌声》音乐刊物。1944年回到延安。1945年在鲁艺戏剧音乐系任地干班民乐教师,后到华北文艺工作团工作,返回了晋察冀边区。

此外,卢肃同志发表了关于声乐研究方面的文章《假声带之研究》,被评为鲁迅文艺奖金评选委员会公布的1942年二季度入选作品。

四、音乐创作理论的代表人物

1．周巍峙

1942年,西战团编辑出版了由周巍峙撰写的音乐论文专辑——《音乐创作方法论文》。书中的音乐论文主要结合音乐创作的实践,探讨了一些音乐创作规律性问题。文集中的论文不是纯艺术性的理论讨论,而是清晰地显示着作者对音乐应实现民族化、大众化的渴望。同年6月1日,他又在《晋察冀日报》发表了《大众歌曲的"党八股"与克服的办法》一文,指出:"'党八股'在大众歌曲创作上的表现,怕也相当严重吧!有些人把'大众化'理解成只是一种技术感,以为去了一些难懂的词句,难唱的音程、节奏,就达到目的了。内容是否空洞,感情是否贫弱,乐思是否一般化,就不大注意了。……这种作品中,最差的简直是些无生命的音符的连接,看不出生活的各种面貌。说它们是'言之无物'怕也不会过分。"[1] 文章还指出:"关于大众歌曲的创作,目前主要的是我们如何深入体验大众生活、具备大众感情的问题,与此相关还有研究人民语言特点的问题。假如要写春耕,作者除了要了解春耕对边区的意义以外,还需要了解边区农民对春耕的态度、情绪和表现,了解农民语言上的特点,如重音所在、语言节奏与音的抑扬顿挫规律、语尾的表现等,(这些特点常表现在日常说话、民谣和地方戏曲中)使这些和新的创作方法、表现方法融合起来,统一起来,再进行创作,不要孤立地搬一点来用。"他的文章富有说服力,既讨论了音乐创作中的某些具体方法及规律问题,也探讨了音乐创作中的立场和观点乃至"观点的感情与意念"等问题,对音乐的创作具有指导作用。这部作品在1942年被评为鲁迅文艺奖金评选委员会公布的三、四季度入选作品。

2. 李焕之

李焕之的《作曲教程》,为根据地音乐创作走向专业化又推进了一步。这是一部关于作曲方法和理论相结合的教科书式的音乐论著。[2] 书中将作曲理论知识与具体的创作实际案例相结合,使得该著作既有理论的系统性,又有实践的应用性。这部著作成为各个根据地音乐工作者十分喜爱的书籍,特别是在晋察冀边区更是特别流行。因为书中的有些例证选用了晋察冀边区的创作歌曲,对音乐工作者的创作具有更突出的指导作用。抗敌剧社音乐组组长张非曾将该书作为着重研究的对象,认真剖析了书中列举的每一首抗日歌曲,使得他在音乐理论方面有了质的飞跃,弄懂了作曲过程中较为深奥的难题。[3]

---

[1] 王剑青,冯健男. 晋察冀文艺史[M]. 北京:中国文联出版公司,1989:519.
[2] 王剑青,冯健男. 晋察冀文艺史[M]. 北京:中国文联出版公司,1989:521.
[3] 王剑青,冯健男. 晋察冀文艺史[M]. 北京:中国文联出版公司,1989:521.

3．谷军

1940年1月，一二〇师战斗剧社的谷军同志配合晋西事变后开展的民主建政活动，积极地进行歌曲创作，歌曲《选村长》（左江作曲）就是当时主要的代表。谷军在创作的同时，关注到根据地文艺团体演出的剧本极为匮乏，很多剧团重复演出相同的内容，导致群众失去观看的热情。他针对剧本贫乏而不能满足剧团演出需要的情况，写出了《谈剧本》的文章，并刊登在《战斗文艺》上。此外，他还关注根据地文艺工作的方方面面，又在《战斗文艺》上发表了《舞蹈在我军中的发展及其前途》一文，极大地鼓励了根据地舞蹈的创作与发展。与此同时，他还编导并参加演出了运用秧歌形式创作的活报剧《打倒投降派》，并以且歌且舞的新颖形式，得到了战士们的喜爱。仅在1941年，他先后发表了《晋绥戏剧座谈会纪要》《一九四〇年中秋》等文章。1942年，他带领晋绥儿童演剧队到达延安，并为这里的军民及各界人士演出。毛泽东主席、朱德总司令等中央领导同志也观看了他们的演出。期间，他在《解放日报》上发表了题为《他们来自敌后方——介绍儿童演剧队》的文章，将这支儿童演剧队详尽地作了介绍，内容包括演剧队成员的成长、队伍的战斗经历、革命业绩等。文章一经刊登，瞬间引发了延安各界对儿童演剧队的关注，这支诞生在晋绥抗日战火中、活跃在黄河两岸的战斗儿童演剧队成为晋陕大地上人人皆知的队伍。[1] 正是因为谷军同志的相关理论研究，在一定程度上促进了当时根据地音乐理论的发展。

4．华纯

华纯，原名冯廷年，1920年1月出生，山西洪洞人。1937年参加革命，入决死队随营三分校学习。同年12月加入中国共产党。学习结业后历任决死三纵队工作员、秘书、指导员，牺盟洪赵中心区模范工作委员会宣传委员，牺盟会隰县分会秘书等职。1939年初调入吕梁剧社后，被派往太

---

[1] 杨卫华．晋绥革命根据地文艺人物录[M]．北京：中国戏剧出版社，2002：36．

行艺校学习。1940年考入延安鲁艺戏剧系学编导专业，结业后于1942年调一二〇师战斗剧社任戏剧股副股长，后又任编导股副股长、股长等职。1947年调晋绥野战军三纵队政治部任联络干事、宣传干事。1949年任第三军政治部文工团副团长、团长等职。后随军挺进大西北。

1938年在牺盟洪赵中心区吕梁剧社期间，演出了《兄弟们拉起手来》《流寇队长》等节目。同年5月，与林彬合作导演了大型歌剧《农村曲》和话剧《中华儿女》，并在《农村曲》中饰演了两个角色。1943年底，与郭瑞、刘伍、寒果组成创作组，创作了秧歌剧《大家好》。1944年，他创作的《大家好》获晋绥边区"七七七"文艺奖优秀戏剧甲等奖，1950年又获中宣部"人民文艺"优秀剧作二等奖，并由人民文学出版社出版；1949年收入《中国人民文艺丛书》；1977年收入《秧歌剧选》。

1944年，华纯与石丁合作，撰写了《秧歌剧下乡与乡下秧歌剧》一文，曾载于同年11月28日发刊的《抗战日报》，新中国成立后被编入《中国人民解放军文艺史料选编》。[1]

5. 丁辛

丁辛，原名王明炜，1922年生，浙江宁波人。1938年，在陕北公学分校及晋察冀抗大二分校学习。1941—1945年，在晋察冀军区第二军分区七月剧社音乐组工作，曾指挥演出《反法西斯合唱组歌》。1944年秋，在阜平城南庄由"七月""冲锋""火线"三剧社组成的联合大乐队，指挥《将军令》（丁辛编曲）等乐曲。1944年冬，与劫夫合编《晋察冀民间音乐资料》。在抗日战争时期，共创作歌曲34首，其中《小槐树》、《大反攻》（崔嵬作词）等三首选入《抗日战争歌曲选》。[2]

五、音乐教育理论的代表人物

为了更好地在抗日宣传中发挥作用，让更多的人参与到抗日宣传中来，根据地的音乐教育显得尤为重要。在音乐教育上，除了具体的

---

[1] 杨卫华. 晋绥革命根据地文艺人物录[M]. 北京：中国戏剧出版社，2002：130.
[2] 王义华，杨卫华. 晋察冀革命文化艺术人物志[M]. 太原：山西人民出版社，2003：195.

实践教育，还必须依靠音乐理论教学以及音乐理论教科书的编写，因为这是实现音乐理论的自身价值，提高根据地音乐工作者素养和学养的较好途径。

吕骥在华北联大文艺学院音乐系主讲的《音乐概论》，内容涵盖音乐的定义、音乐的作用、音乐与人类感官及心智间的关系，以及抗战音乐工作者的任务等。吕骥从1940年上半年到达延安后，此门课程由卢肃接替继续讲授。周巍峙、卢肃还在华北联大文艺学院音乐系讲授过《作曲法》，虽然主要内容是旋律学，但是也涉及音乐形式诸方面理论问题，比如音乐创作如何使用材料、构成形式的"经济"原则、音乐素材的提炼等内容，从多方面增强了学院理论联系实际的综合能力。

这些音乐理论的研究实属珍贵，为后来的音乐研究提供了宝贵的资料，也带动了其他根据地音乐理论研究的进程，在一定程度上有力推动了山西抗日根据地音乐的发展，在全民音乐知识的普及以及专业化音乐创作等方面作出了重要的贡献。

山西抗日根据地的音乐，在短短几年中不断发展壮大，虽然抗战歌曲是中坚力量，但是其他的音乐形式也在逐渐发展和成熟的过程中，并承担着宣传抗日、凝聚民心等重要作用。如果说山西抗日根据地的音乐创作是中国民族革命战争中"战争的怒吼"，那么音乐理论则是造成了一个巨大的共鸣器，使"战争的怒吼"发出更加宏大的声音，"使人民群众惊醒起来，感奋起来，推动人民群众走向团结和斗争"。[1]

---

[1] 王剑青，冯健男. 晋察冀文艺史[M]. 北京：中国文联出版公司，1989：522.

第五章
山西抗日根据地音乐的社会传播

山西抗日根据地音乐承担着向根据地群众宣传党的方针政策、唤醒更多民众共同抗日的历史使命。彭德怀副总司令在晋冀鲁豫边区临时参议会上这样说:"抗日根据地的文化政策是主张抗日的,要提高民族自尊心。我们是伟大的有几千年悠久历史的优秀民族,尽量发挥中华民族一切好的地方,要把爱护我们民族的象岳飞一样的人发扬起来,希望在华北有千百个岳飞出现。"[1] 山西抗日根据地音乐积极响应这一文化政策,它需要通过传播来搭建和根据地群众之间的桥梁,让更多的群众了解根据地文化的主旨与内涵。

用何种方式去传播山西抗日根据地的音乐,如何传播速度更快、范围更广,成为中国共产党、每个文艺工作者甚至是每个中国人值得思考的问题,它直接关系到山西抗日根据地音乐宣传、动员的效果,影响着统一战线巩固,关乎救亡图存的成败。根据传播的分类来看,通常有以下几种:人内传播、人际传播、群体传播、组织传播和大众传播。[2] 其中,在最初的抗战歌曲传播过程中,歌曲经过文艺工作者的创作、熟悉之后,自我进行消化和巩固。之后,面对根据地群众,对他们进行歌曲教唱与传播,这种传播属于人际传播。人内传播与人际传播相对简单、直接,在这里不再赘述。真正要关注的是山西抗日根据地音乐的其他几种社会传播方式。

---

[1] 山西省文学艺术工作者联合会. 山西文艺史料(第一辑)[M]. 太原:山西人民出版社,1959:7.
[2] 陆晓燕. 论抗战歌咏运动时期中国群众合唱的特点[J]. 安徽史学,2013(11):32.

第五章　山西抗日根据地音乐的社会传播

第一节 山西抗日根据地音乐的群体传播

一、歌咏活动与抗日救亡运动

抗日救亡歌咏运动，是抗日战争爆发后，遍及全国的群众性抗战歌曲演唱活动。它经历了1931年九一八事变爆发至1934年的运动酝酿准备期；经历了1935年"一二·九"运动至1936年双十二事变结束后抗战歌咏运动形成的全国性热潮期；1937年至1945年抗日战争胜利是抗战歌咏运动的持续发展阶段。[1]

歌咏运动从城市发展到农村，参与者从工人、学生、军人、知识分子等逐渐扩大到农民。齐唱是歌咏运动最初的形式，所以这种齐唱式的抗战救亡群众歌咏运动，又被称作是"抗战救亡群众合唱运动"。

1937年8月8日，在上海文庙路民众教育馆举行的国民救亡歌咏协会成立大会上，徐则骧号召："我们不是为歌咏而歌咏，我们是要为民族抗战救亡而歌咏，我们是要为民族独立解放而歌咏；我们是要用歌咏的方法，来唤醒民众，指出现在国家民族的危机；我们要用歌咏的方法，来组织民众，使他们成为一个强有力的集团；我们要用歌咏的方法，来训练民众，使他们有参加抗敌救亡集团生活的习惯。"重庆市救亡歌咏协会的宣言也明确提出："救亡歌曲的使命，在于以悲壮激昂的歌声刺激大众、鼓舞大众，使大众从歌声中认清我们的时代与责任，热烈积极的参加到救亡阵营里来"。"在目前文化水准低落的中国，教育大众、组织大众最良好的方法，莫过于推行救亡的、大众的歌咏运动最能发生效力了"。正是有着这样高的出发点，当时的歌咏运动中的合唱成为最有力的对抗敌人的武器。在这种特殊时期、特殊环境中孕育出的抗战群众合唱，从一出生就与艺术合唱、西方合唱显现出极大的不同。[2]

---

[1] 唐守荣，杨定抒. 国统区抗战音乐史略[M]. 重庆：西南师范大学出版社，1996：41.
[2] 陆晓燕. 论抗战歌咏运动时期中国群众合唱的特点[J]. 安徽史学，2013（11）：33.

抗日战争全面爆发后，众多歌咏团体、演出团体不仅在敌后方进行抗日救亡宣传活动，前线也成为他们积极地进行宣传活动的主要阵地。全国性的大型歌咏团体逐渐走向延安和其他敌后抗日根据地，这些歌咏团体通过开展群众性音乐活动，将山西根据地的音乐不断地传播开来。他们开展的相关传播工作主要体现在以下几个方面：

一是通过教唱的方式进行抗日宣传。在山西抗日根据地，绝大多数群众是文盲。正是因为这样的现状，口口相传的传统的传播方式成为最佳选择。通过这种方式的传播，根据地民众能够较快地掌握所学歌曲，在传唱中能够更直接、更深刻地了解和体会团结抗日的必要性，同时使民众在不知不觉中完成由被动到主动、从盲目到自觉的转变。

1938年1月6日，中共中央北方局和八路军总司令部召开高级干部会议，上海文化界救亡演剧一队队员在贺绿汀的指挥下，为参会代表们首次演唱了贺绿汀废寝忘食地创作的游击队员专属歌曲——《游击队之歌》。歌曲满怀着对游击队员的崇敬之情，以轻快的节奏、朗朗上口的歌词，将游击队员勇敢乐观的形象生动地刻画出来，会场上爆发出经久不息的掌声，同时得到当时与会的朱德、贺龙、刘伯承等高级将领的高度赞扬，并要求在部队中教唱。《游击队之歌》就这样从山西各抗日根据地迅速传遍全国各抗日战场，深受全体八路军战士的喜爱。"在平型关打了胜仗来此休整的六八五团团长杨得志急切地把演剧队邀请到部队，让他们一个营、一个连地教唱这首歌。部队出发那天，战士们唱着'我们都是神枪手，每一颗子弹消灭一个敌人'前进。这首献给八路军全体将士的歌，得到将士们的热烈欢迎，许多热血青年正是唱着这首歌投奔解放区的。"[1]第二年夏，贺绿汀又将这首歌曲改编为四声部合唱曲，成为传唱至今的经典作品。

二是通过歌咏演出、歌咏比赛等形式传播抗日音乐，鼓舞、动员民众投身抗日救国运动。歌咏团体大规模的文艺演出，特别是大型齐唱、

---

[1] 山西省文化厅文化政策研究中心.山西革命文艺史[M].太原：三晋出版社，2017:234.

合唱的现场演绎，对群众的影响更直接、更深刻，给根据地群众以听觉和视觉上的震撼。繁峙县当时的机关、学校歌咏队演出十分活跃，经常组织学生、干部在街头为群众演唱，以大合唱为主。《大刀进行曲》《在太行山上》等成为当时的流行曲目，此外还有自编自唱的歌曲。[1] 在他们演唱的过程中，常常有路过的群众止步围观，有的认真地聆听观看，有的则跟着歌咏队员一起唱了起来。正是在不断的宣传和互动中，当地不少群众纷纷加入歌咏团体，积极投身到抗战的历史洪流中。

歌咏团体借用了多种方式来传播中国共产党的政治思想、文化建设方针和抗日精神，把各个根据地的群众组织起来共同抗日，同时将优秀的音乐作品传播到其他根据地，把抗日救亡的思想逐渐转化为抗日救亡的实际行动。

在 20 世纪 30 年代，上海拉开全国救亡歌咏运动的序幕，歌咏救亡运动相继在全国各地，如广州、武汉甚至是香港等地展开，取得了很好的效果。

1936 年 6 月，刘良模成立的民众歌咏会发起了教唱抗日救亡歌曲的运动，形成了会唱的人无偿去教唱另一个人的良性循环模式。由于人数不断增加，歌咏队伍如同滚雪球般迅速壮大。这种大规模的抗日歌曲教唱运动很快在抗战歌咏运动中广泛传播开来，成为抗战群众合唱的主要运行方式。[2] 民众歌咏会的每一位成员在这种音乐传播模式下，想方设法去全国的各个地方教唱抗战歌曲，他们从城市走到学校，从学校走到农村……这种方式一直延续到山西。吕骥、刘良模等人于 1937 年率领全国青年会战区服务团为阎锡山部队将士们教唱抗战歌曲。慰问演出结束后，教唱的抗战歌曲便很快在山西各个部队中流传开来，鼓舞了战士们的士气。抗日救亡歌咏运动就这样在全国轰轰烈烈地开展起来，形成了处处有歌声的态势，中国成了真正意义上的歌咏之国。在歌咏运动中，刘雪庵付出

---

[1] 李斌. 繁峙县志 [M]. 北京：今日中国出版社，1995：364.
[2] 陆晓燕. 论抗战歌咏运动时期中国群众合唱的特点 [J]. 安徽史学，2013（11）：33.

了极大的心血,他将若干个无组织的歌咏团体统一了起来,有序地组织、开展各种歌咏活动,以达到全民参与的效果。全民参与成为歌咏救亡活动最大的特点,抗日救亡歌咏运动也成为山西抗日根据地音乐传播的主要途径之一。

群众性的有组织的抗日歌咏活动可以追溯到民国二十六年(1937)。当时,牺牲救国同盟会的宣传队到各村镇、学校教唱《义勇军进行曲》《打回老家去》《抗日战歌》等歌曲。[1]山西在根据地举办军民联合歌咏大会、军官歌咏训练班等活动,声势浩大,覆盖面广泛,在部队和群众中产生了极大的反响。1939年5月1日,中华全国歌咏协会冀晋豫边区分会在长治民革艺校成立,更是推动了歌咏运动在山西各个根据地的全面展开。[2]歌咏救亡运动成为连接军队和群众之间的桥梁和纽带,拥军爱民、弃农从戎成为当时的一种普遍现象。随着战争形势的变化,歌咏团体、文艺演出团体从敌后方转到前线进行宣传和战地服务活动,歌咏运动在抗日前线迅速展开。

在晋绥边区,短短一年多的时间,战动剧团就向群众演唱和传播抗日救亡歌曲一百多首。在北岳区,每个妇女和儿童都会唱六个或六个以上的抗日救亡歌曲。1939年至1940年,随着中华全国音乐界抗敌协会分会在各根据地相继成立,进一步推动了歌咏活动大规模地开展。[3]这些歌咏运动有效地团结了山西抗日根据地的广大民众,在传播山西抗日根据地的抗战歌曲上发挥了积极的作用。

此外,轰轰烈烈的群众歌咏活动,还极大地推动了山西新民歌的发展。以晋察冀根据地为例,在抗日战争爆发前,这里的农民在农闲时主要是唱唱老祖宗传下来的山歌、小调以及表达男女感情的情歌等。抗日战争爆发后,当地民众在群众歌咏活动的影响和感召下,把抗日救国放在头

---

[1] 河津县志编纂委员会.河津县志[M].太原:山西人民出版社,1989:378.
[2] 洪亚飞.晋察冀根据地宣传工作研究:以抗战歌曲为例[D].太原:太原理工大学,2019:27.
[3] 穆欣.晋绥解放区鸟瞰[M].太原:山西人民出版社,1984:122.

等重要的位置,他们不仅跟着歌咏团体一起唱抗战歌曲,甚至自己编写带有当地特点的民歌式的抗战歌曲,这些活动在团结动员民众上效果显著。正如中华全国歌咏协会在成立大会上的《宣言》中所说的那样,山西救亡歌咏运动做到了"用歌咏去发动民众、组织民众,把他们唱上战场,为中华民族的解放而斗争!"[1]

二、群体传播的特点

在山西抗日根据地,歌咏运动开展得较为普遍。它作为群体传播的重要形式,通过演出、传唱,将很多歌曲广泛传播。根据地中,无论大人、小孩还是妇女、老人,几乎人人会唱,部队或地方工作人员更是将歌唱抗战歌曲作为工作的一部分。

在群众性歌咏活动中,配合开展抗日工作是其重要使命,政治性成为传播的最典型特点。从作品的创作到演出、传唱,无论哪一个环节都是紧紧围绕着抗日战争的政治任务而进行。只是在具体的传播中,其政治特点表现得更为具象、明显一些。比如,同样是合唱曲,《王家庄拥护共产党》和《没有共产党就没有新中国》两首作品同样表达了群众对中国共产党的拥护和热爱,但是前者更具象,歌曲名将范围限制在王家庄;后者则是从整个新中国成立的角度出发,范围和角度更大一些。具象性还表现在有的作品紧密配合根据地建设的阶段性政治任务,如合唱曲《春耕歌》是为动员广大根据地军民积极准备并随时投入到春耕运动中而创作,《没有共产党就没有新中国》则是为了配合1943年反法西斯宣传而进行的专门创作,《生产战斗大合唱》则是作者王莘为配合根据地的大生产运动而创作的合唱歌曲。[2]

群众性的传播活动,还具有形式多样性的特点。歌咏活动就足以体

---

[1] 佚名.中华全国歌咏协会宣言[J].战歌,1938(6).
[2] 晋察冀革命文化史料征集协作组.晋察冀革命文化艺术发展史[M].北京:中国戏剧出版社,2007:183—184.

现这样的特点。歌咏活动,有一部分是自发的,具有自愿、自我娱乐的性质。这种歌咏活动,常常出现在地方群众的歌咏活动或是部队战士的歌咏活动中。除此外,部队、地方专业剧团(社),或是一些乡村业余剧团等的歌咏活动,作为边区歌咏活动的高级形式而出现。这种高级形式的歌咏活动,重在提高边区群众对音乐的喜爱程度及欣赏能力。比如,华北联大文艺学院和西战团演出的《黄河大合唱》,群众剧社演出的《生产战斗大合唱》《晋察冀儿童大合唱》等,火线剧社演出的《生产大合唱》和《滹沱河大合唱》等,就是通过大合唱的群体传播方式出现的歌咏活动。还有在边区艺术节或其他节日举行的以部队、机关、学校、村庄等为单位的有组织的群众性歌咏比赛,也属于演唱形式的歌咏活动。他们的演唱以齐唱居多,偶尔会出现轮唱、对唱等,多演出篇幅较小的声乐作品。在演唱形式中,还有一种形式是拼接式演唱,即将歌曲与边区常见的民族民间艺术形式相结合,如歌曲与大秧歌拼接、歌曲与霸王鞭拼接等。我们熟悉的歌曲《没有共产党就没有新中国》就是为儿童霸王鞭写的一组歌曲的最后一首歌。选用霸王鞭,为的是在演唱中方便识记、跳舞,使歌曲的节奏更为简练,乐句更为规整。歌咏活动的演唱形式会根据不同群体拓展新的形式。比如,部队在列队操练和行军时,高唱革命歌曲是常见的情形,为的是能够激励和鼓舞战士们的斗志和士气。我们把这种在队列行进中演唱的歌曲叫做队列歌曲。当年一二〇师的战斗剧社,就是通过这种形式将《在太行山上》《到敌人后方去》《打回东北去》《游击队歌》《洗衣歌》等十几首歌曲与《摘豆角》等小调相结合,以队伍歌曲的形式进行传唱的。[1] 其中,八路军队伍也是当时歌咏活动的骨干与主力。劳动歌咏形式也是一种特殊的演唱形式,是边区群众在生产劳动过程中边生产边演唱。边区群众在中国共产党的领导下,依靠自己的力量逐渐过上了好日子,为了表达内心的喜悦,便在生产劳动中情不自禁地一边劳作一边歌唱。这种演唱形式,更具有激

---

[1] 晋察冀革命文化史料征集协作组.晋察冀革命文化艺术发展史[M].北京:中国戏剧出版社,2007:188.

励群众劳动情绪的作用,普遍存在于山西各个根据地中。比如,妇女们在相互学习纺织技术的过程中,为了方便识记纺织要领,有的人边纺织边唱,其他妇女也就跟着唱起来,然后逐渐在各个边区的纺织劳动中被用于教唱。可见,劳动歌咏的形式产生于劳动生产中,同时成为教唱和传播新歌曲的场所和有效方式。

除了以上形式,边区还有史诗性的广场大歌舞。1941年,在晋察冀边区第二届艺术节上演出的《跟着聂司令前进》就是典型的广场大歌舞。1943年,在庆祝反"扫荡"战役胜利的军民庆祝大会上,西战团演出了由他们集体创作的广场大歌舞《要拥军》。在这个节目中,由插秧、点播、送郎参军、庆祝胜利等多个段落的内容组成。[1] 西战团在创新艺术形式的同时,极大地点燃了边区人民群众积极投身抗战的热情。

三、群体传播的作用

歌咏活动这种群体传播形式,在残酷和复杂的抗日战争中,直接参与了抗日救亡运动和对敌斗争的政治攻势。根据地的音乐工作者与敌后武工队联合力量,到达敌占区甚至敌伪炮楼,通过演唱歌曲起到分化、感化敌人等作用,同时也发生了很多感人的故事。

1. 群体传播的感化作用

群体传播重在通过多数人的影响力带动少数人心理发生变化。在抗日战争的过程中,我们对敌斗争,不仅仅通过战场上的枪和炮决胜负,还要借助精神方面的力量智取。群体传播就是一种很好的方式。一名叫田园的游击剧团团长,擅长戏剧、歌曲,作为东北吉林人的他把敌人侵略的恨牢记在心。他带领着剧团团员深入到敌占区,深情地为他们演唱《流亡三部曲》,当唱到"爹娘啊!爹娘啊!"时,演唱者们声泪俱下,听的人泪流满面。他还是很好的老师,不仅教剧团团员演唱,还教部队的战士、根据地的群众,培养了很多人,而这些人又都是教唱能手,带动和影响

---

[1] 洪亚飞. 晋察冀根据地宣传工作研究: 以抗战歌曲为例 [D]. 太原:太原理工大学,2019:49.

了身边更多的人。1939年，由崔嵬编剧，吕骥、卢肃作曲的《参加八路军》，描绘了日军在"三光"政策下惨无人道的暴行。为了解救水深火热中的根据地群众，八路军与日寇展开了激烈的斗争，最终赶走了日军。老百姓拥护八路军，纷纷报名参军。在这部戏中，"每个场面都有鲜明浓厚的舞台气氛，牢牢地抓住了观众的情绪。其中一些场面叫人难忘，一对青年夫妇抱着死去的孩子悲痛欲绝，许久以后，以悲愤的歌声控诉日寇的暴行：'土地被强占，房屋被烧毁，孩子被杀害，今后的日子怎么过。'[1]鸦雀无声的观众中不时传来低低的抽泣声。当八路军出现，群众喊着'八路军'跑上台时，观众也小声喊着'八路军'。当军民拿起武器，边唱边打，把侵略军打得抱头鼠窜时，台上台下欢呼声连成一片。台下爆发出热烈的掌声和口号声：'打倒日本帝国主义！''拥护八路军！'大幕关闭了几次才平息了雷动的掌声和口号声"[2]。

2. 群体传播的遏制作用

群体传播营造出的强大气势可以打击、遏制敌人的嚣张气焰，通过气势使对方对自己产生不自信的心理，为改造敌人甚至是打败敌人发挥作用。比如，根据地的音乐工作者会利用孩子们的传播影响力，根据战争的情况专门为他们新编一些歌曲。当时的圪垯子据点里有一个名叫金春山的坏蛋，他组织了一个"归顺班"，专门策划不利于群众的事情。这里的群众对他恨得牙根痒痒，叫他投降派。针对这个情况，教员葛尧编写了一首词《打击归顺班》，音乐工作者结合当地民歌《骂鸡调》，将二者变为一首歌曲，并用当地方言教孩子们唱。没过多久，这首歌曲传遍了整个边区，毫不留情地揭露了叛徒们的丑恶罪行。这样的做法很快在其他根据地传开，为了打击不同地区的"归顺班"，音乐工作者们就把歌曲的第一句改

---

[1] 王创青，冯健勇. 晋察冀文学史[M]. 北京：中国文联出版社，1989：454.
此处的唱词应为："人民被屠杀，土地被抢占，田园房屋全烧完。你们看，这孩子他有什么罪，为什么死得这样惨？日本鬼子不讲理，以后的日子怎么办？"
[2] 韩塞. 崔嵬同志与歌活报剧《参加八路军》[J]. 崔嵬的艺术世界. 1968：415.

为"归顺班，都是一群无赖汉"这样通用的歌词。就是运用这样的方式，很好地遏制并打击了叛徒们的嚣张气焰。

3. 群体传播的教育作用

在抗日战争中，歌咏活动作为群体传播的一种形式，在参与政治攻势中有着独特的作用。有很多作品直接主题明确地进行宣传，对一些需要"改造"的人进行教育。1943年—1944年创作的大型歌剧《过光景》的主人公王好善是一个勤劳本分的农民，但由于他认定"家有千口，主事一人"，听不进其他成员的意见，造成了家庭生活的不和谐。他一心想把光景过好，但由于只打个人的小算盘不相信集体的力量，结果在事实面前碰了壁。在经历了先进与落后、个人与集体、民主与专权的种种矛盾和斗争后，王好善终于明白过来，带领全家走上了民主管理、集体生产的道路。《过光景》首次演出是在1945年的晋察冀边区群英大会上，受到英雄模范们的热烈欢迎。不到一年工夫，这部歌剧传遍边区各地，农村剧团跟着普遍上演，并使用了他们熟悉的各种民间形式。[1] 通过这部剧的热映，让边区越来越多的人在观看时受到了教育，发挥了较好的教育作用。群体传播的教育作用体现在方方面面，甚至是在不经意间都会有意想不到的教育效果。一篇回忆文章写道：当演出结束后，无论是演员还是观看的群众都在谈论刚才演出的内容，慢慢地走出院子，离开了演出的场所。剩下的剧团团员们在忙着收拾舞台上的道具，其中一个演员一边收拾着东西，一边无意中唱出了《伪军反正》的歌曲，大家也跟着唱了起来，瞬间消除了所有的疲惫。当大家唱完后才发现院子里有一个人一动不动地站在院子中央，原来他是伪军队长，当他听到这首歌曲时陷入了沉思。到了晚上，他来到敌工部，向敌工部的同志们主动提出自己也要投入到抗日战争的队伍中来。剧团团员们不经意的歌唱却无形中对伪军队长起到了教育作用，让他有了主动向党组织靠近的意愿和想法。

---

[1] 王剑青，冯健男. 晋察冀文艺史[M]. 北京：中国文联出版公司，1989：461.

4. 群体传播的从众作用

马克思曾说过："我们知道个人是微弱的,但是我们也知道整体就是力量。"这句话说出了集体力量的重要性。在劳动中,需要集体的力量;在宣传中,也需要集体的力量。歌咏活动作为集体性的传播方式,就体现了其有别于独唱的优势。集体性的歌唱或是其他音乐活动形式,一是在气势上可以起到大的震撼效果;二是有助于形成好的集体意识和团结意识;三是从心理学角度的从众心理出发,更能吸引更多独立的个体加入到集体的组织中;四是通过集体性的活动可以使参与的成员之间逐渐形成较为和谐的默契感,更利于未来其他工作的开展与相互间的协作。在根据地,在集体演唱的过程中,不仅会吸引很多人驻足围观,还会带动围观的人跟着演唱者一起唱,有的甚至会成为演唱队中的固定一员。在狱中,我们的烈士苏路同志被捕入狱后,因不屈服敌人而遭受了敌人连续几天的严刑毒打。敌人看到强攻不奏效,就改变策略,使用诱胁的方式。苏路在入狱前曾经在根据地教群众唱过争取顽固伪军的《岗楼》小调,被捕后他仍坚持唱,同时还唱各种革命歌曲。时间一长,狱中的其他同志也学会了这些革命歌曲,也跟着一起唱。狱中的同志们任凭敌人百般诱胁、毒打,仍旧集体高唱革命歌曲。在这种革命精神的感染下,陆续有同志加入到齐唱中,他们有的甚至开始创作歌颂革命者和号召受难同志们坚贞不屈的歌曲。狱中越来越多的人用自己对革命的忠诚不渝让敌人无可奈何。苏路、今歌、田园、郭剑秋、刘彦等同志,为革命的事业英勇牺牲,谱写了一曲忠于革命的英雄之歌!

群体传播的从众作用,促进了音乐作品数量和质量的提升,推动了民歌民谣的收集、研究和出版,加强了山西抗日根据地剧团之间、音乐工作者之间的联系和音乐创作以及宣传方面的经验交流,推动了根据地相关音乐干部的培训工作和创作能力的提升,提高了音乐工作者甚至根据地军民的音乐欣赏和创作水平,让更多的人团结一致,坚定了对敌斗争的信心和决心。

第二节 山西抗日根据地音乐的组织传播

一、音乐组织机构

面对山西抗日根据地人民普遍处于文盲、半文盲的状态，为了更好地宣传、动员大众积极投身到抗日救亡的行列，文艺宣传便成为首选。歌曲、舞蹈、说唱等生动的文艺形式，能够便于百姓们直观地理解所要宣传和表达的内容，最适合在山西抗日根据地开展宣传工作。组织、建立文艺团体，使其通过文艺表演的形式对根据地人民进行相关宣传和动员成为主要任务。

在这个特殊阶段，音乐不再单单是抒发情感的艺术形式，还赋予了宣传动员的任务。每到一个根据地，文艺工作者们就深入到当地群众中，教他们认字、唱歌，给他们表演，在宣传和互动中让群众认识我们的中国共产党，认识到目前所存的危机，激发他们想要投身革命，为中国抗日救亡而战斗的热情。文艺工作者们有的单独进行宣传动员，更多的是建立规模或大或小的剧社、剧团等音乐组织开展工作，各组织间还相互交流、学习、观摩，在宣传、创作方面共同进步。此外，借助印刷报纸杂志等刊物进行党的文艺方针、政策的宣传。最终，山西抗日根据地，村村有歌声，人人会唱几首抗战歌曲。[1]

在抗战期间，山西抗日根据地陆续建立的文艺团体大致分为以下几种。一是宣传队或剧社，它们多由军区、军分区以及行政机构组织建立，主要有战线剧社、奋斗剧社、冲锋剧社、抗大分校文工团、七月剧社、长城剧社等；二是地方性文艺演出单位，如于1938年10月组建的晋东北大众剧社等；三是像西战团、华北联大文工团等山西地区以外的文艺团体。以上三种团体，虽然都服从于中央领导，以积极宣传党的文艺政策思想为己任，工作任务是一致的，但也呈现出不同的特点。

---

[1] 山西省文化厅文化政策研究中心. 山西革命文艺史[M]. 太原：三晋出版社，2017：74.

宣传队或剧社，在一定形式上体现出部队的组织结构特点。在抗日根据地建立初期，其组织结构没有那么完善，除歌咏部、剧务部和总务部是必不可少的三个部门以外，其他部门都是逐渐建立起来的。团队中的成员身兼数职，既承担演出任务，同时又在其中的一个或多个部门中担任其他辅助性工作，以便该团体能够正常运行。在逐渐发展中，它们建立起系统的组织机构，主要以设置"'文艺工作科'及细则规定来具体体现"[1]。它们内部的组织至上而下地进行分级管理，在具体的工作中有着各自细微的分工。"文艺工作科"的逐级设立，一定程度上能更好地对全军区的文艺工作进行专门的指导、定期的监督，便于直接传递上级的文艺工作指示与要求。

西战团等专业文艺团体，在组织建构上也有其自己的特点，主要体现在部门的专业化设置上。在组织机构中，通常有音乐组、美术组、话剧组、编辑组、儿童演剧队等。这些部门的设置，是基于专业演出的分类而设立，便于节目的组织与编排，便于相关人员的分类与管理。

不同类型的文艺团体在山西抗日根据地的土地上生根发芽，遍地开花，以较快的势头快速生长着。就以太行区剧团为例，足以见证这一时期文艺团体的发展情况。太行区剧团分为职业剧团和农村剧团两大类，其中职业剧团全区共有 11 个：三分区 6 个，左权剧团、武乡光明剧团、武西战斗剧团、襄垣农村剧团、榆能新声剧团、黎北农民剧团；四分区 2 个，胜利剧团、黎南黎明剧团；五分区 3 个，涉县劳动剧团、磁武黎明剧团、文化剧团。[2] 从活动情形上，11 个剧团分作三类。一类是全年集合的，有左权剧团、黎北农民剧团；一类是农忙时回家种地约半年，其余半年集中演戏的，有武乡光明剧团、武西战斗剧团、襄垣农村剧团、榆能新声剧团、胜利剧团、黎南黎明剧团、涉县劳动剧团；还有一类是全年生产，只在冬末春初集合演戏两三个月的，有磁武黎明剧团、文化剧团。

---

[1] 于冰. 晋察冀抗日根据地文艺社团及其音乐创作活动研究 [D]. 沈阳：沈阳音乐学院, 2010:8.
[2] 于冰. 晋察冀抗日根据地文艺社团及其音乐创作活动研究 [D]. 沈阳：沈阳音乐学院, 2010:10.

第二大类是农村剧团。根据已有资料记载，只有4个分区15个县的统计，一分区昔东17个，赞皇51个，和东10个，临城21个，内邱45个，井陉32个。二分区辽西有27个。三分区武西10个，武乡106个，榆社46个，襄垣11个，黎北9个。六分区偏城39个，武安33个，那西46个。共计503个。四、五分区据口头调查，也有不少农村剧团，仅涉县就有50个。这些剧团多在本村活动，但也有少数剧团，如林北盘阳、武安柏林等，他们有向职业剧团发展的趋势。[1]

（一）七月剧社

1939年7月1日，山西隰县川口镇组建了一支文艺队。它接受中国共产党的领导，并以积极宣传党的路线、方针、政策，鼓励、动员广大民众积极抗日救国为己任。为了纪念党的生日这一伟大的日子，该文艺队的负责人张稼夫同志（时任中共晋西南区党委宣传部部长）为之取名为"七月剧团"。同时，稼夫同志确定了该剧团的工作方针："运用民族形式宣传抗日、传播新文化，破除封建迷信和一切不利于抗日的旧习俗。"[2]

迫于当时的抗日形势，中共晋西南区党委对外需要保密，七月剧团也不能对外公开，当时对外的身份是八路军一一五师留守处宣传队。这支队伍由赵仁同志担任队长，其余人员构成是从一一五师支队、区党委和晋西南各县的县委抽调而来，人数约30人。最初，晋西南地区是主要的活动区域，为当地的机关、部队和群众演出抗战歌曲、舞蹈、话剧和自编的眉户剧等。

阎锡山在十二月事变中以惨败而终，战争形势随之发生了变化。我党从晋西南转移到晋西北，撤销了晋西南区党委，组成晋西北区党委，划归西北局，定名为中共中央晋绥分局，七月剧团归该分局的宣传部管理。

---

[1] 山西省文学艺术工作者联合会. 山西文艺史料（第一辑）[M]. 太原：山西人民出版社，1959：214—215.

[2] 佚名. 晋绥边区七月剧社回忆录[M]. 成都：内部资料，1989：1.

1940年1月,叶石同志成为七月剧团团长。业务全面的他,教团员们唱晋剧、拉胡琴,还和同志们一起改编作品。新改编的抗日戏曲《张凤娇》、秧歌剧《顽固大失败》成为晋西北军民十分喜爱的作品。同年4月,七月剧团壮大,孝义的民革剧社、塞北宣传队和决死四纵队前线剧社晋剧队先后合并到七月剧团中。合并后的七月剧团有了知名晋剧演员冀美莲、鼓师张本宽、板胡师阎志明等30多名艺人的加盟,提升了剧团的技艺水平。冬季,七月剧团的同志们接到命令,分别去延安鲁艺、部艺和中央党校学习。一年多来,学习虽艰苦、紧张,但是极大地提升了剧团同志们的政治水平和专业技能。离开前夕演出的晋剧《反徐州》《打渔杀家》和现代眉户剧《12把镰刀》得到朱总司令的高度赞赏。[1]

1942年,七月剧团再次回到晋西北抗日根据地,同志们开始对今后的工作方针进行新的探讨,毛主席《在延安文艺座谈会上的讲话》发表后,为剧团发展指明了方向:执行党的文艺方针,成为一支热爱人民大众、扎根于人民群众的新文化队伍。同年冬,晋西北区党委将七月剧团改名为"七月剧社",裴世昌接任团长。

在逐渐的发展中,七月剧社于1944年进行了整编,大众剧社等三个单位成为七月剧社中的一员,高禹任团长,亚马任指导员。七月剧社有了更细的分工,下属三个队各自负责不同的任务。其中,一队主要演晋剧;二队演现代剧,民歌、眉户和秧歌是主要的演出形式;三队进行创作,包括文学、剧本、美术、音乐等方面。[2] 正是由于专业的分工,使得各个分队在所属领域上有了新的建树。卢梦等集体创作的《王德锁减租》《大家办合作》分别获得晋绥边区"七七七"文艺奖的甲等奖和丙等奖。此外,剧社还创作了很多优秀的作品,有亚马创作的《千古恨》、周文等创作的同名《千古恨》、卢梦创作的《匕首剑》等;移植了很多经典剧目,有现代剧《血泪仇》、歌剧《白毛女》、现代晋剧《新屯堡》、京剧《逼上梁山》

---

[1] 晋察冀文艺研究会. 敌后的文艺队伍[M]. 内部读物,1986:275.
[2] 晋察冀文艺研究会. 敌后的文艺队伍[M]. 内部读物,1986:284.

等。剧社在音乐方面也做了大量工作，比如常苏民等同志收集整理的《山西梆子音乐概述》，二队和三队同志们收集整理的《晋绥民歌》《眉户》《道情》《秧歌》《五台山佛乐》等相继出版发行，[1] 同时对晋剧的表演、音乐和化妆等进行了创新，为之后的音乐创作与发展奠定了基础。

（二）战斗剧社

战斗剧社的前身是中国人民抗日红军第二方面军政治部的宣传队，成立于 1936 年。战斗剧社的全称是"八路军一二〇师战斗剧社"，是八路军中成立时间最早、宣传活动范围最广的一个剧团。1937 年 9 月，一二〇师誓师北上抗日，战斗剧社也开始了它的"战斗"旅程，脚步几乎遍及整个华北。[2]

战斗剧社中的成员个个能战善演。在战斗中，他们全副武装，极其英勇；表演中，他们专情投入，富于表现力，所以百姓们常说："一二〇师有三好，仗打得好，球打得好，戏演得好。"他们积极奉行贺龙将军对部队文艺工作者提出的要求："用闪击的姿态，到敌占区去。"剧社坚持的目标是："面向部队，为战士服务。"有一次，敌人突然从山上进入剧社所在的村庄，打算进行突然袭击。日军的行迹被剧社队员发现后，立刻将手中的饭碗放下，进入到战斗状态。剧社选出 11 名精兵强将，在晋西北戏剧战线上，有计划有组织地向敌人进行"战役的进攻"，像"游击剧团"一般，让敌人听闻十分畏惧。

战斗剧社和晋西北有着剪不断的"亲情"，晋西北是战斗剧社的"家"。当年南口、张垣相继失陷，一二〇师到达晋西北后，在十五日之内连续攻下七座县城。战斗剧社也跟随着走遍了晋西北的每一个城镇与乡村，建立了晋西北抗日根据地这个"家"。[3]

---

[1] 晋察冀文艺研究会. 敌后的文艺队伍 [M]. 内部读物，1986：287.
[2] 晋察冀文艺研究会. 文艺战士话当年（三）[M]. 内部读物，1989：8.
[3] 陈年. 敌后戏剧战线上的一支劲旅：介绍战斗剧社 [N]. 解放日报，1942-09-06.

这支铁一般的队伍，与贺龙将军也有着不一般的缘分。战斗剧社是在国民革命军的一支宣传队的基础上逐步扩充发展起来的。早在1926年第一次国内革命战争时期，周逸群接到周恩来需要组建一支宣传队的委托任务后，亲自到国民革命军第9军第1师与这里的领导进行沟通，贺龙同志就是当时第1师的领导。战斗剧社从成立到成长，都倾注了贺龙的心血。他很关注这支队伍的成长并给予了大量具体的指导，使得剧社可以朝着积极正确的方向迅速发展。剧社一直奉行贺龙提出的"把戏剧送到连队，送到前线去"。所以，通过对人员的合理调配和管理，进行有序的排练和演出，使更多连队感受到了剧社带来的及时的宣传和鼓励。贺龙只要有时间就会亲自去看剧社的演出，对演出的效果特别是宣传效果极为重视。他始终要求剧社中的每一位同志要认真对待每一次演出，并且每一场演出不仅要保证质量，更要有社会效果。

贺龙同志很重视、尊重知识分子，对知识分子的创作给予了很大的空间，也提供了较多的机会。他强调，知识分子要意识到文艺作品的社会作用。每一个作品都能在传播的过程中，给当地的群众和部队的官兵带来无穷的积极的能量，能够促使更多的人为抗日救国贡献力量。

战斗剧社不仅仅是剧社，它还是一个部队干部学校，有着严明的组织纪律，一切行动听指挥，十五年来培养出很多党、政、军、文化等方面的干部人才；它还是敌后艺术工作的开拓者，出版了《小舞台》《战斗文艺》《战斗歌声》等文艺杂志。[1] 这支英雄的剧社，从抗战时期坚持到解放战争，他们的社歌包括曾经的历史，会永远被人们铭记。

我们是战斗剧社，
每个演员都是战士。
我们在战斗中锻炼，

---

[1] 《小舞台》是晋察冀第一个文艺刊物，《战斗文艺》是晋西北第一个文艺刊物，《战斗歌声》是晋西北第一个音乐刊物。

第五章 山西抗日根据地音乐的社会传播

>   还要在战斗中成长。
>   ……
>   为驱逐日寇出中国，
>   为保卫祖国山河，
>   哪管它枪林弹雨，
>   哪管它雪地冰天，
>   我们一样地歌唱，
>   一样地排演。[1]

（三）蒲阁寨民兵演剧团

蒲阁寨民兵演剧团，是地道的忻县老百姓自己的剧团。团员们用当地方言，结合切身斗争的事实，用自己的真实感受演出给百姓们看。他们所编写、创作的内容绝大多数与忻县人民的抗日斗争生活有关，所以深受人们喜爱。1944年4月和7月共演出了两次，将忻县人民抗击敌人的故事生动地搬上了舞台，取名为《围困蒲阁寨》。第一次演出，获得极大成功，让当地群众很受鼓舞。第二次演出，一个老汉专门从10公里以外跑来看戏，看完后感慨道："我没见过日本人，可是看了戏也就知道了。"可见，这支民兵演剧团以自己的战斗生活为原型，通过舞台的真实再现，达到了较为逼真的效果，不得不说是当时创作方面的创举。

演剧团最大的特点是，所演的节目都是自己创作的。他们在创作过程中投入了极大的热情与激情，所以创作速度很快。有一次，他们出去打游击，夜晚住在一个小村子里，一盏麻油灯下面，十几个民兵你一句我一句，不到一顿饭时间，就编成了一首生动活泼的歌子。[2] 歌曲的名字叫《围困歌》，一共四小段，原歌词如下：

---

[1] 杨茂林.山西抗战纪事（二卷）[M].北京：商务印书馆，2017：545.
[2] 山西省文学艺术工作者联合会.山西文艺史料（第二辑）[M].太原：山西人民出版社，1959：134.

围困歌

十二月十三那一天，
命令下来打据点，
前晌发下子弹来嗬唉呀，
夜晚进攻蒲阁寨。

忻崞支队喊得凶，
一排掩护二排冲，
随后跟的民兵们嗬唉呀，
要和鬼子拼一拼。

殷长久带的民兵们，
抱上地雷往前冲，
事务所门口埋一颗嗬唉呀，
炸死四个日本人。

四区区长是刘真，
说服群众顶能行，
动员百姓千余名嗬唉呀，
搬运粮食乱纷纷。[1]

这首即兴创作的歌曲，采用了当地老百姓熟悉的忻州小调，加之风格轻松活泼，所以朗朗上口，很快被人们传唱，以至于几天以后歌声传遍了忻县全境，大人、儿童都会唱。七月里敌人"扫荡"忻县，民兵使用联防线把敌人打跑，又编成了《联防歌》《民兵英雄》等好几个歌子，都用群众熟悉的小调唱出。[2]

---

[1] 山西省文学艺术工作者联合会. 山西文艺史料（第二辑）[M]. 太原：山西人民出版社，1959：135.
[2] 风林. 蒲阁寨民兵演剧队[N]. 抗战日报，1944-12-15.

这支特殊的民兵队，是由二十多个年轻的农民组成。他们绝大多数没有文化，但是却有丰富的斗争经验。平时他们参加生产劳动，只要组织需要，就会随时从不同的地方聚集起来一起排练学习。富有创作力的民兵队，用他们的实际行动对党的文艺方针进行着宣传，用自己的亲身感受去感染、动员更多像他们一样的人积极投身革命，为抗战服务到底。

（四）襄垣农村剧团

襄垣农村剧团，是由战前旧戏班子"富乐意"改造过来的。1938年夏成立，经历许多波折，到现在已成为一个新型的剧团了。富乐意旧戏班子由曹双喜、郭俊、张金替等人组成，在改造前经常在长治、壶关一带演出。那时候社会上不把他们当作人看，污蔑他们是"下流"戏子。有人不堪忍受便腐化堕落，有的吸大烟，有的赌博，状态极为消极。[1]

1938年敌人九路围攻后，社会动荡不安，戏班子不能再下南路演出。他们只能呆在家中，没有任何经济来源。与此同时，抗日四区公所成立剧团，他们积极报名参加，取名"襄垣四区农村剧团"。[2]

戏班名字变为剧团，但实际上演出的内容仍旧未改变，陈旧的内容老百姓不愿意看，剧团便借口宣传抗日，给各村下帖子，非演不行，可是仍然改变不了不受群众欢迎的局面。

1940年，剧团由县政府直接领导后，第一件事情就是着手整顿。先是戒大烟，从讲大烟的危害，让大家相互监督，到不定期检查，用尽各种办法改掉了有些人的这个恶习。其次是制度管理，主要从经济管理入手，不再是东家和掌班掌握经济，而是大家从戏价中分路费和津贴。可是因为剧团里一切收入开支不公开引起有的人不满意，最终改为账目公开，干部不能享有特权。第三，改掉过去"收下徒弟买下马，由我骂来由我打"的旧的师徒关系。1944年8月，剧团成立青年部，设部长一人，聘请两

---

[1] 山西省文学艺术工作者联合会. 山西文艺史料（第一辑）[M]. 太原：山西人民出版社，1959：216.
[2] 山西省文学艺术工作者联合会. 山西文艺史料（第一辑）[M]. 太原：山西人民出版社，1959：216.

名干事，加强教育。通过相互之间的学习，让青年人懂得尊敬师长，明白中国传统文化中也有很多优秀的文化精髓需要虚心向师傅请教。另外，让老师能够和学生平等沟通，根据学生的情况制订学习计划，五天一检查，十天一小结，互相评分，每月月底总结时，对表现好的予以奖励。[1]

通过教育和耳濡目染，戏班子的旧成员改掉了自己之前不拘小节的各种恶习，以八路军不拿老百姓一针一线，临走时还把住的房子、院子打扫干净为真实事例进行自我反思。有一次，他们去涉县西达演出时，剧团想借住在一个老太太的房子里。老太太不愿意，跟别人说，唱戏的住下了，乱屙乱尿乱糟踏。但这次大大出乎老太太的意料，剧团走后，她说："这剧团可跟以前不一样了，人家打扫房子，又打扫院子，临走还问问家里借东西还了没有，看看短了啥！"[2] 这种自觉的纪律性，已然成了每个人的习惯。

整顿后的剧团，每个演员的思想都得到初步改造。他们已不是过去那种混饭吃、为娱乐而娱乐的戏子，而成了为群众服务的宣传战士。他们每次演出后，都征求群众意见，开自我检讨会，以不断提升自己。每隔一段时间都要集中学习一个时期。通过不断学习，他们不再是以前人人瞧不起的戏子，不再是恶习满身的懒散艺人，而是能够自我约束、按时完成组织交予的任务，热心助人，爱学习、能劳动，能够遵守制度的受人们尊敬的人。

1942年宣传中共两大文献时，需接近敌区和偏僻村庄，政府和鼓书赵狗旦商量，需要组织同行进行中共两大文献宣传，结果很成功地组成了。1943年，又有五个人自动参加。逐渐地，无论是过去的旧艺人还是现在的新艺人，他们团结一致，统一听政府的安排，顺利完成了一项又一项中心工作。一句"俺是政府的宣传队"，让他们更好地站在了统一战线上，

---

[1] 山西省文学艺术工作者联合会. 山西文艺史料（第一辑）[M]. 太原：山西人民出版社，1959:218.
[2] 山西省文学艺术工作者联合会. 山西文艺史料（第一辑）[M]. 太原：山西人民出版社，1959:219.

共同为抗战而进行着各种宣传工作。[1]

建立革命家务,是农村职业剧团搞好搞坏的根本,也是关键所在。随着群众对文化娱乐要求的提高,但又不会掏出更多的钱用于文化娱乐,同时剧团本身的发展和演员的家庭都存在着许多困难不能得到解决,在这种情况下,建立革命家务便是重中之重。1943年秋天,部队、政府开展大生产运动,剧团也积极响应。经过之前的改造,剧团的团员们把搞好剧团作为他们的共同愿望。于是大家群策群力,甘于奉献,进行了一系列的调整。因为剧团经常流动,所以腾出一个同志专门搞生产部,把之前政府帮助的十二石粮和专署拨的三月粮食节省下来,用作生产基金。同时,剧团的演员、鼓书宣传队和一些老百姓入了两万元股金来搞烟店、油坊、抄纸、运输(两头骡子)、做挂面等。通过以上这些经营活动,最终用生产盈余解决了剧团五千多的化妆费、八千多的伙食费,还有五千多的杂费。与此同时,还有部分盈余作为演员家庭的救助金。这种较为灵活的管理模式,让剧团中的演员们过上了较之前好很多倍的生活,能够动力满满地投入到生产、表演和抗战文艺政策的宣传中。[2]

为了更好地发挥文艺组织的宣传作用,中国共产党派出许多专业剧团对农村剧团进行辅导和培训,这样就能更好地发挥地方剧团的优势,同时大大增加剧团的数量和演出质量。仅仅在辽县就有辽县民族革命委员会先锋剧团、辽县抗日先锋剧团、辽县盲人宣传队、小学教师宣传队,以及桐峪、下庄、堡则、马家拐、原庄等抗日专门演出团体。[3]

(五)太行山剧团

成立于1938年5月的太行山剧团,隶属于中共晋冀豫区委,全称为国民革命军第十八集团军晋冀豫边区太行山剧团。这支英雄的队伍,长期

---

[1] 山西省文学艺术工作者联合会. 山西文艺史料(第一辑)[M]. 太原:山西人民出版社,1959:221.
[2] 山西省文学艺术工作者联合会. 山西文艺史料(第一辑)[M]. 太原:山西人民出版社.1959:222—223.
[3] 王占文. 太行人民抗战民歌选集[M]. 太原:山西人民出版社,2017:7.

活跃在太行抗日根据地一带，在积极带动、鼓励群众抗击敌人的过程中，不断地发展壮大，为宣传动员工作发挥了重要作用。

太行山剧团，是由两个文艺团体合并而成的。一支是华北军政干部训练所和陵川县游击支队宣传队组成的联合抗日流动剧团。这支剧团以演出抗日剧目为主，常常在太行一带的村庄进行演出和抗日宣传，[1]所以有着较为深厚的群众基础，深受当地群众的喜爱。另外，在华北军政干部训练所高琳等人的领导下，在陵川民族革命小学抽取了9名11岁左右的学生组建了陵川县儿童抗日宣传队。这支儿童宣传队就成为组建太行山剧团的又一支力量。它在克服团员年龄小、排练条件差等各种困难中，积极、坚强地投身于抗日战争的各项宣传工作。1938年4月，随着晋城的收复，文艺团队也随之来到了晋城。驻八路军第一战区长官司令部联络处主任朱瑞在看了两支文艺团体的演出后，连声称赞，激动不已，同时萌生了合并成一支更优秀的文艺团队的想法。同年5月7日，朱瑞将两支队伍召集在一起，将合并的想法和大家沟通，立即得到了在场所有人员的一致赞同。随即，朱瑞开始主持新剧团的组建工作，并为之起名"太行山剧团"。全团共有演职人员30人，团长是赵洛方，艺术指导为洪荒，王炳炎任大队长。与此同时，太行山剧团正式成为八路军建制。

朱瑞在创建剧团之初就指出："太行山剧团要像太行山一样雄伟坚强，为太行山根据地的军队，特别是为广大农民演出，永远和太行山军民在一起，深入宣传、动员一切抗日的力量，争取抗日战争的胜利。"朱瑞这段话，为剧团的工作指明了方向，鼓舞着剧团工作人员的抗日斗志。剧团从成立之日起，始终坚持这一正确的政治方向，始终保持同八路军战士、广大农民群众密切联系的优良作风，始终保持艰苦奋斗与不怕流血牺牲的革命精神。[2]

1940年3月，为了阻止国民党第九十七军朱怀冰、新五军孙殿英等

---

[1] 山西省文学艺术工作者联合会.山西文艺史料（第一辑）[M].太原：山西人民出版社，1959:214.
[2] 戴玉刚.不能遗忘的"太行山剧团"[J].文史月刊，2016（2）:17.

部接二连三的破坏，我八路军一二九师在朱德总司令、彭德怀副总司令的指挥下，开始进行反击战争。太行山剧团为了鼓舞战士们的士气，在接到命令后第一时间奔赴黎城县的南委泉村，为当地军民带来了振奋人心的慰问演出，极大地激发了我军民的士气和战斗必胜的信心。剧团成员在演出之余，还做着其他工作：通过多种方式进行群众的思想动员工作，积极宣传抗日；帮助医疗队护送、转移伤员；完成组织交给的其他工作任务等。他们这种不畏艰苦、勇于奉献的精神多次得到中央的表扬和肯定，刘伯承、邓小平等曾给予过很高的评价。

太行山剧团秉着对自己精益求精的态度，不断在业务能力方面提升和发展自己。首先，他们加大对剧目的研究和创作力度，在现有的剧目基础上进行改进和排演，比如对《八百壮士》《张家店》《打鬼子去》等作品进行排演，深受群众的好评；在新剧的创作方面，以洪荒为编剧的《保卫抗日根据地》就是该剧团创作的经典作品，这一作品在根据地巡演后，处处反响热烈，成为剧团长期的保留作品。其次，他们极为重视剧团中演员自身素质的提升，用举办"鲁艺训练班"的形式，从体力、专业、思想政治等方面对演员进行全方位的训练。除此外，朱瑞还特意从八路军总部邀请音乐方面的专家对演员们进行艺术指导，特别是在舞蹈方面，在舞蹈专家罗文英的指导下排练了《黑人舞》《乌克兰舞》等节目。[1] 在当时条件艰苦的情况下，在口琴的伴奏声中，剧团的舞蹈给当地群众留下了深刻的印象。

在歌曲创作方面，太行山剧团也发挥出特有的实力。1940年百团大战之时，太行山剧团来到涉县进行抗日动员和宣传工作。百团大战胜利后，他们迅速创作出《要胜利靠自己》和《庆祝百团大战胜利》两首歌曲，并投入到排练中，为庆祝百团大战胜利而演出。演出非常成功，吸引了当地的区党委机关干部、党校的学员和群众观看，反响极大。之后，太行

---

[1] 戴玉刚. 不能遗忘的"太行山剧团"[J]. 文史月刊, 2016（2）:17.

山剧团还参与了黄崖洞保卫战和关家垴战斗的慰问演出。在各类演出中，太行山剧团逐渐提升了演出和创作能力，积累了大量的实践经验。

1942年，太行山剧团在参加了晋冀豫区党委召开的全区文化工作座谈会后，积极响应座谈会上的精神——文艺坚决服从政治斗争的需要，完成了各项政治任务。随后，太行山剧团进入创作的高产时期，大量形式多样的作品问世，有小歌剧《比赛》，秧歌剧《一把斧头》《笑了的人》，还在《打春桃》的基础上进行了部分改编。在歌曲方面，创作了当时极具影响力的《春耕曲》《月儿蒙蒙》等作品。此外，他们在戏剧方面也有所突破，创作了话剧《未成熟的庄稼》（多幕剧）、《糠菜夫妻》（独幕剧）等。数量众多、形式多样的艺术作品让根据地群众更深刻地感受到对敌人的仇恨和对祖国的热爱。

当毛泽东《在延安文艺座谈会上的讲话》精神传达到太行山剧团后，剧团的每一位团员继续坚持为工农兵服务的宗旨，深入到人民群众中，从人民群众的生活中获取创作的灵感，坚持不懈地为根据地人民服务，为推动抗战的最终胜利贡献着自己的力量。

（六）绿茵剧团

沁源城关有一些业余文艺爱好者，他们每到农闲或者逢年过节时就会自发地聚集在南街李姓的店铺里进行吹拉弹唱。热闹的气氛、美妙的音乐会吸引许多群众驻足围观，有时这个店铺甚至会被围得水泄不通，渐渐的这支由业余爱好者组成的剧团在当地颇有名气。

中共沁源党总支为了把这个有一定影响力的演唱活动引导到宣传抗日斗争中，于是在1939年懂建立了城关镇业余剧团。[1]

剧团成立后，团员们除了在农闲和年节进行一些演唱活动外，还经常利用夜校，在学习前后进行演唱，一是为了吸引更多的群众报名夜校学习，二是通过演唱起到对群众宣传教育的效果。随着抗日战争的不断深入，

---

[1] 张计安. 忆沁源"绿茵剧团"[J]. 山西革命根据地，1986（2）:15.

宣传工作也在逐步推进。剧团在演出之余，开始创作作品。在围困沁源日寇的斗争中，剧团成员们根据真实事件编演了很多可歌可泣的英勇事迹，《出城》《抢粮》《山沟生活》成为反映当时沁源围困斗争的三部曲。[1]

此外，他们还创作经典唱段用来鼓励动员群众参与抗日。

> 难民同胞们，你们真光荣，
>
> 忍饥挨饿也不回去维持敌人。
>
> 望大家增强信心坚持斗争，
>
> 熬过这黎明黑暗就是光明。[2]

当群众遇到困难时，他们通过歌曲来号召大家相互帮助，共渡难关。

> 十月里来天气凉，
>
> 沁源城的难民同胞不能回家。
>
> 有困难希望大家帮助一下，
>
> 互相关心克服困难才是应当。
>
> 哎嗨哎嗨哟呀，
>
> 助人为乐的好风格应该发扬。[3]

1942年，沁源遭受日寇的第六次进犯，这次更为严重的是，敌人竟把沁源当做了"山岳剿共实验区"。敌人对我的侵略变本加厉，当地群众在党和政府的带领下，与敌人展开了激烈的斗争。"誓死不维持，永远不当亡国奴"成为当时斗争的口号。为了更好地宣传动员，党和政府决定在原先城关镇业余剧团的基础上继续壮大，把它打造成鼓舞沁源军民英勇抗敌的精神武器，于1942年12月初在城西的山上圪桃庄正式成立绿茵剧团。剧团由宋保富担任团长，郭凯担任政治指导员，团员大多是因战争从城里逃出来的难民。因难民数量多，所以又被称为"难民剧团"。[4]

剧团的所有成员肩负着两个任务：一是演出、创作节目，二是进行

---

[1] 张计安. 忆沁源"绿茵剧团"[J]. 山西革命根据地，1986（2）：16.

[2] 张计安. 忆沁源"绿茵剧团"[J]. 山西革命根据地，1986（2）：16.

[3] 张计安. 忆沁源"绿茵剧团"[J]. 山西革命根据地，1986（2）：16.

[4] 张计安. 忆沁源"绿茵剧团"[J]. 山西革命根据地，1986（2）：17.

战斗自卫。因此，每个人身上也会随时携带两种武器：一是演出所需的道具，二是战斗需要的武器。根据大家的任务，除了按照剧团演出业务（编导、乐队、演员队、总务等）进行编组以外，团员们还被编成了战斗小组。团里无论男女老幼全部配备武器，无一例外。比如十五六岁的小同志配备步枪（或马枪）一支，12岁以下的小同志和女同志每人配备手榴弹两至三枚。这个剧团相当于一个半排的实力，为了鼓劲还编写了一首歌来描写团员们的状态：

<blockquote>
我有两件宝，胡琴和步枪，
日夜随身带，伴我走四方。
拿琴能奏乐，拿枪能打仗，
平时搞演唱，战时把敌杀。[1]
</blockquote>

剧团成立初期，团员们就投入到演出和创作中。在敌人进犯的恶劣条件下，大家克服困难编排了两个关于日寇侵略沁源，群众顽强抵抗的节目。唱词如下：

<blockquote>
沁源人民硬骨头，
誓死不当亡国奴。
不维持，不受骗，
要做抗日的英雄汉。[2]
</blockquote>

节目创作完成，正值1943年的春节。剧团成员带着编排好的节目为三十八团的战士们慰问演出，随后又去了畅村、好村、尉村、永宁沟、唐城等地给群众带去了春节的问候。这不仅仅是简单的慰问演出，更是在特殊时期对军民士气的鼓舞。大家在观看完演出后，被敌人进犯的阴霾瞬间一扫而光，很久未见的笑容挂在了脸上，人们又感受到了春节喜庆的气氛。大家高兴地说："在日本鬼子的刀尖下，在冰天雪地的山沟里，能看到你们演剧、唱歌，俺们跟鬼子斗争的劲头更足了，就是饿死、

---

[1] 张计安. 忆沁源"绿茵剧团"[J]. 山西革命根据地，1986（2）：17.
[2] 张计安. 忆沁源"绿茵剧团"[J]. 山西革命根据地，1986（2）：17.

第五章 山西抗日根据地音乐的社会传播

冻死也不会去维持敌人。"

绿茵剧团成立以来不断成长与壮大，奔波在不同的地方进行演出宣传，足迹遍及很多地方：根据地、敌占区以及周边的平遥、介休、灵石、霍县、安泽、洪洞、沁县、武乡、高平、长子等多个县。据不完全统计，从剧团成立到新中国成立的七年间，他们创作剧目57个，编演大量的秧歌、快板、鼓词、对唱等小型节目。《参军去》《光荣军属》以及用沁源秧歌"十劝人"小调编演的《十二月花》在当时被群众广泛传唱，传播范围很广。

这支由农民、难民组成的剧团，在抗战中发挥了积极的作用。随着抗战宣传工作的推进和深入，剧团中的许多人都追求进步，小同志也不例外。

（七）干粮剧团

太行五分区有一支深受群众喜爱的剧团，被当地人亲切地称为"干粮剧团"。[1]

这支剧团紧密结合抗战的形势和党的每一个阶段的中心任务，以真人真事为创作原型，在此基础上进行改编和排练节目。他们的演出不仅面对本县群众，还面向外县的群众。无论在哪里演出，他们从不讲任何代价，都是剧团团员自带干粮口食，自己运送服装道具，不给群众和组织增添任何麻烦。无论是前线还是后方，无论是农村还是集镇，只要群众需要、组织需要，他们就会毫不犹豫地去演出。"干粮剧团"由此得名。

这支由农民组成的剧团，随着演出范围的扩大，演出场次的增多，剧团团员对抗战有了深刻的认识。他们牢记血泪仇，不忘民族恨，深深体会了穷苦人民受压迫的苦难，也逐渐懂得了只有推翻三座大山，中国人民才能彻底翻身做主人。为了激发广大根据地群众的抗战爱国热情，提升群众的阶级觉悟，他们对每一场演出的内容进行反复琢磨和不断的改进。

剧团成员从自己就是农民身份的角度出发，精致地打磨每一个演出

---

[1] 关海生.干粮剧团[J].山西革命根据地，1985（4）:48.

的作品，力求打动每一位观看的群众。他们特别关注群众的喜好，所以从最初的唱"乐子腔"逐渐转变为"四股弦"，又结合当时的战争形势编写歌词，确保在剧目上紧密结合党的中心工作进行创作。

这支农民文艺团体在根据地的各个地方进行演出，在抗日宣传动员方面发挥了积极的作用。

在吕梁山区，剧社等宣传队伍的建设也粗具规模。晋西南区党委首先办起七月剧社，然后在决死二纵队各部队中，先后成立了长城剧团、前哨剧团、游击剧团、怒吼剧团、战斗剧团共五个剧团。在各个连队里还有规模稍小但数量众多的小剧团成为有益的补充。他们经常给战士和驻地群众演出，同时进行抗日救国宣传活动。山西政治保卫队先后成立了三个剧团，牺盟洪赵中心区办有吕梁剧团，各县牺盟会或县政府也都成立了自己的剧团或者宣传队。全区各种剧团、宣传队的总数不下二十多个，这也是一支较为强大的抗日宣传队伍。[1]

1937 年—1938 年间，丁玲带领的西战团、大后方来的军委会政治部抗敌演剧队第三队和一一五师的战士剧社，都曾在吕梁山区各地演出。他们不但对广大群众进行抗日宣传，更重要的是推动了这一地区戏剧运动的发展。

二、音乐组织机构的传播活动

（一）文艺演出与宣传

山西抗日根据地的演出始于根据地建立之初，在很短的时间内，剧社、宣传队如同雨后春笋一般在山西抗日根据地的土壤上快速生根、发芽，并始终伴随着整个山西抗日根据地的发展而发展。西战团、华北联大及其文工团以及其他不同的剧社、文艺宣传队都是文艺演出的主要力量。

1937 年，西战团奔赴抗日前线，途经古县境，通过演出等形式宣传

---

[1] 赵婧如. 晋绥根据地抗日歌曲与社会动员[D]. 太原：太原理工大学，2018:45.

抗日救国。同年8月，县境内学生在何启永发动下成立了"抗日救亡学生服务团"，以杨杰等为代表的进步青年通过演出进行抗日宣传工作。10月后，在牺盟会领导下，与"全民抗战总动员实施委员会工作团"合并，编排抗日剧目并演出抗日歌曲。（工作团）通过演出《放下你的鞭子》《保卫家乡》等剧目来揭露日本侵略者的丑恶嘴脸，从而动员更多民众参军抗战。[1]

民国二十七年（1938），交城横头村成立了晋剧团，肩负起抗日宣传的工作任务。第二年，新军决死队的前线剧社、决死二纵队的黄河剧社、工卫旅的工卫剧社、晋绥分局的七月剧社、贺龙领导的一二〇师战斗剧社均在根据地及周边游击区做抗日宣传。[2]民国三十年（1941），"战斗剧社、战斗儿童演剧队，于参加十月革命节公演后，二十四日晨又出发赴四军分区、河西、一军分区等地巡回公演"[3]。

各个剧社肩负着抗日宣传、动员民众的使命，从建立的那一刻起就奔波于山西各大抗日根据地甚至是根据地以外的地方。他们的演出任务十分繁重，在演出之余还要进行新剧的创作和编排。以七月剧社为例，自从一九三九年七月建立以来，在晋西北和绥蒙一带演出一千五百多场，观众达三百万人次以上。北至偏关长城线，南至隰县、永和、大宁，足迹遍布边区大部分地方，并到过延安、绥远演出。他们的一队（晋剧）、二队（话剧）两个队，一个月要演五六十场。一队演出晋剧《三打祝家庄》《八大锤》《长坂坡》《逼上梁山》；二队演出各种民间的新型歌剧，如《王德锁减租》《闹对了》《重见天日》《千古恨》《血泪仇》等，受到群众的热烈欢迎。《王德锁减租》演出一百多场，观众有五十七万人次。《三打祝家庄》从一九四三年十一月份演出，到一九四四年四月份一共演出

---

[1] 古县志编纂委员会．古县志[M]．西安：陕西人民出版社，2001：459．
[2] 交城县志编写委员会．交城县志[M]．太原：山西古籍出版社，1994：662．
[3] 莹彦．战斗剧社赴各地巡回公演[N]．抗战日报，民国三十年十一月二十七日（第三版）．

一百二十四场，观众九万四千余人次。[1] 一九四一年深秋，一二〇师司令部侦察参谋戈克忠带领着七月剧社的几个演员和蔡家崖的五六个民兵去胡家沟，成功地打败了二十多个伪军。后来，为了更好地宣传、振奋人心，七月剧社将此编成了小歌剧到处演唱，受到群众的热烈称赞。大致内容如下："戈克忠一把大刀一支枪，带领十来个'土八路'，歼灭了二十多个伪军，缴获了二十一条步枪、三十多颗手榴弹、二百多发子弹。"被群众传为佳话。[2] 民国三十一年（1942），七月剧社在延安学习了一年后回归晋西北，从3月11日起公演三天。附近的民众甚至是距离二三十里地的群众纷纷跑来观看，随后剧团将进行各地公演。[3] 七月剧社的回归，将更高质量的文艺作品带回到根据地，让根据地群众进一步坚定了对抗日的决心并提升了抗日的热情。

到民国三十年（1941），保德农村剧运开展以来已经成立了12个农村剧团。"除了三个尚未出演外，其余九个先后已公演三十九次。'九一八'联合公演时，甚受民众欢迎"[4]。又如，民国三十一年，晋绥三分区组建的湫水剧社几乎踏遍了临县各地，除了演出部分传统剧目外，更多地以现代剧为主。通过对《王德锁减租》《劳动英雄回家》《千古恨》等剧目的演出，激发了临县当地群众的抗日热情。

在各个专业剧社的带动和影响下，根据地的群众也逐渐加入抗日宣传工作，组建属于自己的地方剧团，积极主动地进行宣传抗日演出和创作。比如忻县的老百姓建立了自己的剧团——蒲阁寨民兵演剧队，他们把忻县人民英勇抗敌的真实生活用当地的方言演绎出来，深受当地群众的欢迎。在不到半年的时间内，民兵演剧队在表演、创作等方面都有了很大的提升，特别是创作歌曲的速度更是迅速。《围困歌》就是其中的典型代表。七月

---

[1]《兴县革命史》编写组. 兴县革命史[M]. 太原：山西人民出版社，1985:213.
[2]《兴县革命史》编写组. 兴县革命史[M]. 太原：山西人民出版社，1985:161.
[3] 佚名. 七月剧团归来后举行首次公演[N]. 抗战日报，民国三十一年三月十四日（第三版）.
[4] 佚名. 保德剧运开展[N]. 抗战日报，民国三十年十月十二日（第三版）.

第五章　山西抗日根据地音乐的社会传播

里敌人"扫荡"忻县，民兵使用联防线把敌人打跑，又编成了《联防歌》《民兵英雄》等好几个歌子，都用群众熟悉的小调唱出。[1]

地方剧团把地方传统戏曲与抗日战争的宣传有机地结合起来，不仅进行歌曲方面的演出、创作，还进行传统剧目的演出和新剧的创作。如安泽县的冯志藻于民国三十三年（1944）联络戏友重整旗鼓，组成郎马剧团，自编自演《借粮》《回头看》等戏配合宣传抗日。三十四年元月应邀为太岳区英模代表大会演出，获好评。行署资助小米40石，支持剧团发展。三十六年成员多参军，停止活动。[2]

古交县冶元村的道情班在民国二十二年（1933）改称冶元剧团，演唱晋剧，先后到静乐、岢岚、宁武、兴县等地演出。抗日战争和解放战争时期，移植了新戏《血泪仇》《王德锁减租》等，并就地取材编排了《斗地主》《送公粮》《鸡毛信》《上冬学》等，颇受群众欢迎。[3]

图为1937年3月太原晋源救国剧社成员拒绝给日军演出，为了躲避日军，继续宣传抗日，剧社成员从太原转移到临县前在晋祠合影（图片由段兴旺先生提供）

[1] 凤林. 蒲阁寨民兵演剧队[N]. 抗战日报，1944-12-15.
[2] 逯丁艺. 安泽县志[M]. 太原：山西人民出版社，1997：357.
[3] 古交市地方志办公室. 古交志[M]. 太原：山西人民出版社，1996：482.

把地方民间小调融入抗战宣传也是地方剧团、宣传队常用的方式。如古县人民抗日自卫队宣传队，根据不同的形势，宣传不同的内容，他们改编、创作了很多民间小调。例如宣传婚姻自由时，湾里村演出《柳树井》，贾寨村演出《回头看》，揭露父母包办婚姻、逼死儿女性命的悲剧。民国三十二年（1943）开展大生产运动，白素村编演了《劳动英雄赵金林》。为批判旧风气，树立新风尚，白素村剧团编演了《戒洋烟》《劝赌博》《二流子改变》等。为揭露国民党反动派残害无辜，致人家破人亡的罪恶，白素村又编演了《探监》等剧目。[1]

随着各个剧社、文艺宣传队在山西抗日根据地的演出和宣传，抗日的歌声从不识字的妇女儿童口中唱出，从天天种地的农民口中唱出，山西抗日根据地从之前的悄无声息，变为处处是歌声的抗战景象。在整个抗战时期，山西抗日根据地的各大剧社、文艺宣传队克服一切困难，利用一切可以利用的音乐表现形式进行抗日宣传和动员工作，从歌曲、地方戏曲，逐渐扩大到歌剧、秧歌剧等音乐形式。他们善于唤起和调动民众的抗日热情，用当地的方言、小调等进行创作，直接动员当地民众积极投身到抗日救亡中。正是因为他们的艰辛付出，山西抗日根据地的各项音乐活动才得以顺利开展，使得山西抗日根据地的音乐教育、歌咏团体、音乐创作等获得长足的进步，促进了山西抗日根据地音乐更广泛、快速地传播。

学校也有组织宣传队的情况。比如在兴县，"大部分学校组织了文艺宣传队，每年春节或遇较大节日都要搞文艺演出。城关、魏家滩、蔡家会、黑峪口等完小建立了业余宣传队，演唱的节目有《兄妹开荒》《十二把镰刀》《大家好》《锄奸》《炸得鬼子上西天》等"[2]。

在一些重大的节日庆典、纪念日、特殊节日等场合，文艺团体通过多种艺术形式来活跃气氛。如在临南、离石一带，为了加强各部门之间的联系，在九一八纪念日之际召开联欢大会并检阅两县民兵。青春剧团

---

[1] 古县志编纂委员会. 古县志[M]. 西安：陕西人民出版社，2001：459.
[2] 《兴县革命史》编写组. 兴县革命史[M]. 太原：山西人民出版社，1985：195.

等进行演剧、耍魔术等，会场七千余人异常热烈。[1]

1940年3月8日三八妇女节，晋察冀根据地为了庆祝这一节日，组织了丰富的演出活动。活动的形式多样，有众多群众参与。在庆祝当天，活动会场人山人海，处处充满欢声笑语，特别热闹。妇女们组织在一起，高声地唱歌表达着内心的喜悦，旁边还有其他妇女同志，三五成群地跳着舞，还有的扭秧歌、舞狮子、跑旱船等，共同庆祝属于她们自己的节日。同样是妇女节的庆祝活动，在北岳区又是另一番景象。1942年3月8日这天，白天举行了隆重的表彰大会，一些优秀的妇女同志胸前戴着大红花，上主席台接受表彰，得到当地群众的热烈拥护。[2]到了晚上，根据地群众提着自制的各种各样的花灯集合在一起，有说有笑，又唱又跳，夜间因灯火的映照而显得格外明亮。还有部分剧团也来到这里，演出着大家喜爱的节目，还有特地为妇女节编排的新节目。种种形式的演出让大家凝聚在一起，在相互影响中继续为救亡图存而努力。

为了铭记历史，让更多的人记住我国革命中有纪念性意义的日子，逐渐形成了一些固定的纪念日。在这些纪念日里，政府将会举办较大规模的活动，如七七事变、九一八事变、"一二·九"运动等在中国革命运动史上影响力较大的时间就成为根据地政府重点组织活动的节点。在纪念日当天，各个剧团、宣传队、文艺队等将为到场的群众演出各种形式的节目，唱歌、演剧是主要的演出形式。在演出过程中，各个文艺演出单位可以相互观摩学习，特别是在创作思路、模式上直观地相互了解与借鉴，力求达到最佳的演出和宣传效果。如1941年，在纪念九一八事变十周年的纪念活动中，各演出队提早筹备，正式演出长达一周，从9月11日一直演出到9月18日结束。在这一周中，各演出队围绕主题进行创作，演出了很多精彩的剧目，同时还有大量改编或自创的歌舞节目。引人注意的是，儿童演出团队也参与进来，编排的儿童剧引起了很强的社会反响，

---

[1] 廉青. 临南、离石军政民举行空前大联欢 到会者七千余人[N]. 民国三十年九月十三日（第三版）.
[2] 王剑青，冯健男. 晋察冀文艺史[M]. 北京：中国文联出版公司，1989：477.

更坚定了根据地群众一心打日寇、坚决报家国的决心。[1]

边区举办的群英会也是文艺团体交流学习的好机会。在抗战期间，山西抗日根据地的各个边区都会举办不同内容的群英会。群英会通常参加人数众多，举办时间跨度较长，表彰的影响力较大，同时在群英会期间还有其他形式的活动并存。如1944年太行边区在黎城举办了第一届群英会，持续时间将近一个月，重点对战争中涌现出的杀敌英雄和生产运动中涌现出的劳动英雄进行了大规模的表彰。[2]在这一个月中，边区重要的军政领导十分重视，参与其中，提升了群英会的分量。会上随处可以看到各种劳动模范、英雄模范，提升了人民学习标兵的热情。因有不同类型的展览、贸易，周边的群众穿着整齐地前来赶会，增加了热闹的程度；各种剧团也纷纷前来助兴演出，参演的有实验剧团、联合剧团、黎明剧团、襄垣剧团、左权剧团等。他们演出的各种精彩节目，吸引了众多的观众前来围观，即使是晚上也丝毫不影响群众观看节目的热情。演出中还有合唱，演员和台下的观众一起高声齐唱，场面十分壮观。在这期间，各个剧团的团员们在一起相互交流切磋演出和创作心得，在演出形式、创作类型、宣传效果等方面都有了全面的提升。

（二）文艺团体间的交流

山西抗日根据地文艺团体和文艺工作者非常重视各个根据地甚至省外其他根据地之间的经验交流，这使得文艺作品能够很快在不同的地域之间传播，推动了根据地音乐蓬勃发展。

民国二十八年（1939），中共晋西南区党委的七月剧团，山西省决死纵队的长城剧团、解放剧团等先后来到永和县进行演出，[3]将他们创作的新老作品带给永和县群众，这对于当地群众特别是文艺团体而言，是宝

---

[1] 孔繁芝，范春英. 晋冀豫边区一年来文化运动总结（1941年）[J]. 山西革命根据地，1990（4）:8.
[2] 黎城县八路军文化研究会，黎城县档案局. 民族之魂[G]. 长治：黎城印刷有限公司，2017:184.
[3] 永和县志征编领导组. 永和县志[M]. 北京：学苑出版社，1999:484.

贵的学习和借鉴的机会，为以后的文艺创作与演出开拓了思路。

河曲二人台因日本侵略者进犯，一度处于销声匿迹的状态。1939年，第二战区北路军总司令兼三十五军军长傅作义率部进驻河曲，在元宵节大搞文艺活动。演出结束，傅作义亲赠二人台艺人李法子、樊二仓军装一套，并在城关和巡镇两地演出二人台十余天，使得二人台演出回暖。[1]

民国二十九年（1940），中共于河曲建政后，河曲二人台班社逐渐发展壮大到30多个，演出活动也频繁起来。在此期间，二人台艺人越来越注重与新文艺工作者的交流与合作，使得二人台在创作和演出等方面有了大的突破与革新。在表演方面，打破了二人台没有女演员的历史。继唐家会李占存二人台"父子班"中第一个二人台女演员王兰花之后，杨英跃等女演员登上表演舞台，结束了二人台旦角一直由男性扮演之历史。女演员的登台进一步扩大丰富了二人台演出剧目与表演形式，使其在各个环节均有了新的变化。在创作方面，不仅创作传统的节目，同时还改编《小放牛》《查路条》《口袋》《十二把镰刀》，移植《夫妻识字》《兄妹开荒》等节目。[2]

此外，（二人台还）与晋绥边区七月剧社多次同台演出，通过学习新歌曲、新唱法，不断提升二人台的演唱、演出水平。在创作方面，加入很多现代剧的元素。[3]

山西各根据地文艺组织的建立，为各类抗日文艺的发展提供了更便捷的交流机会，将抗日音乐的交流带到快速发展的轨道上。1939年11月，中华全国文艺界抗敌协会晋东南分会的成立，带动了歌咏专业分会的成立，并设置了专职的工作人员进行领导和管理，使晋东南地区的音乐发展更具组织性和有序性。

1940年左右，较为落后的晋西北地区成立晋西音乐协会，与之同时

---

[1] 河曲县志编纂委员会. 河曲县志[M]. 北京：中华书局，2013：2070.
[2] 河曲县志编纂委员会. 河曲县志[M]. 北京：中华书局，2013：2074.
[3] 河曲县志编纂委员会. 河曲县志[M]. 北京：中华书局，2013：2074.

建立的还有一些全国性的文艺协会的分会，如中华全国音乐界抗敌协会、中华全国歌咏协会等在山西各根据地成立的分会。这些文艺界音乐组织的建立，将分散在不同根据地的音乐工作者们统一起来，给不同的音乐团体有更多的交流机会以及沟通的平台和渠道。音乐协会成立后，音乐工作者们的交流不再是仅仅局限于演出，而是通过座谈会不定期地交换报纸、音乐刊物或者是演出的剧本等资料，在创作、演出等不同方面进入更深的层次，甚至通过合作的方式，发挥各自优势，提升作品的质量，增强作品的感染力和说服力，将更好的作品呈现在群众面前。也正是因为这些专业音乐组织的建立，使得抗日根据地的文艺力量随时可以因为工作的需要来调整工作团体，朝着相同的目标努力。主力剧团指导进而带动其他剧团的工作是当时的方针政策。晋西北的七月剧社、晋东南的太行山剧团、抗大文工团、先锋剧团、火星剧社等经常到各个根据地的剧团进行工作指导，在交流中提升各剧团的政治素养和业务能力，使得这些统一组织更好地发挥作用。[1]

1943年2月13日，晋绥抗联的文艺干部们来到岢岚县，在该县抗联内部组织文化部，通过文化部来进一步推动整个县的文化发展，提升文化活动的丰富性。随着八路军挺进晋中，晋西北文工团也到达了晋中平川——经受敌寇八年血腥统治的地方。这支由二十五人组成的武装宣传队，在几天之中，写好了四出戏，还编了两首歌《新苦伶仃》《骂汉奸》。他们去杏花村集上演出时，观众达一万多人，在十二天中，剧团演出共十四次。[2]

1943年4月，晋绥大众剧社来到岢岚县进行演出。同年5月18日，晋西北文艺工作者20余人，组成文艺工作队分赴各县进行演出，其中高

---

[1] 中共山西省委党史办公室．山西革命根据地文化建设专题研究（第四辑）[M]．北京：中共党史出版社，2018：1122．
[2] 山西省文学艺术工作者联合会．山西文艺史料（第二辑）[M]．太原：山西人民出版社，1959：13．

鲁带领的第二组在岢岚县开展各种文艺活动。[1]

太行山剧团在1940年改为总团，各个区的专团成为其分团。二者最大的区别就是总团对分团进行业务方面的指导，分团的团长等也由总团进行任命。在当时太行七个分区中，其中五个区建立了分团。总团会经常同各个分团进行交流与沟通，会不定期地派专人对分团进行指导和艺术方面的培训，从而提升各个分团的艺术水平。比如前身是海燕剧团的第三分团，它的活动区域多在武乡、榆社一带，但是出于交流和学习的需要，第三分团也常常会到辽县、黎城等地区进行演出和交流活动，将好的演出经验和节目带到这些地区，起到共同进步的效果。[2]

太行山剧团不仅加强总团和分团之间的交流与学习，同时还与各县和各村的剧团进行交流。他们经常在演出内容、形式等方面进行探讨与相互补充，带给根据地群众多种多样、内容丰富的节目，在宣传抗日的过程中，极大地丰富了百姓们的生活。比如太行山剧团在庆祝冀太联办的成立大会上演出了歌曲《庆祝联合办事处成立》、话剧《金花》，随后一些被太行山剧团指导和培训过的县、乡剧团也在大会上演出以上作品。[3] 特别是太行一分团演出的节目，在太行、太岳、晋绥根据地有着较广的传播范围。

1942年6月21日—25日，晋察冀根据地的文学、音乐、美术和戏剧协会召开了为期五天的会员大会。各个协会的艺术工作者们将自己的所思所想进行了全面、细致的交流，特别是音乐协会，除了讨论如何克服音乐运动中的主观主义、形式主义、宗派主义等倾向外，还特别对部队与群众的音乐运动、音乐与理论建设研究指导工作等问题进行讨论，为以后音乐运动的开展等提供了新的思路和方向。

根据地各个县的业余剧团汇演是音乐交流的有益补充。1940年五卅

---

[1] 岢岚县志修订编纂委员会.岢岚县志[M].太原：山西古籍出版社，1999：13.
[2] 太行革命根据地史总编委会.太行革命根据地史稿[M].太原：山西人民出版社，1987：100.
[3] 晋察冀革命文化史料征集协作组.晋察冀革命文化艺术发展史[M].北京：中国戏剧出版社，2007：183.

运动纪念日，左权县 30 个业余剧团在抗日县政府所在地西黄漳村举行了大型的汇演；1944 年 11 月，晋冀鲁豫边区政府在黎城县南委泉召开太行区杀敌英雄劳动模范大会。会议期间，文艺队演出了首批小花戏的新节目《四季生产》《俺们这六个人》等。[1]这些文艺汇演在文艺演出的形式、内容方面加强了县内、县与县之间的交流与沟通，在一定程度上扩大了传播的地域范围，加强了抗战宣传的力度。

文艺队伍在不同地方的演出，增强了剧团、剧社成员之间的交流，队员们在提升艺术表演水平的同时，积累了更多的抗日宣传经验。随着工作的需要和发展，这种文艺交流与切磋还走出了山西抗日根据地，走向了全国，使得山西根据地的音乐得以在更大范围传播，同时也引入了其他根据地优秀的音乐作品。

民间曲艺艺人的管理与相互间的交流也是山西抗日根据地民主政府注重的对象。太行和太岳区的曲艺活动较为丰富，抗战初期，太行区武乡县抗日政府将 83 名民间艺人组织起来进行分组说唱，来取代长久以来"三皇会"这种民间组织。1938 年，襄垣县抗日政府组织盲人通过说唱方式宣传抗日。随后，其他县的盲人宣传队也陆续成立。这些盲人克服种种困难，跋山涉水，在不同的根据地积极宣传抗日，所到之处都受到群众们的热烈欢迎。1943 年成立的阳城鼓书宣传队积极编创新的抗日作品，不仅受到群众欢迎，还得到阳城县抗日政府的锦旗。1944 年，太行根据地将武乡、左权、榆社、襄垣和长治五个县的盲人宣传队联合起来，成立了太行联专五县曲艺联合会。该联合会成立后，各团体之间相互交流演出心得、创作体会，切磋技艺，甚至尝试联合演出与创作，极大地促进了当时曲艺的创作和高质量的演出，在抗日宣传方面取得了较大的成效。（该联合会）还开展了以人民的战斗生活为题材的编新唱新运动，《晋中战役》《抵制洋货》等优秀抗日作品在群众中广泛传唱，在丰富群众精神生活的同时，

---

[1] 赵世元. 左权县志[M]. 北京：高等教育出版社，1999：435.

大大鼓舞了军民们的战斗士气。[1]

山西抗日根据地音乐在通过文艺工作者和文艺团体之间互相学习交流取得进步的同时,还在音乐传播的过程中通过和其他地区音乐元素的结合,形成了新的抗战音乐或者新的抗战音乐形式。它们无论以何种形式呈现在群众面前,都能让更多的群众团结起来,一致抵抗日寇,也将抗日战争的音乐传播到了更广泛的地方。

三、音乐组织机构的特点

1．分类管理,隶属明晰

山西抗日根据地的各个文艺组织,在建立之初就会有明确的管理,会按照不同文艺组织的性质、工作的范畴等进行分类,其隶属部门也不相同。

晋察冀根据地作为当时文艺组织较为集中、发展较为迅速的地区,其文艺组织的具体情况如下:[2]

领导机关

名　　称	成立时间	隶属单位	负责人
宣传委员会	1938年	中共中央北方分局	刘平、俞林
文化工作委员会（文委）	1939年12月	中共中央北方分局	沙可夫、周巍峙、邓拓、吕骥等
文委改组	1940年	中共中央北方分局	沙可夫任书记,委员有周巍峙、邓拓、崔嵬等

---

[1] 中共山西省委党史办公室．山西革命根据地文化建设专题研究（第四辑）[M]．北京：中共党史出版社,2018:1127-1128.
[2] 晋察冀文艺研究会．文艺战士话当年（二）[M]．北京：文化艺术出版社,1989:273—274.

文联各协会

名　　称	成立时间	隶属单位	负责人
晋察冀边区文化界抗日救国会	1938年春		洪水、刘平、周巍峙、冯宿海等
中华全国戏剧界抗敌协会晋察冀边区分会	1939年7月	先隶属于文救会，后隶属于文联	罗东、崔嵬、韩塞等
中华全国音乐界抗敌协会晋察冀边区分会	1940年4月	先隶属于文救会，后隶属于文联	周巍峙、吕骥、卢肃等为执委
中华全国文艺界抗敌协会晋察冀边区分会	1940年7月	先隶属于文救会，后隶属于文联	
中国民间音乐研究会晋察冀边区分会	1940年9月	音协	吕骥
鲁迅文艺奖金评选委员会	1941年	先隶属于文救会，后隶属于文联	
晋察冀边区文化界抗敌救国联合会	1941年6月	文委	沙可夫为主任，周巍峙、罗东、史立德、叶正煊为常委
北岳区文救会	1942年5月	北岳区党委	周巍峙
晋察冀北岳区文救会	1945年5月	北岳区党委	洪水、刘平、周巍峙、冯宿海等

艺术院校

名　　称	成立时间	隶属单位	负责人
华北联合大学文艺学院	1939年5月		沙可夫、吕骥

第五章 山西抗日根据地音乐的社会传播

续表

军队艺术表演单位

名　称	成立时间	隶属单位	负责人
抗敌剧社	1937年12月	晋察冀军区政治部	白瑞林、杨克武、贾晓光等
挺进剧社	1938年4月	先属于平西挺进军军部，后属于晋察冀军区第十一分区政治部	张汉民、陈靖、高树清、任民、吴凤翔、李仲英等
抗大二分校文工团	1939年	抗大二分校	高林、汪洋、张金辉等
七月剧社	1939年4月	晋察冀军区第二军分区政治部	郝唯、王丁、李波峰、江燕等
北进剧社	1940年	晋察冀军区第五军分区政治部	洛灏、郭东俊、王丁、李树凯、黎塞

地方艺术表演单位

名　称	成立时间	隶属单位	负责人
西北战地服务团	1937年8月	先隶属于第十八集团军军委，后隶属于中共北方分局	丁玲、周巍峙、吴奚如、王泽江
边区群众剧社	1938年4月	边区抗联	王植庭、王血波、郑建、王莘等
名　称	成立时间	隶属单位	负责人
大众剧社	1938年10月	晋东北第二地委	刘莉珊、支杰、张琦、张克智等
华北联大文工团	1939年7月	华北联合大学	黄天、丁里

续表

从以上表格中可以看到，山西根据地的不同文艺组织，从一开始组建就有着明确的分类，并且隶属关系明晰，呈现出直线管理的特点。尽管个别文艺组织会根据战争形势和根据地文艺组织建设的需要发生调整和改变，但是隶属关系依然清晰，同时会有专门的管理者对该组织进行全面的管理。正是因为这样，各级各类文艺组织在数量、归属等发生变化的情况下，仍然能够在政治上保持与党的高度一致，在工作中可以有条不紊地继续工作，发挥各自的作用。

2．专人管理，职责明确

在山西抗日根据地的众多音乐组织中，无论是专业的剧社、文艺队，还是农民业余的音乐团体，在其建设的过程中都有自己的管理者。每个团队的规模、人数等不同，对应的管理者的规模、人数、分工等也会发生相应的变化。以西战团为例，当时西战团音乐工作的组织状况是：

西站团音乐工作的组织状况

1938年的音乐组	1940年的音乐队
组长：何慧	指挥：何慧
组员：赵尚武（笔名：上午）	队长：边军
组员：王铁音（笔名：今歌）	副队长：赵尚武
1938年的音乐组	1940年的音乐队
	队员：陈正清、张敦、张海、今戈、田凤、王昆等11人

从1938年的音乐组仅仅由3人组成，到两年后成为音乐队，人数已达十多人。我们看到随着人数的增加，管理者内部的分工和职责也进行了更加专业化的细分，使每个人都能更好地利用各自的所长，在自己的工作

领域发挥作用。西战团在1943年秋，随着边区文艺单位的调整也随之再次发生变化。边区从华北联合大学音乐系、文艺工作团调来著名作曲家卢肃以及陈地、刘沛、管林、仲伟、孟堤等。调整后的音乐队，陈地担任队长，刘沛担任副队长。随着专业文艺工作者的加入，音乐队人员数量得到充实，其实力也大大增强，在周巍峙、卢肃同志的领导下，属当时边区文艺队伍中阵容、实力最强的一支音乐队伍，不仅在抗日根据地承担着宣传、创作工作，同时也是指导、培养其他音乐队伍的主要力量。

西战团是这样，其他文艺组织也是如此。比如火线剧社在1938年随着部队换防，第二年3月，其中的几个大队进行整编。随着人员的增加，剧社根据新进人员的特点开始专业分工，有戏剧队、音乐队、美术组、创作组、舞蹈队以及行政后勤组。在组织演出中，还会有更具体的分工：灯光、布景、服装道具、化妆等。[1] 正是因为分工的逐渐明确和专业化，文艺组织向更专业的方向发展。

四、音乐组织机构的传播效果

1. 口头艺术的最大化传播

在山西抗日根据地，面对识字量极少、文盲众多的根据地群众，汉字的学习和普及成为最大的难题，至少在短时间内效果不是很明显。这样的情况，对一部分写街头诗、传单诗或者其他文学作品的文艺工作者来说，很难将自己的作品在第一时间得到很好的推广和宣传，尽管作品写得通俗易懂，也很口语化，但效果甚微。但是，如果把这些作品用当地的方言讲给边区的群众听，同时做好解释，效果就会大不一样。群众不仅可以听懂所读的文学作品，甚至有的还能看到他们的笑容或悲伤的表情。正是在这样的情况下，文艺工作者们逐渐明白：对于文化水平较低的根据地群众来说，他们的听读能力远远大于他们的阅读能力。也就是，在宣传过程中，

---

[1] 晋察冀文艺研究会. 文艺战士话当年（二）[M]. 北京：文化艺术出版社，1989：59.

需要重视口头文学在群众中传播的力量。

文学是这样，对于音乐来说更是如此，更要发挥音乐自身具有的优势。所以，民歌、小调、歌谣、顺口溜、对口唱、大鼓书、莲花落等群众平时喜爱的音乐形式，成为当时文艺工作者创作的主要素材。在具体传播中，文艺组织会根据上级的要求有目标、有计划地开展，不再是一对一地传播，而是打破这种传统模式，组织一定人数的群众对歌曲等进行口头教授。当一定基数的群众学会后，再传播给其他边区的群众，这样传播的人数就会增多，速度也会提高不少。[1]

2．边区文化生活的丰富

文艺团体在宣传的过程中，还承担着丰富、活跃边区军民生活的任务。对于部队，为了更好地巩固和发展部队的作用，文艺工作者们平时深入连队帮助和辅导战士，如教唱歌曲、组织小型的文娱晚会、搜集材料尝试进行创作、集中训练和学习简谱知识、排演节目等。教唱的歌曲主要有《救亡进行曲》《大刀进行曲》《牺牲已到最后关头》《三大纪律八项注意》等。[2] 平时，以上所述成为文艺团体工作的常态，但是到了战时，他们就会化整为零，深入连队进行宣传和鼓动工作，协助地方干部组织群众支援前线。除此之外，就是参与排练，学习识谱、背歌词和台词、排演，甚至请红军时代的宣传队员教舞蹈等。[3] 排演好后，给当地的群众演出，最初演出的内容有歌曲《渔光曲》《流亡三部曲》《救亡进行曲》《铁蹄下的歌女》等，还有大合唱；舞蹈有《儿童舞》《乌克兰舞》《柳絮舞》《蝴蝶舞》等，还有一些短剧。此外，还有口琴独奏、二胡独奏、乐器合奏、快板、诗歌朗诵等。大型节目也会为群众演出，京剧《王佐断臂》《八大锤》《打渔杀家》，歌剧《二月里来好春光》以及歌曲《滹沱河大合唱》《保卫青纱帐》《军民准备反"扫荡"》《不选那些滑头鬼》等，还有大型舞蹈《解

---

[1] 晋察冀文艺研究会. 文艺战士话当年（三）[M]. 北京：文化艺术出版社，1989：102.
[2] 晋察冀革命文化史料征集协作组. 晋察冀革命文化艺术发展史[M]. 北京：中国戏剧出版社，2007：9.
[3] 晋察冀革命文化史料征集协作组. 晋察冀革命文化艺术发展史[M]. 北京：中国戏剧出版社，2007：15.

放舞》《反"扫荡"舞》《霸王鞭舞》等,都会成为当时群众喜爱的节目。[1]

第三节 山西抗日根据地音乐的大众传播

一、纸质媒介传播

当上海、广州、北平等中心城市开始广泛通过广播、唱片、电影等媒体进行音乐传播时,山西抗日根据地由于经济、科技的极不发达,更多地依靠纸质出版物来实现。抗战爆发后,随着边区抗战文艺的产生和发展,各种文艺传播方式快速发展起来。以晋察冀边区为例,摆在抗日根据地开拓者面前的形势相当严峻。当时根据地处于敌人的后方,被敌人四面包围,加之敌人和国民党军队对边区军事、经济、文化等方面的严密封锁,物质材料严重匮乏成为当时的主要困难。但是,文艺工作者们没有放弃,在克服重重困难下,使用最为原始的文艺传播手段,用手抄口传的方式将抗战文艺传播到边区的各个地方。

当时纸质出版物的主要印刷方式有油印、石印和铅印。因为我们的根据地主要在农村,没有铅印或石印条件,只好用便于找到的钢板、蜡纸和油印机,以油印方式来完成任务。[2] 出版文艺报刊必须有印刷机、铅字、蜡纸、油墨、纸张等物质条件的配合,这在时刻处于战争环境和各种物资极度缺乏的革命边区,确实是件极为困难的事情。为了出版油印刊物,这些物资要随时跟随子弟兵转战各个战场,会面临各种情况。文艺工作者们通常是一边听着枪炮声,一边在讨论和构思着文艺作品。为了将文艺作品及时地传播到各个根据地的群众中,文艺工作者们会跟着部队的步伐,不惧风雨,翻山越岭,涉水渡河……只要一到宿营地,他们会忘掉所有的疲惫,一心扑到创作中,力争在第一时间内将最新的作品印刷出来。

---

[1] 晋察冀革命文化史料征集协作组. 晋察冀革命文化艺术发展史[M]. 北京: 中国戏剧出版社, 2007: 16.
[2] 晋察冀革命文化史料征集协作组. 晋察冀革命文化艺术发展史[M]. 北京: 中国戏剧出版社, 2007: 7.

正如当时某报刊编辑的感慨:"在这敌人四面封锁的区域内出东西,真是一个铅字要出一粒汗珠的,而我们偏要出它的理由是,我们看到日本帝国主义不只破坏了中国领土的完整,而且粉碎了中国的文化教育。在这长期抗战的过程中,我们不敢放松一点,好似人类生活着不敢半刻离开空气。我们在计划着批判的接受,认真的配合现实,来建立目前需要的而且新兴的文化教育事业,我们要把它当作武器参加到神圣的伟大的民族革命的战场来。"[1] 正是因为这些不畏艰苦的文艺工作者的坚持,才使得山西抗日根据地的艺术通过报纸、刊物等的传播得以继续发展。

(一)报刊

山西抗日根据地的报刊是传达中国共产党文化方针、政策,让群众了解山西根据地音乐发展现状,传播根据地音乐等内容的载体。在这些报刊中,不仅会对山西抗日根据地的音乐活动进行报道,还会刊登一些音乐作品。根据地建立初期,根据地的政治、经济等发展顺利,我们从敌占区购买了各种印刷器具和材料,开启了边区的报刊事业。在短短时间内,各种报刊相继创办,边区的报刊发展形势大好。随着报刊不断地发行,出版的形式也逐渐变得多样化和成熟化。一些报刊在出版了主刊的基础上,开设了副刊。副刊中有艺术的内容,有的甚至出现了纯音乐内容的副刊。这些副刊内容的出版,逐渐为以后出版的音乐刊物奠定了基础,提供了编排的思路和经验。

《抗敌报》在 1938 年 8 月 25 日对当时的报刊出版进行了统计,仅 1938 年初出版的报刊数量就达到 50 多种。[2] 其中,1938 年 10 月 26 日创办的《晋察冀日报》的副刊《海燕》,成为当时第一个专门的文艺刊物。正是因为大量文艺工作者的共同努力,使得《海燕》有了较大的发展,同

---

[1] 郑立柱. 华北抗日根据地农民精神生活研究 [M]. 北京:人民出版社,2014:42.
[2] 王剑青,冯健男. 晋察冀文艺史 [M]. 北京:中国文联出版公司,1989:66.

时带动了更多文艺刊物的相继问世。[1] 到了1939年，各个地方的文艺刊物在根据地文艺队伍的壮大和文艺组织的建立下，随之大量出现，同年6月27日，《抗敌报》的副刊《文化界》创刊号报道了边区1939年文艺报刊的出版情况。据粗略统计，1939年至1942年，经常在根据地各报刊发表音乐作品的作者已达70多人。[2]《抗战日报》于1945年7月16日刊登了关于介绍临县柴虎圪塔妇女歌手周元保和她的歌子的文章。仅仅只在1944年冬就自己编了十三首民歌，共计六十四段歌子。[3] 晋察冀文艺界还十分重视民歌民谣等的搜集和整理，鼓励在相关刊物上登载。《晋察冀日报》《子弟兵报》《北方文化》等报刊成为经常登载歌谣的重要刊物。

在1938年到1945年期间，晋东南抗日根据地也有大量的报刊发行。例如，发行了《新地》，旬刊，新地社编，是《新华日报》华北版的文艺副刊。刊物中有相关抗战音乐及其他文艺内容的登载。它于1939年1月9日创刊，在发行了5期后，因为当时抗战条件等原因，于1939年3月29日终刊。

《新华文艺》作为《新华日报》华北版的增刊之一，也在晋东南创刊。此刊于1939年7月1日开始发行，由新华文艺社编辑，主要包含音乐、文学等多种文艺内容。后由于抗战形势的变化，于1939年9月15日终刊。仅发行了4期的《新华文艺》成为当时抗战宣传的见证。

《新华增刊》也是《新华日报》华北版的副刊之一，以周刊的形式发行，林火、石蕾等人担任编辑，于1941年3月21日创刊，同年12月23日停刊，先后共出版发行了32期。在出版期间，正值太行区根据地戏剧界演出《雷雨》《巡按》等知名剧作，所以增刊用较大的篇幅对此进行了报道，每期占据两版，约一万字。除此外，增刊中还有其他内容，如歌曲、对相关运动进行的讨论、张秀中等人的文章等。

---

[1] 晋察冀日报史研究会.晋察冀日报史[M].北京：人民出版社，1993:4.
[2] 齐峰，李雪枫.山西革命根据地出版史[M].太原：山西教育出版社，2010:114.
[3] 山西省文学艺术工作者联合会.山西文艺史料（第二辑）[M].太原：山西人民出版社，1959:285.

在晋西北抗日根据地发行的刊物有《文艺之页》《吕梁文化》等。其中，《文艺之页》是《抗战日报》的文艺副刊之一，于1942年1月17日创刊，晋西文联编辑，内容涉及文学、剧作、歌曲等。在发行不到4个月后，于同年5月7日终刊，共出版了14期。[1]

《吕梁文化》也是《抗战日报》的文艺副刊之一，对《抗战日报》的内容作了有益的补充。它于1943年3月6日创刊，根据地文社编辑，亚马担任主编。内容有诗歌、剧本节选、歌曲曲谱、美术作品等，共出版了16期，每期约5000字，李节、孙谦、西戎、束为等人经常为之撰稿。1943年9月30日停刊，先后共出版16期。

文艺报刊在短短几年的发展中，就有了较广范围的传播，为它奠定了在文艺传播工具中的重要地位。这一切，离不开文艺工作者在特殊战争环境中的坚守和对文艺报刊出版和建设的重视。他们将刊物看作是"边区文艺工作者保卫边区、保卫祖国、打倒敌人的共同阵地"[2]。能够发挥自己的所长，在这块特殊的"阵地"上发挥作用，成为每一个人的出发点和夙愿。他们更愿意在这个"小战场"上，为抗战胜利打几个漂亮的胜仗。正如《晋察冀日报》文艺副刊《鼓》的发刊词这样写道："我们这个文艺小刊物取名曰《鼓》，望文生义，显然不是供人玩赏的花朵，也不是骚人雅士辈舞文弄墨的场所，而是给我们边区广大读者以精神上的鼓励，使之从这里能够听到急剧的暴风雨似的'鼓'声，而倍增冲锋陷阵向敌突进的壮气；并更知所以咬紧牙关，再'鼓'一把劲，以准备反攻，度过黎明前的黑暗，取得抗战最后的胜利……我们的《鼓》，虽然篇幅有限，还是要努力做到使边区读者爱读而有所得，使敌人看了头痛、心惊、肉跳，而成为插在他心窝里的一把利刀。这也就是说，我们要使《鼓》成为在政治上、思想上教育边区群众与文艺工作者自己，因而更能发挥对敌思

---

[1] 山西省文学艺术工作者联合会. 山西文艺史料（第二辑）[M]. 太原：山西人民出版社，1959：37.
[2] 王剑青，冯健男. 晋察冀文艺史[M]. 北京：中国文联出版公司，1989：68.

想斗争的利器作用。"[1]

(二) 专业音乐刊物

专业音乐刊物是山西抗日根据地传播音乐、推动音乐创作活动开展、促进音乐作品数量提升的主要载体，它调动了音乐工作者创作的积极性，为音乐工作者提供了学习和交流的园地。

以晋东南抗日根据地为例，出于抗日宣传的需要，有一些文艺刊物在这里发刊，并通过它们传播到根据地军民手中。

《文化哨》是晋东南重要文艺刊物的一种，创刊于 1938 年 10 月，由王玉堂、郝汀等在沁水创刊。这一时期，正处于太行区抗日根据地建立初期，王玉堂等编辑在当时物资极为缺乏的条件下，克服困难，凭借着经营文化食堂赚来的极少的钱维持刊物的正常印刷与发行。《文化哨》的定位是月刊，在第一期出版时仅仅领到了一令纸。为了让刊物继续办下去，他们从第二个月开始以自给自足的方式筹集纸张、油墨等材料，发行数量从最初的每月 700 份，逐渐增加到每月 1800 份。刊物发行量提升后，为了使刊物能够更好地运营，在刊物出刊三期后，成立了编委会，由郝汀、王玉堂、王振华、陈大东、王书良、周化南等人担任编委。这些编委不仅为刊物的编辑工作付出劳动，他们还自掏腰包，捐出 40 多元，加上在长治成立的第二文化食堂的费用，使得刊物的发行量能够保证稳定。

《鲁艺校刊》是在晋东南抗日根据地一带创刊的独特刊物，于 1940 年创刊，是一种油印中型本。在创刊号上有朱德和彭德怀为之题的字，编辑有李伯钊、王玉堂、陈默君、蒋弼、肖芒、汪耀前、高鲁等人。在这个刊物上，刊登着各种文艺作品，有李伯钊、洪荒、伊林等人的剧作，有常苏民、海啸、朱杰民、李季达的歌曲等。如果出现作品篇幅较长的情况，则会单独再编诸如"鲁艺丛刊"之类作为补充。

《抗战生活》是山西长治太行文教出版社发行的有关抗战生活的综

---

[1] 王剑青，冯健男. 晋察冀文艺史[M]. 北京：中国文联出版公司，1989:68-69.

合性刊物，1939年4月1日创刊，最初为石印本。同年6月15日休刊，此时已经出刊6期，里面内容涵盖各种形式的文艺作品，均与抗战根据地的生活息息相关。1940年5月1日复刊，由最初的石印本改为了铅印、16开的大本。刊物编委会成员有何云、磐石、韩进、李伯钊、林火、杨献珍、孙泱、王玉堂、陈默君等人。《抗战生活》中经常编写文艺部分的人有袁勃、赵守攻、李伯钊、王博习、华山、王铁等。1941年12月，《抗战生活》与《华北文艺》合并后停刊，改为《华北文化》。

此外，还有专门为青少年创作的刊物。《青年与儿童》是一个综合性的通俗读物，于1940年创刊，由新华书店出版，编辑有孟奚、郑笃、杨俊等人。编辑们考虑到这一群体的特殊性，在内容编写的过程中尤为注重内容的表现，力求表达得积极向上、生动活泼、通俗易懂，让更多的根据地青少年能够喜欢这样的刊物。在编辑们的用心编写下，刊物发行顺利，涉及的内容深受青年与儿童们的欢迎，不仅起到了积极的宣传鼓励作用，而且帮助青少年树立起为国家存亡努力学习、积极参加抗日的决心。刊物在出版了很多期后，于1944年终刊。

此外，还有晋东南文化教育界抗日救国总会主办的《文艺轻骑》《敌后抗日小丛书》，1941年华北文艺出版社编辑、新华书店出版的《华北文艺》等刊物。

在晋西北抗日根据地，《西北文艺》是主要刊物，于1941年7月5日创刊，以月刊的形式由晋西文协分会编辑。最初是32开本，从第二卷起，变为大型的16开本。林枫、亚马、卢梦、李欣、莫邪、石丁、白嘉、鲍枫、穆欣、张熙等人经常为之撰稿，直到1942年6月15日停刊。[1]

此外，当时出版的还有一二〇师战斗剧社编写的《战斗文艺》（晋西北第一个文艺刊物）、晋西青联编刊的《青年文艺》、决死二纵队文艺工作委员会编印的《文艺丛刊》、决死四纵队文艺工作委员会编刊的《新

---

[1] 翟旭超. 晋西北抗日根据地抗战文学的兴起和发展研究[D]. 临汾：山西师范大学，2014:12.

地》、雁北军分区政治部编印的《洪涛文艺》等，均在一定程度上将当时的音乐文艺作品通过刊物的形式传播给根据地的群众。

各种音乐刊物，特别是抗战救亡歌曲集的出版，是山西抗日根据地歌咏运动中歌咏材料的主要来源。

1939年5月，为了发动根据地文艺工作者和军民们都能创作群众歌曲，更好地为根据地的群众歌咏运动服务，西战团音乐组创办了不定期音乐刊物《歌创造》（1943年5月停刊），共印发了近50期，发表歌曲400余首。《歌创造》是油印刊物，由周巍峙指导，劫夫任主编，何慧担任编辑、刻写，诗人、歌词作家方冰也参加了刻写工作。作为一个不定期的刊物，会因为稿件的多少而随时调整出版时间。稿件多时就出得多，少时则少出刊。每期的印数大约是一百多份，主要原因是一张蜡纸能清楚地印出一二百份歌篇。这些油印装订好的歌集，除了供本团演唱使用外，也会发往各文艺单位、兄弟剧社和学校。《歌创造》出刊后不久，也陆续收到各兄弟剧社、文艺单位寄来的油印歌集，一时间，晋察冀的音乐创作活动蓬勃地开展起来，为保卫根据地、建设根据地，配合各项斗争任务，产生了大量的歌曲作品，并涌现出许多优秀的作品和作曲家。[1]

《歌创造》的词作者很多，本团文学组的同志几乎都参与了这一工作，田间、邵子南、方冰、史轮、叶频、曼青、石群及剧作家贾克、田野等在进行诗歌、文学、剧本创作的同时，都写了大量的歌词。音乐组的同志在周巍峙、劫夫的影响和指导下，学习作曲的热情很高，大家边学边作，争相上阵，其中赵尚武、边军、张见、张敦、金戈、张海等同志在这一时期都写了不少歌曲作品，并刊登在《歌创造》上。初学者的作品，较之周巍峙、劫夫的作品，无论从质和量上，都是相距甚远的，虽然其中个别作品也曾公开演唱过，但毕竟水平有限，因而也就很难流传下来。1943年大"扫荡"时，文艺工作者们保存的资料和"坚壁"的物资一起被敌人挖出，全部焚毁，

---

[1] 晋察冀文艺研究会. 文艺战士话当年（二）[M]. 北京：文化艺术出版社, 1989:28.

从那以后就再也没有看到过这本刊物。

《歌创造》从创刊的那一天起，就紧密和当时边区的各项斗争任务相联系，这是革命斗争在一定历史阶段的需要，如果脱离了根据地的军事斗争、政治斗争、生产劳动、文化建设、军民团结以及宣传党的各项方针政策、歌颂党和领袖等，也就从根本上脱离了党和群众的需要，《歌创造》在这个根本性的问题上始终是坚定的。《歌创造》在组织创作时，也十分注意体裁、题材、形式、风格的多样性，大力倡导向民族民间音乐学习。这一时期，如劫夫的《歌唱二小放牛郎》《庆祝胜利》《天上有个北斗星》《提防鬼子来抢粮》等，都是向民间音乐学习后创作出的优秀作品，流传很广，深受群众欢迎。向民族民间音乐学习，可以使作品更加民族化、群众化，更深入、更广泛地为群众服务。[1]

西北战地服务团音乐组在1943年又与群众剧社音乐组合编了《群众歌声》，依然继续将优秀的抗战歌曲传播到根据地的各个地方。此外，其他文艺团体也在积极地进行音乐刊物的出版和发行工作，如文救会等团体出版了《大家唱》《大众唱》，刊物标题十分明确地表明了办刊的初衷就是为了让更多的群众歌唱；军区政治部出版了《连队歌唱》《连队音乐》，是专门针对连队广大官兵的歌曲刊物，以提升官兵的士气；抗敌剧社出版的《我们的歌》，还有许多文艺团体出版的《冲锋歌声》《火线歌声》《七月歌声》《战线歌声》等，在丰富根据地音乐文化的基础上都起到了积极的宣传动员作用。[2]

1940年7月，晋察冀军区第三军分区冲锋剧社创办了音乐刊物《冲锋歌声》（此刊一直坚持到1945年）等。1943年—1947年间，亚欣同志曾编辑出版了《晋绥民歌》《九腔十八调》《寺院音乐》等书籍。李桐树同志于1945年日寇投降前后，创作发表了一系列群众歌曲《立功歌》《练兵歌》《加油练》（皆为作曲）等；抗战全面胜利后，又立即创作了《朱

---

[1] 晋察冀文艺研究会. 文艺战士话当年（二）[M]. 北京：文化艺术出版社，1989：28-29.
[2] 王玉芹. 论晋察冀抗日根据地的音乐文化建设[J]. 沈阳师范大学学报（社会科学版），2010（7）：146.

德司令下命令》《不缴枪就消灭他》（作曲）等歌曲，发表在《抗战日报》上。

晋西音协出版的《晋西歌声》，重点围绕晋西区开展的学校机关中的歌咏运动，为之提供歌咏材料。战斗剧社《战斗歌声》音乐刊物的出版，不仅为音乐作品提供了较广阔的发表园地，也为创作人才的成长起到了积极的推进作用。

在这样的刊物中，主要以宣传为主，抗战音乐作品占据主要地位，有的刊物甚至将发布、传播抗战歌曲作为办刊的目的与出发点。

（三）曲谱

出于根据地人民对当地民歌长久以来的特殊情感，为了发挥民歌在山西抗日根据地宣传工作中的作用和强大的影响力，根据地加大了对民歌的重视程度，鼓励音乐工作者们创作抗战民歌，同时对之前的民间歌曲开始进行搜集与整理。特别是在中国民间音乐晋察冀分会于1944年9月成立以后，音乐工作者们对山西民歌进行了大量的收集和整理工作。同时期，根据地出版社还出版了一批由著名诗人和文艺团体搜集整理的民歌选集，如田间的《民歌杂抄》、袁同兴的《抗战谣》《俚曲短唱》等。此外，一些音乐工作者还将所收集的民歌进行了编辑油印，如群众剧社音乐组与七月剧社的唐诃、丁辛共同编辑油印了两册《晋察冀边区民歌选》。在新民歌的推行方面，《晋察冀日报》《子弟兵报》《五十年代》《北方文化》等报刊经常刊登新的民歌、歌谣；华北联大文艺学院、西战团等都做过新民歌的搜集工作和对曲谱的记录整理。山西各个根据地在1944年左右还先后对山西梆子音乐曲谱、眉户曲谱、道情曲谱和民歌进行了细致的整理。

二、其他媒介传播

1. 非正式出版物的发展

为了更好地在根据地开展相关宣传工作，在正式出版报刊的同时，一些非正式的出版机构努力克服出版上的困难，油印发行文艺小册子。这种在战时环境特有的现象，迅捷、及时地供给边区人民以文艺食粮，其社会作用是巨大的，如边区文救会、华北游击宣传大队、战地社等文艺团体出版油印的歌曲集《五月的歌》《参加保卫麦收》《在太行山上》等。[1]随着边区出版物供求量变大后，1940年—1942年，边区文联文化供应社、边区文协、边区音协、华北联大文艺学院及其文工团、西战团、火线文艺社及各剧社等，翻印、出版了大量文艺图书，如周巍峙的《音乐创作论》等。

另外，晋察冀日报印刷厂、各专区文艺团体、边区各剧社文工团、联大文艺学院以及各地政府，除制作了无以计数的传单、歌片、墙头画、街头诗等，还编辑翻印了大量艺术教材、舞台脚本、通讯报告选集、诗集、单行本小说、木刻集、漫画集、连环画小册子、乡艺作品、鲁迅纪念特辑等书籍。在经过1942年边区形势恶化，文艺出版沉寂一段时间后，又迎来了文艺出版的新的发展跳跃。各种文艺新书令人眼花缭乱，但一些出版物却格外引人注目，如张庚编辑的《秧歌剧集》一、二、三集，赵树理的《李有才板话》，贺敬之的歌剧《白毛女》等。

2. 新民谣的出现及刊印

非正式出版物的快速发展，丰富了根据地军民的精神文化生活，成为我党宣传工作的有益补充，在一定程度上发挥着重要作用。但是，我们的宣传队绝不会止步于此，他们在各自擅长的领域有了进一步的创新。《海燕》的创刊，揭开了边区诗歌运动的序幕。[2]在一大批文艺工作者的发起下，边区诗歌运动形成了大发展的局面。新诗社的成立，新诗刊的创办，新诗歌的形成……边区文化态势喜人。以田间为代表的边区文艺工作者，在积极创作的同时追求创作的大众化。他在1939年5月就曾写过专门文章谈"新民谣"的创作问题，曾创作《一九四〇年民谣》《太原谣》等民歌体作品。同时，随时随处注意民歌民谣的搜集，并出版过《民歌杂抄》一书。[3]

---

[1] 王剑青，冯健男. 晋察冀文艺史[M]. 北京：中国文联出版公司，1989：69-70.
[2] 王剑青，冯健男. 晋察冀文艺史[M]. 北京：中国文联出版公司，1989：80.
[3] 王剑青，冯健男. 晋察冀文艺史[M]. 北京：中国文联出版公司，1989：91.

质朴的群众语言，熟悉的韵律，那些直接脱胎于民歌民谣的新民谣，能更好地融入百姓，有了很好的传播效果。一段时间内，创作新民谣在根据地文艺工作者中蔚然成风。田间、邵子南、魏巍、林采等人，都通过新民谣的方式来形象地表现根据地群众的生活，直白地宣传抗日民主思想，众多作品在内容上都呈现出"恨、怒、喜多于忧郁"[1]的特点。

一方面，新民谣对民族敌人和阶级敌人进行控诉，对国民党反动派制造摩擦、欺压百姓的鬼蜮勾当给予揭露，唱出：

"兵农合一"聚宝盆，聚来聚去没有人；
种地的人少了，地荒了；
打仗的人少了，跑光了。
地为什么荒？种地的吃不上自己种的粮；
兵为什么跑？不打日本光打自己的同胞。[2]

还有这样的传唱：

往东米粮贵，往西棒子队。
活着不能过，死了棺材贵。
开个铺子吧，顶不住阎锡山的印花税。

这些新民谣多是陈述性的，抓住事实，三言两语就写出了民族敌人和阶级敌人的丑恶灵魂。字里行间，渗透着人民群众的恨和怒的情绪。[3]

另一方面，新民谣又对坚持抗日的八路军和边区人民给予了褒扬。边区建立以后，人民群众打破了旧的局面，组织起来站岗放哨、拥军优先、参军支前、打游击反"扫荡"；开荒治难、变工互助、减租减息，争当劳动英雄；民主选举、读书识字，实行男女平等、婚姻自主……如《老百姓拥军歌谣》就在点滴的细节中体现出百姓对八路军的爱戴：

小小鸡蛋圆又圆，一个能值二百钱。

---

[1] 王剑青，冯健男. 晋察冀文艺史[M]. 北京：中国文联出版公司，1989：163.
[2] 王剑青，冯健男. 晋察冀文艺史[M]. 北京：中国文联出版公司，1989：163.
[3] 王剑青，冯健男. 晋察冀文艺史[M]. 北京：中国文联出版公司，1989：164.

> 不舍吃，不卖钱，一天一个慢慢攒。
> 一罐米，半罐糠，鸡蛋就在里边藏。
> 恐怕小孩打坏了，小罐放在炕头上。
> 一天攒一个，两天攒一双，攒多了送前方。
> 同志吃了身体壮，好打胜仗保家乡。[1]

这些新民谣经常被刊登在报刊上，还会被收录到歌集中出版。如田间的《民歌杂抄》收入歌谣59首，边区政府教育处油印出版的《抗战谣》收入歌谣百余首。

3.演出活动的理论研究

霸王鞭是根据地群众十分喜爱的一种演出形式，特别在逢年过节的时候更是随处可见。这种表演形式引起了根据地文艺工作者们的注意与重视。抗敌剧社的舞蹈队曾在郑红羽的指导下，根据旧有形式创造出儿童集体舞的新形式霸王鞭，随后很快在各地儿童团、小学校中推广开来。[2]

被改编后的霸王鞭，根据地的文艺工作者们不仅重视其演出的形式，更重要的是还加强对这一演出形式的理论研究。抗战剧社的田华、华江曾编写了《霸王鞭初步》，并在晋察冀出版社出版。群众剧社的张血星（即张学新）、张血明、齐玉珍和齐登荣在他们指导霸王鞭活动的基础上，发表专文《谈"霸王鞭"》。文章的刊登，对根据地霸王鞭活动的开展和宣传效果、表演水平的提高均起到了积极的推动作用。[3]

1942年5月，华北联大文工团的同志们在长期参与排练与演出的基础上，出版了与表演相关的艺术论著。主要有：《斯坦尼斯拉夫斯基演剧体系》《演员自我修养》《演技六讲》等。[4]

霸王鞭的传播仅仅是根据地诸多艺术演出形式的一种，文艺工作者们不仅注重演出形式的创新、编排与构想，他们还会通过出版刊物、发

---

[1] 王剑青，冯健男.晋察冀文艺史[M].北京：中国文联出版公司，1989：166.
[2] 王剑青，冯健男.晋察冀文艺史[M].北京：中国文联出版公司，1989：542.
[3] 王剑青，冯健男.晋察冀文艺史[M].北京：中国文联出版公司，1989：543.
[4] 晋察冀文艺研究会.敌后的文艺队伍[M].内部读物，1986：65.

表文章等方式,将自己的所思所想在根据地广大军民中广泛传播。

根据地文艺工作者合理利用了论文刊载、出版报刊、印制歌曲集等这些书面传播的媒介,使得根据地音乐传播在一定程度上取得较好的效果。[1] 传播过程打破了传统的受众被动接受的模式,变为积极主动地接受,同时有着很强的参与感,激发了民众的热情,使得抗战音乐的大众传播效果发挥出重要的作用。

三、大众传播的特点

无论是报纸还是刊物,它们从创作到出版的整个过程,遵循面向大众的原则。换句话说,面向大众就是他们的办刊方针。

1. 面向大众

对于刊物而言,最重要的问题就是要把握住对象。只有把握住对象,才能更好地感受读者内心的真正需求和想法,最终形成共鸣。在抗战时期,刊物的读者对象就是根据地的群众和战士们。为了适应广大群众和战士较低的文化水平,无论是诗歌、小说,还是音乐作品,在篇幅上都较为短小,方便识记和传播;在内容上尽可能做到通俗易懂,让群众可以很直观地理解其中要表达的意思;在主题的选择上,尽可能接近群众的生活和群众喜爱的主题内容,让大家在阅读的过程中建立亲切感。毛泽东在《论持久战》中对国统区的宣传工作做了批评,他们严重脱离群众,所以群众对他们的宣传作品反应不明显,甚至出现了隔阂状况。针对这一现象,毛泽东在《反对党八股》一文中提到:"新鲜活泼,为中国老百姓喜闻乐见的中国作风和中国气派。"这一观点的提出,为我党根据地创作作品能够紧密联系群众指出了发展的方向和思路。所以,根据地的文艺创作要面向大众,成为每个文艺工作者必须坚持的原则。

---

[1] 曹玲玉. 论中国抗战音乐的伦理价值[D]. 长沙:湖南师范大学,2014:105.

在《新华日报》(中华民国二十八年四月二十三日第四版)这一版面中,我们看到了多种文艺形式。尤其是《敌后方》的发刊词,将文艺工作者的初衷直白地说了出来:"我们在敌后方发出这个'敌后方',为的是要告诉敌后方一万万的华北人民,在敌后方,我们不但有着中国人民说话的报纸,而且还有这样的副刊;为的是要告诉我们的敌人,中国人民在敌后方仍然过着各种各样的文化生活,而且服从于抗日救国的总任务;为的是要告诉全世界全人类,中华民族的文化是不能征服的,中华民族也是不可屈服的。因为,中华民族及其文化,在更艰苦危险的环境中,就更能够发出巨大的光辉与不可战胜的伟力。'敌后方'发刊了,草创伊始,想来难免贫乏,但我们深信,广大的读者是喜欢它的,我们的敌人——日寇汉奸卖国贼是仇视它的,因为它是属于敌后方一万万中国人民所有,是战斗的金鼓、战斗的号角、战斗的旗与剑。因此它将与一切歪曲我们的民族思想,一切'妖言惑众'的理论,作坚决的斗争。它必将坚决维护一万万人民以及全民族的利益。敌后方的一切都是在战斗中生长的,'战争'是'敌后方'的全部内容。我们衷心感谢千万读者的深情!……"一篇发刊词,让我们了解到它的出发点和最终的目的——它就是面向大众、为了大众的,通过刊物的发表和传播让更多的中国大众能够联合起来,借助文化的力量来共同抵御日寇,将抗战坚持到底。

办刊的出发点要面向大众,刊登的内容和形式也要面向大众。在这一版面中,《抗日军风纪歌》没有出现简谱,仅仅用歌词做了体现。简短的几句歌词高度概括了抗战军风的要求,旨在通过歌词的传播,让战士们在唱歌中很快记住对军风、军纪的要求,并且让群众通过简短的歌曲,了解八路军对每一个战士的具体要求,加深对八路军的认识和信任。

第五章 山西抗日根据地音乐的社会传播

中华民国二十八年（1939）四月二十三日《新华日报》第四版

2. 注重时效

在根据地出版的刊物中，特别是报纸，有着较强的时效性。这就要求文艺工作者在刊物上发表作品时，从作品的创作到主题的选择需要考虑时效性。

首先是政策的时效性。共产党在带领群众坚持抗战、建设抗日根据地的过程中，是有计划进行的。政策的制定也会随着战争形势的变化而随时发生改变。文艺作品作为政治动员的有效宣传方式，也需要根据政策的调整和变化，及时地给予相应的宣传。

《武装保卫秋收》是晋东南边区的文艺工作者们积极响应党的号召，

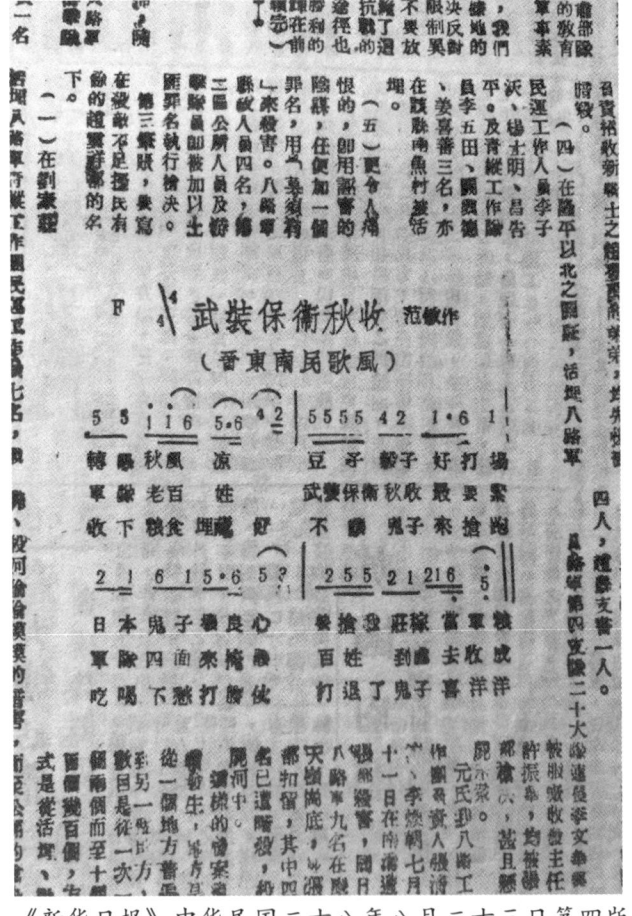

《新华日报》中华民国二十八年八月二十三日第四版

在秋收之际，动员当地群众抓紧投身到秋收中，不让一粒粮食落入敌人的口袋里，以有效地防止敌人对我们的掠夺。简短的三段歌词、六句话，阐明了我们为什么要武装保卫秋收和如何武装保卫秋收，让根据地群众可以很直接地明白党和政府号召的出发点，懂得武装保卫秋收的重要性。

作为抗战时期重要政策之一的"精兵简政"政策，是我军战胜敌人的法宝之一。但是在最初的推行过程中，因为根据地军民对其理解得不到位，所以遇到了一些障碍。为了及时有效地将这一政策宣传好，在抗日根据地左权，将政策以歌曲的形式在报纸上进行宣传，加大了传播范围，使军民可以快速正确地理解政策的内涵，有助于这一政策在当时的顺利推行。

左权抗日民歌《精兵简政》：

部队要整顿，质量要求精，身体要健壮，打枪要准，
　　打起呀仗来一人顶十人，个个真英勇。
后方各机关，机构要改编，抽调那老干部他去生产，
　　加强呀劳动力减轻负担，克服了困难。
抽调好干部，轮流训民兵，训练好民兵配合正规军，
　　到处呀开展游击战，共同打敌人。
团体和机关，尽量要简编，站好了岗位做事不偷闲，
　　免掉那形式抓紧时间，人人都尽力。
不必要的会议，尽量要少开，爱惜那光阴按时一齐来，
　　布置了工作马上就散开，时间不浪费。
工作要认真，制度要执行，自上而下大家一条心，
　　多做那事来少用人，任务要完成。[1]

其次是某一具体事件的时效性。如在 1941 年 7 月 7 日，晋冀鲁豫边区临时参议会在辽县桐峪镇召开，彭德怀副总司令应邀在大会上作了《目前形势与抗日根据地的各种政策》的报告；18 日，大会决议成立晋冀鲁

---

[1] 左权县文化馆. 桃花红 杏花白[M]. 北京：新星出版社，2004：157—158.

豫边区政府；30日，选举申伯纯为议长；31日，选出边区政府主席杨秀峰。8月15日，大会胜利闭幕，会场设在辽县桐峪镇三民校。[1] 为了庆祝边区临时参议会的召开，王恕先、阎濂甫创作了《庆祝边区临参会》：

> 七月里来百花开，边区人民笑微微，
> 纪念抗战四周年，成立边区临参会。
> 七月里来百花香，临参议会聚一堂，
> 为了建设根据地，代表人民把事商。
> 七月里来好风光，民众欢呼又鼓掌，
> 庆祝大会胜利了，祝愿议员都健康。[2]

边区临时参议会召开的消息和内容，通过歌曲的形式在报纸上刊登，能够让更多军民了解会议召开的意义，及时获取我党的会议精神。

四、大众传播的作用

1. 对有效传播内容的选择

抗战歌曲是较为宽泛的词语，它包含了一切关于抗日战争题材的歌曲。但是，根据主题、形式等的不同，抗战歌曲在传播过程中也会发挥不同的作用，产生不同的效果。作为报纸、音乐杂志等，在印刷前必然要对所刊登的内容等有所选择，因为它直接关系到最终传播的效果。

《晋察冀行军》是一首典型的进行曲，刊登在报纸上。报纸上为数不多的版面选择这一首歌曲，为的是鼓励士兵们英勇抗敌，为了新中国而战。

歌曲内容的选择，为根据地群众配合抗战作了指引，帮助群众直截了当地了解抗战宣传内容，极大地提升了传播效果和影响力。

---

[1] 晋冀鲁豫边区临参会[DB/OL]. 百度百科（2012-6-16）[2020-12-8]. http://baike.baidu.com/view/8811085.html.
[2] 左权县文化馆. 桃花红 杏花白[M]. 北京：新星出版社，2004:173.

进行曲《晋察冀行军》

2. 对山西传统音乐的传承

音乐刊物的出版实现了山西抗日根据地音乐特别是歌曲的传播与推广。

在以抗战歌曲为主的山西抗日根据地，绝大多数歌曲是围绕当地的民歌进行创作的。这样的创作一是可以在短时间内快速创作出较多的抗战歌曲，及时满足我党宣传工作的需要。"旧瓶装新酒"是当时主要的创作方式，即在原有当地民歌的基础上，保留原曲调，将要宣传的内容改编成歌词填进去，成为新的抗战歌曲。二是便于歌曲在传播过程中，群众可以快速地接受。这一创作思路，是建立在山西抗日根据地群众的文化水平的基础上。当时的群众，农民占据主体，多为文盲或半文盲。为了能够在教唱和传播过程中使群众较快地接受并识记歌曲，选用群众熟悉的曲调便成为首选。熟悉的曲调不但增加了群众对它的亲切感，而且可以不用考虑因新曲调造成教唱的不方便以及教唱过程中出现跑调等错误，给传播带来便利。三是当时音乐工作者创作水平的需要。抗日根据地建立后的一长段时间内，专业音乐工作者相对匮乏，当地的业余音乐工作者占据了多数。他们不懂作曲知识，不识简谱，所以创作多是在熟悉的曲调上对歌词进行改编。正是因为当时各种客观条件的约束和限制，使山西民歌在音乐工作者的改编下得以更大范围的传播。在传播的过程中，一首首山西传统的民歌被保留下来，有的甚至被一代又一代人传唱。

除了抗战歌曲外，还有多种音乐形式在传播，如秧歌、歌剧、合唱以及多种曲艺等。这些音乐形式是对抗战歌曲的有益补充，极大地丰富了当时根据地军民的文化生活。为了让群众喜闻乐见，起到较好的宣传效果，这些音乐形式也是在当地各种音乐形式的基础上建立起来的。特别是《在延安文艺座谈会上的讲话》发表后，根据地的音乐工作者们更是扎根于群众之中，从群众的角度去理解和感受音乐艺术。因此，群众喜爱的传统音乐形式就成为每个音乐工作者在创作时需要考虑和引用的素材，道情、小花戏、传统秧歌、霸王鞭、鼓词等成为他们首选的内容。正是由于传统的音乐形式与抗战题材相结合，使其在抗战中发挥了重要的宣传教育作用，同时在传播过程中被长久地保存下来，成为我国珍贵的文化宝藏。

报刊、杂志等媒介的编辑有针对性地对以上内容筛选后，将体现党的方针政策、根据地建设、抗战宣传等内容的歌曲刊登出来，不仅实现了宣传作用，同时对当地民歌以及其他传统音乐也是一种保护和传承。

3. 对传播群体的正面引导

抗战歌曲通过报刊、杂志等进行传播，直击每个中国人的内心，唤起了每一个中国人强烈的救亡图存的决心。在传播中，每一首歌如同一枚武器，让日寇、伪军、汉奸等胆战心惊。报纸、杂志上刊登的每一首音乐作品，不仅是山西抗日根据地音乐工作者的创作成果，更是这段历史的记录。通过报刊等媒介的传播，不仅传播了音乐作品的内涵，更重要的是在鼓舞军民抗战士气的同时，承担了引导与教育的作用，为广大军民对抗战的认识和学习提供了素材，实现了宣传性和教育性相结合，也为之后的根据地音乐教育奠定了基础。

第六章
山西抗日根据地音乐传播与文化活动

山西抗日根据地音乐，在完成抗日宣传动员工作外，还是当地群众自娱自乐的一种重要形式。尤其是在传统节日，更为突出。

第一节 春节的音乐传播活动

中国人历来重视传统节日，全家在节日这天共同庆祝，象征着团圆兴盛。所以，传统节日不仅要有美食，还得营造快乐的气氛。在中国的几大传统节日中，春节是所有中国人最为重视的。

一、春节前音乐传播的准备

根据地群众虽然受到敌人的疯狂进攻，但是在春节期间还是尽可能地欢度春节。1942年，在晋冀鲁豫边区，当地群众在抗日政府、子弟兵的保护下，过着相对太平的日子。这个太平日子离不开共产党提前带领当地群众所做的大量工作。

1. 春耕

民以食为天，能够吃饱肚子是根据地每一个人最美好的愿望。为了能保证根据地农民有好的收成，春耕工作至关重要。所以，当清明还没有到的时候，边区政府就开始规划春耕工作，而鼓励广大群众积极投入到春耕中，是首要任务。为了不耽误春耕，八路军战士们自己背着粮食和柴火来到了田间地头，帮助大家耕种。同时，银行还专门向群众发放春耕贷款，解决了一部分农民的燃眉之急，保证所有的人都可以如期春耕，保证了秋收，为冬天能吃饱肚子打下了基础。[1]

2．民主选举

结束了热闹的春耕，边区政府会在夏季群众不忙的时候开展民主选举活动，让根据地的群众通过投票产生自己的组织，让群众感受到自己的事情自己做主的愉悦。通过选举，也使群众懂得了何为民主，摆脱了几千年来受封建专制压迫带来的苦闷与无奈，从此过上自己的生活自己主宰、自己当家做主人的幸福、民主生活。甚至晋冀鲁豫边区政府的成立，都让百姓的代表们替大家投出宝贵的一票，其他重大事情的决策也会通过大家投票产生。这样的事情让群众再次感受到共产党可以无比依赖。

3．上冬学

在晋冀鲁豫边区，绝大多数人是农民，这些农民因多年受封建势力的压榨，生活困苦不堪，没有接受教育的机会，或接受得很少。文盲、半文盲就是当时群众的受教育状态。为了让更多的人接受教育，懂得一些道理，增长见识，共产党积极组织教学活动，让一些有经验的人担任教师，为群众讲授各种知识。经过一段时间的学习，很多农民能够认识一部分字，能看懂报纸杂志上的一些内容，不再是"睁眼瞎"。[2]

4．抵御日寇

在不断学习充实自己的同时，根据地群众还不忘时刻防备敌人，特别是防御敌人进犯。果不其然，日军得知群众有了好的收成，想在年底进行大规模的"扫荡"，不让群众热热闹闹过年。发生于此时的黄崖洞大战、齐庄伏击战等不同的战争，让日军死伤严重。敌人尝到了群众的厉害，不敢轻易进攻，这也为根据地群众可以安心过春节起到了一定的作用。[3]而这一切，是共产党提前运筹帷幄的结果，更是八路军战士鼎力相助的

---

[1] 太南区旧历年关文化娱乐运动委员会．怎样过春节[A]．民国三十一年．G1-73（1）．
[2] 太南区旧历年关文化娱乐运动委员会．怎样过春节[A]．民国三十一年．G1-73（2）．
[3] 太南区旧历年关文化娱乐运动委员会．怎样过春节[A]．民国三十一年．G1-73（2）．

功劳!

在各方面准备妥当后,根据地群众终于沉浸在过春节的喜悦中。

二、过春节

作为万象更新的春节,人们为了图个好彩头,所以极为重视。一是为了结束忙乱了一年的辛苦;二是趁着新年将一切美好的事情迎来,算是心中美好愿望的寄托。所以,在这几天大家都会进行清洁大扫除,以新的面貌迎接新春。同时,人们会在街上购买春泽图、四季花之类的年画,张贴在家里作为点缀,使家变得更有生气。

此时,群众也开始积极筹备新春的各项活动。在往年,人们大多是喝酒、赌博,在一起虚度时间,既耗费精力,精神面貌也很是不好。现在,在共产党的领导下,边区会通过举办各种文化娱乐活动来提升过节的喜庆气氛。娱乐的项目很丰富,有唱戏、踩高跷、闹秧歌、耍故事、提花灯、闹八音会等。为了配合抗战宣传的需要,以上娱乐形式中都会融入抗战救国的内容,顺便提高了老百姓的思想认识。

1. 庆祝新春全村团结日

"一夜连双岁,五更分二年"。除夕之夜对于大家而言是连接旧的一年和新的一年的关键性的晚上。所以,在这一天,大家都会在雄鸡打鸣时就起床,收拾打扮妥当,以全新的面貌迎接新的一年到来。家里有小孩子的,还争着要先开门点"一年火",寓意着一年红红火火,蒸蒸日上。此时,边区的村庄被热闹的鞭炮声所笼罩。吃过早饭,人们出门了。见面后,大家拱手的同时还说着"抗战胜利""增加生产"之类的吉祥话。因为有了大家的团结、齐心协力,才换来春节时的安宁、欢乐。为了让大家意识到团结的重要性,就把初一到初五这五天叫做"庆祝新春全村团结日"。为了使这个庆祝新春全村团结日更有意义,在年前就已经开始做一些准备:一是将全村会耍故事的人都集中到一起,先进行一次大演习,提升每个人的熟练程度。二是在正月初一这天后响,等到大家都拜年结束后，全村人集中到村中一个开阔的地方开个会，然后大家一起闹一闹故事，再进行团拜。这就成为"庆祝新春、全村团结"的好办法。三是在会上，除了闹故事以外，还邀请有经验的知识分子给在座的群众讲一讲未来怎样开展全村的工作，怎样更好地增进大家的团结。[1]

2. 军民联欢会

从初一到初五，群众一直在快乐的闹故事等娱乐活动中度过。到了初六，大多数群众走亲访友都已结束。此时，周边几个村子的老百姓和当地的军队就聚集在一起，举行盛大的军民联欢大会。这样的大联欢从初六一直持续到初十。

这样做的意思大家都明白：边区子弟兵——八路军一二九师是边区人民的子弟兵，军民本就是一家。一家人在这新春时候就应该一起联欢。军队一年来打了不少胜仗，保卫了根据地，保卫了咱们的家乡；老百姓一年来努力生产，实行民主，组织地方武装。值此新春佳节，咱们老百姓和军队真该在一块联欢联欢，互相庆贺一番，这就该：一是先在全村老百姓和军队里进行一番深入的政治动员，使每个人都了解这做法的意义；二是军队和老百姓甚至是东村和西村的老乡，预先约定个地方，举行联欢会；三是募捐些东西，筹划些礼物，在大会上互相送礼，庆贺新春；四是村上的故事和军队的故事，可以到大会上去耍一下、献一手，也可以到附近各村去耍个来回，互相比赛，高高兴兴闹一番；五是在会上除了闹故事以外，还可以由干部简单讲几句话，说说眼前抗战的大事和今年咱们军民共同奋斗的方向。[2]

一场规模盛大的新春军民联欢会，赋予了春节新的内涵和意义。在参与的范围上较以往更大，扩大到全区的老百姓和当地的军队；在组织方面更为周全，不仅考虑到联欢的细节，更将前期的政治动员提前做到位；在联欢内容上，不仅仅围绕新春的主题，更重要的是将抗战的内容引入

---

[1] 太南区旧历年关文化娱乐运动委员会. 怎样过春节[A]. 民国三十一年. G1-73（5）.
[2] 太南区旧历年关文化娱乐运动委员会. 怎样过春节[A]. 民国三十一年. G1-73:5-6.

其中，军队的故事、干部的政治讲话等成为其中一项内容，让群众在娱乐中继续提升抗战意识。看似一场军民联欢会，实则更是一场统一军民思想意识、更大范围内联系群众的政治动员大会。

3. 拥护边区政府，呼唤团结，准备反攻日

从初一开始的小规模庆祝新春，再到持续五天的军民联欢活动，春节欢乐的气息一直在持续。真正的"红火"是在元宵节，所以从正月十一到十五会有更大规模的活动项目。在大家的讨论下，决定组织"拥护边区政府，呼唤团结，准备反攻日"活动。之所以在元宵节之际组织这样的活动，是因为边区政府自成立以来颁布了不少好的法令。这些法令的实施，给老百姓带来了无限的好处，受益很大。对于这样好的边区政府，没有不拥护的理由。与此同时，从抗战到今天，形势逐渐在好转。国民政府对日、德、意进行了正式宣战，蒋介石发表了告全国军民书，但是仍然会有一些不明大义的群众，不专心、不诚心去对待抗日，甚至还有少数人居然亲近德日分子，在内部做着挑拨捣乱的勾当。为了让更多的人认识到这一点，为了抗战的早日胜利，所以在元宵节前进行一次全县人民拥护边区，呼唤团结，准备反攻的大会。[1]

为了将这样一场大会办得有效果，需要在以下方面进行努力：一是县一级的年关文化娱乐筹备委员会应该事先选择一个适中的地点，然后通知各村的剧团或文艺团体等，在元宵节当天都在指定的地方集合，按照指令进行游行和竞赛活动等。二是各个村的剧团或者文艺团体要早一些为此次活动做准备，鼓励、动员各个村里的大戏、秧歌、故事等尽可能地都来指定的地点参加全县的竞赛，同时动员村里的男女老少去观看，提升人气。参加火炬游行的人每人需提前准备一个火把，其他到场的人要是能准备一个红色小旗子，上面写上此次活动的口号就更完美了。三是元宵节的当天，所有的"故事"都集合在一个地方，热烈地进行竞赛。筹备委员会进行主持，

---

[1] 太南区旧历年关文化娱乐运动委员会. 怎样过春节[A]. 民国三十一年. G1-73:7.

评判委员会由每村派出一名代表参加。竞赛根据演出的好坏决出最终的胜负，并当场进行奖励。四是在元宵节当晚举行火炬游行活动，各村的八音会、锣鼓等均要参加，以提升当晚游行的气氛。大家在举起火把后，高呼口号，沿着最近的村庄绕行一周；还可以手工制作一个日本法西斯的东西，在游行结束后将其用火烧掉，寓意日本法西斯的灭亡。五是在元宵节这一天，还可以请当地的军政首长或者有威望的士绅名流进行讲话。通过他们的讲话，来宣扬边区政府的政绩，同时呼吁大家团结一心，号召大家要加强地方武装，准备春耕，增加生产，咬紧牙关共同渡过胜利前的困难阶段，积极实行反攻，争取抗战最后的胜利！[1]

4. 娱乐的具体方式

在初步制定了春节期间要进行娱乐的形式后，为了使每个项目都能取得较为热闹的效果，还需要对其中的细节，包括使用什么样的活动方式进行再研究。这是个大的问题，因为这个问题直接关系到整个活动的效果，所以在必要的时候就要求助一些专家、一些有经验的群众，特别是上了岁数的人。他们见多识广，知道的花样不少。可以想到的几个花样是：利用装饰提升过节的气氛，如对联、年画、门画等的张贴，让整个村庄甚至边区更有过节的喜庆气息；唱大戏、闹秧歌、耍故事等是老百姓最为喜爱的娱乐形式，过节期间必然要投其所好，让大家开心快乐地观看；八音会、提灯等形式可以将过节的氛围推向更高涨的程度；（玩）高跷、打拳、耍龙、捉哈婆、（跑）旱船、（演）太平车等形式会让很多群众有想要参与其中的欲望，在一定程度上提升了群众的参与度，过节自然会更热闹。[2]

三、具体的娱乐方式

1. 八音会

说到闹杂耍、玩故事，人们会很自然地联想到八音会。八音会作为

---

[1] 太南区旧历年关文化娱乐运动委员会. 怎样过春节[A]. 民国三十一年. G1-73:7-8.
[2] 太南区旧历年关文化娱乐运动委员会. 怎样过春节[A]. 民国三十一年. G1-73:9.

我们老祖先流传下来的艺术形式，是中国独有的，更是我国民族民间文化的代表之一。这种形式早已深深烙在每个群众的心中，在抗战以前，每每到了腊月，人们在不忙时都会练习一下，为的是能够等到正月里在全村人面前显摆一下，得到人们的掌声与喝彩。八音会在很多年的流传中，不知不觉地被人们认为是春节必备的娱乐方式之一。随着抗日战争的爆发，战争形势的加剧，由于国难当头、个人安危等原因，群众逐渐无心去弄八音会了。随着抗日战争胜利曙光的接近，群众又渐渐有了兴致，八音会再次出现在人们的视野中，出现在春节等重大传统节日或是特殊的场合中。如在欢送新战士的大会上，有些八音会吹得十分好听。在春节，更得趁着热闹好好弄一番。为了保证八音会有好的效果，需要提早做好以下工作：

首先是对乐器的准备。家里有乐器的需要提早拿出来收拾好，锣锤不好就找块布来缠一下，笙不响就让懂的人修理一下，胡琴不好就买块黄香，总之要提早将需要的乐器进行打理，确保正式演出时可以顺畅使用。第二是八音会需要演出的人相互磨合与配合，因此要提早组织演出人员进行预演，加强演出的熟练程度。第三是过去的调子有很多，如老八板、花腔、万年花、正反西皮二黄、五声佛、戏牡丹、贵妃出浴、燕双飞等，可以继续使用原有调子，而将原有唱词结合当前的政治形势进行改编，或填入新的歌词，以起到较好的宣传效果。第四是要紧密结合主题，无论何种调子，都要以歌颂根据地的繁荣、边区政府一心为民、抗日战争的胜利为主。第五要进行夜间演练，主要是对夜晚进行提灯游行路线的提前布置与规划，确保安全，还有提早在灯上写好标语或者灯谜，一切围绕的主题与上面一项的内容一致。[1]

2. 玩高跷

玩高跷通常是和八音会一起进行演出的，夜间进行的效果会更好一些。只要锣鼓一响，笙笛一吹，就会立刻吸引很多的群众纷纷围过来观看。

---

[1] 太南区旧历年关文化娱乐运动委员会．怎样过春节[A]．民国三十一年．G1-73;10．

尤其是小孩、青年和妇女，更是喜爱高跷，都会争先恐后地紧紧跟着玩高跷的队伍。因为家里要留人，通常留下的那个会皱着眉、噘着嘴，十分不情愿的待在家里。有的因为看不到高跷表演在家生闷气，有的甚至在家里哭泣。在之前的高跷演出中，通常演出的是历史题材的内容，如长坂坡、东门会、打金枝等，随着战争形势的发展，这样的题材越发显得不符合实际，也不符合群众的审美。更严重的是，这样的内容群众看多了以后会从思想上加深封建思想，不利于积极进步。所以针对这一现象，就要在玩高跷的内容上提前做工作，最直接的办法就是"旧瓶装新酒"，保留原有曲调和形式，加入新的主题内容。例如选取一些内容提早进行排演，有好男儿参军、母亲送儿打东洋、妻子送郎上战场、二十六国联合打日本、民选好村长等较为生动、典型的故事。这样一来，更能凸显主题，振奋群众。此外，鼓励年轻人早点进行高跷的训练，越早练习，对高跷的掌握就越熟练，玩高跷的力气也会越大，还可以多在几个村子表演。看似是演出，侧面也能反映出年轻人吃苦耐劳、勤学苦干的精神，让更多的青年人学习和效仿。[1]

3. 捉哈婆

这是一个带有滑稽色彩的表演项目，群众也十分爱看。哈婆，就是方言"傻婆娘"的意思。演员扮演成傻婆娘的样子，着装打扮夸张又搞笑，肢体动作更是让人捧腹，所以每到演出的时候总能听到围观群众爽朗的笑声。群众在观看时圈子会不自觉地越挤越小，不由得指手画脚。有的人看得入神，还会"打"哈婆，并不是对扮演者有意见，而是对哈婆这个角色的厌恶。但是为了跟随抗战形势，内容也要对应地改变，名称也随之改变，叫做"捉希特勒""捉汉奸""捉鬼子"。演出者扮演成对应的人物，将希特勒、汉奸、鬼子等表演得惟妙惟肖，让群众看的时候忍不住想要捉住或者击打。为了取得好的演出效果，如果演"捉希特勒"得把希特勒和伟

---

[1] 太南区旧历年关文化娱乐运动委员会. 怎样过春节[A]. 民国三十一年.G1-73:12.

大的苏联红军表演出来；如果演"捉汉奸"就得把民兵和八路军表演出来，要表明我们的胜利鬼子一点办法都没有。[1] 总之，要在对比中凸显我们的伟大与成功、侵略者的丑恶和失败，提升群众对革命取得胜利的信心。

4. 演太平车

太平车更容易吸引根据地女性的目光，是因为以前演太平车，在车里打扮的人物女性最多。现在演太平车，在名称上也要适当地根据形势而改变，叫做"坦克车"。将太平车变为坦克车，出发点是为了通过演出，给群众普及战争的一些常识，引导、暗示群众积蓄力量，随时准备反攻。为了提升演出效果，需要提前将车的外形、样式做得雄伟一些；推车的扮演者不再是女性，最好是男性，扮演成很结实的八路军或者民兵，营造英勇的形象。坦克车的演出和歌曲相结合，当坦克车表演一段时间后，哼曲子出现，曲子的哼唱内容最好也变成新的内容，表明全国军队要准备大规模的战斗反攻。[2]

5. 唱大戏

明清以来，中国就有看大戏的习惯。只要提起看大戏，群众便喜笑颜开，可见大戏是群众喜闻乐见的一种形式。有的人甚至喜欢到，只要听说是唱戏，哪怕是走很远的路程都要去观看。建立根据地后，群众对唱戏的喜爱仍旧热情不减，仍然是在特殊的日子里唱唱戏，起到热闹的效果。随着抗战宣传工作的要求，戏的内容也要改改，但是以前的一些剧本也是可以继续使用的，如《宋江坐楼》《反徐州》《明公断》等也能起到积极的作用。为了起到更好的演出效果，需要提前对新戏进行准备：首先需要编写新的剧本，为之后的排演提供内容；其次是在剧本内容上要有限定，尽可能结合当下的宣传内容，编写关于太平洋战争、中国抗战胜利、敌占区人民的痛苦、敌人的残暴、根据地建设取得的成绩等作为主要的题材，起到振奋人心的作用；第三是找现成的剧本，如去县教育局或者交通局去

---

[1] 太南区旧历年关文化娱乐运动委员会. 怎样过春节[A]. 民国三十一年. G1-73：12-13.
[2] 太南区旧历年关文化娱乐运动委员会. 怎样过春节[A]. 民国三十一年. G1-73：13.

购买反"扫荡"以及上级近期发下来的新剧本提早进行排演;最后是要求演员提早进行嗓音的训练,避免出现平时不练声,唱后嗓子哑的情况。[1]

6. 跑旱船

跑旱船是群众很喜欢的一种民间舞蹈,当地人也把这种形式叫作耍旱船。通常是一个打扮得很漂亮的女人,撑着一条花船,在队伍中来回跑动,远看花船在飘荡,如同划船一般。随着太平洋大战打起来后,英美等国家都坐着大战船,和日本鬼子在太平洋里打海仗。为了顺应形势,将"旱船"变为"战船",所以耍旱船变成了耍战船,在给群众增加现代战争常识的同时,将战斗的情形做了再现,便于群众对战事的理解。所以,跑旱船也需要提前做些工作:做的船的造型要雄壮,如果可能在船上加上大炮,更接近战舰的样式;撑船的人对性别不做特别要求,为了适应战舰,最好撑船人扮演成海军的模样;演出形式上是演和唱相结合,表演一段后唱一段曲子,而且曲子的内容以合乎英美中荷合力攻击日寇的情形为主。[2]

四、春联

新春佳节,为了营造祥和喜庆的气氛,春联是必不可少的。红色历来被中国人看作是喜庆的象征,在这全民同庆的节日中,红色的对联在视觉上增添了红火的气氛。同时,作为宣传的一种方式,对联的内容也别有新意。

在百姓的门上,看到了这样内容的春联:

> 四海皆春 组织武装
> 惠民一心 加强对敌[3]

还有其他内容:

> 根据地里春光好

---

[1] 太南区旧历年关文化娱乐运动委员会. 怎样过春节[A]. 民国三十一年. G1-73:14-15.
[2] 太南区旧历年关文化娱乐运动委员会. 怎样过春节[A]. 民国三十一年. G1-73:15.
[3] 太南区旧历年关文化娱乐运动委员会. 怎样过春节[A]. 民国三十一年. G1-73:16.

民主社会气象新[1]

无论是口号式的内容还是描述性的内容,都可以看出军民团结攻击日寇的信心。

世代依天吃饭的根据地农民们,把山河土地看得极为神圣,春节期间,为了表示对土地和山神的敬畏与希望来年风调雨顺的美好愿望,根据地随处可以看到关于土地的对联:

土长谷麦稻粱

地载抗日军民[2]

还有关于山神的对联:

山有神保土

海内皆团结[3]

通过对联我们可以看到,当时根据地的群众更多地开始关注军民团结了。虽然日寇时不时会来侵扰,但是在一段时间的宣传和动员,以及共产党带领群众建设根据地的过程中,群众逐渐认识到,军民团结的力量是抗战胜利的重要保障之一。

五、歌子

在根据地,群众常常把歌曲称作是"歌子"。无论时代如何变迁,仍旧难以改变这块土地上从古至今有着深厚歌曲基础的群众对唱歌的热爱。无论在什么时候、什么情境下,用歌声来表达自己的情感已成为一种习惯。在春节这样特殊的日子里,更是少不了用歌曲来抒发情感。

快乐过新年

过新年,多快乐,我们大家笑哈哈。

耍故事,唱秧歌,根据地里幸福多。

---

[1] 太南区旧历年关文化娱乐运动委员会. 怎样过春节[A]. 民国三十一年.G1-73:17.
[2] 太南区旧历年关文化娱乐运动委员会. 怎样过春节[A]. 民国三十一年.G1-73:17.
[3] 太南区旧历年关文化娱乐运动委员会. 怎样过春节[A]. 民国三十一年.G1-73:18.

抗战进入第五年,最后胜利必属我。
春日里,天气好,加紧春耕乐陶陶。
多种地,多打粮,军民食粮有保障。
努力建设根据地,准备战略大反攻。
法西斯,日德意,最后崩溃快到期。
老乡们,齐努力,组织武装打游击。
把鬼子赶出鸭绿江,建立自由的新中国。[1]

歌子中,从新年大家快乐的状态、春耕到大反攻等意义的普及,为的是通过歌曲的传唱,逐渐让群众明白下一步的工作部署,掌握法西斯目前岌岌可危的状态,从而提升大家抗日的热情和信心。由此可见,抗战的内容在无时无刻地进行着宣传,强化着群众的抗战意识。

为了更好地统一大家的思想,根据地文艺工作者还创作了专门的歌曲进行传唱:

反法西斯小调

德意日本法西斯呀,吃了疯狗肉,
杀人放火起大战呀,想把人杀完。
人杀完呀,咦呀咳,杀完!
法西斯头子希特勒呀,真是个大坏蛋,
灭亡了法捷十四国呀,又去侵苏联。
侵苏联呀,咦呀咳,坏蛋!
日本法西斯东条呀,东亚的大强盗,
侵略中国还不足呀,还想侵英美。
侵英美呀,咦呀咳,撞壁!
所有的青年兄弟们呀,一齐总动员,
帮助友邦苏联呀,打垮法西斯。

---

[1] 太南区旧历年关文化娱乐运动委员会. 怎样过春节[A]. 民国三十一年. G1-73:20.

> 法西斯呀，咦呀咳，死完！[1]

  这首歌曲由大煌袋作曲，歌词用当地群众质朴的方言创作，通俗易懂中更便于传播。文艺工作者把当下的国际时事以歌曲的形式让大家知道，同时呼吁群众不仅要保家乡，还要帮助友邦苏联共同打击法西斯。在歌词编排上，有点类似三句半的格式，特别是最后两个字简短凝练地概括了最终的意思；在旋律上，音域跳动较大，后十六节奏的频繁使用提升了律动性，结尾处休止符的运用外加开放性的结尾提升了必胜的气势，同时给大家无限的遐想。

  此外，还有关于反映生产方面的《生产小调》等，都会作为春节期间的歌子来传唱。根据地群众不仅感受到了春节喜庆的氛围，同时一直通过多种形式接收抗战、军民团结、反法西斯、大生产等相关内容，为节日过后自觉开展各项运动做基础。[2]

第二节 其他活动

  伟大的中国共产党在充分尊重根据地群众诸多习惯的基础上，将抗战宣传更好地融入了春节活动，让更多的人在感受浓郁的节日气氛的同时，激发了对抗战的热情、对敌斗争的决心。此外，共产党还在不断调查研究的基础上，借助更多的活动与场合，创新形式，取得了较好的抗战宣传和动员效果。

一、纪念性活动

  根据地在开展活动中，根据活动主题的不同，娱乐的方式也会不同。

  民国二十五年（1936）三月，红军抗日先锋队的宣传队共70余人，从岚县方向进入岢岚县，经官庄、张家村、寺沟会、西豹峪、水峪贯等村，

---

[1] 太南区旧历年关文化娱乐运动委员会. 怎样过春节[A]. 民国三十一年 .G1-73:21.
[2] 太南区旧历年关文化娱乐运动委员会. 怎样过春节[A]. 民国三十一年 .G1-73:23.

第六章　山西抗日根据地音乐传播与文化活动

去往保德。1937年，全国青年会战区服务团由吕骥、刘良模等率领赴绥慰问，在太原为阎锡山部队将士们教唱抗战歌曲。[1]

1937年10月1日，八路军一二〇师政治部和教导团在政委关向应率领下到达岢岚，并组成工作团分赴静乐、五寨、保德、兴县、岚县等地开展工作，岢岚成为开创晋西北根据地的中心。同时，受北方局的委托，成立了中共山西临时省委（年底改为中共晋西北区党委），对外称一二〇师民运部，驻岢岚城内公裕粮店。区党委下设晋绥边区特委、静乐地委、岢岚地委、临县地委。

1938年3月12日，一二〇师师长贺龙率领部队返回县城，县城各界人士和群众与八路军指战员一起召开庆祝"三井战斗"的胜利大会。在这样的庆祝大会上，歌曲、合唱还有小型戏剧成为庆祝的主要方式。1939年元旦，贺龙带领一二〇师的文艺宣传队与梁家寨等村的老百姓举行联欢会，他们一起唱抗日歌曲，演文艺节目。[2]

1942年，晋西北音乐界纪念中国音乐节，在7月17日当天，集会上高唱着战斗歌曲，会场一度达到高涨的状态。上午进行座谈会，会议中，大家对晋西北群众性音乐运动的开展讨论得极为热烈，一致提出需要出一本专门的音乐刊物，必要时组织音乐工作团。下午举行纪念聂耳同志逝世七周年活动，为了缅怀这位伟大的音乐家，与会的五百多人共同高唱聂耳同志的遗作，整个会场的气氛雄壮而又激动。军区政治部号召文艺工作者们多创作群众喜爱的大众歌曲，并将音乐运动由剧团开展到广大群众中去，这样就可以使根据地随处都能听到令人振奋鼓舞的歌声。晚上举行音乐晚会，形式多样的歌舞占据了晚会的主要部分，但是民间音乐更受大家的喜爱。每每到了演唱民间音乐的时候，全场几乎都在跟着一起唱，更凸显出民间音乐的群众基础。对于个别新的民间音乐，虽然大家不会唱，

---

[1] 郭士星，孙寿山. 晋绥革命根据地文化大事记[M]. 呼和浩特：内蒙古人民出版社，1993:20.
[2] 山西革命根据地编辑部. 山西革命根据地[M]. 太原：山西档案局，1986:50.

但是却有着浓厚的兴趣。[1]纪念会结束没多久，就能在晋西北根据地的各个地方听到这些民间音乐，足见其传播速度之快。

根据地在重大的纪念日都会有相应的纪念活动，而且这些特殊的日子会固定并长久地保持下来，其形式、内容、规模等都不尽相同。

为了表示对妇女同志的尊重，根据地会在三八节组织较为隆重的活动。1940年的晋察冀抗日根据地，特别是北岳区就举行了扭秧歌比赛。无论是根据地的青年们，还是五六十岁的老婆婆们，几乎都参与其中。秧歌中的歌词都是妇女们编的，她们还会拿着线拐子、锄头等作为道具，上台跟着音乐扭动起来。此外，霸王鞭作为新兴的一种形式受到当时妇女们的喜爱，妇女们为了取得好的成绩，在原先基础上进行创新，完县北神南村就是通过创新获得了第一名。[2]

对"五一"节日的庆祝也不例外。通常根据地各个村的工人、农民、妇女甚至是儿童们都会欢聚在一起，与歌咏团体的代表们一起搭台子举办庆祝大会。会后有时会组织阅兵式，众人领略军人们的风采，鼓舞大家的士气。阅兵式结束后，为了更加助兴，有时还会组织军事比赛，各军分区选派出的代表队在比赛之余给根据地群众展示马上射击等有一定难度的项目。最后就是文艺演出。1941年5月1日那天，雨下得很大。群众为了观看一二九师宣传队的演出，丝毫没有因为下雨而影响大家观看的热情。[3]

1942年"五一"，晋察冀边区领导机关为了防止敌人空袭，在天黑之后举办纪念活动。河边搭起的台子是舞台，汽车照明是灯光，西北战地文工团和抗敌剧社就在这样的环境下开始了他们的演出。歌舞节目居多，短剧穿插其中。当雄壮的《八路军军歌》唱起后，全场的军民瞬间激情满满，

---

[1] 佚名. 纪念中国音乐节：春节运动普及到群众中去[N]. 抗战日报，1943-07-23（2）.
[2] 晋察冀北岳区妇女抗日斗争史料编辑组. 晋察冀北岳区妇女抗日斗争史料[M]. 中国老年历史研究会，1987:754.
[3] 杨国宇. 刘邓麾下十三年[M]. 重庆：重庆大学出版社，1991:188.

第六章 山西抗日根据地音乐传播与文化活动

有着想要奔向战场的决心；当歌曲《松花江上》唱起来后，一句"爹娘啊，爹娘啊，什么时候才能欢聚在一堂？"让全场观众泪水涟涟……

"六一"也是一个特殊的节日，对于根据地的儿童来说极为期待，当时的政府也很重视。1939年，在辽县粟城乡的南沟村召开了全县儿童团检阅大会。在为期4天的检阅大会中，辽县的2000多名孩子在教师的带领下，以良好的精神面貌感受了军营的生活，接受了歌咏比赛、文化检测、防空演习等多方面的检阅，最终得到县长、八路军以及群众团体代表的祝贺和群众们的认可。[1]

"七一"作为建党的重要节日，自然少不了纪念。1940年7月1日，为了纪念中国共产党建党19周年，一二九师在根据地举行了隆重的活动。无论是会场的布置，还是活动的安排，都颇有特点，众人一起演唱了《国际歌》，坚定了每一位共产党员为革命不懈奋斗的决心和信心。之后由西北青年救国会演出的节目为整个"七一"纪念日增添了活力。[2]

根据地也会在"九一八"这天举行纪念活动。1938年9月18日，正值"九一八"事变七周年，黎城县北社召开纪念活动。早晨，根据地军民不约而同来到会场，高唱《义勇军进行曲》。在场的一二九师直属队、游击队、自卫队、儿童团以及群众在歌声中不忘曾经遭受的历史，警示和鞭策每一个人要继续和敌人抗争到底。随后，各个团体组织了不同内容的竞赛，有的组织了军事内容的比赛，还有的组织刺刀赛。这样有特殊意义的纪念日中，根据地会通过演剧、合唱等形式激发广大军民的士气。演出结束后，政治口号声此起彼伏，每个人对敌人的憎恨会通过口号喊出来，整个会场则变成对敌人汉奸罪恶行径的声讨。[3]

---

[1] 程文华. 烽火辽阳[M]. 太原：山西人民出版社，2010：10—11.
[2] 晋察冀革命文化史料征集协作组. 晋察冀革命文化艺术发展史[M]. 北京：中国戏剧出版社，2007：87.
[3] 杨国宇. 刘邓麾下十三年[M]. 重庆：重庆大学出版社，1991：188.

1940年11月7日，对于晋察冀抗日根据地来说也是一个特殊的日子，晋察冀边区举办了第一届艺术节，边区的各个协会，包括文协、音协、美协和剧协在内，均把这一天定位为"艺术节"。此后，第二届、第三届艺术节就这样延续下来。在第一届艺术节，参与群体较多，规模较大，形式多样，故吸引观看的群众人数也众多，"从台上望去，只见观众人山人海，黑压压的一片"。[1]

在不同的活动中，各个文艺剧团成为活动演出的主要力量，剧团中的每一位成员为各种不同的活动忙碌地进行排演和创作。在晋西北，通过战动剧团一年半的演出活动，就不难看出当时演出的频率之高，面对的受众之广，宣传教育的效果之有效。

从《战动剧团演出天数与地点统计》表我们可以看到战动剧团演出的情况，其他众多的剧团和艺术组织也是如此忙碌。火线剧社为了更好地开展宣传活动，于1938年4月1日至15日期间在盂县兴道村、上社镇进行宣传表演。《十里铺》《海军舞》《双簧》《乌克兰舞》《合唱》等表演节目让当地军民极为振奋，异常踊跃。[2] 同年4月，冲锋剧社为了提高广大官兵的政治素质，精心准备了歌曲、舞蹈和剧目，演出了《亡国恨》《九一八》以及新编排的舞蹈，受到了当地全体指战员和群众的好评，进一步提升了大家积极抗战的热忱。[3]

---

[1] 中国人民解放军文艺史料编辑部. 中国人民解放军文艺史料选编：抗日战争时期（第二册）[M]. 北京：解放军出版社，1988：188.

[2] 晋察冀文艺研究会. 敌后的文艺队伍[M]. 内部读物，1986：76.

[3] 佚名. 冲锋剧社到各乡宣传表演[N]. 抗敌报，1938-05-04.

第六章　山西抗日根据地音乐传播与文化活动

战动剧团演出天数与地点统计[1]

出演地点	次数	出演性质	对象成分	对象人数	日期	备考
岚县	8	纪念会及晚会	部队与民众	室内每次500人；空场每次2000人	3月至4月	1938年
东村	2	祝捷大会	部队及民众	1000人左右	4月	
普明	1	祝捷大会	部队及民众	1000人左右	4月	
岢岚	22	晚会及欢迎会	各机关团体工作同志	500人		1938年5月至1939年6月
	15	纪念大会	部队及民众	3000余人		
静乐	1	宣传大会	部队及群众	2000余人	7月	1938年
西马场	1	宣传大会	民众	300余人	7月	静乐与此青年剧团
胡家窊	1	纪念大会	民众	400余人		
保德	1	慰劳大会	骑六军	2000余人	9月	青年剧团
桥头	1	宣传大会	民众	300余人	9月	青年剧团
林遮峪	1	宣传大会	民众	200余人	9月	青年剧团

---

[1] 第二战区战地总动员委员会. 战地总动员（下）[M]. 太原：山西人民出版社,1986:769—770.

续表

出演地点	次数	出演性质	对象成分	对象人数	日期	备考
西豹峪	1	宣传大会	民众	300 余人	6 月	
西宨	1	纪念大会	民众	200 余人	7 月	
五寨	1	宣传大会	民众	800 余人	10 月	
神池	1	宣传大会	民众	700 余人	10 月	
南沙城一带	5	慰劳大会	骑二军	2000 余人	10 月	
大聚会	1	宣传大会	民众	300 余人	10 月	
王家坪一带	4	慰劳大会	骑二军副指挥部	1000 余人	10 月	1938 年至 1939 年
偏关	3	慰劳大会	35 军及民众	2000 余人	10 月	
磁窑沟	1	慰劳大会	35 军及民众	800 余人	10 月	
楼子营	1	慰劳大会	35 军及民众	1200 余人	11 月	
焦尾城	1	慰劳大会	35 军及民众	1200 余人	11 月	
兴县	2	慰劳大会	部队及民众、区村干部	1500 余人	1 月	
临县	2	晚会	青救代表及部队	1500 余人	1 月	
岚县	1	宣传大会	部队及民众	400 余人	1 月	

  1944 年，在灵丘县群英大会开幕中，全县的各个剧团纷纷祝贺，庆祝的场面壮观、热闹。在持续几天的演出中，有祁家庄剧团演出的山西梆子《失河南》、大辛庄剧团的《跑回边区去》、龙玉池剧团的《上冬学》，还有大辛庄全体儿童唱的《英雄赞》以及杜峪村全体小学生演出的霸王鞭……热闹的场景让群众感受到一片欢乐祥和的气氛。

不同的纪念活动，根据战争形势的需要和变化而在演出的规模、内容、形式等方面发生着变化，唯一不变的就是永远配合战争的需要，进行着相应的宣传教育动员工作，力求通过节目的演出对根据地军民产生一定的影响。

二、乡村艺术活动

乡村艺术，主要指的是与部队剧社（团）、专业文工团所属的乡村剧社（团）以及乡村群众开展的富有民间民俗色彩的艺术活动和形式。这里面也包含被乡村群众接受和"乡村艺术化"了的话剧、歌剧甚至是歌咏活动。当然，乡村艺术活动还保留着许多独特的艺术形式，这些形式既是根据地文艺工作者改造和提高的对象，更重要的是他们为文艺工作者提供了创作的素材与灵感。

在山西抗日根据地，随着抗战形势的不断推进、根据地的不断发展，乡村艺术活动也逐渐成为较普遍的现象。尤其是在特殊的节日、纪念日，没有乡村艺术活动反而会成为一件奇怪的事情。更重要的是，在乡村艺术活动中，最大的初衷就是体现群众的广泛参与性。1942年，在北岳区文救会的号召下，建立了区中心剧团，数量达48个。这些团体在乡村艺术活动中积极地发挥骨干作用，带领着乡村活动开展得有声有色，其中的18个团体得到北岳区文救会的奖旗和奖品。[1] 1943年，山西根据地中的每个村都会成立村剧团或宣传队，无论是新年大会还是检阅活动，都会有很多剧团来参加，他们多是由本村组织，也会有部队等其他剧团。就拿唐县来说，当时这里有灾情，但是仍旧没有影响群众对"检阅"的热情，共有25个村剧团，累计4400多人参加。[2]

数量众多的文艺团体，使得乡村艺术活动的规模逐渐扩大，声势和影响力也大大提高，群众对乡村艺术活动参与的热情也在快速升温。比如，

---

[1] 程文华. 烽火辽阳[M]. 太原：山西人民出版社，2010:83.
[2] 康濯. 晋察冀边区的乡村文艺[N]. 解放日报，1943-06-01.

为了参加三区的活动，年近90岁的老汉在活动中展现自己擅长的传统玩意；有的老汉不畏路途遥远，骑着毛驴专程过来表演大刀；为了演戏的需要，有的人剃掉了自己留了30多年的长胡须；还有的因为自己不会才艺，但是为了支持乡村艺术活动，主动卖掉自己的三亩地作为剧团活动的经费。这些看似都是小事，但是却反映出群众对乡村艺术活动的支持和想要参与其中的热情。

乡村艺术活动的开展，随着参与人数的增多、表演积极性的提高，为了吸引更多乡村艺人和群众参与，演出形式也变得丰富多样。各个村庄的不同班子几乎全体出动，有敲锣鼓的、演奏民间乐器的、耍狮子的、踩高跷的、跑旱船的、演"二鬼摔跤"的、演"猪八戒背媳妇"的等许多节目，让根据地更加热闹了起来，再加上演出人员的服装、道具五颜六色，使得整个演出场子里红红火火。

组织乡村艺术活动通常是由特定的组织进行的，以晋察冀抗日根据地为例，这里的乡村艺术活动主要是在文救会、文建会（文化界抗战建国联合会）、晋察冀文联各协会在乡村的基层政权及青救会、妇救会甚至是儿童团的协助下开展。

组织和开展乡村艺术活动的目的，一是可以通过调演、会演组织较大规模的交流与演出，让演出人员相互学习和交流，在取长补短中共同提高与进步，从而进一步扩大乡村艺术活动的影响力，让更多的群众参与其中。二是通过建立村剧团，有计划、有组织地培养文艺骨干。如1941年秋，文建会就曾开办了一期训练班。虽然只有一期的学习培训，但是极大地提升了乡村文艺工作者的演出能力和创作能力，使当时村剧团的组织建设得到普遍加强，村剧团的活动内容日益丰富，多数村剧团已能自编自演反映晋察冀军民战斗、生产、支前、拥军、优属、民主政权的建立乃至婚姻自由、破除迷信等内容的节目。三是配合战争形势和政治任务，有组织、有计划地开展文艺宣传活动。如1941年夏，开展了对敌"政治攻势"的乡村艺术宣传活动。四是通过文艺刊物的出版，为乡村群众的文艺创作提供了阵地，也为普及和提高群众文艺活动提供了武器和食粮。如《文艺习作》《之光文化》《小天地》等多种多样的杂志，为提高和普及全县的群众文艺活动起了很大的推动作用。

秧歌，俗称扭秧歌或闹秧歌，是流行于北方广大农村的一种民间舞蹈，跳这种舞时通常用锣鼓伴奏。由于秧歌也有故事性，跟小歌舞剧相似，所以在抗日战争时期发展而成的秧歌剧，既能迅速地反映现实，又能表现充满生机、活力和喜悦的气氛。这种形式在晋察冀边区和其他解放区十分受群众欢迎，所以发展迅速。太行左权县五里堠村只有146户，就有122户人家参加了秧歌队。[1]《兄妹开荒》便是秧歌剧的代表作品。秧歌剧是秧歌的发展形式，但是秧歌剧形成之后其原始形态的秧歌或秧歌舞并没有因此消亡，相反，秧歌以其独特的魅力在民间的传统节日和欢庆活动中极为盛行。

在山西抗日根据地，闹秧歌历史悠久。每逢年节，不仅在本村闹得热闹，秧歌队还会到四邻八村去闹。抗战时期，村里出了个小玉山，他很小就登台表演。因为对秧歌喜爱，他越唱越上瘾，越唱名气越大，凡是他出现的地方，就很是热闹。在他的带动下，越来越多的人喜欢上了闹秧歌。演出之余，他和那些闹秧歌的伙伴们一起商量、琢磨，开始进行秧歌的创作。他创作的作品都围绕着当时的政治中心工作。但是，由于从小受戏曲的影响，他们编创的秧歌虽然在内容上有了变化，但是形式上特别是服装上还是沿用了之前的戏袍、大帽子，于是便产生了秧歌舞在内容和形式上的矛盾。老乡们看了他们的演出之后说："戴着相公帽子埋地雷，不带劲。"但是换作穿平日的生活服装，老演员们又不同意："那还算什么闹秧歌唱戏文呢？"他们开始对演出的服装进行研究和改进。首先他们决定去掉脸谱，因为自卫队员们看了他们的闹秧歌早就提出了"抗议"，因为过去会把自卫队员的脸上涂抹得黑不溜秋、花里胡哨的不像回事，群众在观看

---

[1] 刘松涛. 华北抗日根据地的农民教育工作[M]. 上海：上海教育出版社，1979:247.

时也没有美感，感受不到他们化妆的意图。因此，他们便将脸谱去掉了。没有了脸谱，再穿旧戏装就显得格外别扭，也就渐渐把旧戏装换了下来，穿上了老百姓平日的服装。最后又去掉了髯口之类。经过几番改造，变成了用现代服饰和妆容去演绎生活中的人物，更显得真实动人了。在唱腔和道白上，旧的大秧歌本有"九腔十八番"，句子翻来覆去，锣鼓过重，讨人厌烦。小玉山便慢慢改革唱腔，使调头富于变化，唱词也由短句改为长句，长句变为联句，不但增加了唱词的内容容量，同时缩短了锣鼓的过门，不再唱一句就敲半天。改进后的形式，成为深得群众喜爱的宣传抗日的艺术形式。

除此外，我党还会借助集市、庙会等娱乐场所开展群众性宣传教育工作。如晋察冀抗日根据地组织附近的村剧团到庙会和集市上演出短剧、大鼓、快板甚至是秧歌等，巧妙地利用庙会、集市群众人数较多的有利条件，宣传动员效果极为理想。

1939年冬，抗大一分校文工团以赶集演杂耍的形式进行了一次化装街头演出。"有丁铸铁同志的'拉洋片'，鲁岩和伊洪的大幅宣传抗日的连环画，乃初与沈墨予同志的'卖梨膏糖'，姜坤和苏伟的《放下你的鞭子》，蔡贲同志化装成私塾先生为群众写革命春联，史屏、陈谱写大标语，还有唱歌、跳舞、打花棍、说'武老二'、唱大鼓，形式灵活多样，演出轰动了整个集市"[1]。

我党深入群众，抓住一切机会，在潜移默化中进行抗日战争的宣传，开展相关的宣传动员教育活动，在丰富根据地军民精神文化生活的同时，在真正意义上起到了对广大民众的思想教育和政治动员作用。

---

[1] 山东省文化厅史志办公室，鲁中南革命文化史料征集协作组.难忘的历程（鲁中南篇）[M].济南：山东文艺出版社，1991:180.

第七章
山西抗日根据地音乐传播的特点

第一节 政治性

战争和政治历来是分不开的,毛泽东曾经很明确地提出:"战争就是政治,战争本身就是政治性质的行动,从古以来没有不带政治性的战争。"[1]

一、抗日战争的政治性

抗日战争就是带有政治性的战争。"抗日战争是全民族的革命战争,它的胜利,离不开战争的政治目的——驱逐日本帝国主义、建立自由平等的新中国,离不开坚持抗战和坚持统一战线的总方针,离不开全国人民的动员,离不开官兵一致、军民一致和瓦解敌军等项政治原则,离不开统一战线政策的良好执行,离不开文化的动员,离不开争取国际力量和敌国人民援助的努力"[2]。

抗日战争的政治性不同于其他的战争,所以在整个战斗过程中,就需要具备特有的战斗队伍和特有的指导战略,共同完成特殊的政治任务。

1943年春,日寇在华北大搞"第五次治安强化运动",敌占区的广播喇叭从早到晚播放着"第五次治安强化运动"的所谓"辉煌战果",试图迷惑毒化根据地的群众。面对敌人在军事、政治和思想上的进攻,晋察

---

[1] 毛泽东. 毛泽东选集(第二卷)[M]. 北京:人民出版社,1991:479.
[2] 毛泽东. 毛泽东选集(第二卷)[M]. 北京:人民出版社,1991:479.

冀边区的文艺工作者们在党的领导下,展开针锋相对的攻势。为了使这次敌后政治攻势和文艺宣传活动更有吸引力和效果,二军分区领导决定七月剧社派出两名同志参加这一次的行动。当七月剧社的同志们知道了这次特殊的政治任务后,都争着想要参加,最后决定由韦虹和吴瑕二人去完成此项任务。两位同志来到了定襄县委和定襄基干游击大队的驻地南涧村报到,了解并分析了当时的敌我情况,在充分掌握了敌人的活动规律、粮食存放情况以及当地群众的状况后,很快制订了在定襄的活动计划。在一个春日的夜晚,事先得知驻在炮楼的日军都回县城了,炮楼里只有一个伪军的小分队。我们的部队兵分三路,队长带着第一分队先封锁了炮楼,向伪军喊话,让他们认清形势,争取戴罪立功;政委带着第二分队直奔粮库去装运粮食;第三队是战士们和七月剧社的两位同志,跑到村子里动员乡亲们去背粮食。天亮后,为了进一步扩大战果,我们中朝联合的部队将南王村的炮楼包围了起来,对着日军喊话,同时唱起反战歌曲《自由之光》《朝鲜青年进行曲》《朝鲜民谣》及日本歌曲《音头》《反战音头》《月光下的战壕》等,韦虹和吴瑕两位同志唱起了流行于晋察冀根据地瓦解敌伪军的歌曲《回来吧!祖国的孩子们》。在经过大家一再的宣传后,炮楼里的日军和伪军没有任何动静,也没有出动,我军的武装宣传取得了战争的胜利。[1]像这样的宣传不止一次,我们的文艺工作者也会通过演出起到较好的政治宣传。但是,无论是通过何种方式,文艺工作者们会根据对敌的形势进行政治攻势,从而取得一次又一次的胜利。

二、战争动员的政治性

当政治性贯穿于整个抗日战争的始末时,战争中的每一步都需要在战略战术的指导下进行,包括战争动员工作。

政治动员的重要性在这场战争中显得尤为重要。"抗日以前,没有抗日的政治动员,这是中国的大缺陷,已经输了敌人一着。抗日以后,

---

[1] 晋察冀文艺研究会. 敌后的文艺队伍[M]. 内部读物,1986:282.

第七章 山西抗日根据地音乐传播的特点

政治动员也非常之不普遍,更不说深入"[1]。

如何对山西抗日根据地群众进行科学的政治动员?我们在毛泽东的《论持久战》中找到了答案:"人民的大多数,是从敌人的炮火和飞机炸弹那里听到消息的。这也是一种动员,但这是敌人替我们做的,不是我们自己做的。偏远地区听不到炮声的人们,至今还是静悄悄地在那里过活。这种情形必须改变,不然,拼死活的战争就得不到胜利。决不可以再输敌人一着,相反,要大大地发挥这一着去制胜敌人。这一着是关系绝大的;武器等等不如人尚在其次,这一着实在是头等重要。动员了全国的老百姓,就造成了陷敌于灭顶之灾的汪洋大海,造成了弥补武器等等缺陷的补救条件,造成了克服一切战争困难的前提。"[2]

据资料记载,在定襄二区有近千户人家的横山村,由于我军提前掌握了敌人的情况,所以就安排七月剧社的成员们白天在村里的戏台上给群众开会、演戏,节目多是自己创作的《华北不是日本的》《生小小人》《同心抗日》等作品。个别作品中,有日军屠杀中国人的剧情。文艺工作者们惟妙惟肖的演出,将日军在华奸淫烧杀、疯狂掠夺的情形表演得非常逼真。几个日本士兵看了节目后,内心充满了悔恨和对中国人民的歉意。在经历了内心的一番斗争后,这些日本士兵鼓足勇气,决心进行反战。这样有计划、有针对性的政治动员,起到了较为显著的政治宣传效果。

抗战爆发初始,中国共产党提出了全民族要团结起来,坚持抗战,坚持抗日民族统一战线的方针政策。各个根据地的文艺团体在这一方针政策的指导下,借助文艺开始对根据地群众进行思想动员。1939年初,晋察冀边区文救会召开边区创作问题的座谈会,邓拓等同志出席了会议并指出:"文艺界要团结一切可以团结的力量,形成文艺上的统一战线。"1940年1月,毛泽东在《新民主主义论》中指出:"所谓新民主主义的文化,就是人民大众反帝反封建的文化;在今日,就是抗日统一战线的文化……

---

[1] 毛泽东. 毛泽东选集(第二卷)[M]. 北京:人民出版社,1991:479.
[2] 毛泽东. 毛泽东选集(第二卷)[M]. 北京:人民出版社,1991:480-481.

就是无产阶级领导的人民大众的反帝反封建的文化。"文艺工作者在新民主主义文艺思想的指引下，继续扩大抗日统一战线。

三、音乐传播的政治性

在山西抗日根据地，音乐作为很重要的一种动员方式，也要有政治性。1941年，边区政治部《关于开展部队文艺工作的决定》指出："艺术是服从政治，为完成政治任务的一种有力工具，但艺术不等于政治，也不能单纯的看成一般宣教工具，而是有它的特殊性。"1942年，第三届艺术节宣传要点里提出："我们必须认识公式化的作品在宣传中是不能起它应有的作用的"，"我们应该竭尽我们的智慧发动对敌的宣传，用我们艺术的力量，瓦解敌伪，争取沦陷区人民"。上述《决定》和"宣传要点"都提到了艺术的特殊性和能动性，但都是在艺术为政治服务的前提下提到的，并未"脱离"，也不"过分"。提出艺术与政治的结合必须通过艺术自身的特殊性来实现，这正是符合艺术规律的要求。[1]音乐在抗战这个特殊的背景下，从开始就肩负了政治的使命，具备了宣传、传播的政治性。

抗战初期，战争形势恶劣，日军猖狂到想要短期之内拿下山西甚至是全国。可是我军在经历了艰难的长征后，兵力严重不足。民族武装自卫是最紧急的任务，唯有补充兵力才能和日军抗衡。文艺工作者们来到山西抗日根据地的首要任务就是动员群众。通过他们的宣传和教唱抗日歌曲，越来越多的群众意识到抗日救亡的重要性，纷纷参军。随着战争形势的变化，"在政治上要求发动全民力量，团结各阶级，在文化上便要求承认自由思想、相互批评的原则，以造成思想上的统一战线"[2]。为了团结一切可以团结的力量，这一阶段的音乐创作面向的群体扩大到不同的阶级，用提高民族意识、增强民族危机感来影响和打动各个阶层的群众积极参与到反抗日军的斗争中。

---

[1] 王剑青，冯健男. 晋察冀文艺史[M]. 北京：中国文联出版公司，1989：56-57.
[2] 山西省文学艺术工作者联合会. 山西文艺史料（第一辑）[M]. 太原：山西人民出版社，1959：16.

山西抗日根据地的音乐通过不同的音乐形式在群众之间传播，在根据地之间传播，在军队之间传播，它告诉军民抗战的政治目的："驱逐日本帝国主义，建立自由平等的新中国。"[1]大家要为这个共同的目标而努力。

第二节 统一性

一、和党的领导思想的统一性

1937年7月8日，也就是卢沟桥事变发生的第二天，中国共产党向全国人民发出了号召抗战的宣言。坚决抗日的总方针成为抗战时期中国共产党的总方针。在此方针之下，又立足于中国现状，制定了一套办法予以执行，这就是《中国共产党抗日救国十大纲领》。我国第一个敌后根据地晋察冀边区就是在聂荣臻从原先3000人左右的一个独立团、一个骑兵营和两个步兵营的基础上，在党的领导下组织工作团、战地总动员委员会，通过宣传动员，开展各种游击战争，在北岳根据地的基础上逐渐创立的。

山西抗日根据地建立后，始终坚持中国共产党的领导并与其保持高度的一致。为了建立抗日民族统一战线，争取千百万群众进入到抗日民族的斗争中来，文艺工作者们严格执行中国共产党的方针政策，通过文艺的多种形式对根据地群众进行宣传、动员，注重团结其他阶级的同志，随着根据地建设的进一步深入，及时在政治机构改革、人民生活改善等方面的宣传和推动上起了积极的作用。根据地音乐的传播，和党的领导思想保持了高度的一致性，这种一致性也就是我们提倡的党性，一直成为今天我党宣传思想的灵魂和宣传工作必须要坚持的原则。

为了早日实现抗日战争的胜利，停止内战、一致对外，建立抗日民族统一战线是当时最佳的选择。中国共产党一直在国共合作方面进行着不懈的努力。1937年9月22日，国民党"中央通讯社"发表了《中共中央

---

[1] 毛泽东. 毛泽东选集（第二卷）[M]. 北京：人民出版社，1991:481.

为公布国共合作宣言》，开启了第二次国共合作的序幕。为了让更多根据地军民了解国共合作的意义，音乐工作者们编创了相应内容的歌曲。

国共合作

今天大家都来想一想，

大革命时代的中国情形是怎样？

五卅运动掀起了大潮浪，

北伐军的雄狮到长江。

帝国主义吓得缩了头，

军阀官僚一扫光。

不平等条约已取消，

收回了租界汉口和九江。

国民党共产党两党合作中国不会亡，

国民党共产党两党合作中国久兴旺。[1]

此类题材的歌曲还有：

国共合作歌

国民党共产党，

两党站在一条线上。

我们贡献了全部力量，

一起走向了抗日的战场……[2]

皖南事变结束后，刘伯承、邓小平和王树声于1940年3月10日下达了《关于全区实行紧急戒严》的命令，为的是防止敌人、特务、汉奸对我进行暗害。浩浩荡荡的锄奸反特运动拉开帷幕。

反特务

眼看不见是瞎汉，贼没底线偷人难，

---

[1] 黎城县八路军文化研究会，黎城县档案局. 民族之魂[G]. 长治：黎城印刷有限公司，2017：358.
[2] 黎城县八路军文化研究会，黎城县档案局. 民族之魂[G]. 长治：黎城印刷有限公司，2017：350.

日本鬼子占辽县凭的是特务和汉奸，哎咳——
　　凭的是特务和汉奸。
特务分子太狠心，毒害人民太可恨，
　　暗地侦查送情报，哎咳——
　　下毒药打黑枪杀害人民。
特务不比明汉奸，长着人头挂鬼脸，
　　暗藏在抗日根据地，哎咳——
　　敌人抢粮他做眼线。
老乡们要认清，特务害人真不轻，
　　引上鬼子乱杀人，哎咳——
　　赶牛赶羊还奸淫。
上当分子快觉醒，悔过自新做好人，
　　抗日政府多宽大，哎咳——
　　真心坦白不处分。
人人都要负责任，特务分子访查清，
　　死心塌地的大特务，哎咳——
　　严厉惩办不留情。[1]

1942年冬天，为了贯彻晋冀鲁豫边区政府颁布的新婚姻法，创作了相关题材的歌曲进行宣传。

反对买卖婚姻

诸位兄弟和姐妹，买卖婚姻要反对。
拥护政府新法令，谁破坏咱就反对谁。
第一反对坏家长，贪图银钱把女儿卖，
女儿受苦你花钱，想一想应该不应该。
第二反对坏媒人，专门包办说婚姻，
为了吃人家一顿饭，花言巧语欺骗人。

---

[1] 王占文. 太行人民抗战民歌选集[M]. 太原：山西人民出版社，2017:98—99.

> 第三反对坏男人，拿上银钱买女人，
> 大洋花了一千三，你看丢人不丢人。
> 第四反对坏女人，结婚为了要东西，
> 只顾眼前巧打扮，全不顾将来害自己。
> 青年男女记在心，终身大事要认真，
> 婚姻需要自作主，绝不受别人来欺骗。[1]

这是在根据地特别是黎城一带传播较广的一首歌曲，从四个方面说出了群众心中认为的在婚姻中出现的四种坏人以及他们的所作所为，最后给予所有的青年男女在婚姻观上以积极正面的呼吁和引导。

二、和人民立场的统一性

抗日战争，就是要为民主和自由而战斗，为建立新中国而战斗。这个最终的目的不仅仅是中国共产党的愿望，更是全国千千万万个中国人共同的心愿。中国共产党就是要带领全国人民早日将日本侵略者赶出去，建立民主自由平等的新中国。他们在出发点和最终达成的愿望上是一致的。

在山西抗日根据地，文艺工作者是中国共产党领导下的工作者，就是要听党指挥，所以他们就是党领导下的宣传队伍。在抗日战争的不同阶段，文艺工作者们根据党的方针政策的调整，会向群众宣传不同的内容，从最初的动员工作到团结一切可以团结的力量，再到根据地建设的不同时期，从开展大生产到拥军优属等，文艺工作者的宣传，抗日音乐的传播，都是在党的方针政策的指引下，向着人民共同期盼的方向发展，向着大家共同的目标努力前进。

为了和边区军民在立场上能够高度一致，根据地的文艺工作者非常注重创作前的体验。就以抗敌剧社为例，剧社要求每个成员在一年之中要分批分期到部队去当兵、代职，或到农村中去与农民"三同"。剧社成员进入部队后，一方面做战地的动员工作，一方面要深入体验战斗生活。

---

[1] 黎城县八路军文化研究会，黎城县档案局.民族之魂[G].长治：黎城印刷有限公司，2017：365.

当经历了部队生活后，每个参与的成员都可以直接获取实战素材进行创作，同时可以较深入地改变自己的生活态度和思想情感，在丰富生活阅历的同时开阔自己的视野，进一步加深对部队生活的认知和对战士们的理解。此外，剧社的成员们还会参加边区的土改等活动，从广大群众的视角和体验去感受、理解群众的心声和想法。这些特殊的经历，使抗敌剧社在演出"部队戏""农村戏"或相关题材的内容时被群众高度认可，极具生活气息。同时，抗敌剧社也涌现出一大批优秀的、有成就的艺术家。正是因为对边区军民生活的重视，才使得抗敌剧社在革命的文艺事业上取得优异的成绩；因为有着对军民生活的体验，才使得文艺工作者们有了和边区军民相同的想法和感受，在立场上达到了高度的一致。

山西抗日根据地音乐的传播，不仅仅是与党的领导思想保持一致的传播，也是同所有中国人民相同立场的传播。在它的传播过程中，让人民看到了中国共产党是一心为人民的政党；在它的传播过程中，让人民看到了未来生活的曙光。

三、和人民审美的统一性

根据地的音乐工作者们在创作之前，需要了解根据地军民的审美喜好，这样才能有针对性地进行具体的创作。他们发现，传统的民间艺术形式与新的内容、新的思想有机结合，就会焕发新的生机和活力，成为人民群众真正喜爱的艺术形式，如花鼓词、新洋片、霸王鞭等。脍炙人口、经久不衰的歌曲《没有共产党就没有新中国》，就是作者曹火星在感受到新霸王鞭的独特魅力后，专门为新霸王鞭谱写的一组歌曲中的其中一支。正是因为这首歌曲将新的形式与新的内容结合成群众喜爱的形式，才受到群众的喜爱，成为经典。

为了追求与群众审美的一致性，部分文艺剧团还对团员们提出了新的要求：除了深入群众，还要在体验和排演之外对所创作、演出的内容进行深层次的分析。比如抗日剧社有个不成文的规定，演员在排练节目前要对演出的内容进行分析，随着排演的继续进行，还要随时记录下导演对节目的处理、设计、观众的反映以及自己的艺术设想等。在全部演出结束后，要对演出的整个内容进行全面的分析和总结。当时，演员们把这种记录称作是"演员日记"。除此之外，还有写生活手册的要求，目的也是为了提升剧团演员们的艺术修养，逐渐养成观察生活、摄取生活和表现生活的能力。这样，大家就会把美好的事物、生动的形象、新鲜的感受、闪光的语言以及重要的精神、深刻的思想在第一时间记录下来，随时捕捉创作的灵感。这种方式，对根据地文艺工作者理解作品、感悟生活，特别是对群众审美进行准确地把握是一种有益的补充。只有了解了群众的审美特点，方能在创作、演出时更好地迎合群众，受到群众的喜爱和欢迎。

结　语

　　山西抗日根据地在中国抗战历史上作出了重要的历史性贡献，这段光辉的历史值得我们每一个人永远铭记。笔者研究山西抗日根据地音乐传播史，旨在能够对山西近现代音乐史、中国近现代音乐史甚至是中国红色音乐文化发展史起到丰富充实的作用。本书在目前相关研究的基础上，首次将山西音乐史与传播史进行交叉结合，从山西音乐传播史的角度对抗日根据地音乐的传播进行研究，开辟山西抗日根据地、中国抗战史研究的新阵地。在本书的撰写中，笔者尊重历史，尽可能地使用一手资料，特别是在具体的事例中用讲故事的方式来提升阅读的生动性，用特殊的方式讲好红色故事，传承红色基因，为当代文化宣传工作提供历史借鉴。

　　在对山西抗日根据地音乐传播的研究过程中，有很多让人值得深思的地方。

　　首先，音乐创作和传播要与时代主题同步，紧跟时代步伐。音乐作为文化的一种具体的表现形式，文化又作为政治的服务手段，二者在根本上的目的是一致的，那就是要为政治服务。在漫长的历史过程中，每一个历史发展的时代主题都不尽相同，所以音乐始终要与它当时所属的时代主题相一致。在抗日战争阶段，音乐创作和传播的主题就是宣传抗日，使广大人民群众团结起来建立抗日统一战线；在当今社会，音乐创作和传播的主题就是要全心全意为人民服务，为全面建设小康社会而努力，为实现中华民族伟大复兴的中国梦而奋斗。

　　其次，要立足实际，创新音乐创作思路和模式。山西是"抗战爆发后中国共产党领导的抗日游击战争最先开始、最先发展、最先胜利的地方，是八路军实行对日抗战的'立足点'和发展抗战的'出发地'"。山西抗日根据地也为其他根据地的音乐传播提供了样本。《歌唱二小放牛郎》开创了叙事歌这一题材的音乐创作，引领并带动了更多地区的叙事歌蓬勃发展。《武装保卫山西》用共同的主题进行创作，开辟了各个根据地都可以套用的音乐创作。《黄河大合唱》结合山西民歌特点，体现了山西地方特色，唤起了民众抗日共鸣，对全世界产生极大影响。这首歌的出现，给很多文艺工作者的创作提供了借鉴和学习的思路。唐诃创作的歌曲《骂阎锡山》，在创作中就引用了《黄河大合唱》中《河边对口唱》的演唱形式，两位男声以对话的形式，将山西方言用唱和说相结合的方式表演出来。还有罗浪创作的歌曲《你为什么不当兵》，也是受到《黄河大合唱》中《河边对口唱》的影响和启发，使得歌曲特色鲜明。

此外，在各大文艺团体排演的过程中，演唱方法也有了新的突破与创新。如在1943年，挺进剧社的戏曲演员姜立新、苏萌等，在对京剧、梆子腔的演唱方法上有了大胆的探索与尝试，他们大量使用真声进行演唱，同时借鉴了男高音发声和吐字的方法。在演出《打渔杀家》《苏州城》等经典剧目多次取得很好的演出效果后，更坚定了他们创新的信心和决心。特别是谷枫唱的"骂老蒋"和"奔边区"两大段，用改革后的真声进行演唱，伴随着生动的剧情和他特有的深沉浑厚的嗓音，让在场的群众听得纷纷落泪。

山西抗日根据地音乐就是在这点滴中彰显特点，发挥作用。在科技迅速发展的今天，音乐创作更需要创新，更需要在创作手段、创作思路等方面有所突破。

第三，音乐作品只有以人民为中心，真实反映人民群众现实生活，表达人民群众真实感受，才能在人民群众中长久广泛地传播。从《歌唱二小放牛郎》《游击队之歌》《没有共产党就没有新中国》到《黄河大合唱》《白毛女》等经典作品被经久不衰地传唱，就是最好的例证。毛泽东曾说过："这种新民主主义的文化是大众的，因而即是民主的。他应为全民族中

结　语

百分之九十以上的工农劳苦群众服务，并逐渐成为他们的文化。"[1] 在进入中国特色社会主义新时代的今天，我们的音乐作品同样要从人民群众的生活中来，为广大人民群众服务，这是每个音乐创作者和传播者要长久坚持的原则。

1923年，王光祈在他的《欧洲音乐进化论》中说道："音乐之功用，不是拿来悦耳娱心的，而在于引导民众思想向上，因此迎合堕落社会心理的音乐，都不能称为国乐。"所以，音乐家从事音乐创作，不是去迎合民众消极的精神情绪，而是主动地满足、引导、激发民众积极的精神需求和大无畏的精神能量。有的音乐作品之所以优秀，是因为它们顺应了时代的潮流，满足了民众的精神需求。革命的、进步的音乐对人们的教育、审美是有独特功能的。在抗战时期，音乐就具有鲜明的革命性，它唤起民众，抗击侵略，争取民族独立。正如音乐家黎青主所说："音乐是最适合用来唤醒人们的灵魂"，"使人们重新得到一个最高的人生的意义"，从而为自己而战，为自己的民族和国家而战。

山西抗日根据地音乐，是根据地人民的记忆，记录了民族解放战争的历史；山西抗日根据地音乐，是唤醒万千民众传播抗日民族精神的重要载体，更是传递民族精神的不朽史诗！

---

[1] 毛泽东. 毛泽东选集（第二卷）[M]. 北京：人民出版社，1969：668.

参考文献

[1] 山西省文学艺术工作者联合会．山西文艺史料（第二辑）[M]．太原：山西人民出版社，1959．

[2] 晋冀鲁豫边区革命文化史料征集协作组．闪光的文化历程：晋冀鲁豫边区文艺史[M]．济南：山东文化音像出版社，1999．

[3] 晋察冀革命文化史料征集协作组．晋察冀革命文化艺术发展史[M]．北京：中国戏剧出版社，2007．

[4] 晋冀鲁豫边区革命文化史料征集协作组．闪光的文化历程：晋冀鲁豫边区文艺大事记[M]．太原：山西人民出版社，1998．

[5] 陈志昂．抗战音乐史[M]．济南：黄河出版社，2005．

[6] 晋中市三晋文化研究会．晋中抗日歌谣选[M]．太原：山西古籍出版社，2005．

[7] 李斌．繁峙县志[M]．北京：今日中国出版社，1995．

[8] 河津县志编纂委员会．河津县志[M]．太原：山西人民出版社，1989．

[9] 古县志编纂委员会．古县志[M]．西安：陕西人民出版社，2001．

[10] 交城县志编写委员会．交城县志[M]．太原：山西古籍出版社，1994．

[11] 逯丁艺．安泽县志[M]．太原：山西人民出版社，1997．

[12] 古交市地方志办公室．古交志[M]．太原：山西人民出版社，1996．

[13] 永和县志征编领导组. 永和县志[M]. 北京：学苑出版社，1999.

[14] 河曲县志编纂委员会. 河曲县志[M]. 北京：中华书局，2013.

[15] 左权县史志办公室. 左权县革命斗争回忆录[M]. 晋中：榆社印刷厂，1987.

[16] 程文华. 烽火辽阳[M]. 太原：山西人民出版社，2010.

[17] 中共山西省委党史办公室. 山西革命根据地文化建设专题研究（第二辑）[M]. 北京：中共党史出版社，2018.

[18] 毛泽东. 毛泽东选集（第二卷）[M]. 北京：人民出版社，1991.

[19] 中共晋中地委史志办公室. 晋中史志资料[M]. 晋中：晋中印刷厂，1989.

[20] 《中国民间歌曲集成》全国编辑委员会. 中国民间歌曲集成. 山西卷[M]. 北京：人民音乐出版社，1990.

[21] 郭士星，孙寿山. 晋绥革命根据地文化大事记[M]. 呼和浩特：内蒙古人民出版社，1993.

[22] 郑立柱. 华北抗日根据地农民精神生活研究[M]. 北京：人民出版社，2014.

[23] 蓝海. 中国抗战文艺史[M]. 济南：山东文艺出版社，1984.

[24] 亦文，齐荣晋. 山西革命根据地文艺运动史稿[M]. 太原：山西人民出版社，1989.

[25] 肖效钦，钟兴锦. 抗日战争文化史[M]. 北京：中共党史出版社，1992.

[26] 张鸣. 乡土心路八十年：中国近代化过程中农民意识的变迁[M]. 西安：陕西人民出版社，2008.

[27] 太行革命根据地史总编委会. 太行革命根据地史料丛书之八：文化事业[M]. 太原：山西人民出版社，1989.

[28] 穆欣. 晋绥解放区鸟瞰[M]. 太原：山西人民出版社，1984.

[29] 张军锋. 八路军老战士口述实录[M]. 北京：中央文献出版社，2005.

[30] 王瑞璞. 抗日战争歌曲集成·晋察冀、晋冀鲁豫卷[M]. 北京：中国文联出版社，2005.

[31] 董兰. 太行太岳文艺[M]. 河南：内部资料，2006.

[32] 师文华. 山西历史文化丛书：太岳革命根据地[M]. 太原：山西春秋电子音像出版社，2008.

[33] 白玮. 中国革命根据地音乐创作美学研究[M]. 重庆：西南师范大学出版社，2015.

[34] 梁茂春. 民族战歌：抗战歌曲一百二十首[M]. 北京：中央音乐学院出版社，2005.

[35] 张玉勤. 山西史[M]. 北京：中国广播电视出版社，1992.

[36] 薛首中. 山西音乐史[M]. 太原：山西教育出版社，2017.

[37] 山西省文学艺术工作者联合会. 山西文艺史料（第一辑）[M]. 太原：山西人民出版社，1959.

[38] 左权县文化馆. 桃花红 杏花白[M]. 北京：新星出版社，2004.

[39] 黎城县八路军文化研究会，黎城县档案局. 民族之魂[G]. 长治：黎城印刷有限公司，2017.

[40] 山西省文学艺术工作者联合会. 山西文艺史料（第三辑）[M]. 太原：山西人民出版社，1961.

[41] 毛泽东. 毛泽东选集（第三卷）[M]. 北京：人民出版社，1991.

[42] 刘文炳. 徐沟县志·民生志[M]. 太原：山西人民出版社，1999.

[43] 张成德，孙丽萍. 山西抗战口述史[M]. 太原：山西人民出版社，2005.

[44] 赵世元. 左权县志[M]. 北京：高等教育出版社，1999.

[45] 山西省地方志编纂委员会办公室. 山西地方史志丛书之二：抗

日战争时期山西大事记[M].太原：内部资料，1984.

[46] 《晋中史志资料》编辑部.晋中史志资料[M].晋中：晋中地区印刷厂，1984.

[47] 山西省文化厅文化政策研究中心.山西革命文艺史[M].太原：三晋出版社，2017.

[48] 佚名.晋绥边区七月剧社回忆录[M].成都：内部资料，1989.

[49] 王占文.太行人民抗战民歌选集[M].太原：山西人民出版社，2017.

[50] 《兴县革命史》编写组.兴县革命史[M].太原：山西人民出版社.1985.

[51] 中共山西省委党史办公室.山西革命根据地文化建设专题研究（第四辑）[M].北京：中共党史出版社，2018.

[52] 岢岚县志修订编纂委员会.岢岚县志[M].太原：山西古籍出版社，1999.

[53] 晋察冀革命文化史料征集协作组.晋察冀革命文化艺术大事记[M].石家庄：花山文艺出版社，1998.

[54] 晋察冀北岳区妇女抗日斗争史料编辑组.晋察冀北岳区妇女抗日斗争史料[M].中国老年历史研究会，1987.

[55] 杨国宇.刘邓麾下十三年[M].重庆：重庆大学出版社，1991.

[56] 张大中.我经历的北平地下党[M].北京：中共党史出版社，2009.

[57] 武斌.滹沱河畔的战火（续）[M].北京：海潮出版社，1993.

[58] 中国人民解放军文艺史料编辑部.中国人民解放军文艺史料选编：抗日战争时期（第二册）[M].北京：解放军出版社，1988.

[59] 第二战区战地总动员委员会.战地总动员（下）[M].太原：山西人民出版社，1986.

[60] 王剑青，冯健男.晋察冀文艺史[M].北京：中国文联出版公司，

1989．

[61] 晋察冀文艺研究会．文艺战士话当年（二）[M]．北京：文化艺术出版社，1986．

[62] 晋察冀文艺研究会．文艺战士话当年（八）[M]．2001．

[63] 聂荣臻．聂荣臻元帅回忆录[M]．北京：解放军出版社，2005．

[64] 周巍峙．年方九十：周巍峙文集（1—5卷）[M]．北京：中国文联出版社，2006．

[65] 寿阳县志编纂委员会．寿阳县志[M]．太原：山西人民出版社，1989．

[66] 佚名．新年乐[M]．太原：韬奋书店发行，1945．

[67] 彭泽益．中国近代手工业史资料（第二卷）[M]．北京：生活·读者·新知三联书店，1957．

[68] 丁钟晓．山西煤炭简史[M]．北京：煤炭工业出版社，2011．

[69] 山西省民间文学研究会筹备委员会．山西歌谣[M]．北京：人民文学出版社，1960．

[70] 运城行政公署文化局．河东民歌选（二）[M]．1979．

[71] 杨卫华．晋绥革命根据地文艺人物录[M]．北京：中国戏剧出版社，2002．

[72] 王义华，杨卫华．晋察冀革命文化艺术人物志[M]．太原：山西人民出版社，2003．

[73] 晋绥文艺研究会．文艺战士名录[J]．内部刊物，1968．

[74] 杨茂林．山西抗战纪事[M]．北京：商务印书馆，2017．

[75] 中共山西省委党史研究室．侵华日军在山西的暴行[M]．太原：山西人民出版社，1986．

[76] 晋察冀文艺研究会．敌后的文艺队伍[M]．内部读物，1986．

[77] 唐守荣，杨定抒．国统区抗战音乐史略[M]．重庆：西南师范大学出版社，1996．

[78] 齐峰，李雪枫 . 山西革命根据地出版史 [M]. 太原：山西教育出版社，2010.

[79] 刘松涛 . 华北抗日根据地的农民教育工作 [M]. 上海：上海教育出版社，1979.

[80] 王波，李迎选 . 晋绥风云人物 [M]. 北京：中央文献出版社，2007.

[81] 太行革命根据地史总编委会 . 太行革命根据地史稿 [M]. 太原：山西人民出版社，1987.

[82] 冯崇义，古德曼 . 华北抗日根据地与社会生态 [M]. 北京：当代中国出版社，1998.

[83] 山西省史志研究院 . 太岳革命根据地人民武装斗争史料选编 [M]. 太原：山西人民出版社，2003.

[84] 李茂盛，卢海明 . 太岳抗日根据地重要文献选编 [M]. 北京：中央文献出版社，2006.

[85] 涂文学，邓正兵 . 抗战时期的中国文化 [M]. 北京：人民出版社，2006.

[86] 牛崇辉 . 吕梁革命斗争史 [M]. 太原：山西人民出版社，2001.

[87] 刘淑珍 . 晋西北抗日根据地教育简史 [M]. 成都：四川教育出版社，2000.

[88] 钱穆 . 中国历史研究法 [M]. 生活·读书·新知三联书店，2009.

[89] 《中国抗日战争史》编写组 . 中国抗日战争史 [M]. 北京：人民出版社，2011.

[90] 林迈可 . 抗战中的红色根据地 [M]. 杨重光，郝平，译 . 北京：解放军文艺出版社，2005.

[91] 韩丁 . 翻身：中国一个村庄的革命纪实 [M]. 韩倞，译 . 北京：北京出版社，1980.